哲学家 2023 (1)
PHILOSOPHERS

中国人民大学哲学院 编

臧峰宇 主编

人民出版社

目　录

哲学家

Contents

哲学家

【马克思主义哲学】

物象化—物化与资本的生产力

［日］平子友长/文　许秋晨/译*

内容提要:物象化与物化理论是马克思资本理论的重要基础,物象化引发的颠倒使社会关系从人格转换为物象,物化则将物象的社会关系二次转化为物的社会自然属性,致使资本主义生产关系的社会历史性被完全隐藏。在此过程中,劳动对资本的从属使人格的物化向物的人格化转变,拜物教成为人格化概念两层逻辑过渡中的牺牲品,而异化推波助澜进一步决定了资本主义的生产方式。在恩格斯对马克思关于资本生产力的"社会生产"及其价值形式分析的不解中,物象化—物化与资本生产力间的理论张力愈加凸显。

关键词:物象化;物化;异化;资本的生产力

一、物象化(Versachlichung)与物化(Verdinglichung)

德语中有两个不同的词用以表达"物"(法语中的"une chose"),分别是 Sache 和 Ding。即便在日常的德语使用中,它们含义也有所不同。"Sache"代表政治或社会层面上的事务、情况、原因,通常是一些因社会关系而存在的事物,而"Ding"则代表自然或物质层面的东西。马克思将商品、货币和资本的共同本质视为人与物之间关系的现象转化,并用 Sache 和 Ding 使之进一步区分为不同层面,商品生产者间的关系转化为了物象间的关系(Sachliche Verhältnisse)。这一阶段仅是经济关系神秘化的第一步,原因在于物象(Sache)本身就代表着一种社会关系。当这种转变从 Sache 进一步推进至 Ding 时,物象(Sachen)之间的关系也随之消失,而 Ding 只表现为具有不同(物理层面的)自然特性(Natürliche Eigenschaften)的载体。在转化的第二阶段的,利润、利息和地租本质上只不过是工业资本从雇佣劳动者那里无偿榨取的对象化剩余劳动的不同现象形式。然而,它们与剩余劳动的关系在现象层面上被完全被掩盖了,生产资料、货币和土地似乎被天然地赋予了一种自动承载利润、利息和地租的能力。在最终阶段,这种对经济关系的神秘化被称作"物化"(Verdinglichung),即把"物象"(Sache)转化为"物"

---

*　平子友长:日本一桥大学社会学部荣誉教授。许秋晨:中国人民大学哲学院博士生。

(Ding)，它在概念上与物象化（Versachlichung）有所区别，后者指的是人格被转化为物象（Sache）的过程。

在《资本论》中，马克思将生产商品的劳动称为私人劳动。这意味着劳动必须具有社会属性，原因在于，劳动虽在不考虑他人的情况下进行，却不可避免地作为社会分工的组成部分而依赖于他人劳动。换言之，虽然每个劳动个体都被剥离于社会，但是必然带有社会属性。为了使每一私人劳动都能够作为自发的社会分工系统的组成部分来发挥作用，必须具有以下双重社会性质：首先，每一私人劳动作为特殊而有用的劳动必须满足特殊的社会需求。其次，每一私人劳动必须有效，且可与另一私人劳动等价交换。然而，私人劳动并不能通过其劳动行为来证明其双重社会属性，因为这种劳动是独立进行的，不与他人的劳动相关联。因此，只有在其产品与他人交换时，才能表现出其作为社会分工组成部分的社会属性。由于生产中人与人之间的社会关系必然间接表现为物象与物象（Sachen）的关系，构成社会分工和私人劳动的社会属性必须被对象化为劳动产品的特性，即作为商品二要素的使用价值和价值的二元物质特性（dingliche Eigen-schaften）。

商品的使用价值即刻体现在商品本身作为一个物（Ding）上。它能否在自发的分工中满足特殊的社会需求取决于它所体现的社会性。与之相反，尽管价值本身通过商品内在的物质（dinglich）属性而形成，商品价值仍是每件商品自身的一种无形属性。因此，价值需要一种特定的表达方式。价值形式理论的任务就在于解释这种本质上不可见的价值如何以现象的形式表现出来。

在《资本论》中，马克思对价值形式的现象（表象）的分析始于一个著名的例子：20码亚麻布价值1件上衣。在这个看似简单的价值关系中，20码亚麻布代表着一种价值得以呈现的商品，而1件上衣仅仅提供给另一种商品（20码亚麻布）一个表达价值的材料。马克思将前一种商品称为相对价值形式，后者则是等价形式（或简称等价物 Äquivalent）。在这种简单的价值关系中，亚麻布首先将上衣等同于自己的价值镜（Wertspiegel）或价值体（Wertkörper）。马克思所说的"价值镜"，指的是一面反映价值的镜子（在此情形下是亚麻布），这种价值以一种看不见的属性而存在于商品（亚麻布）之中。而"价值体"则是一种使用价值（这里指上衣），它在其具体的、可见的使用形式中即刻体现出价值。这样，扮演等价物角色的商品（上衣）获得了"直接可交换性（un-mittelbare Austauschbarkeit）"的特性。通过这种迂回方式，在等价物的角色中承认其为有效的价值体之后，实际上制造上衣的具体有用劳动（这里指缝纫）也被还原为抽象的人类劳动。因此，亚麻布首先赋予上衣一种能力，使其在具体使用价值形式中，直接体现出所有商品共同的价值特征。然后，亚麻布只要能与上衣等价交换，就能表现出自身的价值特征和可交换性。只要使价值客观化，织造生产亚麻布也可以被认为是抽象的人类劳动，这便是价值表达的第二次迂回。

作为相对价值形式的商品（亚麻布）价值将价值表现为一种社会关系，因为这种价值必须用另一类商品(上衣)的一定数量的使用价值来表达。另外,在其特定的具体形式中作为等价物的另一类商品可以被视为一种有形的价值形式,并以令人印象深刻的方式表现为可直接交换的内在自然属性。在作为等价物的商品中,价值形式与使用价值凝结并转化为物(Ding)的类自然属性。通过这种转化,等价物似乎在上述价值关系之外依旧保持着直接可交换性的属性,尽管这种能力只有在亚麻布与作为等价物的上衣的价值关系中才是有效的。马克思将形成社会的自然属性(gesellschaftliche Natureigenschaft)的社会关系定义为物化(Verdinglichung),在下文中将会予以讨论。

总而言之,一方面,我们将物象化(Versachlichung)定义为人格与人格间的社会关系向物象与物象间的社会关系的颠倒(Verkehrung)。这意味着在社会关系的维度中从人格到物象的转换。另一方面,我们将物化(Verdinglichung)定义为第二重转化,这是指使私人劳动的社会性质显现为一种内在于物(Ding)的社会自然属性①。这种将物象(Sachen)的社会关系变为物(Dinge)的社会自然属性的第二重转化,完全掩盖和神秘化了资本主义生产关系的社会历史性。

在《资本论》第三卷中,马克思将"社会关系的物化"(Verdinglichung der gesellschaftlichen Verhältnisse)定义为"物质的生产关系和它们的历史社会规定性的直接融合"②(das unmittelbare Zusammenwachsen der stofflichen Produktionsverhältnisse mit ihrer geschichtlich-socialen Bestimmtheit)。

刻画资本主义生产方式的社会历史规定性与不同生产资料的自然属性以一种令人印象深刻的方式形成了合力,使它们在本质上似乎被赋予了某种社会权力,从而在生产过程中统治着工人。积累(Zusammenwachsen)或积聚(Zusammenschmelzen)是物化的关键词。Ding 作为一个特殊的经济范畴,来源于这种积累,并代表了资本主义的社会生产关系。

> 但资本不是物,而是一定的、社会的、属于一定历史社会形态的生产关系,后者体现在一个物上,并赋予这个物以独特的社会性质。③

因此,当马克思在其经济学手稿中描述资本主义生产方式时,积累(Coalescence)对于物化的定义至关重要的。

---

① "……就和劳动的一般社会形式在货币上表现为一种物的属性的情况完全一样",见《马克思恩格斯全集》第37卷,北京:人民出版社,2019年,第315页。

② "在资本—利润(或者,更恰当地说是资本—利息),土地—地租,劳动—工资中,在这个表示价值和财富一般的各个组成部分同其各种源泉的联系的经济三位一体中,资本主义生产方式的神秘化,社会关系的物化,物质的生产关系和它们的历史社会规定性的直接融合已经完成:这是一个着了魔的、颠倒的、倒立着的世界",见《马克思恩格斯全集》第46卷,北京:人民出版社,2003年,第940页。

③ 《马克思恩格斯全集》第46卷,北京:人民出版社,2003年,第922页。

二、物象人格化的双重含义与拜物教

因此,在资本主义生产过程的基础上,资本在生产资料形式上存在的使用价值和作为一定社会生产关系的资本的这些生产资料即这些物的规定,是不可分割地融合在一起的;这正像在这种生产方式内,对于局限于这种生产方式中的人来说,产品本身就被当做是商品一样。这一点构成了政治经济学家的拜物教的一个基础。①

在前一章中,我们已经讨论了物象化和物化,这包括"主体颠倒为客体以及反过来的情形"②。此外,马克思将这种双向颠倒描述为"物的人格化和人格的物化"③。

把劳动对资本的从属理解为,工人在物象化—物化生产关系下的被制约。这种人格的物象化反过来导致物的人格化,其中生产工具和其他生产要素作为主体发挥着主导作用。

现在,让我们来探讨马克思关于人格化的概念。首先,我们必须密切关注这一概念的双重含义与其中的意义。

在资本主义经济体系中,生产主体的社会关系表象为物象对物象的关系(Versach-lichung der Person),而物象获得了以类生产主体的形式控制工人的社会权力。这是人格化的第一层含义,根据这一含义,物象本身被视为主体。在马克思的经济学手稿中,我们可以找到许多他将此范畴应用于物象本身的段落。

……(消费基金)……一开始就发生异化,表现为他人的财产,表现为这样:他的劳动的产品,他的过去劳动的产品,作为人格同他相独立。④

社会某一部分人所垄断的生产资料,同活劳动力相对立而独立化的这种劳动力的产品和活动条件,通过这种对立在资本上人格化了。⑤

然而,商品、货币和资本等物象无法自行在市场或生产过程中流动。为了作为物象发挥其社会功能,它们需要特定的代理人来代表它们执行物象化—物化的功能。这样,物象化—物化的进一步发展确立了它直接代表物象的功能和满足其要求的主体。马克思把这一过程称为物象的人格化(Personifizierung der Sachen)。这是人格化的第二层

① 《马克思恩格斯文集》第8卷,北京:人民出版社,2009年,第462页。
② 《马克思恩格斯全集》第38卷,北京:人民出版社,2019年,第73页。
③ 《马克思恩格斯全集》第37卷,北京:人民出版社,2019年,第316页。
④ 《马克思恩格斯全集》第37卷,北京:人民出版社,2019年,第427页。
⑤ 《马克思恩格斯全集》第46卷,北京:人民出版社,2003年,第922页。

含义。资本主义之所以能够作为一种经济体系发挥作用，只是因为生产者通过自己的主观意志和决定来实现物象的社会功能，并作为忠实于物象要求的合格代理人而积极行动。

> 资本家只有作为人格化的资本执行职能，他才有历史的价值，才有历史存在权和社会意义……资本家只是作为人格化的资本才受到尊敬……资本家的意志和意识只反映他所代表的资本的需要。①

在上述引文中，马克思把资本家定义为人格化的资本（le capital fait homme）。同样，他把商品生产者定义为人格化的商品，把货币持有者定义为人格化的货币，把工人定义为人格化的劳动。物象的人格化说明，人的行为虽然是出于自己的自由意志，但只不过是作为物象的承载者的人的意志和意识所提供的物的功能。此外，它还证明了物象的独立主体化（Subjektivierung）是以人类主体特定的主观活动为基础的。在资本主义生产过程中，资本家和工人分别作为人格化的资本和人格化的劳动积极行动。虽然主体出于他们的自由意志和自我决定行事，但他们只是以这样一种方式行动，即以独立的、自我增殖的价值（der selbständig sich verwertende Wert）作为资本，在生产过程中占据主导地位。②

马克思的人格化概念有两层逻辑过渡，即从第一层物象本身（物象化—物化的生产关系）的人格化过渡到第二层作为物的人格代理。这一逻辑过渡典型地体现了马克思的政治经济学批判方法，即马克思从资本中引申出资本家，而不是从资本家中引申出资本。在非马克思主义经济学以及古典政治经济学中，资本被定义为资本家为了利润而投资于生产的储蓄货币或积累的商品。对他们来说，资本家的存在是定义资本的必要前提。他们从资本家那里得出资本。与此相反，马克思则是从资本中推导出资本家的。这一逻辑过程只有通过他的物象化—物化理论才能实现。马克思用一个命题来阐述这一方法："aus dem Capital wird der Capitalis（从资本变成资本家）"：

---

① 《马克思恩格斯全集》第43卷，北京：人民出版社，2016年，第628页。

② "这种关系在它的简单形式中就已经是一种颠倒，是物的人格化和人格的物化；因为这个形式和以前一切形式不同的地方就在于，资本家不是作为这种或那种个人属性的体现者来统治工人，而只是在他是'资本'的范围内来统治工人；他的统治只不过是对象化劳动对活劳动的统治，工人的产品对工人本身的统治"，见《马克思恩格斯全集》第37卷，北京：人民出版社，2019年，第316页。

"劳动的条件对活劳动能力的异己性——已经达到如此地步，以致这些条件以资本家的人格的形式，即作为具有自己的意志和利益的人格化……以致劳动条件作为他人的财产，作为另一个法人的实在，作为这个法人的意志的绝对领域，同劳动能力相对立，因而另一方面，劳动表现为同人格化为资本家的价值相对立的，或者说同劳动条件相对立的他人的劳动"，见《马克思恩格斯全集》第37卷，北京：人民出版社，2019年，第411页。

[1]活劳动能力的客观条件作为与活劳动能力相对立的独立存在,作为不同于活劳动能力并且与之相对立而独立的主体的客观性而成为前提……[2]再生产和新生产出来的,不仅是活劳动的这些客观条件的存在,而且是这些条件的同工人相异己的存在,也就是作为独立的价值,即属于他人的主体的价值,而同这种活劳动能力相对立的存在。劳动的客观条件取得了与活劳动能力相对立的主体的存在——从资本变成资本家。①

如果我们仔细阅读上述引文,就会发现它由两个不同的部分[1]和[2]组成,其中提到了两个不同的"主体"。在[1]中,与活劳动能力相对立的劳动的客观条件被确定为"作为不同于活劳动能力并且与之相对立而独立的主体"。这个主体指的是第一个人格化。在[2]中,提到了一个不同于"活劳动的这些客观条件"的新主体,即"他人的主体的价值,而同这种活劳动能力相对立的存在"。这个"他人的主体"指的是第二个人格化的资本家。

这种方法论设置最重要的优点在于,在采用这种方法后,几乎所有定义资本所需的基本范畴都可以在没有资本家的情况下得到合乎逻辑的发展。换句话说,它使资本主义生产过程中资本与劳动的关系建立在劳动与劳动本身的一种特殊关系之上成为了可能,即活劳动与过去劳动的关系,就此开启了异化的理论领域。

在本章的最后,我们考量一下物象的人格化与拜物教之间的概念关系。从第二种意义上的人格化出发,我们可以看到,只有具有物象化意识的人类主体才能维持物象化—物化的经济体系。

马克思把物化(Verdinglichung)后产生的具有支配人(工人和资本家)的社会权力的物定义为物神(Fetisch)。拜物教(Fetischismus)是指生产者和其他经济行为主体将物神崇拜视为自明的社会事实的思想意识。在生产商品的社会中,生产的社会关系表现为具有社会自然属性的物象之间的关系,因此,产品必然表现为物神。这些关系本身是客观存在的,参与其中的生产者意识到它们是自明的关系。拜物教成为物象化和物化的牺牲品,它就是一种颠倒了的(verkehrt)扭曲意识。从这个意义上说,它将受到科学的批判,正是像马克思在政治经济学批判中所做的那样。然而,这种意识本身作为"自然"意识,不可避免地形成于在被物象化—物化所征服的社会中。

三、晚年马克思对异化(Entfremdung)的定义

即使在 19 世纪 60 年代的经济学手稿中,异化(Entfremdung)作为一个方法论概念,仍然与物化—物象化(reification-thingification)一起发挥着重要作用。

---

① 《马克思恩格斯全集》第 37 卷,北京:人民出版社,2019 年,第 462 页。

异化意味着劳动与客观的劳动条件(die objektiven Arbeitsbedingungen)之间最根本的关系,这种关系从根本上决定了资本主义生产过程,即一种特殊的关系,在这种关系中,工人把自己与其客观劳动条件(劳动资料、劳动物料和生活资料)联系在一起,把它们当作与自己相异和敌对的对象,过去劳动的产品以客观劳动条件的形式具有征服工人活劳动的社会力量。劳动主体与其劳动对象或劳动条件之间的异化(Fremdheit)是造成物象化—物化的最终原因,这也决定了资本主义生产方式是一种特定的历史生产方式。资本主义制度的所有功能和运作都建立在这种异化的基础上,换句话说,资本主义制度建立在工人在生产过程中与其劳动对象的分离之上。这一逻辑便是马克思在经济学手稿中对异化概念的理解。

现在,让我们通过考察马克思在经济学手稿中如何将异化应用于他对资本主义生产过程的分析,以他的表述来理解异化的含义。

[1]因此资本家对工人的统治,就是物对人的统治,死劳动对活劳动的统治,产品对生产者的统治,……这是人本身的劳动的异化过程。①

[2]……这种过去劳动异化为资本,使过去劳动成为生产的这种根本要素。实际上,在资本主义生产中,这种过去劳动不断作为资本同活劳动相对立,因此,这种对立,劳动的这种异化的、社会转化的形式,被看做隐蔽的过程。②

[3]因此,正是在这里存在着劳动的客观条件——过去劳动——与活劳动相异化的情况,这种异化是直接的对立,也就是说,过去劳动,其中包括劳动的一般社会力,自然力和科学,直接表现为一种武器……用来使工人服从工厂中精心建立的资本的专制制度和军事纪律。③

回顾马克思研究的漫长历史,我们会发现对异化概念的误解数不胜数。这种误解使得建议将异化理论从马克思文本中剔除的研究者不在少数。这些误解中多数都源于对异化理论的前提的忽视。

首先,马克思在引入资本家作为资本的第二层人格化之前,将异化定义为活劳动对过去劳动的征服。异化并不需要通过资本家的存在而去定义自身。然而,许多马克思研究者将资本与劳动的关系简化为资本家与工人的阶级关系。

其次,异化的核心关键词是异己性(Fremdheit)或异己(fremd)。顾名思义,这种异己性是指活劳动与过去的劳动之间的异化关系,并非指异化的人。然而,许多马克思研究者却把"alien"理解为异化的人格,即资本家,因为他们不理解异化与物象化—物化

---

① 《马克思恩格斯全集》第 38 卷,北京:人民出版社,2019 年,第 72—73 页。
② 《马克思恩格斯全集》第 37 卷,北京:人民出版社,2019 年,第 442 页。
③ 《马克思恩格斯全集》第 37 卷,北京:人民出版社,2019 年,第 199 页。

之间密不可分的关系。

这种情况表明,通过劳动本身,客观的财富世界作为与劳动相对立的异己的权力越来越扩大,并且获得越来越广泛和越来越完善的存在,因此相对地来说,活劳动能力的贫穷的主体,同已经创造出来的价值和创造价值的现实条件的规模相比较,形成越来越鲜明的对照。劳动本身越是客体化,作为他人的世界——作为他人的财产——,而同劳动相对立的客观的价值世界就越是增大。①

在马克思手稿的上述引文中,fremd 一词被使用了三次,但都不是指异化的人,而是指"财富的客观世界"或"价值的客观世界"的非人格力量。

第三,异化不等于剥削。异化不是指资本家对工人剩余劳动的剥削,而是指一种更深层次的关系,即关于劳动(无论活劳动或死劳动)的最基本的关系,这种关系作为结果使以剩余价值为形式的剥削成为可能。

第四,异化离不开物象化—物化。作为马克思政治经济学批判的综合方法,二者密不可分、相互关联。一方面,异化以物象化—物化为前提,因为物象化—物化产生了具备统治工人的社会权力的劳动条件;另一方面,物象化—物化以异化为前提,因为物象化—物化的生产关系是通过异化,即作为异己权力的过去劳动与工人的活劳动的分离而产生,并不断实现再生产的。

第五,在准确理解异化的方法论意义后,我们可以发现青年马克思与晚年马克思的理论一致性。基于对异化意义的致命误解,部分学者将异化理论归给不成熟的青年马克思。他们认为,马克思后来放弃了异化理论,并且在方法上从异化转向了物象化。

四、资本主义生产过程中资本的物化

(一)作为劳动对资本之从属的资本物化(Subsumtion der Arbeit unter Kapital)

马克思的物象化—物化理论始于商品理论,并通过货币理论发展为资本理论。马克思的物化概念之所以没有引起马克思主义学者的重视,原因在于:(1)他们没有区分物象化和物化;(2)他们把物象化和物化限制在商品交换和流通的范围内,另外,他们忽视了资本主义生产过程中的物象化和物化;(3)他们把物化归结为拜物教,认为它是扭曲的意识问题,而不涉及资本主义生产方式的客观结构。然而,正是在资本—物化阶段,资本作为特殊的生产关系,不仅转变为与使用价值相一致(例如在商品—物化阶段将自身转化为价值或等价物等),而且还与机器、科学和技术相一致(物化自身),从而

---

① 《马克思恩格斯全集》第 37 卷,北京:人民出版社,2019 年,第 446 页。

使资本能够创造出资本主义特有的生产力。①

　　一旦资本正式将现有的生产过程归入自身,这种生产过程就具有了双重性质,既是一般的劳动过程,也是自我增值的过程(ein sich verwertender Prozess)。② 就劳动过程而言,它是作为生产主体的工人用劳动手段加工劳动材料的一种受意识控制的活动。然而,由于这一过程是为了资本的自我增值而进行的,因此在生产过程中发生了从主体到对象,以及从对象到主体的颠倒(Verkehrung)。在这种颠倒中,不是工人应用生产资料,而是生产资料(对象化劳动或死劳动)使用工人。在这种情况下,生产资料就像一个吸收器(Einsauger)③,尽可能多地吸收活劳动。工人所做的活劳动只是将先进价值资本化的一种手段。

　　马克思将资本主义生产过程中的物化定义为:作为确定的生产关系的资本与生产资料本身的结合统一:

　　　　在资本主义生产的基础上,对象化劳动转化为资本的这种能力……表现为属于生产资料本身的东西(这种能力在资本主义生产的基础上已经潜在地跟生产资料结合在一起)……因此,这些生产资料本身就表现为资本,从而资本——它表现生产条件的占有者在生产中同活的劳动能力发生的特定的生产关系。④

　　资本主义生产过程中的物化(Thingification)可以被定义为这样一个过程,即代表特定生产关系的资本表现为内在于生产资料的物的过程。⑤ 虽然是工人的劳动使资本增值,但这种劳动并不表现为工人本身的创造性活动,其原因在于,在资本主义生产过程中工人的劳动被资本预先纳入,并作为资本购买劳动力的消费过程而融入资本之中。⑥

---

　　① "劳动的社会的和一般的生产力,是资本的生产力;但是,这种生产力只同劳动过程有关,或者说,只涉及使用价值。它表现为作为物的资本所具有的属性,表现为资本的使用价值。它不直接涉及交换价值",见《马克思恩格斯全集》第37卷,北京:人民出版社,2019年,第323页。

　　② "无论如何,与剩余价值的两种形式即绝对剩余价值和相对剩余价值相适应的——如果把它们分开来单独地加以考察,绝对剩余价值总是存在于相对剩余价值之前——与这两种形式相适应的,是劳动对资本的两种不同的从属形式……我把以绝对剩余价值为基础的形式叫做劳动对资本的形式上的从属",见《马克思恩格斯全集》第37卷,北京:人民出版社,2019年,第109页。

　　③ 《马克思恩格斯全集》第46卷,北京:人民出版社,2003年,第468页。

　　④ 《马克思恩格斯文集》第8卷,北京:人民出版社,2009年,第468页。

　　⑤ "但这是资本主义生产过程的特征,在这种生产过程中,对象化的劳动条件以异化的和独立化的形式,作为独特的力量与劳动相对立",见《马克思恩格斯全集》第37卷,北京:人民出版社,2019年,第405页。

　　⑥ "如果从这方面考察资本主义生产,那么这种生产就是物对人的统治",见《马克思恩格斯全集》第37卷,北京:人民出版社,2019年,第320页。"如果说榨取剩余劳动和占有劳动的社会生产力,看来是资本的自然属性,因而表现为从资本的使用价值中产生的属性,那么,反过来说,把劳动自己的社会生产力表现为资本的生产力,把劳动自己的剩余表现为资本的剩余价值、资本的自行增殖,看来就是劳动的自然属性。"见《马克思恩格斯全集》第37卷,北京:人民出版社,2019年,第324页。

（二）劳动对资本的实际从属（Reale Subsumtion der Arbeit unter Kapital）

马克思将劳动在资本下的形式上的从属（die formelle Subsumtion）定义为：仅仅通过引入雇佣劳动，就把包含现有生产设施和技术的生产过程正式转变为资本主义生产方式的过程。①

另外，劳动对资本的实际从属（die reale Subsumtion）被定义为资本主义生产关系创造出一种全新的生产方式和生产力的过程，这种生产方式和生产力无法脱离资本主义生产方式而独立发展。这些资本主义生产方式所特有的、历史性的新生产力被称为资本生产力。② 资本与雇佣劳动的经济关系本身即使占据主导地位，也尚不足以成为将这种经济体系定义为严格意义上的资本主义生产方式的条件。在资本与雇佣劳动的生产关系具备资本主义特有的生产力之前，这种关系还不能完全被定性为资本主义。

马克思将劳动对资本的实际从属定义为资本主义生产方式，这种生产方式使相对剩余价值的生产成为可能。这种生产取决于以下两个前提条件：

首先，资本通过将大量工人集中到大规模工厂并采用理性化的计划和组织，不断发展劳动的社会生产力（gesellschaftliche Produktivkraft der Arbeit），并将其转化为与劳动个体相异化的资本生产力。每个工人在有计划的合作中发展种属能力（Gattungsvermögen）③。然而，发展这种能力的并非工人本身，而是资本。因此，这种能力并非工人自身的生产力，而是资本的生产力。

其次，资本将机械引入生产过程，使生产过程摆脱了人的体力和脑力的限制。同时，资本通过将科学应用于生产过程，使生产过程中的技术基础得到不断革新。

> 随着劳动在实际上从属于资本，在生产方式本身中，在劳动生产率中，在资本家和工人之间——在生产内部——的关系中，以及在双方彼此的社会关系中，都发生完全的革命。④

---

① "这里，在生产方式本身中还没有区别。劳动过程从工艺来看完全和过去一样进行，只是现在它成了从属于资本的劳动过程"，见《马克思恩格斯全集》第37卷，北京：人民出版社，2019年，第285页。

② "在劳动对资本的实际上的从属下，在工艺过程，劳动过程中发生了……与这些变化同时，工人对自己的生产和对资本的关系也发生了变化；最后，劳动的生产力发展了，因为社会劳动的生产力发展了，并且只有随着这些变化一起，才有可能在直接生产中大规模应用自然力、科学和机器。因此，在这里不仅是形式上的关系发生了变化，而且劳动过程本身也发生了变化。一方面，只是现在才表现为特殊生产方式的资本主义生产方式，创造出一种已经改变了的物质生产形态"，见《马克思恩格斯全集》第37卷，北京：人民出版社，2019年，第297页。

③ 《资本论（节选本）》，北京：人民出版社，1998年，第147页。

④ 《马克思恩格斯全集》第37卷，北京：人民出版社，2019年，第298—299页。

（三）资本主义特有的生产方式

马克思将资本主义特有的生产方式定义为：使资本作为一种特殊的生产关系，在生产过程中能够不断引发技术革命的生产方式。① 资本之所以能够获得这种干预自然物质世界的力量，并不断地以资本主义技术的方式对自然物质世界进行改造，这应当归功于（作为资本与技术生产过程相结合的）物化。在资本的物化过程中，社会要素与物质—自然要素的结合使资本能够通过操纵社会要素从根本上改变物质—自然过程。资本创造了一种生产体系，并使科学从属于它，资本使科学适应资本的要求，并不断将所有科学成果应用于生产过程。

从这个意义上说，资本与劳动的实际从属在理论上必然涉及科学对资本的从属关系。资本主义生产不再取决于工人的技能，而主要取决于科学和技术在生产中的应用。因此，技术代表着一种知识、信息和技术体系，技术将科学发展成为受利润驱动的物化资本，并将科学与资本主义的生产过程联系起来。

> 劳动的社会生产力，或直接社会的、社会化的（共同的）劳动的生产力，由于协作、工场内部的分工、机器的应用……以及随之而来的科学这个社会发展的一般成果在直接生产过程中的应用，——所有这一切都表现为资本的生产力，而不表现为劳动的生产力……无论如何既不表现为单个工人的生产力，也不表现为在生产过程中结合起来的工人的生产力。资本关系本身中所包含的神秘性，现在比只存在劳动对资本的形式上的从属时所发生的和能够发生的情况向前大大发展了。②

（四）作为资本生产力的科学

资本的生产力层面作为物化的结果，使得生产力（普遍适用于不同历史形式的物质要素）和生产关系（历史—社会决定的要素）不可分割地结合在一起，并凝聚成一个实体。资本不仅把不依赖于资本而自发发展起来的科学和技术引入资本主义生产方式（形式上的从属），还主动创造适合资本自我增值的新科学技术。因此，资本主义时代的科学和技术体现了资本主义的特征，并代表着资本的物化。它们使资本主义生产体系能够以前所未有的规模对自然环境、人类的身体和意志进行强有力的干预。核武器、原子能发电、基因重组与改造等任何可能危及自然生态秩序和人类生存的科学技术，都是通过资本生产力的物象化—物化而创造出的。这也是为什么在资本主义背景下发展

① "一方面，资本改变生产方式的形态，另一方面，生产方式的这种被改变了的形态和物质生产力的这种特殊发展阶段，是资本本身形成的基础和条件，是资本本身形成的前提"，见《马克思恩格斯全集》第37卷，北京：人民出版社，2019年，第315页。
② 《马克思恩格斯全集》第38卷，北京：人民出版社，2019年，第108页。

起来的科学和技术很难移植到没有资本主义生产关系的国家和地区的原因,许多发展中国家未能引进先进技术的例子证明了这一点。

科学是近代资本主义中最具影响力的资本物化形式之一。它们看似是人类不受任何资本主义决定因素影响的一般智力成果。即使是许多自称摆脱了一切经济拜物教的马克思主义学者和研究者,实际上都被"科学是不受任何资本主义约束的中性产品"这种观念所纠缠。当资本主义生产的不断革命本质上取决于,通过将科学应用于生产来发展资本的社会生产力时,科学本身的发展必然深受这种应用于生产的要求所左右。即使是数学、物理和化学等看起来仅是人类的普遍成就的纯自然科学——它们似乎没有任何来源于资本主义的偏见,却也可能隐含着资本主义的权力关系。

> 生产过程成了科学的应用,而科学反过来成了生产过程的因素即所谓职能。每一项发现都成了新的发明或生产方法的新的改进的基础。只有资本主义生产方式才第一次使自然科学为直接的生产过程服务……科学,人类理论的进步,得到了利用。资本不创造科学,但是它为了生产过程的需要,利用科学,占有科学。这样一来,科学作为应用于生产的科学同时就和直接劳动相分离。①

尽管从概念上将科学本身与其资本主义的应用区分开来是可能的,但若要具体地辨明这种区分,则需要进行非常复杂的分析。如果我们过于大胆地把所有科学都等同于资本主义科学,则轻率地无视了科学与资本主义之间充满矛盾和张力的现实关系。只有考虑到不同历史时期物质生产和精神生产的全部关系,我们才可能理解这些关系。无论如何,"资本—物化"理论对于阐明资本主义制度在多大程度上决定科学是至关重要的,因为资本主义对科学的影响并没有在现象层面显现出来。

所谓的科学社会主义,先验地将科学本身与资本主义的应用区分开来,并将捍卫科学真理视为战胜资本主义的动力之一,是资本主义内部拜物教的典型形式;这是因为科学社会主义无视科学是资本物化的典型形式,而仅仅观察其在现象领域中伪装的真理和普遍性的形式。

马克思经济学手稿中的以下段落将说明他是如何从资本生产力的产生要素角度来看待资本主义生产方式中的科学的。

马克思论科学是资本生产力的构成要素:

> [1]自然因素的应用——在一定程度上自然因素并入资本——是同科学作为生产过程的独立因素的发展相一致的。生产过程成了科学的应用,而科学反过来成了生产过程的因素即所谓职能。每一项发现都成了新的发明或生产方法的新的

---

① 《马克思恩格斯全集》第47卷,北京:人民出版社,1979年,第570页。

改进的基础。只有资本主义生产方式才第一次使自然科学为直接的生产过程服务,同时,生产的发展反过来又为从理论上征服自然提供了手段。科学获得的使命是:成为生产财富的手段,成为致富的手段。

只有在这种生产方式下,才产生了只有用科学方法才能解决的实际问题。只有现在,实验和观察——以及生产过程本身的迫切需要——才达到使科学的应用成为可能和必要的那样一种规模。现在,科学,人类理论的进步,得到了利用。资本不创造科学,但是它为了生产过程的需要,利用科学,占有科学。这样一来,科学作为应用于生产的科学同时就和直接劳动相分离。①

[2]在这里,机器被说成是"主人的机器",而机器职能被说成是生产过程中("生产事务"中)主人的职能,同样,体现在这些机器中或生产方法中,化学过程等等中的科学,也是如此。科学对于劳动来说,表现为异己的、敌对的和统治的权力。②

[3]自然科学本身〔自然科学是一切知识的基础〕的发展,也像与生产过程有关的一切知识的发展一样,它本身仍然是在资本主义生产的基础上进行的,这种资本主义生产第一次在相当大的程度上为自然科学的发展提供了进行研究、观察、实验的物质手段。由于自然科学被资本用做致富手段,从而科学本身也成为那些发展科学的人的致富手段,所以,搞科学的人为了探索科学的实际应用而互相竞争。另一方面,发明成了一种特殊的职业。③

[4]只有资本主义生产才把物质生产过程变成科学在生产中的应用——被运用于实践的科学——,但是,这只是通过使劳动从属于资本,只是通过压制工人本身的智力和专业的发展来实现的。④

[5]科学作为社会发展的一般精神产品在这里同样表现为直接包括在资本中的东西(而这种科学作为同单个工人的知识和技能脱离开来的东西,它在物质生产过程中的应用只可能依靠劳动的社会形式),表现为自然力本身,表现为社会劳动本身的自然力。社会本身的普遍发展,由于在对劳动的关系上这种发展被资本所利用,所以对于劳动来说作为资本的生产力起作用,因而也表现为资本的发展,而且,越是随着这种发展而发生劳动能力的贫乏化,至少是大量劳动能力的贫乏化,就越是表现为资本的发展。⑤

[6]但是,在机器上实现了的科学,作为资本同工人相对立。而事实上,以社会劳动为基础的所有这些对科学、自然力和大量劳动产品的应用本身,只表现为劳

① 《马克思恩格斯文集》第8卷,北京:人民出版社,2009年,第356—357页。
② 《马克思恩格斯全集》第37卷,北京:人民出版社,2019年,第204页。
③ 《马克思恩格斯全集》第37卷,北京:人民出版社,2019年,第204—205页。
④ 《马克思恩格斯全集》第37卷,北京:人民出版社,2019年,第209页。
⑤ 《马克思恩格斯全集》第37卷,北京:人民出版社,2019年,第320页。

动的剥削手段,表现为占有剩余劳动的手段,因而,表现为属于资本而同劳动对立的力量。①

(五)没有资本家的资本主义

当我们认真考虑马克思物象的人格化理论(Personifizierung der Sachen)时,就会发现资本主义生产方式在没有资本家的情况下依然存在。

在马克思看来,资本家不过是人格化的资本。② 任何在生产过程中承担资本所需的角色和职能的人都可以被视为人格化的资本。人格化的资本可以表现为多领域的社会职业,包括工薪制的行政人员和管理者、工人合作社的经理、政府官员,甚至政党工作者。

恩格斯在《反杜林论》中说得很对:

> 如果说危机暴露出资产阶级没有能力继续驾驭现代生产力,那么,大的生产机构和交通机构向股份公司和国家财产的转变就表明资产阶级在这方面是多余的。资本家的全部社会职能现在由领工薪的职员来执行了。资本家除了拿红利、剪息票、在各种资本家相互争夺彼此的资本的交易所中进行投机以外,再也没有任何其他的社会活动了。……但是,无论向股份公司的转变,还是向国家财产的转变,都没有消除生产力的资本属性。③

五、恩格斯对马克思的误解

(一)恩格斯不理解作为资本生产力的"社会生产"

马克思从资本的生产力(Produktivkräfte des Kapitals)的角度来理解资本主义下的社会化生产。作为物化的资本(verdinglichtes Kapital),它在其技术构造中体现了资本对劳动力的统治,并需要资本主义的管理机构来实现其功能。④ 如果我们试图从社会

---

① 《马克思恩格斯全集》第37卷,北京:人民出版社,2019年,第317—318页。
② "资本家本身只有作为资本的人格化才是统治者",见《马克思恩格斯全集》第37卷,北京:人民出版社,2019年,第315页。"资本家本身不过是资本的职能,工人本身不过是劳动能力的职能",见《马克思恩格斯全集》第37卷,北京:人民出版社,2019年,第340页。
③ 《马克思恩格斯全集》第26卷,北京:人民出版社,2014年,第295—296页。
④ "工人的劳动受资本支配,资本吸吮工人的劳动,这种包括在资本主义生产概念中的东西,在这里表现为工艺上的事实……机器体系构成由原动机推动的、包括整个工厂的统一体,而由工人组成的活的工厂就受这个统一体支配。这样一来,这些工人的统一体就获得了显然不依赖于工人并独立于工人之外的形式",见《马克思恩格斯全集》第37卷,北京:人民出版社,2019年,第200页。

化生产中删除资本主义生产关系,生产就会失去其生产力。因此,在向社会主义生产方式过渡的过程中,克服资本主义生产方式的最艰巨的任务之一,就是把社会化生产本身从资本的生产力转化为一种新型的社会生产,使工人和其他生产主体能够以非资本主义的方式进行合作,从而朝着克服脑力劳动和体力劳动之间的固定化分工的方向前进。这种转变不可避免地涉及技术建构和组织。在马克思看来,从资本主义向社会主义的过渡并不局限于财产关系和其他生产关系的变革。①

然而,恩格斯并不理解马克思的资本生产力概念,因此,当他在《反杜林论》中把资本主义的根本矛盾确定为"社会化生产和资本主义的占有之间的矛盾"时,恩格斯把资本主义条件下的社会化生产视为未来社会主义社会的正向基础。

> 社会化生产和资本主义占有之间的矛盾表现为个别工厂中生产的组织性和整个社会中生产的无政府状态之间的对立。②

恩格斯忠实于他对社会化生产的积极理解,把资本主义向社会主义的转变概括为"实际承认它们(=生产力)作为社会生产力的性质",并实际上将之描述为是"生产方式、占有方式和交换方式同生产资料的社会化性质的协调"。根据恩格斯的观点,资本主义向社会主义的转变被简化为生产关系和占有关系的转变,而社会主义将继承资本主义时代不变的社会化生产。

> 因此,一方面,资本主义生产方式暴露出它没有能力继续驾驭这种生产力。另一方面,这种生产力本身以日益增长的威力要求消除这种矛盾,要求摆脱它作为资本的那种属性,要求在事实上承认它作为社会生产力的那种性质。③
>
> 这种解决只能是在事实上承认现代生产力的社会本性,因而也就是使生产、占有和交换的方式同生产资料的社会性质相适应。④

(二)恩格斯不理解马克思的价值形式分析

马克思通过对价值形式的分析,说明了物象化——物化的逻辑原型。尤其是把商品确定为等价物,表达了物化的人类关系的第一种形式。马克思的一项重要任务是以严

---

① "过去劳动对活劳动的统治,同机器体系一起——以及同以机器体系为基础的机械工厂一起——,不仅成为表现在资本家和工人之间的关系上的社会真实,而且还成为可以说是工艺上的真实",见《马克思恩格斯全集》第37卷,北京:人民出版社,2019年,第201页。
② 《马克思恩格斯全集》第26卷,北京:人民出版社,2014年,第291页。
③ 《马克思恩格斯全集》第26卷,北京:人民出版社,2014年,第294页。
④ 《马克思恩格斯全集》第26卷,北京:人民出版社,2014年,第296页

格的逻辑方式,而非以历史的方式,从价值的概念中推导出价值形式。价值形式代表着作为本质的价值的必然现象。

从1867年9月《资本论》第一版出版前马克思和恩格斯之间的书信往来中,我们可以看到,恩格斯对马克思在《资本论》第一版中关于价值形式的描述非常不满。原因在于,首先,关于价值形式的描述过于抽象理论化,普通读者难以把握;其次,它缺乏对货币从商品交换中产生的历史解释,而这正是恩格斯唯一感兴趣的。

因此,恩格斯要求马克思用更通俗的文体写一个关于价值形式的附录,并通过以下方式弥补其高度抽象的分析,如恩格斯所说:"你一定能就这个问题写出很好的补充论述,从而用历史方法向庸人证明货币形成的必然性并表明货币形成的过程。"(《恩格斯致马克思的信》,1867年6月16日)①

针对恩格斯在1867年6月16日《恩格斯致马克思的信》中提出的要求,②马克思略有不满地回复如下:

> 至于说到价值形式的阐述,那末我是既接受了你的建议,又没有接受你的建议,因为我想在这方面也采取辩证的态度。这就是说:第一,我写了一篇附录,把这个问题尽可能简单地和尽可能教科书式地加以叙述。③

另外,马克思断然拒绝了恩格斯的另一个要求,即用货币必然发展的历史解释代替纯粹的理论推进。在应恩格斯要求而另外撰写的附录中,依旧没有关于货币起源于商

---

① 恩格斯致马克思1867年6月16日:"……因为庸人确实不习惯于这种抽象思维,而且一定不会为价值形式去伤脑筋。至多可以把这里用辩证法获得的东西,从历史上稍微详细地加以证实,就是说,用历史来对这些东西进行检验,虽然这方面最必要的东西都已经说过了。但是你在这方面掌握了许多材料,所以你一定能就这个问题写出很好的补充论述,从而用历史方法向庸人证明货币形成的必然性并表明货币形成的过程。你造成了一个很大的缺陷,没有多分一些小节和多加一些小标题,使这种抽象阐述的思路明显地表现出来……容易理解得多。……读者,甚至有学识的读者,现在都已经不再习惯这种思维方法,因而必须尽量减少他们阅读的困难。和以前的论述(由敦克尔出版的)比较起来,在辩证发展的明确性上,前进了一大步,但是就论述本身来说,我更喜欢第一种形式的某些地方",见《马克思恩格斯全集》第31卷,北京:人民出版社,1972年,第308页。

② 马克思致恩格斯1867年6月22日:"至于说到价值形式的阐述,那末我是既接受了你的建议,又没有接受你的建议,因为我想在这方面也采取辩证的态度。这就是说:第一,我写了一篇附录,把这个问题尽可能简单地和尽可能教科书式地加以叙述;第二,根据你的建议,把每一个阐述上的段落都变成章节等等,加上特有的小标题。我要在序言中告诉那些'不懂辩证法的'读者,要他们跳过x—y页而去读附录。这里指的不仅是庸人,而且也是有求知欲的青年人等等。此外,这部分对全书来说是太有决定意义了。经济学家先生们一向都忽视了这样一件极其简单的事实:20码麻布=1件上衣这一形式,只是20码麻布=2英镑这一形式的未经发展的基础,所以,最简单的商品形式——在这种形式中,商品的价值还没有表现为对其他一切商品的关系,而只是表现为和它自己的天然形式不相同的东西——就包含着货币形式的全部秘密,因此也就包含着萌芽状态中的劳动产品的一切资产阶级形式的全部秘密",见《马克思恩格斯全集》第31卷,北京:人民出版社,1972年,第311页。

③ 《马克思恩格斯全集》第31卷,北京:人民出版社,1972年,第311页。

品交换的历史描述。马克思说道：

> 经济学家先生们一向都忽视了这样一件极其简单的事实：20码麻布=1件上衣这一形式，只是20码麻布=2英镑这一形式的未经发展的基础，所以，最简单的商品形式……就包含着货币形式的全部秘密，因此也就包含着萌芽状态中的劳动产品的一切资产阶级形式的全部秘密。①

我们应该密切注意上述引文中的最后一句话："最简单的商品形式……就包含着货币形式的全部秘密，因此也就包含着萌芽状态中的劳动产品的一切资产阶级形式的全部秘密。"只有根据物象化—物化的方法才能从理论上证明这一点。恩格斯对马克思的价值形式分析感到失望，这说明他未能理解马克思的物象化—物化理论的方法论意义和提出目的。

与马克思的思维方式相比，恩格斯思维方式的特点在于，他强烈倾向于用更易于理解的历史解释来取代极其复杂的理论建构。对于理论来说，关键是要从最抽象的概念出发，通过演绎的方法一步一步地向越来越具体的概念推进，而对于历史的认识来说，重要的是要用一系列的历史演替来描述历史事实，而概念分析在其中并不起重要作用。

1859年8月，恩格斯在其评论《卡尔·马克思"政治经济学批判"》中阐述了他对政治经济学批判方法的理解：他认为，政治经济学批判有两种不同的方法：历史方法和逻辑方法。然而，这两种方法原则上具有相同的结构，因为"既然在历史上也像在它的文献的反映上一样，整个说来，发展也是从最简单的关系进到比较复杂的关系，那末，政治经济学文献的历史发展就提供了批判所能遵循的自然线索，而且，整个说来，经济范畴出现的顺序同它们在逻辑发展中的顺序也是一样的"②。

基于历史方法和基于逻辑方法的本质区别在于，"发展大体上是指从最简单的关系到更复杂的关系"，他将逻辑方法定义为一种经过修正的历史方法：

> 因此，逻辑的研究方式是唯一适用的方式。但是，实际上这种方式无非是历史的研究方式，不过摆脱了历史的形式以及起扰乱作用的偶然性而已。历史从哪里开始，思想进程也应当从哪里开始，而思想进程的进一步发展不过是历史过程在抽象的、理论上前后一贯的形式上的反映；这种反映是经过修正的，然而是按照现实的历史过程本身的规律修正的，这时，每一个要素可以在它完全成熟而具有典范形式的发展点上加以考察。③

---

① 《马克思恩格斯全集》第31卷，北京：人民出版社，1972年，第311页。
② 《马克思恩格斯全集》第13卷，北京：人民出版社，1962年，第532页。
③ 《马克思恩格斯全集》第13卷，北京：人民出版社，1962年，第532—533页

恩格斯认为,逻辑发展的序列也是历史发展的序列。

> 我们采用这种方法,是从历史上和实际上摆在我们面前的、最初的和最简单的关系出发,因而在这里是从我们所遇到的最初的经济关系出发。①

在恩格斯看来,政治经济学之所以从商品开始,是因为商品在历史上是原始共同体或个人之间交换的第一批产品,在货币出现之前早已存在。

然而,对马克思来说,政治经济学从商品开始的原因在于,在资本主义生产方式盛行的社会中,商品作为财富的基本形式出现。在马克思看来,历史上首先出现的是什么根本不重要。在1857—1858年的《政治经济学批判大纲》一书中,马克思对他的政治经济学方法思想作了如下解释:

> 因此,把经济范畴按它们在历史上起决定作用的先后次序来排列是不行的,错误的。它们的次序倒是由它们在现代资产阶级社会中的相互关系决定的,这种关系同表现出来的它们的自然次序或者符合历史发展的次序恰好相反。问题不在于各种经济关系在不同社会形式的相继更替的序列中在历史上占有什么地位……而在于它们在现代资产阶级社会内部的结构。②

恩格斯之所以对马克思在《资本论》第一版中对价值形式的分析感到失望的原因,在于二人在政治经济学方法上存在严重分歧。

(三)恩格斯《资本论》第三卷补编和增编

在《资本论》第三卷的《补编》和《增编》中,恩格斯重申了他的信念,即政治经济学范畴的顺序基本上对应于该范畴在历史演替中出现的顺序。他认为,从价值到生产价格的逻辑转换就是逻辑过程与历史过程相对应的一个很好的例子。

> 这里所涉及的("从价值规律对生产价格进行理论推导"——引者注),不仅是纯粹的逻辑过程,而且是历史过程和对这个过程加以说明的思想反映,是对这个过程的内部联系的逻辑研究。③

恩格斯认为,逻辑过程最终就是对历史过程的"内在联系的逻辑追求"。基于这种

---

① 《马克思恩格斯全集》第13卷,北京:人民出版社,1962年,第533页。
② 《马克思恩格斯全集》第30卷,北京:人民出版社,1995年,第49页。
③ 《马克思恩格斯全集》第46卷,北京:人民出版社,2003年,第1013页。

方法论的理解,他假定:

> 马克思的价值规律对于整个简单商品生产时期来说便是普遍适用的,也就是说,直到简单商品生产由于资本主义生产形式的出现而发生变形之前是普遍适用的……因此,价值规律已经在长达5000年至7000年的时期内起支配作用。①

附 录

(一)对人格化的补充:资本家产生于资本

> [1]货币(作为价值)形式上的价值的独立的自为存在,或者从物质来说在生产资本形式上的,在生产资料(其中也包括生活资料)形式上的价值的独立的自为存在……劳动的条件对活劳动能力的异己性——已经达到如此地步,[2]以致这些条件以资本家的人格的形式,即作为具有自己的意志和利益的人格化,同工人的人格相对立;财产即对象财富同活劳动能力的这种绝对的分裂或分离——以致劳动条件作为他人的财产,作为另一个法人的实在,作为这个法人的意志的绝对领域,同劳动能力相对立,因而另一方面,劳动表现为同人格化为资本家的价值相对立的,或者说同劳动条件相对立的他人的劳动。②

在上述引文中,[1]指的是第一种人格化,即生产资料统治活劳动的独立权力,而[2]指的是第二种人格化,即资本家代表着绝对脱离劳动条件的活劳动能力。

(二)对异化的补充

以下引文表示了对异化的定义:

> 但是,如果说资本因此表现为劳动的产品,那么劳动的产品也表现为资本——表现为统治、支配活劳动的对象化劳动。因此,劳动在生产过程中是这样起作用的:它把它在客观条件中的实现同时当做他人的实在从自身中排斥出来,因而把自身变成失去实体的、完全贫穷的劳动能力而同与劳动相异化的、不属于劳动而属于他人的这种实在相对立;劳动不是把它本身的现实性变成自为的存在,而是把它变成单纯为他的存在,因而也是变成单纯的他在,或同自身相对立的他物的存在。

---

① 《马克思恩格斯全集》第46卷,北京:人民出版社,2003年,第1018—1019页。
② 《马克思恩格斯全集》第30卷,北京:人民出版社,1995年,第411页。

劳动的这种变为现实性的过程,也是丧失现实性的过程。劳动把自己变成客观的东西,但是它把它的这种客体性变为它自己的非存在,或它的非存在——资本——的存在。劳动作为创造价值或增殖价值的单纯可能性返回到自身,因为全部现实财富,现实价值世界以及劳动本身得以变为现实性的现实条件,都成了同它相对立的独立的存在。孕育在活劳动本身中的可能性,由于生产过程而作为现实性存在于劳动之外,但这种现实性对于劳动来说是他人的现实性,它构成同劳动相对立的财富。①

(三)马克思论贫困问题

劳动能力从过程中出来时不仅没有比它进入时更富,反而更穷了。这是因为,劳动能力不仅把活劳动的条件作为资本创造出来,而且潜藏在劳动能力身上的增殖价值的可能性,创造价值的可能性,现在也作为剩余价值,作为剩余产品,作为剩余资本而存在,作为赋有自己权力和意志的价值而同处于抽象的、丧失了客观条件的、纯粹主体的贫穷中的劳动能力相对立。劳动能力不仅生产了他人的财富和自身的贫穷,而且还生产了这种作为自我发生关系的财富的财富同作为贫穷的劳动能力之间的关系。②

在马克思看来,贫困指的是劳动能力与其自身产品之间的异化和敌对关系,这种异化和敌对关系在劳动条件(包括工人的生存条件)方面作为异己力量,使活劳动屈从于过去的劳动力。其结果是,活劳动永远"处于抽象的、纯主观的、没有对象性的贫困之中"。

因此,它并不是指资本家对工人剩余劳动的剥削,这只是活劳动与过去劳动之间整个(异化和敌对的)关系的一部分,更不是指工人的生活水平的贫困化。

总之,贫穷意味着异化。

---

① 《马克思恩格斯全集》第 37 卷,北京:人民出版社,2019 年,第 412—413 页。
② 《马克思恩格斯全集》第 37 卷,北京:人民出版社,2019 年,第 411—412 页。

马克思的"永恒关系"批判及其"物性"向度分析

王淮仟　王　淼[*]

内容提要：基于对历史的实证研究，马克思意识到，资本主义经济关系之所以被视为"永恒关系"，其根源不在于这种关系作为客体本身所固有的某种天然性质或把握客体的主体的特殊规定（资产阶级经济学家），而是在于主体同客体的知性二分，这使二者陷于以直观和分裂为规定的整体结构之中。马克思试图以"实践"克服这种二分，将主客体置入以二者的同一以及相互塑造为根据的整体结构，并通过此结构本身的展开揭示出了"永恒关系"之生成的根据：独立化的物的关系及其僵死性质。物性对现实的不断重塑最终使得主体客体难以"达到"对方，从而彻底分离开来。是故，只有瓦解物性的持存性，才有可能重新实现主客体之间的这种同一，并使作为神话学产物的"永恒关系"本身走向消亡。

关键词："永恒关系"；整体结构；主体；客体；物性

马克思对国民经济学的批判潜藏着一个关键指向，即他试图从原则上证伪此科学将资本主义社会经济关系（简称"社会经济关系"）把握和理解为"永恒关系"（the external relationship）这一观点本身。这意味着，马克思对经济学的研究不仅容括他对现行社会体制的解剖和分析，同时还内蕴有一种历史哲学旨趣——揭示社会经济关系从生成、奠基到解构以至趋向最终消亡的总体性过程，确证其作为"永恒关系"的虚假性并使这个充斥着神话学幻想的永恒正义在现实生活中自行瓦解，以恢复历史的"流动意义"。不仅如此，在马克思的批判中，扬弃作为客体的"永恒关系"之关键并不在于它自身或主体，因为在二者的背后还存在着它们彼此间共有的"整体结构"，其支撑着主客体间任何有效关系的发生和变易。鉴于国内学界目前对此思想所述甚少，本文试以马克思的"永恒关系"批判为切入点，详尽考察它在内容上的发展，重新审视国民经济学批判的哲学蕴涵，以期推进相关研究。

---

*　王淮仟：吉林大学马克思主义学院研究生；王淼：吉林大学马克思主义学院教授，博士生导师。本文为国家社会科学基金一般项目"马克思人类文明形态思想视阈下的人类文明新形态超越性研究"（23BKS010）、吉林大学研究生创新研究计划项目"形而上学批判视域下马克思颠倒黑格尔辩证法的具体机制研究"（2024CX172）阶段性成果。

一、"永恒关系"之作为对象的理论出场

自从马克思将批判的目光转向国民经济学以来,他逐渐觉察到,这门科学在本质上乃是资本主义社会现实中的种种矛盾投射于理论体系之上的抽象缩影①。1847 年,凭借对蒲鲁东(Pierre-Joseph Proudhon)《经济矛盾体系或贫困的哲学》一书的考论和解读,马克思在《哲学的贫困》一文中揭露了这样一个事实:社会经济关系在国民经济学的体系中俨然成为无法被触动的"永恒关系"②。不仅如此,他还同时发现,与此永恒神话并行不悖的则是国民经济学在方法论上的非历史性③,历史本身对经济学家们而言只是消逝了的存在,"以前是有历史的,现在再也没有历史了"④。应当看到,上述事实将会引发一个关键疑问:"永恒关系"作为批判对象在理论上是如何出场的? 换句话说,它在理论上的存在根据是怎样的? 答案显然应诉诸于国民经济学的体系本身同其所谓"永恒关系"亦即具体语境下的主客体之间的关系问题。这一关系包含两个方面。从一方面来看,国民经济学的体系作为对现实的理论表达,本身起源于并且受制于"永恒关系";另一方面,国民经济学的方法论性质(非历史性)又必然会不断地为"永恒关系"的存在和意义背书,这种双向关系通常被概括为:社会存在决定着人们的意识⑤,而思想和意识在一定程度上亦对社会存在本身造成影响和反作用。

值得注意的是,倘若"社会存在决定意识"仅仅被理解为"客体在本原意义上决定主体",那么二者就会被置入到二元论的语境当中,以偶然的和外在的形式彼此对立。这意味着主客体关系的发生本身不具有内在的必然性,因而无法说明"永恒关系"在理论上如何出场。事实在于,"社会存在"这一概念并非指涉纯粹独立性的客体,而是代表一种整体性的结构,它是主客体的同质形式,只有在此形式当中,二者才能展开彼此间的一切交互关系。就此而言,"社会存在决定意识"应当被理解为"整体结构决定主体";而所谓的"决定"也并非指整体"统摄""支配"主体以及客体,而是在说:二者是立足于整体获得它们自身规定性的。

就此而言,无论是被"永恒化的"社会经济关系还是以之为对象的经济学的体系,都是某种整体结构下的产物。由于此结构决定了主客体关系的两个基本方面——亦即主体把握、理解客体以及客体以一定的方式"面向"主体——因而它只能在对这两方面的前提性反思中才能显现出来。就第一个方面而言,马克思说,国民经济学家眼中只有

---

① 参见《马克思恩格斯全集》第 3 卷,北京:人民出版社,2001 年,第 291 页。
② 参见《马克思恩格斯文集》第 1 卷,北京:人民出版社,2009 年,第 612 页。
③ 参见《马克思恩格斯全集》第 47 卷,北京:人民出版社,2004 年,第 445 页。
④ 《马克思恩格斯文集》第 1 卷,北京:人民出版社,2009 年,第 612 页。
⑤ 《马克思恩格斯文集》第 2 卷,北京:人民出版社,2009 年,第 591—592 页。

两种制度,"一种是人为的,一种是天然的。封建制度是人为的,资产阶级制度是天然的。"①因此,国民经济学的体系只能建立在一个不变的恒定基础之上,且它对于这个基础本身只能采取直观态度;就第二个方面而言,马克思敏锐地看到资产阶级制度本身作为"暂时的和历史性的形式",却自为地固定下来,成为"不受时间影响的自然规律"②和"应当永远支配社会的永恒规律"③。这就是说,现有的经济学体系既截断了社会经济关系的运动史,同时还终结了自身作为一门实证科学的发展史,它的全部内容被设定了界限,亦即既定存在着的"永恒关系"。

所以,我们看到,试图最大限度地阐明社会经济关系之运行规律的经济学原则上并未深入这种关系本身,它游离于经济关系之外并同其保持着无法被弥合的质的距离。二者之间处于以直观和分裂为规定的知性式的整体结构当中。关于此结构的基本形式,我们可以从卢卡奇对马克思经济学批判的评述中得到一些启发性的观点。他借用布洛赫(Ernst Bloch)的比喻说明了经济学的体系如何同现实的经济关系之间发生直观分裂:"如果大自然成了风景——而农民虽生活在大自然中,却并没有意识到这一点——那么艺术家对风景的直接经历是以观察者和风景之间的距离为前提的。"④具体来说,自然作为客体面向艺术家敞露自身的过程,同时也是艺术家体验并且把握自然的过程,主体以及客体在这里已经体现出彼此在整体结构意义上的相互支撑、相互规定。但是,这种支撑或者规定却带有否定的含义,因为它使二者无法深入对方从而遮蔽自身:在布洛赫的隐喻中,自然本身化为风景、艺术家能眺望自然并心生美感的共同前提正是二者之间存在着的"距离",唯有如此,艺术家才能在视野中充分容纳自然所展现出来的种种景象,"否则的话,大自然对他来说,是不可能成为风景的"⑤。然而,如果主体客体之间必须保持绝对的距离感,那么主体不仅要实质性地远离客体,而且客体本身也要进行自我封闭,以便在某一种既成的存在形式当中固定下来。如此,主体把握客体的方式只能是直观的、无中介的,这一方面表明主体"对他自己的思维以及对他周围的经验客体的关系就只能是直接的关系"⑥,另一方面则意味着自我封闭了的客体已取消了主体深入自身内部结构的任何可能性。

目前为止,卢卡奇的转述已经在一定程度上展现了直观性的整体结构之基本特征。在这种结构中,主体客体虽然是在整体的意义上相互规定着的,但二者却凭靠对彼此的直观强行遮蔽自身和他者的本质,这不仅筑牢了主体对于自身直观思维方式的确定性,同时也使得运动着的客体被强行固定在自身的某一环节之中,阻滞了其行将质变。故

---

① 《马克思恩格斯文集》第1卷,北京:人民出版社,2009年,第612页。
② 《马克思恩格斯文集》第1卷,北京:人民出版社,2009年,第612页。
③ 《马克思恩格斯文集》第1卷,北京:人民出版社,2009年,第612页。
④ 卢卡奇:《历史与阶级意识》,北京:商务印书馆,1999年,第247页。
⑤ 卢卡奇:《历史与阶级意识》,北京:商务印书馆,1999年,第247页。
⑥ 卢卡奇:《历史与阶级意识》,北京:商务印书馆,1999年,第306页。

此而言,这种整体结构只能看到主体和客体的持存形式,而看不到其运动发展的本相。

二、实践中的异化现象及其"物性"

直观性的整体结构及其所导致的困境使得"永恒关系"在理论上得以出场。但这里还面临另外一个问题,即此关系是如何现实地生成的? 马克思意识到问题关键并不单纯在于主体或者客体本身,因为它是超出二者之上的整体性问题。所以,不论主体还是客体,其在存在方式和彼此关系上的改变只可能发生于整体结构本身的变革中。也就是说,整体结构必须打破那种直观分裂形式,重建主客体间的原初同一性,这表现为主体不再把握客体为某个与自身相对置的东西,而是融入客体之中;客体亦从当下既定的存在形式中脱离出来,将之作为一个环节重新纳入到自身的运动过程之内。这种整体结构即为"实践"(Die Praxis)。它意味着主体客体不再固守知性式的对立,而共存于一个使双方不断地趋向完善的动态的过程。

这是"永恒关系"之生成的现实根据。在马克思看来,实践作为主客体关系的整体结构本身是在自身发展过程中逐渐获得其规定性的,这个过程并非由一种结构到另一种结构的外在过渡,而是同一结构在自身内不断展开的分化和变迁。对于这一过程,马克思沿用了黑格尔的术语,将其称为"自我异化(Entfremdung Selbst)"。这即是说,主客体的同一虽然通过对彼此的塑造而在实践活动当中不断展开,但是这种塑造将会首先走向自身反面,因为人的活最初是外在于他的环境和现实的,这意味着活动产物只有在现实中"固定"下来才能称得上是有意义和有效准的,然而这样一来,产物本身又融入了外在现实当中而疏离于人的活动之外,于是,主体客体将在实践的整体结构中逐渐地过渡为彼此间的相互排斥。①

这种自我异化现象的具体化形式清晰地体现于马克思所揭示的商品拜物教的普遍存在,即以商品关系为核心的人与人之间的关系本身被固化为"物的关系"。在他看来,这一现象源于商品形式本身所具有的颠倒力量。从一方面来看,商品具有"被生产出来的使用价值"这一本质环节;另一方面,商品同时也是"被用于交换的交换价值",这是其非本质的环节。马克思敏锐地洞察到,这个非本质的环节最终使得商品在自身内部发生了本质性的"颠倒",它不复以"使用价值"而以"交换价值"为自身的本质规定。不仅如此,凭靠这种颠倒力量,商品形式也同样造成了人与人之间物质关系的颠倒,同样致使本质环节(生产关系②)隶属于非本质环节(交换关系),并设定后者为决定人与人的物质关系之唯一的尺度。

---

① 主体与客体的"相互排斥"并非是指二者终止了对彼此的塑造从而脱离了以实践活动为本质规定的整体性结构,因为"排斥"不等同于"直观",而已经意味着"塑造"。

② 这里仅指狭义上的生产关系(生产环节)而非广义上的社会生产关系。后者还应包括交换关系、分配关系等。

如此,商品形式本身及其颠倒力量最终创生出了独立性的物的关系。这种关系要求在客观上达到一种固定化的、具有稳定性的形式,否则它就无法支撑整个商品交换关系的维持和运转。这一情况在商品关系的交换环节内部最为明显。在对价值形式的发展过程进行考察时,马克思曾提及商品价值"只能在商品同商品的社会关系中表现出来"①,即只能在交换环节的现实展开过程中表现出来;因此,商品交换过程越是稳定,越是具有固化了的特质,商品实现自身价值这一过程本身也就越是容易实现。故而,交换环节内部必然存在一种由不稳定的形式逐渐过渡到稳定形式的倾向——在依次经历了各个发展阶段之后,这种倾向最终止于货币形式。于是,我们看到,作为整个商品世界的完成式,货币终以物的形式掩盖了劳动的社会性质以及私人劳动者的社会关系。②

这样一来,人的劳动关系在结构上逐渐趋向物的关系,并疏离于自身之外从而成为"可感觉而又超感觉的"自为存在,它是僵死的和无法被触动的。这种不可触动性也就是物的关系所具有的根本性质,亦即物性(Das Dingheit)。后文将会指明,马克思对"永恒关系"的批判性分析正是以物性的自我实现为主线的。随着物性在现实生活中逐渐实现自身,实践活动这一整体结构将持续地发展出各环节,继而使得主体以及客体在各自存在形式上不断发生变化,这之中便涵盖"永恒关系"自身从生成、奠基到解构乃至最终消亡的扬弃过程。

三、"永恒关系"从生成到奠基:物性对客体的同化

作为占支配地位的商品形式下的产物,物性本身将在这一形式的发展中不断拓展自身的规定性。因此现在被置于考察中的已经不再是抽象化的物性概念,而是它在具体层面上的自我实现——它首先表现为物性对客体的同化作用(assimilation),并基于此获取更具稳定性的存在形式,于现实中巩固自身,这构成了"永恒关系"从生成到奠基的过程。

物性同化最初是为商品关系的抽象规定性对具体的社会生产方式进行同化。随着商品交换环节的日趋稳定化、生产工具的大规模使用和生产能力的不断提升、剩余产品开始出现以及生产目的本身逐渐发生变化,一种新的生产生活形式将被创生出来:人们将对现有生产方式进行变革,进而根据已经稳定化的商品交换关系建立起以交换价值的增殖为生产目的和原则的新的生产方式。其次,这种同化作用会进一步深入社会经济关系之中。马克思的研究表明,在更高阶段的生产方式出现之前,现行生产方式非但不会遭到消灭,反而会持续不断地嵌入现实,否则就只能作为某种随时被抛弃和取代的偶然之物。他清楚地看到,对于渗透着物性的商品生产方式来说,嵌入现实的最佳方式

---

① 《马克思恩格斯全集》第44卷,北京:人民出版社,2001年,第61页。
② 《马克思恩格斯全集》第44卷,北京:人民出版社,2001年,第93页。

不外是"改写"现实,即以自身规定性为基准重新改造社会经济关系,归聚其中那些分散了的环节从而使之统一运行于商品生产方式的限定范围之内。最后,为了彻底实现自身为具有普遍效力的社会准则,被改造的经济关系又将以同样的方式归聚社会关系中的其他有机组成部分——政治、宗教、伦理和家庭关系等——从而打破它们彼此间在过去一切世代中的孤立性。如此一来,物性同化最终导向的结果是:基于商品生产方式而组建起来的社会经济关系乃是现实生活内部根本性的关系。

更为致命的是,马克思意识到这种同化作用正在逐渐地遮蔽社会经济关系自身的历史性,因为支撑它们并使之得以有效的根本范畴亦即生成性的时间已经被物性消灭了。对于现行社会经济关系而言,为了加快商品生产和交换的循环速度,效率俨然成为劳动活动中的根本尺度,而为了充当效率本身的衡量标准,时间只能被理解为一种定量化的单位。马克思对"社会必要劳动时间"的实证性分析已然体现了这一点,这个概念本身揭示出了如下困境:现行社会经济关系中的作为无限流动性的时间沦落为了一种有限性的空间(limited space),它的意义已不再取决于自身,而取决于能够"容纳"多少商品。按照卢卡奇的说法,生成性的时间在这种情况下已经"凝固成一个精确划定界限的、在量上可测定的、由在量上可测定的一些'物'充满的连续统一体"①。不仅如此,由于一切社会关系在本质上都是经济关系在不同方面的映现,因而,可以直接预见的结果是:在绝对量化了的时间中,人们仅能见到事物的同质性(homogeneity),而看不到事物的自我扬弃和质变,因为质的差别对于事物而言已经是漠不相关的规定。如此,作为这些绝对无差别事物的"堆积",时间宛如僵死化的、斯宾诺莎式的实体,仿佛它的活动仅仅是使一切事物融于这种实体,"一切都萎谢于实体之中,一切生命都凋零于自身之内"。② 于是,时间的生成性本质就被逐渐地遗忘了,而现行的社会经济关系作为被物性同化的客体,最终便成为了"永恒关系"。面对这一关系,人们至多"只能利用它们的规律,最多只能了解它们的结构,但决不能推翻它们"③。

有鉴于此,人们容易陷入这种观点:社会经济关系的真理性似乎就是物性。然而,根据马克思的论断,物性只是既定存在着的,但绝非恒定的;它只有确定性,但没有真理性。关于将物性的确定性误认为真理性的做法,马克思分析道,人类迄今为止对自身生活形式的思索和考察总是"从事后开始的",亦即"从发展过程的完成的结果开始的"④,这种生活形式"在人们试图了解它们的内容而不是了解它们的历史性质(这些形式在人们看来已经是不变的了)以前,就已经取得了社会生活的自然形式的固定性"⑤。所以,对于完成了的既定存在而言,一切生成过程本身无非是消逝了的东西。

① 卢卡奇:《历史与阶级意识》,北京:商务印书馆,1999 年,第 157 页。
② 黑格尔:《哲学史讲演录》第 4 卷,北京:商务印书馆,1983 年,第 103 页。
③ 卢卡奇:《历史与阶级意识》,北京:商务印书馆,1999 年,第 73 页。
④ 《马克思恩格斯全集》第 44 卷,北京:人民出版社,2001 年,第 93 页。
⑤ 《马克思恩格斯全集》第 44 卷,北京:人民出版社,2001 年,第 93 页。

在马克思看来,任何一种意在切中人类生活形式的本质的思考都应转向其历史性,而对这种历史性的考察也应当在整体结构的视域下展开。如我们即将看到的那样,这一结构本身将持续地陷入自我异化之中,凭借同化作用而主宰客体的物性将在主体意识中以渗透(permeation)的方式实现自己的全部规定性。

四、"永恒关系"从奠基到解构:物性对主体的渗透

回到现实语境当中,我们看到,社会经济关系如今仅仅具有"既定存在"的物性化形式。与之相应的另一个层面,则关涉到主体,他们对这形式本身产生了独断的确信,从而希望"工人在目前已经形成、经济学家已经在自己的教科书里加以描述并予以肯定的社会里停滞不前"①——这反映出,物性并不仅仅只存在于客观现实之中(同化),而且还普遍地渗透进了主体意识内部,同化、渗透本质上无非是同一过程(物性实现自身)的两个先后展开的环节。

是故,倘若主体曾经能在物性同化客体之时保全自身,与之互相排斥,那么现在,由于主体已为物性完全渗透,其在认知自身或客体时所能获悉到的就仅仅是完全同质了的内容。这意味着,当主体在从事活动之时,他已经不可能超出这种内容上的绝对限制。于是,主体意识及其活动便同客观现实本身具有了同一种物性规定、主体已经从根本上丧失了同客体相排斥的能力,因为其无非是另外一种"客体"。不过,尽管主体客体在内容上不再有实质性的差别,但一般的知性思维却还是为它们留下了一种不真实的差别——这种差别属于形式,即主体和客体仍然被武断地界定为不同于对方的存在者。这样一来,我们看到,它们彼此间因物性所取得的"同一"实际上仅仅是假象,二者毋宁说是绝对相离散的②。

藉此,实践作为整体结构已在自我异化当中过渡到了新的环节。对于物性而言,凭借其在自身之内对主客体这两个环节的改造,它在现实世界中的自我确证似乎是完成了。不过,不同于其同化作用,物性渗透本身有着层次上的差异:尽管经济学家和资产者只能在物性规定了的范围内以特定的方式把握受物性同化的客体,但他们在一定程度上却始终保持着对自身行为的自主性的"确信",也就是说,他们缺乏对物性渗透的

---

① 《马克思恩格斯文集》第 1 卷,北京:人民出版社,2009 年,第 653 页。

② 由此可见,以直观分裂为规定性的整体结构,究其实质而言乃是实践活动式整体结构的一个环节,正是实践活动的自我异化所产生的物性使得主体和客体相互离散,继而堕入到了对彼此的纯粹直观之中。之所以以"离散"形容主体客体间的关系,这是因为:从一方面来看,主体客体在此前的排斥状态本身源于二者的异质性,主体试图触动客体从而打破这一局面,但是现在,因为主体客体在物性的规定性下具有了同质的形式,主体必须彻底接受物性规定(不管自愿与否),因而其已无法从根本上排斥客体;另一方面,二者之间又存在着绝对的差异性,因为知性思维方式设定了主体客体的二元对立。如此一来,二者看似仍然处在同一整体结构之中,但事实上,主体所能做的仅仅是游离于客体之外,它甚至无法在真正意义上对客体进行直观,因为它所直观到的东西仅仅只是自己。

自觉意识。所以,在他们的主体意识之中,物性还未获得完全实现了的形式——只有无产者的出现才真正意味着这种形式成为可能。通过马克思对无产者亦即雇佣工人生存方式的阐述,我们发现,在现行社会经济关系下作为劳动力占有者的工人"不得不把只存在于他的活的身体中的劳动力本身当作商品出卖"①,而他同时又"没有别的商品可以出卖"②,于是"作为商品的劳动力"就成为了工人自身唯一的规定性。当无产者失去了一切人的规定性并被强行赋予作为物的规定性(劳动力)后,他便无法回避作为生命、精神或人格理性的自身已经沦为一些无关的非本质规定这一事实——只有当其作为劳动力的使用者时,其生存才能够得到维系。可见,无产者作为人、作为主体,本质上却已然成为纯粹的物,他能真切地感受到物性对自身的侵蚀渗透;相较于资产者和经济学家们深陷其中不自知的处境,无产者已经能直观地触及到物性本身所具有的秘密,因为这个秘密只是他的现实存在,而无产者对物性的认知就是他的自我意识。

藉此,作为由既存的物性世界内部孕育出的异质因素,无产者逐渐地发觉到物性固有的虚假性以及物性存在的暂时性:他同一切商品一样,在实现自己的交换价值时必须依赖交换过程以及具体交换行为本身的固定性,他不断为出卖劳动能力寻找机会,并且希望这个机会对他而言能够持续存在(以免失业)。然而,经济现实却反复地表明,交换过程本身并不具有绝对持存的意义。因此,透过无产者们的处境和命运,物性开始不断暴露出自身的消极因素,其虚假性和暂时性作为潜在存在着的东西被逐渐呈现了出来。这不仅使物性本身开始瓦解,同时也使得受其渗透的无产者开始自觉认识到:仅仅由于在现行社会经济关系即"永恒关系"中被迫成为了无产者,他才彻底沦滞为物;但是,这个关系本身并非如其所呈现的那样是无法触动的僵死存在,它也就存在着难以维系自身并趋向于解构的可能性。在这种情况下,无产者必然会逐渐产生一种新的历史意识:"一旦我们逃到其他的生产形式中去,商品世界的全部神秘性,在商品生产的基础上笼罩着劳动产品的一切魔法妖术,就立刻消失了。"③这种意识虽然是较为模糊的、预想性的,但却真切地意味着一种质的变化。

五、"永恒关系"从解构到消亡:物性对自身的溶解

如前所述,在马克思关于"劳动力转化为商品"的考察中,工人作为纯粹物的特殊存在被揭示了出来。并且,这同时意味着在陷于异化的整体结构内部已经浮现出了某种自我扬弃因素:凭借物性渗透主体这一过程,无产者立足于自身存在方式窥视到了物性的虚假性和暂时性,亦即物性在历史中生成、在历史中消逝的本质。这种认识直接地

---

① 《马克思恩格斯全集》第44卷,北京:人民出版社,2001年,第196页。
② 《马克思恩格斯全集》第44卷,北京:人民出版社,2001年,第197页。
③ 《马克思恩格斯全集》第44卷,北京:人民出版社,2001年,第93页。

对立于经济学家和资产者的自我封闭化的认识,后者始终确信现实经济关系是绝对的自为存在(Das absolute Fürsichsein)、不依赖于主体的客体。相比于此,由于无产者已开始认识到他的现实就是物的现实,因此对于物性本身来说,无产者已达到一种实践性的认识①,这种认识使得主体客体开始在实践的整体结构当中重新达至更高层次上的同一。

但是,这同样要经历一个过程。首先,无产者的特殊存在——一方面是作为物的主体,另一方面则是作为主体的物——将使主体客体从彼此间相互离散了的内容和形式中回撤出来,过渡到二者的外在统一。但是,由于这种统一关系源自于无产者对自身存在方式的直接确证,因而它仅仅存在于无产者的主观认知当中,并不具有此前各个发展阶段(诸如排斥、离散)的现实性。这一点在无产者当下的被动处境当中便能得到说明:尽管他已对自身的物性有所省察,可充斥着物性的客体仍然是一个无法被触动的事实,而无产者至多只能作为一个微不足道的环节和质料被消融于客体之内,在这个意义上,客体本身仍然是"自律的"。显然,尽管主体已经偕同客体在无产者的自我意识中达致统一,但它却难以在现实处境当中实现。根据马克思的观点,这一方面是由于历史发展的阶段性还不足以产生和创造出物质的革命要素,另一方面则是由于无产者此时在自我意识的层面上尚存在着根本的局限性,因而不可能真正意识到事物本身。所以,即使无产者们能够行动起来,但他们却仿佛"不是按照对象世界所固有的规律来对待对象世界,而是按照任意的主观臆想和与事物本身无关的意图来对待对象世界"②。最典型的一点在于:无产者对于自身在实践当中遭受到的这种外在强力——其通常体现为资本对劳动的全面统治——并未给予真正的实践性的理解;作为主体,他们无非是将那些外在之物当作对立于自身的异己性力量并直接展开盲目的斗争。③

对这一局限的揭露构成马克思以大量篇幅阐释"剩余价值"的缘由和目的。撕毁剩余价值之存在的神秘帷幕,其意义不只是在于凸显剥削现象的普遍性,或使无产者意识到如下事实——支配其生命的外在强力实际是他在劳动过程中一手创造出来并加以巩固的、正是已经积累起来了的死的劳动在不断汲取着获得劳动,资本所具有的统治权力正是他自身赋予的——它的真正意义在于从理论上对客体中持存着的物性进行"溶解",使得"永恒关系"从僵死不动的固定关系化为由无产者创造的"生产和再生产的不停的过程"④。这样一来,马克思最终揭示了:无产者不再是客体中的极为渺小和可有可无的组成环节,由于剩余价值本身延续着资本的生命,所以这一群体本身乃是现实中的"主体—客体"。在此规定性下,主客体间的统一性不再是外在的联合,而是自觉地把握到彼此在形式和内容上的同构性。因此,这种统一也就意味着真正的更高层次的同一。

① 卢卡奇:《历史与阶级意识》,北京:商务印书馆,1999 年,第 262 页。
② 《马克思恩格斯全集》第 1 卷,北京:人民出版社,2009 年,第 317 页。
③ 这表现为早期欧洲工人运动的典型特征,例如打砸机器、捣毁厂房等。
④ 卢卡奇:《历史与阶级意识》,北京:商务印书馆,1999 年,第 277 页。

进而言之,当无产者在更高阶段上达到主体—客体的自我意识时,这一群体便真正上升为"阶级"。对于无产阶级而言,把握客体首先在于否弃它的物性,使之化为活动着的、可以被触动的东西。于是,物性的真理性必然会在无产阶级眼中发生彻底的崩坏和溶解。我们看到,无产阶级曾经只是以同劳动过程中的外在强力发生直接对抗的方式来否定物性,并且这种尝试总是受到现实的干扰而沦于失败;那么现在,由于这个阶级已经认识到自身的主体—客体意义,因而其必然将自己对外在之物的毁坏和对物性的否弃收回到自身之内,从而使"关于客体如何变革"的问题上升为"客体如何自我变革"的问题。这也是马克思所强调的无产阶级首先必须"消灭自身"才能解放自身的根本性原因,因为无产阶级本身是通过物来规定自身的,所以其不抹除自己作为物的身份,也就不能重拾自己作为人的身份。

是故,一切客体将在物性的崩坏中自我变革,受其同化而凝固于现实中的"永恒关系"遂将消亡。这一过程要求无产阶级不再将自身看作物,而是将物看作自身。无产阶级的觉醒赋予了客体变革的推动力,他们"宣告迄今为止的世界制度的解体,只不过是揭示自己本身存在的秘密",因为无产阶级正是"已被意识到了的社会发展的矛盾"①,它融于无产阶级的现实生活之中,并且在资产者和经济学家们目力所未及之处不断地积蓄力量。在这个意义上,马克思对国民经济学的宏大批判叙事可以凝为一言:"生产力的增长、社会关系的破坏、观念的形成都是不断运动的,只有运动的抽象即'不死的死'才是停滞不动的。"②

六、结　论

在马克思看来,每个时代的人"借以进行生产、消费和交换的经济形式是暂时的和历史性的形式"③。然而,经济学家和资产者却力主将现行经济形式及其规律看作永恒化的自然规律而非历史性的规律。④　知性式的二分立场在此显露无遗。马克思须突破主客体的这种二元设定局面,从整体的角度出发,才能确证社会经济关系本身的历史性。本文基于马克思的"永恒关系"批判论述了其作为批判对象的现实性根据以及其由生成、解构乃至崩坏和消亡的扬弃过程:(1)国民经济学的体系同他致力于考察的社会经济关系之间存在一种直观性的整体结构,此结构使"永恒关系"在理论上出场。(2)马克思的"实践"是对此结构的扬弃。然而,实践作为整体结构在发展过程中陷入自我异化,物的关系遮蔽人的关系,并使主客体间发生相互排斥,客观现实被物性所同化,"永恒关系"自此生成。(3)在对主体的渗透中,物性实现了其自身,主体遂丧失了

① 卢卡奇:《历史与阶级意识》,北京:商务印书馆,1999 年,第 272 页。
② 《马克思恩格斯文集》第 1 卷,北京:人民出版社,2009 年,第 603 页。
③ 《马克思恩格斯全集》第 47 卷,北京:人民出版社,2004 年,第 441 页。
④ 《马克思恩格斯全集》第 47 卷,北京:人民出版社,2004 年,第 445 页。

触动客体的可能性,二者于是成为相互离散着的,但是这样一来,作为物的主体即无产者将认识到物性的真正秘密,认识到"永恒关系"不过是有待于解构的假象。也就是说,(4)无产阶级将在自身之中直接占有主体客体这两个离散的环节,使二者过渡到彼此的同构性,其在消灭自身的同时溶解了物性,继而使受其同化的"永恒关系"走向消亡。在这个意义上,马克思的"永恒关系"批判是对黑格尔的"思有同一"学说的吸收和借鉴,这在当前文本学考证的热潮中不失为新的阐发视角,其对我们深入马克思经济学批判的哲学语境而言良有裨益。

论阿尔都塞对马克思主义辩证法的科学主义改造及其理论效应

卢斌典*

内容提要:唯物辩证法是马克思主义的瑰宝。卢卡奇、葛兰西和萨特等早期西方马克思主义者继承了马克思主义辩证法思想精髓,主张理论与实践、主体与客体的结合。而阿尔都塞反思早期西方马克思主义者对辩证法的历史化和人道化解读,强调马克思主义辩证法的科学性和纯洁性。阿尔都塞的阐释侧重于马克思主义辩证法中的结构性或共时性的维度,揭示社会结构的辩证运动,防止辩证法走入意识形态的泥淖中,实现从主体到结构的跃迁,揭示结构的在场和主体的空场。具体说来,阿尔都塞通过马克思的生产一般概念,将辩证法看作是"理论实践"的产物,辩证法是一般乙对一般甲的作用,最终产生一般丙,将马克思主义辩证法看成是黑格尔哲学加李嘉图经济学思想的综合的结果;阿尔都塞阐述"归根结底"的实际要义,赋予辩证法以"多元决定"的哲学意涵,凸显经济因素不是单独起作用,驳斥第二国际的经济决定论;晚期阿尔都塞推崇对形势和偶然性的研究,逐步消解辩证法的合理形态,走向偶然相遇的唯物主义,否定马克思主义辩证法的真实存在。阿尔都塞对马克思主义辩证法的科学主义改造,既在一定意义上保卫了马克思主义的科学性,回应了对马克思主义的误读,但他又误解了马克思主义的基本命题,割裂了历史与结构的内在关联,并最终脱离了马克思主义的基本立场。同时这种改造也潜移默化地影响阿尔都塞同时代人以及后阿尔都塞主义对马克思主义辩证法的理解。

关键词:结构辩证法;多元决定;结构因果性

阿尔都塞是经典西方马克思主义流派中的重要代表人物,他对马克思主义辩证法的改造是我们理解他的哲学观的重要维度。关于阿尔都塞辩证法的理论性质众说纷纭。很多学者认为阿尔都塞的辩证法思想属于"结构辩证法"。"结构辩证法"究竟是一个什么东西呢? 它是结构主义的辩证法还是说它是对结构本身重要性的指认或者它

---

* 卢斌典:哲学博士,青岛大学马克思主义学院讲师,硕士生导师,研究方向为马克思主义哲学。本文为山东省高等学校优秀青年创新团队项目"马克思哲学与新儒家融通视域下的道德建设研究"(2023RW001)阶段性成果。

指涉"历史辩证法"的反面？如果说它是前者，这种观点就先入为主地给阿尔都塞思想打上结构主义流派的标签，认为阿尔都塞的辩证法思想也隶属于结构主义范式。而阿尔都塞在《自我批评与论文集》中反思自己与结构主义调情，声明自己用的概念（比如结合、整体、多元决定等）与结构主义有着明显的不同。随着对阿尔都塞文献的出版以及国内外学者的争论，我们发现阿尔都塞的思想并非是结构主义式的，而是一种科学主义的理论建构，特别是汲取法国科学认识论、新实证主义马克思主义等理论资源的滋养，赋予马克思主义辩证法新的内核和样式以应对特定的理论形势。

一、丛林历险：经典西方马克思主义辩证法的形态变迁

辩证法起源于古希腊哲学，随着社会历史的变迁，辩证法的内涵形态不断发生改变。古希腊罗马哲学家致力于对宇宙本源的探索，他们追问现象背后的本体，相继提出水本原、火本原、气本原、数本原等诸多假说。其中泰勒斯认为世界的本原是水，赫拉克利特认为世界的本原是火，万物流变且对立统一，为辩证法奠定了基石。毕达哥拉斯认为世界的本原是气数，他进而探索世界中的逻各斯。巴门尼德认为万物的本质不是物质性元素，而是一种抽象原则——存在。巴门尼德认为存在是不变的，不生不灭，变化的只是一些现象。之后，恩培多克勒提出四根说，阿那克萨戈拉提出种子说，德谟克里特提出原子说。在苏格拉底那里，辩证法则变为一种对话的艺术和精神助产术，他主张用论辩诘难的方式进行反问，找出对方论断中的矛盾，进而使其改正自己的观点。在柏拉图的哲学中，他认为感觉是变动的和不可靠的，而事物背后的理念是不变的和可靠的，理念反映着事物之间的普遍联系。于是辩证法第一次以客观的形式出现，有意识地阐述辩证法的一般运动。亚里士多德认为具体事物是第一实体，思考形式与质料、潜能与现实的关系，研究辩证思维的最主要形式，第一次将哲学与其他学科区别开来，进一步将辩证法发展为形式逻辑与三段论。而随着智者学派的出现，辩证法逐渐演变为诡辩术。漫长的中世纪哲学家则将辩证法变为神学的婢女，沉浸在对上帝的本体论证明中。近代以来，哲学的主体性逐渐觉醒，他们将注意力放在人的认识领域，探索知识的可靠性与经验（或理性）的可能性。无论是笛卡尔、洛克、斯宾诺莎还是休谟都思索思维何以认识存在。康德在前人的基础上将现象界与物自体进行划界，而黑格尔则主张调和矛盾，用以绝对精神为核心的唯心辩证法解决前人思想体系中存在的问题。

马克思主义辩证法的出场使得辩证法真正成为变为科学。它将唯物主义与辩证法紧密结合起来，批判黑格尔为唯心辩证法的"颠倒"和"头足倒置"，拒绝费尔巴哈的半截子唯物主义，将辩证法奠基在人本身以及人的实践之上，实现了范式转变和主题更新。马克思对辩证法的论述散落在《1844 年经济学哲学手稿》《神圣家族》《德意志意识形态》《〈政治经济学批判〉导言》和《资本论》等著作中。马克思曾意图写一本小册子专门谈论辩证法问题，而由于精力和健康等问题这一愿望未能实现。恩格斯进一步

诠释了马克思的辩证法思想,发展出一套科学的自然辩证法思想。然而在第二国际和斯大林体系那里,马克思和恩格斯的辩证法思想以及它们的科学性和超越性遭到冷落或曲解。伯恩斯坦和考茨基用进化史观和新康德主义来理解马克思的辩证法,曲解了马克思的科学方法。梅林和普列汉诺夫则把历史唯物主义看作自然唯物主义的补充(推广论),抽离辩证法来谈唯物主义。斯大林教科书体系则指出历史唯物主义就是把辩证唯物主义原理研究社会生活,使马克思主义辩证法变得僵化,辩证法的活性被抹杀。列宁总结反思"推广论"的不足,指出马克思主义是认识论、辩证法、逻辑学的统一,其中辩证法的核心就是对立统一规律。

经典西方马克思主义则重视马克思主义辩证法的批判性和革命性,卢卡奇、葛兰西、霍克海默、阿多诺、萨特等人相继提出总体性辩证法、实践哲学、启蒙辩证法、否定辩证法、人学辩证法等观点来凸显马克思主义辩证法的当代价值。重返马克思主义辩证法的真实内涵既能在理论上消解教条主义、实证主义和机械主义等错误倾向,又能在实践上解决人的物化和革命意识薄弱等问题。卢卡奇在《历史与阶级意识》(副标题为"关于马克思主义辩证法的研究")指出辩证法是一种方法,马克思主义辩证法的实质就是把社会作为总体来认识,马克思主义是关于社会总体发展的科学。通过马克思主义辩证法的再理解,卢卡奇认为辩证法只存在于社会和历史领域,不存在于自然界,这种辩证法能破除传统理性主义哲学,消解现实生活中的物化难题,唤起无产阶级的革命意识。葛兰西则将马克思主义哲学理解为实践哲学。这种实践哲学正是要回归马克思主义辩证法的实践性、历史性和生成性,采取辩证的总体观进而打通主体与客体、理论与实践之间的壁垒,融合政治社会与市民社会,将有机知识分子作为革命成功的重要力量。葛兰西将实践哲学与传统的唯物主义区别开来,认为实践哲学是把李嘉图的政治经济学转变为哲学语言,然后推广到历史上去。他指出,恩格斯是实践哲学的始祖,恩格斯没有使用唯物辩证法这一说法,而是合理的辩证法这一措辞,实践哲学具有实践一元论和绝对历史主义的特征,它的核心任务是战胜各种形式的意识形态并教育好人民群众。

法兰克福学派也注重对马克思主义辩证法的阐发,他们通过对启蒙理性、概念拜物教、文化工业、极权主义、交往理性、现代性、性格心理等问题的批判,形成一种带有家族相似性的"批判理论"。霍克海默和阿多诺试图揭露文化进步走向反面的问题,揭示辩证理性。启蒙原本是一种光明和解放,而在现实生活中发生反转。他们认为文化工业实则是对大众的欺骗,文化工业是大众意识从属于制造商们的意识。阿多诺则进一步反思哲学理念中的绝对同一与概念拜物教,猛烈批判当代资本主义的意识形态。阿多诺指出辩证法是对非同一性的认知,阿多诺反对传统本体论和哲学体系,他认为辩证法如同一种星丛,否定辩证法变为对辩证法的否定,最终导致崩溃的逻辑。马尔库塞则进一步阐释马克思与黑格尔辩证法之间的联系,马克思抛弃黑格尔辩证法的形而上学性,使辩证法成为社会和历史的辩证法,并将其奠基在人自由自觉的实践活动的基础上。

马尔库塞还批判单向度的社会,揭示肯定的文化和否定的文化,提出新感性和审美救赎理论。哈贝马斯重视对合理性与合法性的解释,他系统研究现代性理论谱系,创造性提出以主体间性为核心的交往行为理论。弗洛姆和赖希援引弗洛伊德主义,将马克思主义与弗洛伊德主义紧密结合起来,意图用弗洛伊德性格理论补充马克思主义意识形态学说,用弗洛伊德的性革命理论补充马克思社会革命学说。他们从人的精神心理出发,发挥马克思对人、异化、实践等概念的解释,分析人的潜意识以及法西斯主义产生的根源。

萨特则强调马克思主义是唯一不可超越的哲学,但马克思主义辩证法需要人学的补充。萨特对辩证法的改造实则是使马克思主义辩证法重新解释了社会历史现象,把人的自我意识和人的实践看作马克思主义理论的阿基米德点。关于辩证法,萨特质疑恩格斯的辩证法,他认为辩证法只存在于人与物以及人与人之间,只能限制在个体实践的社会生活领域,而不存在于自然界中。同时他反对自卢卡奇肇始对总体性的研究,萨特认为总体性只存在于想象事物之中,它是一种僵死的属性。而事物是运动的,他企图用运动着的总体化代替总体性。同时,他还提出前进—逆溯的方法,前进和逆溯的方法实则是对马克思主义辩证法的演绎。在萨特那里,实践是一种目的性谋划,实践的前进性表现为它在行动中始终朝向某个未来的预期结果。实践的逆溯性表现为在行动中总是包含着对过去的物质性条件的回溯。这种前进和逆溯纠正了教条主义和实证主义,彰显了辩证法的历史性和具体性,它既是思维具体,又是现实结构,是马克思主义历史理论的核心。

总的说来,经典西方马克思主义者拒斥第二国际对马克思主义辩证法的肤浅解读,又否认恩格斯的自然辩证法理论,用以异化、实践为核心的历史辩证法解释马克思主义辩证法,最终发展为具有人本主义色彩的辩证法理论。与此同时,他们借用黑格尔、韦伯、西美尔、弗洛伊德、海德格尔等哲学家的思想资源重新解释、补充和改造马克思主义辩证法。而阿尔都塞看到以往西方马克思主义对辩证法认识上的问题,主张必须捍卫马克思主义辩证法的科学性,他结合法国科学史学派、精神分析学、结构主义等哲学思想,拒斥对马克思主义辩证法的人本主义解读,相继提出理论实践的理论、多元决定的辩证法、形势辩证法等观点。阿尔都塞的阐释侧重于马克思主义辩证法中的结构性或共时性的维度,揭示社会结构的辩证运动,防止辩证法走入意识形态的泥淖中,实现从主体到结构的跃迁。

二、反意识形态叙事:阿尔都塞对辩证法的理论主义解读

为了抵制对马克思主义辩证法的意识形态化解读,捍卫马克思主义的科学性与纯洁性,揭示科学与意识形态的二元对立,阿尔都塞指出马克思主义辩证法是理论实践的理论。关于实践,阿尔都塞认为实践就是人类使用生产资料将一定原料加工为一定产

品。在此基础上，阿尔都塞区分了社会实践、政治实践、意识形态实践和理论实践等。其中社会实践是一个复杂统一体，是人在生产关系的指导下有计划使用生产资料把实物加工为日常用品。政治实践则是把一定的社会关系转变为新的社会关系。意识形态实践加工人的意识理论实践。理论实践加工的材料是表象、概念和事实，这由经验、技术或意识形态实践来提供。理论是实践的特殊形态，它作用于特定的对象，这种特定的对象指的是一些概念和方法等生产资料，最终生产出特定的产品也就是新的认识。生产资料是一个前提和基础。为生产过程奠定基础。理论实践主要分为科学的理论实践和意识形态的理论实践。科学的理论实践与之前的或意识形态的理论实践区别开来，发生一场本质的转变和认识论的中断。这也就是说科学与意识形态路线脱轨，之前它曾属于意识形态。科学的理论实践也就被看作是理论本身的历险，这种升华和蜕变。比如马克思创立的历史唯物主义理论便是科学的理论体系。唯物辩证法成为理论，便不再受意识形态的威胁和侵染。因此，理论实践就类似一个生产车间，辩证法相当于制造机器，该车间的目的在于将原料加工为产品。整个过程可以看作是一个程式化加工过程。为方便理解，阿尔都塞进一步提出一般甲、一般乙和一般丙三个概念，并以此来分析马克思主义辩证法与黑格尔辩证法的异质性。

在阿尔都塞的理论实践体系中，一般甲、一般乙和一般丙就是模仿的马克思的生产一般概念。第一个环节便是一般甲。一般甲是生产的基础和前提，它是生产资料，是科学的理论实践将用以加工成特殊"概念"的原料，主要包含意识形态幻想。一般乙是生产的中介和桥梁，它打通一般甲和一般乙，使两者进行形态的转变。在阿尔都塞那里，理论本身充当一般乙的角色。在此，辩证法也充当一般乙的角色。一般丙是生产的产品和结果，它是一种新认识。科学的任务就在于把一般甲上升为一般丙，通过对一般甲的批判和加工，最终生成一般丙。一般甲和一般丙之间并没有本质同一性，只有一种真实的转化性质。从一般甲到一般丙的转化过程也就成了从意识形态向科学的转变，整个过程也就成了从抽象到具体的转换过程。

根据理论实践的理论，黑格尔辩证法便混淆了在理论实践中发挥作用的不同的一般，即一般甲和一般丙。一方面，黑格尔把产生一般丙即认识的过程看作是产生实在的过程。另一方面，黑格尔把作为原料或生产资料的一般甲看作是决定的精神动力，看作为普遍的理念和决定精神。黑格尔不承认一般乙的作用，只承认一般甲与一般丙之间的绝对统一，用一般甲来统摄整个思维过程。阿尔都塞指出："黑格尔之所以陷入这种幻觉，正是因为他把有关普遍性以及它的作用和意义的意识形态观点强加于理论实践的现实。黑格尔用一般甲取代一般乙的地位，这就是黑格尔辩证法的问题所在。"①于是，黑格尔辩证法就陷入了一种幻觉，它用意识形态去解释科学，把科学的方法当作一种概念的线性发展，最终把思维的具体与实在的具体混淆起来，产生出错误的结论，陷

---

① 阿尔都塞：《保卫马克思》，顾良译，北京：商务印书馆，2010 年，第 181 页。

入唯心主义和经验主义的意识形态总问题中。在此，阿尔都塞指出科学的起点是一种抽象，而不是现实的具体事物。

因此，阿尔都塞通过理论实践揭示了辩证法的地位以及马克思主义辩证法对黑格尔辩证法的超越性。阿尔都塞指出："只有理论才能提出这些学科是否具有科学资格这个前提问题，才能批判意识形态的各种假面具，包括把技术实践伪装成为科学的假面具在内。这种理论是（不同于意识形态实践的）理论实践的理论，是唯物辩证法或辩证唯物主义，是马克思主义辩证法的独特之处"。① 通过阿尔都塞的改造，辩证法变成了一般乙对一般甲的工作，最终生成一般丙。这是一个新的抽象，也是概念的加工厂。阿尔都塞指明了马克思主义辩证法与黑格尔辩证法的质的中断。这也遭到一些学者的质疑，比如辩证法本身的合理性被消解，经济的决定作用何以成立。阿尔都塞进一步从理论实践和政治实践两个维度进行回应。一方面马克思对黑格尔辩证法的颠倒问题作为一个理论难题出现在马克思主义实践中，很多学者没有认真去思考便认为只要简单进行翻转，黑格尔的辩证法就变成了马克思主义辩证法。阿尔都塞将马克思主义理论实践看成是正在进行的理论革命。阿尔都塞指出马克思写成《资本论》及其手稿，却没写出关于辩证法的书。这是由于马克思抽不出时间写作，不把写辩证法的事放在心上或者把这件事看成不要紧的事。"这部关于辩证法的书如果写成了，对我们就会有很大的意义，因为它是马克思理论实践的理论，也就是说，正好是对我们正在探讨的问题——马克思主义辩证法的特殊性问题——的解答（它以实践状态存在着）的一个具有决定意义的理论形式。"②在理论实践和科学研究中把原材料加工为认识，这就是辩证法。

辩证法在马克思的理论实践中存在着。在《读〈资本论〉》中，阿尔都塞指出辩证法以实践的形态存在于《资本论》中。在后来的《自我批评论文集》中，阿尔都塞进一步阐释了马克思辩证法的理论实践是黑格尔哲学与李嘉图政治经济学理论有机结合的产物。阿尔都塞对辩证法的解析与科莱蒂和沃尔佩等新实证主义马克思主义科学的辩证法有异曲同工之妙。新实证主义马克思主义也强调马克思辩证法与黑格尔辩证法的不同，马克思辩证法采用从具体到抽象，再由抽象到具体的方法，黑格尔的辩证法是"先验的辩证法"，而马克思的辩证法是"科学的辩证法"。他们反对"物质的辩证法"这一说法，因为它沿袭了黑格尔的唯心主义。科莱蒂指出康德比黑格尔更接近唯物主义。沃尔佩指出马克思主义辩证法更符合科学的逻辑，马克思主义辩证法与伽利略的科学有内在一致性。同时，他们还强调马克思与卢梭之间的思想继承性。而阿尔都塞对辩证法的解读和改造明显受到法国认识论和科学史家的影响，特别是卡瓦耶斯的概念哲学、巴什拉认识论障碍思想以及康吉莱姆对正常和病态的区分，卡瓦耶斯认为数字实体在建构过程中受先前结构的影响，存在一种历史性的断层。这是一种数学的辩证法，当

---

① 阿尔都塞：《保卫马克思》，顾良译，北京：商务印书馆，2010年，第163页。
② 阿尔都塞：《保卫马克思》，顾良译，北京：商务印书馆，2010年，第166页。

然,这不是在柏拉图、黑格尔和马克思意义上的辩证法,而是在科学史意义上说的。巴什拉将科学史划分三个阶段:前科学状态、科学状态和新科学精神。同时他反对线性逻辑和同质性神话,主张用瞬间、突破、节奏等代替连续性和同一性。巴什拉将科学内在的辩证法称为否定的哲学,这种辩证法一方面体现着非连续性,另一方面又显现出科学上的改组。康吉莱姆的重要性在于他先于阿尔都塞和福柯反对意识哲学,提出非连续性,并探讨正常与疾病等问题。福柯认为如果不理解康吉莱姆的思想,就很难走进阿尔都塞、阿尔都塞主义以及当代法国马克思主义中的思想内核。阿尔都塞提出科学与意识形态的认识论断裂、理论总问题、理论实践、科学大陆等概念都是受惠于这一思潮。阿尔都塞在这一思潮的影响下,充分论证了马克思与黑格尔辩证法的根本不同,马克思主义辩证法实现了术语革命和哲学革命。阿尔都塞指出黑格尔辩证法中的否定、否定之否、扬弃、质量互变、矛盾等概念在马克思主义辩证法那里其结构发生了根本改变。因此马克思主义辩证法与黑格尔的辩证法存在结构和内在规定性上存在本质上不同。

在政治实践中,政治实践变革的不是认识,而是社会关系。政治实践与阶级斗争的实践紧密联系在一起。列宁对辩证法的发展在于他根据马克思主义辩证法原理以及具体的历史形势指出资本主义已经发展到帝国主义阶段,帝国主义链条上出现新的薄弱环节,无产阶级革命也迎来新的契机。因此,列宁根据经验思考自身的实践,对俄国的具体形势和环境进行具体的分析,得出科学的论断。阿尔都塞指出:"如马克思所深刻地指出的,不是把辩证法当作解释既成事实的理论,而是把它当作一种革命的方法。"①接着是毛泽东对马克思主义辩证法的发展。毛泽东根据矛盾普遍性与特殊性原理,将马克思主义辩证法与中国具体实际相结合,实现了政治革命的胜利。

三、拒斥经济决定:阿尔都塞对辩证法多元决定维度的开显

阿尔都塞对辩证法的理解建立在对"经济决定论"的反思之上。所谓的"经济决定论"就是笃定经济是社会发展中唯一起作用的要素,认为社会发展是经济发展带来的自然结果,用经济来解释一切社会现象和社会历史发展规律,忽略阶级斗争、上层建筑以及诸种意识形态的作用。这种理解将经济因素看作本源性或本质主义的东西,它所持有的自发性的机会主义以及机械主义历史观,容易诱发教条主义和一元决定论。第二国际以及斯大林模式便是经济决定论的重要代表。他们将马克思主义的核心要旨看作是经济决定论或经济唯物主义,这实际上是对马克思主义理论的歪曲和失察。无论是马克思、恩格斯还是列宁都在与"经济决定论"划清界限,马克思严厉声明自己并不是流俗意义上的"马克思主义者",恩格斯指出"经济决定论"是亵渎和"荒唐无稽的空话",列宁在《怎么办?》中强调决不能否定政治斗争的必要性。然而在伯恩斯坦、考茨

---

① 阿尔都塞:《保卫马克思》,顾良译,北京:商务印书馆,2010年,第173页。

基和拉法格等第二国际那里出现了理论上的倒退,他们或在实证主义的意义上理解马克思的历史科学,或者直接将马克思主义理解为经济唯物主义。在苏联教科书体系那里,经济决定论的意味也甚嚣尘上。在这种背景下,早期西方马克思主义反思经济决定论对马克思主义理论的毒害,他们更加重视哲学文化批判,将经济决定论所忽视的东西提炼出来。自卢卡奇肇始,柯尔施、葛兰西、霍克海默、阿多诺、萨特等人都致力于对经济决定论的批判,但他们的核心哲学思想是总体性以及西方人本主义,走向了另一个极端,为西方马克思主义中的科学主义流派重新理解马克思主义辩证法埋下了伏笔。

相比于卢卡奇、葛兰西、马尔库塞、萨特等早期西方马克思主义者论证马克思与黑格尔辩证法之间的同质性和连续性,阿尔都塞则旨在证明马克思与黑格尔辩证法之间的异质性和断裂性。阿尔都塞将"总体性和总体化"击落于神坛。他指出并不存在一个唯心的、圆满的总体,存在的只能是结构和整体。阿尔都塞反思"总体"概念的泛化,词虽然是同一个,都指的是事物的统一性,但不同作家的用法千差万别。马克思的总体观与黑格尔的总体观本质上是不同的,黑格尔总体观的前提是简单原始统一体的异化和复归,是精神力量主导的,并不存在真正的复杂性。而马克思的"总体性"是复杂整体的构成和组织方式,是具有多环节的主导结构,在其中,经济因素起归根结底的决定作用。于是,阿尔都塞扭转了西方马克思主义人本主义流派的致思方式,将"总体"建立在新的基地(结构因果性)之上,完成了脱胎换骨和灵根再植的工作。阿尔都塞强调生产方式是一个复杂的整体,内部融合政治、经济、意识形态、文化等要素,其中经济要素起归根到底的决定作用。这样既赋予经济在复杂整体中的主导地位,又承认其他因素的"作用系数",给上层建筑、意识形态、阶级斗争等在社会中所起的作用留有余地。阿尔都塞采用"多元决定"概念来指称马克思主义的历史唯物主义,这是对马克思主义的创新性解读。

阿尔都塞的"多元决定"(surdétermination)①是"当代西方思想界最为成功的一个

---

① 国内学界对此概念的翻译和理解众说纷纭。顾良在《保卫马克思》中译版中将其翻译为"多元决定"表明决定因素之多以及经济因素不能单独起作用。俞吾金根据阿尔都塞的反决定论立场将其理解为"超越决定"(参见俞吾金:《究竟如何理解并翻译阿尔都塞的重要术语 overdetermination/overtermined?》,载《当代国外马克思主义评论(9)》,北京:人民出版社,2011 年,第 97—104 页)。胡大平、刘怀玉、黄丹等学者认为"多元决定"的译法不够直观,依据霍尔、齐泽克、拉克劳等国外学者的阐释将其理解为"过度决定"。(参见胡大平:《"过度决定"的逻辑及其理论空间——从阿尔都塞到霍尔和齐泽克》,《福建论坛(人文社会科学版)》2016 年第 10 期;刘怀玉:《从历史决定论到被过度解释的"多元决定论"——关于政治经济学批判方法论之当代意义的若干思考》,《社会科学战线》2017 年第 9 期;黄丹:《过度决定、不足决定与相遇唯物主义——阿尔都塞思想的一次偶然偏斜》,《马克思主义与现实》2018 年第 2 期)。蓝江则根据巴迪欧的数学本体论将其理解为"超定"(参见蓝江:《症候与超定——对阿尔都塞 surdétermination 概念的重新解读》,《马克思主义与现实》2017 年第 6 期)。基于对阿尔都塞思想的研判,本文采用"多元决定"这一译法。值得注意的是,"多元决定"绝不是哲学本体论中的多元论,也不能简单用一与多的关系来解释。它是对马克思主义辩证法的新诠释,是指有主导结构的多种决定因素的社会动因理论,而其中的"元"不是宇宙本体论的替代物,不是始基、理念或元素,而是一种结构或层次。阿尔都塞的"多元决定论"旨在破除一元决定论或经济主义的假象,是一种功能主义历史观或矛盾观。

概念"。① 阿尔都塞通过这个概念融合了马克思的历史唯物主义、恩格斯的历史合力论、列宁的形势理论、毛泽东的矛盾论以及弗洛伊德的精神分析理论等资源,建构了一套具有生命力的形势或事件理论,更新了对马克思主义科学和哲学的理解,有力地驳斥了经济决定论以及从黑格尔到西方马克思主义的总体性理论。阿尔都塞的"多元决定"概念以及与之相补充的"不足决定"(sousdétermination)②是理解阿尔都塞思想的必经之路。二者都属于阿尔都塞所说的"不(或非)充分决定",是突破传统的"充分决定"(经济决定论)的重要理论建构。"多元决定"强调的是有主导结构的多种因素共同起作用,"不足决定"强调的是"有效性决定因素积累"的不足。二者处在"门槛"的内外,是阿尔都塞"形势理论"的重要组成部分。

阿尔都塞是基于特殊的历史和理论背景才提出了"多元决定"这一概念,这一概念既是一种创造性的建构,又是一种临时性的产物。"多元决定"首先是对一元论的反思,一元论是德国生物学家海克尔的概念,他用一元论反对教会的二元论,普列汉诺夫进一步发展了一元论,他认为现代唯心主义是一元论,马克思主义是唯物主义的一元论。伽罗蒂、米利等人也用一元论来称呼马克思主义。但对于这种一元论,恩格斯和列宁都曾强烈反对过,一元论是带有方法论色彩的意识形态术语。在这种思考框架下,阿尔都塞感受到矛盾的特殊性和复杂性,觉察到必然性与偶然性的内在张力,体悟到作为"门槛"的"过度决定"和"不足决定",形成了一套属于自己的"形势理论"或"事件理论"。也就是说,必须承认上层建筑和国内外形势等决定性因素的效力,才能领会具体的"多元决定"。在哲学方面,阿尔都塞重新审视了马克思和毛泽东的辩证法和矛盾观。阿尔都塞认为黑格尔的矛盾观徒有其表,不具有真正的复杂性,而马克思和毛泽东的矛盾观是有结构的、多元决定和不平衡。在他们那里,矛盾所形成的暂时性主导结构能够转移和浓缩,形成非对抗性、对抗性和爆发性的形势或阶段,影响着事物的发展。矛盾的一端是生产力、经济、实践,另一端是生产关系、政治、意识形态等。矛盾不是一劳永逸和一成不变的,它是不稳定和不平衡的,它会发生交替、转移和压缩等运动,"多元决定"是矛盾在复杂整体主导结构中的地位在矛盾中的反映。

因此,"多元决定"不是经济主义、多元主义或相对主义,而是与具体的形势结合在一起的复杂整体中矛盾的存在条件的反映。阿尔都塞还强调了"不足决定",该术语具有反历史目的论的倾向,导致了晚期阿尔都塞的偶然唯物主义转向。阿尔都塞指出"多元决定"和"不足决定"是要说明复杂整体的决定作用的情形,是矛盾的多种决定因素共同作用的结果。巴里巴尔认为这是一对互补的概念,不存在缺乏"次决定"的"超决定"。在直观的意义上,"门槛"意味着一种程度和界限,决定因素足够多,则会跨越"门槛"。而决定因素的不足,则无法迈过"门槛",导致革命的迟滞、流产或失败。阿尔

---

① 杰姆逊:《后现代主义与文化理论》,唐小兵译,西安:陕西师范大学出版社,1987年,第57页。

② 也可译为"少层次决定"。

都塞的辩证法正是建立在"多元决定理论"的基础上的,他不仅强调经济的归根到底的作用,而且还凸显政治、法律和意识形态上层建筑的作用。他不仅肯定生产力的决定性,还主张生产关系的相对优先性。他还反思国家、法律和意识形态等要素在资本主义生产关系再生产中的地位和作用。这些都是对前期"多元决定"论的推进。阿尔都塞在"亚眠的答辩"中揭示了下层建筑是受生产关系支配的生产力和生产关系的统一体,归根到底起决定作用的经济因素从不单独起作用,而是与上层建筑一道起作用。归根到底的决定作用相当于在法律上的"终审",但是终审之前还有其他的审判。而生产关系是阶级斗争的关系,阶级斗争决定着上层建筑的关系与矛盾,决定它们借以在经济基础上打下印记的多元决定作用。这样,阿尔都塞的"多元决定"理论与再生产理论紧密融合在一起。

四、新辩证法的萌蘖:阿尔都塞辩证法的当代回响

阿尔都塞批判早期西方马克思主义对辩证法的人本主义解读,他结合法国科学史学派、精神分析、结构主义、毛泽东矛盾论等思想资源创造性提出马克思主义辩证法是理论实践的理论,马克思主义辩证法是多元决定的辩证法,并在晚期关注形势和偶然性,最终脱离马克思主义基本立场。他侧重于从共时性维度解析马克思辩证法,认为辩证法具有反历史主义、反经验主义和反人道主义立场,明确指出马克思辩证法对黑格尔辩证法的异质性,认为辩证法是一个无主体的过程,证明结构的在场和主体的空场,人是生产关系的承担者,在马克思主义辩证法中真正起作用的是生产关系以及背后起归根结底作用的生产力。阿尔都塞对辩证法的改造在国外马克思主义辩证法理论谱系中别具一格,捍卫了马克思主义辩证法的科学性与纯洁性,最终生发了一种独特的辩证法即"阿尔都塞的辩证法"。这种"阿尔都塞的辩证法"比"结构的辩证法"用来指称阿尔都塞对马克思主义辩证法的改造更为合适。阿尔都塞的辩证法影响深远,催生了普兰查斯、巴里巴尔、马舍雷、朗西埃等阿尔都塞学派对辩证法的科学分析。普兰查斯借用阿尔都塞的多元决定论对资本主义生产方式和国家理论进行分析。巴里巴尔接续阿尔都塞的思考,认为马克思主义哲学是反哲学的哲学,是一种关系的本体论。阿尔都塞的辩证法影响了伊格尔顿、霍尔、威廉斯、汤普森等英国文化马克思主义的文化研究范式。阿尔都塞的辩证法思想在一定程度上影响了詹姆逊等晚期马克思主义的理论建构。詹姆逊在《辩证法的效价》中指出:"标志着阿尔都塞本人的研究的某种突破(或'置换'),它先前提出了社会结构(是一种'被过分决定的结构总体')的不连续性问题并寻求将一种一般但现在更加间接的'最终决定'概念(在阿尔都塞那里,这个决定依靠的是总体结构而非仅仅依靠经济水平本身)与对社会生活不同层面的'相对自主性'的新的、生产性的强调统一起来。"①

---

① 弗雷德里克·詹姆逊:《辩证法的效价》,余莉译,北京:中国社会科学出版社,2014年,第450页。

PHILOSOPHERS 2023 (1)

哲学家

　　在阿尔都塞的启迪下,拉克劳和墨菲等后马克思主义消解多元决定辩证法中的最终决定,并提出接合理论。还有就是阿瑟、奥尔曼等新新辩证法学派对辩证法的新解读。奥尔曼用内在关系的辩证法解读马克思主义辩证法,同时他也注意到阿尔都塞辩证法思想的问题:"阿尔都塞的根本错误在于误用了结构的概念。与黑格尔误用观念的概念的方式极为相同,即,在考察许多具体事例……的基础上所做的一个概括被当成了独立的存在,然而它被说成是决定着使它得以产生的事例本身。"①奥尔曼进一步指出阿尔都塞曲解了结构与复杂,把马克思的社会整体看成是复杂有结构的集合体。德里达在阿尔都塞的启发下走向解构主义,雅克·比岱则注重对元结构的研究。他认为元结构就是《资本论》中个体之间自由平等的纯粹契约关系基础上的社会为开端,也就是对自然和理性法支配的世界的现代虚构。受阿尔都塞认识论断裂的影响,比岱也意图与法国流行的人道主义马克思主义划清界限,强调科学严谨的马克思主义。当然也有一些学者对阿尔都塞的辩证法思想持否定意见。列斐伏尔认为,"阿尔都塞使马克思主义僵化了,他把一切机动性都从辩证法中剔除了出去,……阿尔都塞与马克思主义的关系,无异于托马斯主义者与亚里士多德的关系;纯洁化、系统化,但不再与现实有什么关系。"②高宣扬则指出:"显然,阿尔都塞在把马克思主义'结构主义化'时,首先要阉割辩证法的灵魂,因为正如我们在前面所看到的,结构主义是从静止的观点分析事物的内在结构"。③ 因此,无论是受阿尔都塞影响的同时代人,还是后阿尔都塞主义,他们在承继以及反思阿尔都塞个人建构的新辩证法中更新对马克思主义辩证法的理解,同时又不可避免地带有阿尔都塞的影子,无法真正理解结构与主体的辩证统一,也无法做到批判性与建构性的有机结合。

---

① 伯特尔·奥尔曼:《辩证法的舞蹈》,田世锭、何霜梅译,北京:高等教育出版社,2006 年,第 58 页。
② 弗朗索瓦·多斯:《解构主义史》,季广茂译,北京:金城出版社,2011 年,第 135 页。
③ 高宣扬:《结构主义》,上海:上海交通大学出版社,2017 年,第 226 页。

【比较哲学与文明
交流互鉴专题】

主持人语:侨易学作为观念和方法的反思

圣 凯[*]

人类文明与中国文明皆处于重大转型期,时代呼唤着建构中国自主的知识体系,推动中华优秀传统文化的创造性转化、创新性发展,推进知识创新、理论创新、方法创新,这就要求我们这一代学人要有突出的问题导向和创新精神、深厚的中国传统文化修养和宽广的世界视野,愿意去面对当代中国的实践和未来的发展。叶隽教授正是出于建构中国自主的知识体系的努力,在多年研究中外文化交流史和跨文化理论基础之上,提出"侨易学"这一理论体系,先后出版《变创与渐常——侨易学的观念》[①]《构序与取象——侨易学的方法》[②],创办、主编刊物《侨易》,系统性论证了侨易学的观念与方法,获得学术界的积极回应与广泛认同。这一组论文正是从不同角度讨论"侨易学"的观念内涵与理论形态,或者用"侨易学"作为方法探讨了历史上的文化思想。

任何一种新理论的提出,皆立足于"古今"和"中西"的两大维度。叶隽教授提出"侨易"的概念,借鉴了李石曾的"侨学"和《易经》的"易学",前者强调个人或群体移居他处后发生的社会关系的变化,后者则从时间的维度解释思想观念方面的转变,前者即"中西"维度,后者即"古今"维度。"侨易学"的提出,来自叶隽在中外文化交流史的研究经验与反思,并且上升到"宏阔的世界认知维度",通过以"观侨取象,察变寻异"为基本方法,达到"物质位移导致精神质变"的鹄的,试图呈现"二元三维,大道侨易"的文明精神。所以,"侨易学"是从文明史的研究方法,变成试图诠释某种文明精神,实现"方法即观念""观念即方法"的理论旨趣。但是,作为一种学术研究方法只是某种特殊的"技术",而"侨易学"作为"方法"要达到"方法即观念"的方法论,则需要具有一种形而上学意义的真理意涵;虽然叶隽亦提到"道衡定律",因为缺乏心性论的视域,"道衡定律"则无法达到"方法即观念"的维度。

"侨易学"创制出一堆"原则""公式""原理""规律"等,如"二元三型""二元三维"等大量概念,呈现出令人眼花缭乱的理论体系。因此,李哲罕《要批判的和可探讨的——论两种版本的侨易学》,强调"侨易学"作为哲学理论是一种"强的版本",大有可

---

[*] 圣凯:清华大学哲学系教授。

① 叶隽:《变创与渐常——侨易学的观念》,北京:北京大学出版社,2013年。

② 叶隽:《构序与取象——侨易学的方法》,杭州:浙江教育出版社,2021年。

批判之处；作为社会学理论的"理想类型"，则有进一步探讨的空间。李哲罕的文章，说明目前的"侨易学"虽然已经具有一定的理论模型，但并未到哲学理论的形成。

法国学者何重谊则沿着作为文化理论的"侨易学"的思路，从"关系本体论"出发，探究侨易学能在多大程度上为理解文化接触提供关联性和变革性的框架。因为"侨易学"是以中国文化资源为中心，势必存在着中国文化作为主体，何重谊肯定了"侨易学"在复兴汉学方面能够发挥出最佳作用，同时提出需要修正一些关于他者性的文化主义假设，避免过于自满的文化主义叙事，最后期望从"跨文化"变成"超文化"理论。

余明锋《略论侨易学的哲学观念》一文则试图彰显作为哲学理论的"侨易学"，强调侨易学原则既体现了《周易》"极高明"的变易观念和生命精神，也践行着"道中庸"的权变意识和"知几"之学，而且试图用"象"思维的"隐喻"性质为"侨易学"概念化和缺少概念系统进行辩护。真正有力的辩护，则来自叶瑶《在生活世界中发生——现象学视域中的"侨易"思考》，强调"侨易学"可以视作面向流变中的生活世界的理论尝试。叶瑶解释说，"侨"之发生，发生在不同生活世界之间；"易"则意味着生活世界开启了变创过程，意味着向非常态的敞开，它需要侨易主体带着原有的生活世界进入另一个具体而鲜活的世界，同时自由而开放地迎接后者反向的进入，而这些进入唯有以一种浸没在其中的方式完成。

刘龙《论王阳明的工夫侨易》一文则呈现了"侨易学"作为操作指南的理论工具效应，强调"王阳明的工夫侨易"是一个典型意义上的侨易学案例，值得用侨易学的方法进行研究，彰显了"侨易学"的生命力就在于能够解释现实生活，分析现实案例，并从中发现事物本质性的规律，即从"器"中见"道"。

胡塞尔在晚年把生活世界的还原作为现象学还原的道路，其目的在于要建立严格的科学的哲学。哲学的本性是对真理的追根究底式的反思，哲学的反思一定是直指人心，能够揭示、分析与论证某种文明背后的潜在、根本的观念体系。在后形而上学时代，哲学已经没有规范和引领文明发展的精神价值，"侨易学"试图沿着《周易》的总体性思考，仍然呈现出文化理论的独特思维方式。因此，我们可以把"侨易学"看成一种多元观点的哲学思维方式，依其理论自觉去理解、把握多样文明及其不同生活世界的交流，从而体现出一种适当的"平衡度"。

当然，"侨易学"作为理论创新，则是众所共推的。"侨易学"提炼了有学理性的新理论，概括有规律性的新实践，推出一系列标识性概念，呈现出建构中国自主的知识体系的着重点与关键点。"侨易学"的理论资源不仅是侨学、《易经》，更受到西方学术尤其是德国文学、哲学的启发，通过文明互鉴与对话而呈现出叶隽的"自主"知识体系。而且，"侨易学"脱胎于中外文化交流史，对理解"全球化""人类命运共同体"等宏大叙事具有理论的优势，对宗教中国化的理解则会提供理论指导作用。我们期待叶隽在自由探索"侨易学"时，通过"寻道"而去完善整个理论建构。

文化他者性与类型同一性的再思考
——从中欧比较文化研究方法史的角度理解侨易学

[法]何重谊/文　吴礼敬/译*

内容提要：本文旨在从历史和概念的角度分析侨易学的方法论框架，以评估其诠释学价值。在本文中，我们把侨易学新框架放在中欧文化接触和阐释的历史进程中来考察。为此，我们将为这些历史接触提供一个新的历史框架。侨易学既是它所描述的历史的结果，也是这一历史的具体表现。这种对文化接触模式的反思性理解将有助于解决与其出现时的特定社会政治环境相连的潜在缺陷。

关键词：侨易学；比较文化研究；中欧文化接触

一、导论：什么是侨易学

正如法国汉学家巴斯蒂（Marianne Bastid-Bruguière）在其2018年发表的一篇题为《侨学：民国早期跨文化对话的观点及其在近期的复兴》的论文中所述：侨学是中华民国时期跨文化对话的首批项目之一。[①] 侨学这个概念本身就处在中国面临身份危机的背景之下，当时中国面临"现代性"和"西方"这个双重独特性的身份危机（"现代性"和"西方遗产"通常被合并为一个单一的"外部"实体）。

巴斯蒂指出，侨易学的学术和跨文化交流的价值原本奠基于一种开放的世界观——这个元素在当代对侨学概念的复兴中似乎变得更加稀缺："我最关心的是自由、人的尊严和手足情谊、和平与正义这些问题，它们在李石曾的'侨学'及其友人中举足轻重，被当成任何真正的文化对话的基础，而在当前关于'侨易学'的讨论中，它们却完全被回避了。"

叶隽在他的两部著作《变创与渐常：侨易学的观念》（2014）和《构序与取象：侨易学的方法》（2021）中延续了李石曾的"侨学"观念，并在其中增加了一个新的形而上维度。叶隽认为，侨易学的目的是通过《易经》的形而上学和中国化的马克思主义的双重框

---

*　何重谊：台湾辅仁大学法国语文学系教授；吴礼敬：合肥师范学院外国语学院副教授、副院长。

[①]　Marianne Bastid-Bruguière，《Qiaoxue：Chinese Early Republican Views of Transnational Cultural Dialogue and Their Recent Revival》，*Berliner China-Helle/Chinese History and Society* 50，2018，pp.22-33.

架,来理解与他者的直接接触中发生的文化转变现象——这样一种理论建构将中国思想中最为经典的古籍与马克思的后黑格尔唯物辩证法相结合,本身就是叶隽想要描述和创造的侨易学的典型表达。侨易学因此被重新定义成在思想史领域里研究"侨"(被理解为"地理位移")与"易"(被理解为"精神质变")之间的关系。这种对"地理位移"与"精神质变"关系的研究,不仅关乎那些在国外旅行、居住和留学的人,而且更广泛地涉及任何理论在新的文化语境中传播和翻译的过程。这里我将采用侨易学概念的后一种含义,来指涉当两种文化相遇时,认知上发生变化的过程。

具体说来,叶隽在《旅行的理论》一文中,主要基于新马克思主义对世界文学的理解,对侨易学的概念和方法提出了不同的解释,但同时他始终牢记《道德经》第 42 章的相关内容("道生一,一生二,二生三,三生万物。万物负阴而抱阳,冲气以为和")。对此,他提出了个人的解释:"首先,我们必须要确定什么是侨易现象,什么是侨易的主体? 在我看来,侨易主体并不是创造这个理论的理论家,而是理论本身。在这个研究的过程中,侨易的主体是马克思主义的文艺理论,更具体地说,是其唯物主义思想。……为什么发生侨易、侨易的过程究竟如何,这取决于移植、迁移、流通、商业等诸多因素,所有这些因素都试图在文化空间中表现出转变的意义……旅行的理论的核心要义在于需要旅行的主体、旅行的过程,至少要有旅行的重要站点和终点站。但这样的旅行通常需要有一个回程,这在大多数情况下似乎没有得到表现。我们讨论的'侨易之大道',涉及对世界发展根本规律的全面把握,其中包括以二元三维为核心的思维方式。……'三生于一'是指阴阳二元在确立了负阴抱阳的姿态后,可以生出第三种形态,即充盈着的'气',以被视为'和'的全新的'一'作为目标。这接近最初(点)'太一'的'一',我称之为'复原'(恢复)。"[1]

在这里我们可以看到,这种方法论框架致力于理解不同"文化领域"相互接触的过程中如何出现个体层面的认知和集体层面的制度性变化,同时也承载着一种关于变化和关联的形而上学观念。这一点很重要,因为它为文化研究的方法论提供了哲学的视角。在本文中,我们还将文化研究的方法论问题与理解"他者"和"变化"的一般问题联系起来,同时提出一种基于关系的本体论,强调了关系的优先性——关系先于一切,关系不仅仅是现有的术语之间的关系:术语(人、思想、文化、国家)之间的关系不仅仅是连接"事物"的方式,使它们聚合在一起,因为那会假定它们已经有了明确和固定的身份。关系本体论表明,正是关系的建立产生了关系的术语:关系是先验范畴,术语在其中形成。我们对侨易学的研究和分析旨在探究侨易学能在多大程度上为理解文化接触提供关联性和变革性的框架。

---

①　JUN Ye,《〈Théorie du voyage〉ou Kaioling des Idées: Focus sur Edward Saïd et Georg Lukács》,*Monde chinois*,2022/1(N° 68),pp.50-64.

二、在西方"中国学"研究历史中重新定位"侨易学"

考察 18 世纪和 19 世纪欧洲和中国的关系时,侨易学认为文化交流与带来文明变革的物质旅行密切联系的观点完全正确。将这些交流简化为单方面的政治支配过程是错误的:爱德华·赛义德(Edward Said)借用米歇尔·福柯(Michel Foucault)的权力关系理论来理解文化迁移的思想可能并不总是完全准确。正如侨易学和关系本体论提醒我们的那样,每一次交流都是二元的,而这种二元性总是伴随着它的第三维,即它对两个关系术语的修改。离开与其文化他者之间的关系,我们就无法理解 18 世纪的欧洲和 19 世纪的中国:这种文化接触深刻而又不可逆转地改变了它们。

当我们谈论欧洲与中国的哲学关系时,我们通常认为这始于莱布尼茨,他对《易经》的兴趣众所周知,并将这部卜筮著作里的卦画组合方法和他的二进制数字系统相类比。我们认为有必要提醒这一历史事实:法国知识分子才是中欧哲学关系真正的先驱。由于人们通常认为欧洲与中国的知识分子对话始于莱布尼茨,因此追溯这个故事的法国背景似乎很重要。正如谈敏(Tan Min)所指出的:"17—18 世纪,随着现代经济学成为一门独立的科学,中国与欧洲国家尤其是法国之间经历了一段非比寻常的文化交流,持续了近一个半世纪的时间"。①

欧洲对中国思想的兴趣减少甚至逆转,与侨易学有关的一些有趣的事情值得一提。更确切地说,鉴于 19 世纪和 20 世纪欧洲和中国之间的接触和旅行比之前的几个世纪更加普遍,我们可以对《侨易学》的总体框架做出两个重要的限定。首先,并不是从一个地方到另一个地方的旅行增加了,就必然意味着对另一个地方的理解也会增加:重要的是要注意到,与一种文化的直接接触并不一定意味着对其接受的程度和理解的深度会增加。这是由表现的逻辑决定的:表现意味着我们对世界的印象不仅仅建立在世界是什么的基础上,还建立在我们能够看到什么和准备看到什么的基础之上。前往中国的欧洲人将通过欧洲 19 世纪思想的视角来看待中国的事物,他们将开始看到 18 世纪的耶稣会士们没有看到或不愿看到的东西。其次,因此,同样重要的是要考虑到,欧洲对中国现实的批评可能不仅仅是基于帝国主义和种族主义的偏见,也可能是基于虽然不一样但仍然合理的期待。例如,正如陈正国(Jeng-Guo S.Chen)所证明②和奥斯特哈

① Min Tan,"The Chinese origin of Physiocratic economics." In *The History of Ancient Chinese Economic Thought*,edited by Cheng Lin,Terry Peach,and Wang Fang.London:Routledge,2014,pp.82-98.

② Jeng-Guo S.Chen,"The British View of Chinese Civilization and the Emergence of Class Consciousness," *The Eighteenth Century* 45(2),2004,pp.193-205.

默（Jürgen Osterhammel）所指出的①那样，19世纪欧洲知识分子开始从日常生活的角度（而不仅仅从帝王和宫廷的角度）关注亚洲女性的状况（人们也会注意到，这是基督教在中国的发展和传统社会抵制其传播的一个重要因素②）。

长期以来，中国对基督教持敌视态度，对欧洲文化漠不关心。反基督教思想和排外主义之间的联系在义和团运动期间尤为明显，义和团运动被当代中国史学界称为一场"反帝"运动。

似乎只是在19世纪末和20世纪初，对西方思想的接受才开始以对他者的真正兴趣和思考为框架。梁启超（1873—1929）、张君劢（1886—1969）、牟宗三（1909—1995）等知识分子开始通过接触斯宾塞、杜威或康德等人的思想，推动中国思想的更新。就侨易学而言，发生在中国并由中国知识分子推动的中欧知识交流有两个关键点。第一点众所周知：在众多欧洲知识分子中，卡尔·马克思具有持久的影响。如果说辩证的马克思主义是侨易学的基础，这不仅是因为中国化的马克思主义构成了当代中国意识形态的核心，更深刻的原因是因为中国人在法国和德国接受了马克思的思想，这是理论旅行和接受的最佳例证。侨学的倡导者李石曾组织了一个工读团，将中国人带到法国并让他们熟悉了社会主义思潮，这并非巧合——周恩来和邓小平如何在外国土壤（法国）吸收外来思想（马克思主义）后将其带回原籍（中国）从而改变了本国的国家精神，这是非常杰出的案例：中国思想的"去中国化"（反儒家思想）和欧洲概念的中国化（马克思主义）相结合，从而产生了第三个新术语：毛泽东思想。

这一时期和侨易学的知识交流相关的第二个有趣的点是对"活力论"（vitalism）和柏格森（Henri Bergson）的"绵延"（duration）概念的兴趣。中国共产党的创始人之一陈独秀，1919年出狱后居住在上海法租界，他在熟悉了基督教新教以后，动员柏格森来推动中国的变革："从宇宙的基本法则来看，自然界中的万物没有一个时刻不在遵循渐进的演变。没有任何理由停留在现状……这就是为什么伟大的法国哲学家亨利·柏格森

---

① Osterhammel，Jürgen，*Unfabling the East The Enlightenment's Encounter with Asia*. Princeton University Press，2018，122，477-8：在约翰·斯图尔特·密尔的著作《女性的驯服》（*The Subjection of Women*）（1869）中，他断言妇女的地位'总的来说是衡量一个民族或时代文明程度最确定和最正确的标准'，这一观点将影响几代女权主义的思想。1767年，亚当·弗格森（Adam Ferguson）将国家对暴力的垄断和合理化，社会上残暴行为的减少，以及妇女境遇的改善视为'文明国家'的标志，他像休谟一样将这一发展归功于中世纪的'骑士精神'。在苏格兰的影响下，从1800年左右开始，男女之间的关系这个方面开始被确立为可用来衡量具体社会的一个评判标准。哲学上最具雄心的英国旅行家约翰·巴罗爵士（John Barrow）在18世纪末对亚洲旅行时，提出了这个普遍真理：或许可以将这一原则作为一个不变的准则，即任何国家女性在社会中的地位将为判断该国的文明程度提供一个相对公正的标准。"（第478章第12节）

② Daniel H. Bays，*New History of Christianity in China*，London：Wiley-Blackwell，2012："这几十年来，从中国社会动态变化中得出的基督徒生活的一个方面，最终让一些外国传教士感到紧张，那就是妇女所扮演的角色，特别是那些具有宗教职业的妇女……与皈依基督教相关的另一个话题是基督教对中国妇女的吸引力和影响力。在19世纪末，在中国的一个最重要的因素是为女孩设立的学校，让成千上万的中国女孩瞥见了她们从未见过的世界，并接触到了比她们此前想象的生活道路更为多样的可能性。"

的《创造进化论》(*The Creative Evolution*)在我们这个时代如此有影响力。"在同一时期，梁漱溟、朱谦之、李石曾、熊十力等都是柏格森的读者，他们将柏格森的创造性绵延概念与《易经》中的生生不息的观念联系起来，提出一种跨文化的活力宇宙论。正如谢周(Joseph Ciaudo)所指出的那样："柏格森的哲学在民国时期(1912—1949)的学术论争中处于核心地位，尤其是在 20 世纪 20 年代初期。"①在民国时期，引入欧洲哲学家，尤其是被中国思想家称为"生命派"的柏格森和杜里舒(Hans Driesch，后者甚至受邀在中国进行一系列讲座)，为以生命概念为中心重新定义儒家思想提供了一个新的框架。这种欧洲生命力学与新儒家的现代性之间的相互碰撞，旨在寻找新的存在模式以摆脱帝制和王朝时代，是中国和西方思想家之间的知识交流中最富有成果和创造性的时刻之一。在《东西方文化及其哲学》一书中，梁漱溟将柏格森关于不断变化的宇宙的思想与他认为的儒家哲学的核心理念相联系，即生命在宇宙中不同的有机体中流动的概念："孔家没有别的，就是要顺着自然道理，顶活泼顶流畅地去生发。他以为宇宙总是向前生发的，万物欲生，即任其生，不加造作必能与宇宙契合，使全宇宙充满了生意春气。"②虽然在《论语》中很难找到这种形而上学的活力论，但柏格森主义与新儒家思想相遇的这一时刻，是侨易学所描述的知识分子思想交流的最具象征性的时刻。

这里还有一种思想史的讽刺意味：20 世纪末的西方汉学家，如安乐哲(Roger T.Ames)或弗朗索瓦·于连(Francois Jullien)将中国哲学理解为一种类似于"过程哲学"的思想，将新儒家对传统的再创造视为理所当然。根据我们对"侨易学"的理解(可能与叶隽教授的理解有点不同)，基于关系本体论的比较哲学告诉我们的是，在今天单纯谈论"中国哲学"或"西方哲学"是毫无意义的，甚至可以说是欺世盗名。经过 300 年的接触和交流，混杂的"侨易"已经让人分不清牟宗三、李泽厚或胡适的哪些思想是"中国特色"的，哪些又是"西方特色"的。侨易学本身从定义上来说既是西方的也是中国的：对《易经》的马克思主义解读或对柏格森的道家式解读的文化渊源正变得难以辨认。侨易学的真谛就在于，诠释学循环实际上是一个反馈循环。

三、在西方"中国学"的方法史中重新审视侨易学

在中西知识分子交往史中重新定位侨易学之后，我们想用另一条平行的历史线索来定位它：中欧文化比较研究的方法史。从这个角度出发，我们希望探讨叶隽关于侨易学观念有效性的问题，尤其是其后殖民遗产。虽然这种后殖民影响在当代中国知识分子的意识形态背景下可以理解，甚至在多极世界中可能在政治上也值得推崇，但是在跨

---

① Joseph Ciaudo,《Introduction à la métaphysique bergsonienne en Chine.Échos philosophiques et moralisation de l'intuition》,*Noesis*,2013,21,pp.293-328.

② 梁漱溟:《东西文化及其哲学》,北京:商务印书馆,2010 年,第 138 页。

文化关系中,尤其是在欧洲和中国的文化互动方面,后殖民框架的方法论缺陷不容忽视,后现代中国的后殖民叙事中的民族主义和文化主义方面,需要从跨文化研究的角度加以审视。

当代中国后殖民主义批评的问题在于,它倾向于采取一种西方主义和文化主义的方法,这并不利于健全的跨文化研究,因为它会倾向于简化其他文化并赞美自身文化的特殊性,而侨易学应该将文化产物视为不断变化的对象,其认知可塑性和概念孔隙性不会被地缘政治里文化战争的沉重镜头所框定。我们对叶隽侨易学的比较文化研究框架的看法是将其置于跨文化研究方法史中,并评估其来源于后殖民主义、后赛义德传承中潜在的东方主义或西方主义的预设。

在 20 世纪,有关 16 至 19 世纪欧洲人对中国的看法本身成为现代学术界分析中国"现实"的欧洲"形象"的历史材料。这些关于"欧洲头脑"所呈现和构建的"中国形象"的 20 世纪学术话语可以分为两个时期。

第一个时期的学术研究可以看作是对 19 世纪"恐华转向"的回应:为了对抗由多种因素引发的对中国文化的负面看法,欧洲和北美学者试图证明,为了凸显欧洲文明的特殊性及其全球崛起和当代主导地位的历史合法性,19 世纪以欧洲为中心的历史学家和哲学家忽视了亚洲和中国的艺术、文化和思想在很大程度上"影响"或"启发"了 17、18 世纪欧洲知识分子的生活。

在约翰·霍布森(John M. Hobson)2004 年出版的《西方文明的东方起源》(*The Eastern Origins of Western Civilisation*)一书中,跨文化研究从挖掘中国发展的艺术、文化和技术来源,转向探究其社会经济背景,以缩小欧洲现代性的范围:"欧洲中心主义对东方机构的否定以及在世界历史进步的故事中对东方的遗漏是完全不合适的[……]东方通过为欧洲开拓和提供许多先进的'资源组合'(例如技术、制度和思想),在西方的崛起中作出了显著和积极的贡献。"[①]有了霍布森的研究,我们已经进入了 20 世纪学术界致力于欧洲和中国相互交流的第二个时期:后殖民主义时期,它始于爱德华·赛义德的《东方主义》。在这个新框架中,"中国来源"的问题(及其普遍主义的重新评估)让位于"欧洲建构"的问题(及其必要的解构):"在 20 世纪 80 年代,研究启蒙思想家对中国的关注,把其看作是一种'他者'形象的建构,而不是将中国来源看作是欧洲思想史整体的一个组成部分,成为了汉学家和历史学家的主流倾向。"[②]

尽管叶隽声称侨易学扎根于中国后现代思想和后殖民思想的新本土主义元素,但我们认为侨易学作为跨文化研究持续互动的兴起表明,在汉学领域经历了后殖民转向的四十年后,以欧洲中心主义学者的"殖民凝视"塑造出的 19 世纪"恐华转向"为重点,

① Hobson, John M, *The Eastern Origins of Western Civilisation*, Cambridge University Press, 2004, pp.5-6.

② Jacobsen, Stefan Gaarsmand, "Chinese Influences or Images? Fluctuating Histories of How Enlightenment Europe Read China." *Journal of World History*, 24, no.3, 2013, pp.623-660.

跨文化表现的问题已经在朝着新的方向发展。

为了更好地理解这一点，我们需要对当代中欧文化相遇的学术史的不同时期进行更为细致的划分。经过一段旨在展现"中国学"对西方[从利奇温（Adolf Reichwein）到李约瑟（Joseph Needham）]产生的积极和决定性影响的学术时期之后，西方汉学将其研究焦点转向了中欧首次实质性和持续的相遇："耶稣会的天主教学者传教士与帝制下的儒家士大夫①之间的'文化对话'（'文化对话'加引号是因为是否可以将其定义为基于文化问题或基于政治问题的'对话'，至今仍存在争议）。这一事件的解释可以分为三个不同的学术时期。第一，欧洲中心主义的解释（如费正清、列文森）将耶稣会士和儒家士大夫之间的交往放在天主教传教士对西方驱动的中国现代化进程的影响的框架内进行评估。"②第二，以中国为中心的解释（以孟德卫和柯文③）把耶稣会士与儒家士大夫的相遇放在评估中国知识分子对传教士教诲的接受的框架内，理解他们对传教士教诲的抵制。其假设通常是耶稣会士和士大夫的相遇受到两种文化彼此不相容的影响[如谢和耐（Jacques Gernet④）]。在这方面，它与后殖民主义对耶稣会士和士大夫相遇的解释相一致，后者将其视为西方帝国主义试图驯服中国极端的异质性[如汪晖（Wang Hui）]。第三，跨文化解释，侧重于理解文化交往如何引发相互转化并假定其产生相互影响[如钟鸣旦（Nicolas Standaert⑤）]。最近，这种学术趋势避免了中欧文化遭遇的欧洲中心主义和中国中心论的陷阱，对于西方对中国的认识及其文化普适性的前现代和现代历史作出了开创性的重新解释。其中，值得一提的是菲利普（Kim M. Phillips）2014年出版的《东方主义之前》和于尔根·奥斯特哈默尔（Jürgen Osterhammel）2018年出版的《解构东方传说》。这些作品表明，在19世纪之前，偏见的言论尚未盛行，甚至还没有真正浮现："中世纪的欧洲旅行者钦佩元代的蒙古人和汉人及其文明，他们认为自己与元代中国人之间更多的是相似点而不是差异"；⑥"在18世纪的旅行者中，没有偏见

---

① Mungello, David E., Reinterpreting the History of Christianity in China, *The Historical Journal*, 55, no 2, 2012, pp.533-552.

② Levenson, Joseph R., *Revolution and Cosmopolitanism*: *The Western stage and the Chinese stages*, Berkeley: University of California Press, 1971.

③ Cohen, Paul A, *China Unbound*: *Evolving Perspectives on the Chinese Past*. London: Routledge Curzon, 2003, p.2.我指出了这种方法中固有的一些问题。其中之一是"在谈到'西方影响'时，忽视了西方本身的神秘和矛盾倾向"。

④ Gernet, Jacques, *Chine et christianisme*, *action et réaction*, Paris: Gallimard, 1982, p.189: "传教士们不愿承认他们自己的心智框架并非普世的，以及其他基于不同基础的文明可能也能够取得进步。"

⑤ Standaert, Nicolas, Méthodologie de l'histoire du contact entre cultures: Le cas de la Chine au XVIIe siècle, in *Passeurs de religions entre Orient et Occident*, edit. L.Scheuer and P.Servais(Louvain-la-Neuve: Bruylant Academia, 2004), pp.25-70: "理解文化之间接触的复杂历史的尝试，预设了一种关于他者性质的理论……这被看作是一个过程，源自对他者的相识，无论是作为个体、文本还是文化。对他者的理解塑造了自我的理解，并导致自我身份的转变。"

⑥ Phillips, Kim M., *Before Orientalism Asian Peoples and Cultures in European Travel Writing*, 1245-1510, University of Pennsylvania Press, 2014, p.186.

就等于公平对待外国的风俗,以及对自身风俗的客观超然的态度"。① 许多学者注意到18 世纪末发生的"从亲华到恐华"的转变:"转折点虽来得突然却具有决定性影响⋯⋯在法国大革命之后,任何人都不会再想到参考中国来思考各种机构的未来"②。对这一转变已经提出了不同的解释,这些解释并不总是相互排斥。

我们认为侨易学应该与此类叙述保持距离,因为出于各种不同但可靠的理由,这些叙述在很大程度上具有误导性,我们将在接下来的论证中尝试说明。

在达尔梅尔(Fred Reinhard Dallmayr)1996 年的著作《超越东方主义》中,我们可以找到对欧洲表现亚洲的后殖民框架的首次批评:"最重要的是,赛义德的东方主义概念⋯⋯本身可以被视为一种具体化和本质化的建构,其理论前提需要进行批判性、甚至解构性的审查。"事实上,东方主义的问题就在于它的本质主义,贯穿了对"东方他者"的负面和正面(理想化、异国情调)的描述:"实际上,东方主义的知识在其还原主义方面最为问题重重。⋯⋯东方学家只能在不加批判的钦佩和毫无保留的蔑视之间做出选择。"③"过于关注东方主义的负面因素的批评往往会导致沉溺于正面的(理想化的、异国情调的)东方主义,同时拥抱负面的西方主义:将现代欧洲对亚洲的所有表现都单方面描述成固有的种族主义和帝国主义,可能是回避自我东方主义和解决东方自身内部的'东方主义'问题的一种方式"。④

超越东方主义不仅意味着解构欧洲关于东方文明先天低劣的偏见言论,同时也意味着解构西方关于亚洲文化先天优越的辩护言论。在这方面,郝德勇(Rupert Hodder)2000 年的著作《在中国的形象中》(In China's image)是一个重要的里程碑,它对"中国研究"中正面的东方主义进行了尖锐的批评:"呈现在我们面前的中国历史的形象是一种独特、古老、优越的文化,它在三千年或更长的时间里横空出世,从其发源地不断向外传播,吸纳处于蛮荒状态的领土,并将文化上较为弱势的群体中国化。"⑤森舸澜(Edward Slingerland)2019 年的著作《超越东方主义》(Beyond Orientalism)是迄今为止

---

① Osterhammel, Jürgen, *Unfabling the East The Enlightenment's Encounter with Asia*, Princeton University-Press, 2018, p.176.

② Crépon, Marc, L'Orient au miroir de la philosophie. La Chine et l'Inde, de la philosophie des lumières au romantisme allemand. Une anthologie, Paris: Pocket, 1993, p.13-our translation.

③ Hung Ho-Fung, "Orientalist Knowledge and Social Theories: China and the European Conceptions of East-West Differences from 1600 to 1900." *Sociological Theory*, 2003, 21(3), pp.254-280.

④ Allès, Elisabeth, "Minority Nationalities in China: Internal Orientalism", in *After Orientalism Critical Perspectives on Western Agency and Eastern Re-appropriations* Edited by François Pouillon, Jean-Claude Vatin, Leiden: Koninklijke Brill, 2015, pp.134-141: "纵观中国历史,语言和文化的多样性以及与草原民族的对抗一直是精英阶层和中央政权(不论是帝制还是共和制)面临的难题。郝瑞(Stevan Harrel)第一个指出贯穿于其中的连续性,即先后适用于这些民族的儒家、民族主义和共产主义的文明项目。目前的形式可以称为"内部东方主义"甚至是"东方的东方主义"。

⑤ Hodder, Rupert, *In China's image: Chinese self-perception in Western thought*, Basingstoke: Palgrave Macmillan, 2000, p.3.

对弥漫在跨文化研究中的哲学东方主义最为明确直白的解构:"亚洲研究中至今充斥着整体主义和语言文化建构主义的上头情绪,它确实将东方主义的各种陈旧形式推到了一个语言荒谬的新境界。"①

这样的批评基于一个事实,即使用赛义德所定义的"东方主义"术语来界定现代西方对整体中国的表现时存在重要的局限性。

首先,如果说用赛义德的东方主义来框定西方对亚洲和中国的看法具有误导性,那是因为,正如"批评家所指出的那样……,赛义德的'东方'集中在阿拉伯世界,并排除了西方人对这个词的大部分理解"。② 然而,西方对中国世界的认知和对阿拉伯世界的认知有着本质的区别:由于欧洲人对阿拉伯东方的认知在中世纪基督教与伊斯兰教的冲突下被过度界定,因此其起点也较为负面。相反,长期以来,西方对中国的看法大多是正面的,从马可·波罗对忽必烈汗国种种奇迹的叙述开始,一直到18世纪的中国艺术热衷达到高潮:"在17和18世纪,很多西方人认为中国文明在一些重要方面至少与西方文明不相上下。"③

其次,如果萨义德的东方主义概念无法真正解释西方对中国看法的转变,那是因为,正如张春洁强调的那样,负面的恐华观点甚至在19世纪之前就开始盛行,因此不能完全将其归因于殖民主义:"在18世纪下半叶,社会主流从亲华转向了恐华……(然而)欧洲帝国对中国的侵略直到19世纪40年代第一次鸦片战争才真正开始。特别是德国……并没有……什么帝国野心。在18世纪,欧洲与中国的贸易几乎完全按照中国的条件进行。"④在19世纪之前,欧洲对中国的表现并没有受到殖民动机的影响:"莱布尼茨仍然受到两个对等科学世界之间互利合作的理念的引导。然而,到18世纪末,一种片面的帝国主义观点开始盛行。"⑤在耶稣会士为欧洲知识精英翻译中国文献的两个世纪以后,外国势力对大清帝国的政治干预开始了。正如恩斯·艾普(Urs App)明智地指出:"与宗教的作用相比,殖民主义(以及一般的经济和政治利益)在东方主义诞生中的作用退居微不足道的位置。"⑥此外,如果这种宏大的整体叙事并不令人满意,那也是因为在每个具体的欧洲国家中,从亲华转向恐华可能有不同的具体原因。英国人对中国文化价值认识的转变与对中国的直接接触经验有关,而德国人的转变则与欧洲内部事务密切相关:与德国民族意识的崛起有关,体现在与"法国普遍主义"相对立的"德国文化特殊性"的主张上。

---

① Slingerland,Edward,*Mind and Body in Early China Beyond Orientalism and the Myth of Holism*,Oxford:Oxford University Press,2019,p.1.

② App,Urs,*The birth of orientalism*,Pennsylvania:University of Pennsylvania Press,2010,p.viii.

③ Gregory,John S.*The West and China since* 1500.Basingstoke:Palgrave Macmillan,2002,p.2.

④ Zhang Chunjie,"From Sinophilia to Sinophobia:China,History,and Recognition."*Colloquia Germanica*,41 no 2,2008,pp.97-110.

⑤ Osterhammel,2018,p.208.

⑥ App,Urs,The birth of orientalism,p.ix.

在德国,正如苏珊娜·马钱德(Suzanne Marchand)在她关于德国东方主义的百科全书式的论文中所指出的那样,这一转变发生得较晚,并且只在德国早期浪漫主义和唯心主义作家拒绝法国启蒙运动的框架之内:"1770 年之后,尤其是在新教德国地区,'中国热'突然间消退,而中国与洛可式风格、法国和耶稣会之间的联系,使它变成了早期浪漫主义作家的禁忌。"①德国这种恐华的转变伴随着文化民族主义的崛起:"与法国启蒙运动相对立……赫尔德强调每个文化实体的个别贡献……应该研究每个民族的个体特征。"②但每个"民族"都应该以其独特性来加以理解的事实并不意味着每个"民族"都不存在"先入之见"的言论。事实上,对于赫尔德来说,不仅中国被描述为装饰着象形文字包裹着丝绸并经过防腐处理的木乃伊:"莱布尼茨将中国文化置于比欧洲文化更高或至少与欧洲同等的地位……赫尔德将中国描绘成人类历史上最大的失败。"③

18 世纪末 19 世纪初,欧洲知识分子的"恐华转向"在法国可以通过皮埃尔·索纳拉特(Pierre Sonnerat)和贡斯当(Charles de Constant)表现出来。

如果我们考虑后殖民主义学者关于汉学帝国主义来自其传教士起源的观点,那么需要提醒的是,对传教士的严厉批评与对中国文明的负面看法是相辅相成的:"汉学本身必须被看作是帝国主义、殖民主义和贸易的悠久历史的一部分……这种'同一性'的逻辑也与传教话语和法国普遍主义的文明化使命逻辑相契合。"

的确,恐华观点开始在欧洲盛行这一事实不容否认。④⑤⑥⑦

然而,19 世纪初的德国思想家能够产生强烈的"恐华"观点,然而德国作为一个国家在 19 世纪末之前并没有参与殖民,赫尔德可能对中国文化的成就极其不屑,但他同时却又拒绝任何形式的政治帝国主义或种族分类,东方主义话语也可以在没有任何殖

---

① Marchand, Suzanne L, *German Orientalism in the Age of Empire: Religion, Race and Scholarship*, Cambridge: Cambridge University Press, 2009, p.23.

② Bunzl, Matti, "Frantz Boas and the Humboldtian Tradition." In *Volksgeist as Method and Ethic*, *Essays on Boasian Ethnography and the German Anthropological Tradition*, edit. George W. Stocking, Madison: University of Wisconsin Press, 1996, pp.17-78.

③ Zhang Chunjie, 2008.

④ Heurtebise, J-Y., 2017, Hegel's Philosophy of History and its Kantian Orientalist Legacy, *Journal of Chinese Philosophy*, 46(2), pp.175-192.

⑤ Heurtebise, J-Y., 2018, Kant's, Hegel's and Cousin's perception of China and non-European cultures: Racialism, Historicism and Universalism, and the methodology of comparative philosophy, *Frontiers of Philosophy in China*, 13(4), pp.538-557.

⑥ Heurtebise, J-Y., 2019, Is Heidegger an Orientalist or an Occidentalist European philosopher? Disclosing the political factor behind Heidegger's representation of Chinese thinking, *Frontiers of Philosophy in China*, 14(4), pp.523-551.

⑦ Heurtebise, J-Y., 2021, The anthropological turn of German philosophical Orientalism and its legacy: An Inquiry into the Dark Side of Europe/Chinese cross-cultural representation, *Journal of Phenomenology and the Human Sciences*, 12: 41-112.

民计划的国家(如中欧)盛行,如萨拉·莱门(Sarah Lemmen)用"非殖民东方主义"①这个概念所揭示的;表明作为一种实践的殖民帝国主义与作为一种话语的文化主义者的东方主义之间的所谓联系相当薄弱。因此,我们可以合理地理解,可以存在没有殖民主义的东方主义(东方主义话语不必然假设殖民基础设施),也可以存在没有东方主义的殖民主义(殖民基础设施不一定导致文化主义的上层建筑)。

如果我们考虑法国的知识环境,用后殖民主义的框架来描述和分析19世纪初欧洲知识分子对中国的描述,似乎颇具误导性。在东方主义被认为已经影响了所有欧洲知识分子对东方的理解的时代,雷慕沙(Abel-Rémusat)对"东方"概念所隐含的文化本质主义提出了激烈的批评:"但首先,这些被称为东方人的民族之间有什么密切的联系,有什么亲密的关系,使得他们可以被赋予一个普遍的名称,使得他们被笼罩在一个单一的判断中,毫无区别地被裹挟在一起?……如果不是因为出生在亚洲,这么多不同的民族有什么共同点?而亚洲又是什么呢?它是古老大陆的一个广阔的部分,只有海洋从三边包围着它,而在与我们相邻的一侧,却要划定一条虚构的分界线,划定想象中的边界?"②在这里,雷慕沙预见了爱德华·赛义德对"东方"这个范畴的强烈批评,将其视为文化差异的想象表征的产物:"东方主义是西方与东方的分界线,我认为,这不是自然界的事实,而是人类生产出来的事实,我称之为想象地理学"。③

以雷慕沙为代表的法国汉学并没有从将东方内部的多样性本质化为一个名为"东方"的独特范畴开始,相反,它开始于对这种做法的批判:"所有这些东方人彼此之间的差异,都比威斯敏斯特或巴黎居民与马德里或圣彼得堡居民之间的差异更大。但是我们把他们归为一类,因为我们不知道如何区分他们……因此,我们混淆了智力特征,混淆了道德相貌,并且从这种混淆中产生了一种想象的混合体,一种真实的理性存在,它与任何东西都不相似,人们可以自由地赞美它,也可以随时指责它;我们称之为亚洲人、东方人,这样就不再需要进一步了解;这是一种宝贵的能力,一种决定性的优势,用来为那些思想不总是正确的人提供通用词汇,他们为了能做出判断,对深度思考并不在意。"④这再次预见了赛义德对这种观点的正确批评:"我反对我所谓的东方主义,并不是因为它只是对东方语言、社会和民族的古典研究,而是因为作为一种思想体系,它从一种不加批判的本质主义立场来看待一种异质、动态和复杂的人类现实。"⑤

① Lemmen,Sarah,2013"Noncolonial Orientalism? Czech Travel Writing on Africa and Asia around 1918"in *Deploying Orientalism in Culture and History:From Germany to Central and Eastern Europe*,James Hodkinson,John Walker,Shaswati Mazumdar,and Johannes Feichtinger eds.Rochester:Camden House,pp.209-227.

② Abel-Rémusat,Jean-Pierre,*Mélanges posthumes d'histoire et de littérature orientales*,Paris:Imprimerie royale,1843,p.225.-our translation.

③ Said,Edward W,"Orientalism Reconsidered."*Cultural Critique*,1(1985):89-107.

④ Abel-Rémusat,*Mélanges posthumes*,p.226-our translation.

⑤ Said *Orientalism*,p.333.

最后,雷慕沙在谴责亚洲的殖民化时,采用了蒙田批评西班牙征服美洲①的人道主义基调,对政治统治、经济剥削和文化同质化进行了批判:"通过外交手段,以较低的成本实现了他们通过战争手段无法实现的目标,使当地土著沦为和平与战争的牺牲品,将他们卷入罪恶的联盟,把贸易条件强加给他们,占领他们的家园和港口,分享他们的领土,并将无法适应他们的压迫手腕的国民视为叛乱分子。……让所有这些民族的工业为西方让路;让他们为了我们的利益放弃他们的思想、文学、语言,以及构成他们民族性的一切东西;让他们学会像我们一样思考、感受和说话;让他们放弃自己的领土和独立,为这些有益的教训付出代价;让他们满足我们学界的愿望,为我们商人的利益做出奉献,表现得温和、易于驾驭和顺从。付出这样的代价,我们才会认可,他们朝着社会化迈出了前进的步伐,我们才会允许他们获得排名,但是排在特权的人民、优秀的种族后面,与他们距离甚远,只有这些特权的人民和优秀的种族才被承认有资格占有、支配、了解和教导别人"。② 我们为自己的"后现代性"感到自豪,认为我们发明了"后殖民解构主义"。但事实上,对殖民化的批评与殖民化的建立却是同时的。

鉴于所有这些原因,叶隽侨易学的后殖民背景应该被仔细评估以避免文化主义者的假设。叶隽在《旅行的理论》一文中提到:"我们在混沌的宇宙中求得道的见证,希望通过侨易学打破西方线性逻辑思维的统治,在更高层次上实现二元三维组成的道的平衡框架。"这种以线性思维方式为框架来概括整个西方的思维在我们看来也相当"西方主义":它使整个西方本质化,并将其与只能以优越的传统文化加以"补充"(以德里达的术语来表示)的负面特征联系起来:即《易经》中包含的中国文化。我们对侨易学和比较文化研究的理解是,应该避免对其他文化进行本质主义和还原主义的陈述,以免落入逆向的东方主义即西方主义的陷阱。

四、结语:侨易学与关系本体论:从跨文化到超文化

与仅从汉学对欧洲中心主义的背叛(以一种后殖民的方式)来观察汉学的起源相反,今天更有趣的是从它表达的欧洲文化的杂合化的角度来审视汉学的起源:对我们来说,侨易学在复兴汉学方面能够发挥出最佳作用。但为了实现这一点,侨易学需要修正一些关于他者的他者性的文化主义假设,并对强调民族文化例外论的叙事保持更具批判性的眼光。此外,作为一种方法论框架,侨易学还应该避免过于自满的文化主义叙事,强调一种文化的固有缺陷(如西方文化过于注重逻辑、过于唯物、过于个人化等无意义的陈词滥调)和另一种文化的内在优越性(我们自身永恒、更加深刻、更为丰富的文化)。最后,这

---

① Montaigne, Michel de, *The Essays*, vol.3, London: Reeves and Turner, 1877, p.167: 有谁曾经把商品的价格提高到如此程度? 这么多城市被夷为平地,这么多民族被灭绝,数以百万计的这么多人丧生于刀刃之下,世界上最富裕、最美丽的地区为了珍珠和胡椒的交易而被弄得底朝天?

② Abel-Rémusat, *Mélanges posthumes*, 249—50-our translation.

里涉及对"文化"相对于"关系"的本质的理解：在某种程度上，侨易学仍处在跨文化经验表征的局限中，需要达到更高层次的跨文化超越性。为了更详细地解释这一点，我们将回顾前面提到的钟鸣旦（Nicolas Standaert）2004 年发表的论文：《跨文化接触历史的方法论》（*Méthodologie de l'histoire du contact entre cultures*）。在这篇论文中，钟鸣旦定义了中国基督教研究的四个历史时刻。第一个时刻以传播模式为框架：传教士如何在中国传播基督教信仰，以及他们为何"成功"或"失败"。第二个时刻（从 20 世纪 60—70 年代开始）以接受模式为框架：中国人如何对基督教信仰和西方输入的东西做出反应？这种模式与以中国为中心的文化本质主义相一致（如谢和耐 1983 年的《中国与基督教》一书所说）："与其将传教失败解释为传播者使用不当手段的结果，一些解释……将传教失败解释为由于根本的语言和文化差异，导致接受者无法接受相关信息。"第三个时刻以发明模式为框架：这是受赛义德东方主义影响的结果。它强调了接受模式的二分法范式，不仅强调"中国人"不可能接受"西方信息"，而且强调"西方人"因带有偏见的帝国主义眼光而无法理解"中国学问"："应用于跨文化交流，这就意味着：传播者靠近接受者时，在接收者及其文化上构建了一个象征性的现实（话语）；这种象征性的现实本身成为决定接受者和对其施加权力的一种手段。"后殖民主义的比较文化研究框架无法达到对文化互动的深刻理解。这就是为什么钟鸣旦呼吁引入第四种模式：互动模式——强调"他者"的能动性及其对"我们"的影响："中国科学在其文化传播过程中影响了西方思想"——强调了意义的共同创造。钟鸣旦的第四种互动模式使他能够指出以中国为中心的"接受模式"和后殖民主义的"发明模式"之间的一致性：两者都削弱了"接受者"的能动性，过分强调了传播者和接受者之间的二分法。相反，钟鸣旦的第四种互动模式帮助我们定义跨文化共同生成的本体论框架，该框架基于这样的原则："自我身份不仅仅由其独自的努力构成，同时还是在与他人的相遇中构成"。此外，这种模式是也参照了弗朗西斯·雅克 1982 年的著作《差异和主体性：从关联性的视角看人类学》（*Différence et subjectivité：anthropologie d'un point de vue relationnel*），该著作的目的是解构同一性和他者性的概念，使它们不再作为彼此分离、没有联系的对立存在，以超越马丁·布伯的共同定义模型："我认为我们应该结束视角方面的错误，这种错误导致我们将同一性与他者性分开对待——但更重要的是，将他者视为同一性的他者来对待。……我们试图通过颠倒正常的思考过程，从关系的范畴中来构思人……马丁·布伯认为，只有在与'你'接触时，人才会变成'我'。他从中获得了内在性，一种属于他自己的存在，特别是感受到的对他者的爱，这种爱会得到回报，并形成第一人称。实际上，虽然这种条件确实是必要的，但并不充分。人只有通过可称呼'他'的额外考验，才能成为某人，一个人，从而成为'我'"。①

---

① Francis Jacques, *Différence et subjectivité：anthropologie d'un point de vue relationnel*, Paris：Aubier Montaigne, 1982, p.54：我觉得我们应该摒弃那种将"相同"和"他者"分开对待的错误观念，以及将他人看作"相同"的"他者"的观念。我们试图从"关系"这一范畴来构思人，颠倒了思维的常规方式。马丁·布伯认为，人只有在与他人接触时才变得真正的"我"。在这种接触中，人得到了一种内在性和独特存在，尤其是对他人的爱反过来构成和形成了第一人称。

叶隽参照《易经》提出的一、二、三之间的三元关系模型（这对比较文化方法论是个非常有价值的贡献），可以从人际心理学的关系本体论角度来理解。在两者之间的关系中，关系的主体是第三个术语，它既奠定了关系的基础，又作为关系的表达方式——在这个意义上，正如德勒兹所说的休谟的"超级经验主义"，关系是第一位的，先于它的术语存在。作为知识的先验条件的"我是"并非来自对自我存在的意识，而是来自对尚未被揭示为"我"的某物的意识，并通过与将被识别为"他者"的某物的相遇而显现出来——或者更确切地说，它来自于"他者"在某种程度上也是"我"的事实，而"他"作为"我"和"他者"的"他者"，从根本上来说却不是"我"。超验的跨文化性就发生在你和我无法区分出什么来自你的文化，什么来自我的文化的时候，这不仅仅是我们的互动带来的混合结果，而且是我们相遇的先验条件。这种相遇不是你和我基于理性决策或互利关系而决定的——它来自外部，通过不可预见的力量强迫我们彼此相遇。

略论侨易学的哲学观念

余明锋[*]

内容提要：侨易学不仅自觉处身古今中西的思想坐标，而且正以这一坐标本身为具体研究对象，是现代汉语哲思中值得注意的重要尝试。"二元三维大道侨易"的侨易学原则既体现了《周易》"极高明"的变易观念和生命精神，也践行着"道中庸"的权变意识和"知几"之学。对侨易学的两种常见批判，正确指出了古今中西思想框架可能的概念化痼疾，以及作为哲学观念的侨易学尚且缺少的概念系统，本文最后尝试用"象"思维的"隐喻"性质回应这两种看似相反实则相似的批判。

关键词：侨易学；哲学；二元三维；古今中西；隐喻

叶隽先生所创发的"侨易学"，在比较文学、中西文化交流、近现代思想史的研究中，已然结出丰硕的成果。在叶先生自己的大作（如《主体的迁变》《另一种西学》等）之外，尚有《侨易》集刊几种和许多相关的讨论。惟作为哲学观念的侨易，虽有《变创与渐常》的论述和提示①，却仍未见详尽阐发。本文因而试从"易"理出发，就一种可能的侨易学的哲学观念，略作几点论述。

一

哲学的事业，往虚玄了说，关乎宇宙人生，无不寻根究极；从切实处看，只是基本概念的打磨锻造，与匠人的活计相去不远。庄周与庖丁，二而一也。哲学的奥妙或趣味，也许正在于这"二元"之间的那个三维，即经由基本概念的玩味而通达性命攸关的疑难（Problem）。于是，新概念的提出，在哲学家这里定是一桩大事。它所关系到的，是一条新的哲学道路的可能性。哲学家对于新概念的态度因而当是双重的，一面充满兴味，一面慎之又慎。举例来说，自康德以来，一直到海德格尔和维特根斯坦，西方哲学界的主轴可以说是在德语世界，表象（Vorstellung）、物自身（Dinge an sich selbst）、精神（Geist）、意识（Bewußtsein）、意志（Wille）、权力意志（Wille zur Macht）、此在（Dasein）、本有（Er-

---

* 余明锋：同济大学哲学系，上海，200433。

① 叶隽：《变创与渐常——侨易学的观念》，北京：北京大学出版社，2014年，第9—17页。

eignis)等大量德语词汇被打磨成概念、写入哲学史,成为现代思想而不仅仅是德国思想的基本词语。反观汉语学界,现代汉语在哲学上贡献给世界的,仍然十分有限。在哲学上,汉语还远不是世界语言。希腊哲学专家陈康先生曾为中国的西学研究者立下宏愿:"能使欧美的专门学者以不通中文为恨"!几十年来,我们的西学译介和研究无疑取得了丰硕成果,虽然离陈先生的标准也还有很长距离,可再过一两代人,"往雅典去表现悲剧""往斯巴达去表现武艺"①并非绝无可能之事。然而,即便如此,现代汉语也还不是真正的哲学语言,因为即便我们实现了陈先生的愿景,也还是没有把现代汉语写进哲学史,像古希腊语和现代德语一样,而只是用现代汉语来写哲学史,一部足够专业的哲学史。这并不是要贬低陈先生的愿景,更非漠视西学译介之伟业,而只是要指出,哲学固然离不开专业的哲学史研究,却不能被化约为哲学史研究。只有当某种哲思的基本概念植根于汉语经验,参与构造汉语言说者进而外语言说者的世界图景和历史愿景,我们才能说,现代汉语已是一门世界性的哲学语言。照此标准来看,在他们各自的时代,孔孟老庄是世界性的,宋明诸儒也是世界性的,他们对人生有普遍而究极的探问,他们的语言解释并构造了世界,他们的思想无不贯通天地人(神)。他们不必有"哲学"之名,却已有哲学之实(我们不能用西方的哲学之名来格义古人,可我们也不能舍弃哲学之名来断绝交易、变易之机,我们该做的是慎重使用、反思并改造哲学之名)。而现代汉语从诞生之日起,就是西方主导的现代世界体系中的一门方言,现代思想在相当程度上是西方观念的汉译。汉语哲学就是要把汉语从方言提升为普通话,把现代观念从汉译提升为汉语思想。有必要补充说明的是,这种汉语哲思的努力不是,也不能是一种民粹主义。因为民粹主义本身是一种狭隘和封闭的地方主义,一种弱者心态的权力意志伸展。陷于民粹,必无缘于哲学。因为哲学一定有着世界性和普遍性的诉求,即便无法持留于洞穴之外,也一定有着超越于洞穴的视野。

或有人问,哲学既然意求普遍,又何必在乎自己说哪门语言呢?民粹既然要不得,又为何非要说汉语呢?我们由此触及哲学中普遍与特殊的复杂关系。哲学之普遍绝非与特殊相隔绝之普遍,否则,概念必流于空洞,思想必无关痛痒。哲学之普遍与特殊的关联至少包括以下三个层面的含义:(一)普遍的概念发源于具体、生动的语言经验,即便无法全然还原为后者,也必定牢牢地植根其中——西哲中海德格尔对此尤有精辟阐发;(二)意求理性与普遍的哲思发动于哲思者的生命问题,又必返回到思者安身立命的关切中来——西哲中尼采对此尤有精彩论述;(三)于是,哲学不能一蹴而就跃入普遍,也不能一劳永逸滞留于普遍,而是要永远行走在从现实生活上升至概念思维,从律

---

① "现在或将来如若这个编译会里的产品也能使欧美的专门学者以不通中文为恨(这绝非原则上不可能的事,成否只在人为),甚至因此欲学习中文,那时中国人在学术方面的能力始真正的昭著于全世界;否则不外乎是往雅典去表现武艺,往斯巴达去表现悲剧,无人可与之竞争,因此也表现不出自己超过他人的特长来。"陈康:《巴曼尼得斯篇·序》,见柏拉图:《巴曼尼得斯篇》,陈康译,北京:商务印书馆,1997年,第10页。

法上升至自然,而又从概念和自然下降到生活和律法的辩证途中——柏拉图的"洞穴喻"是对哲学生活的这一道路特征的经典描述。概而言之,洁净精微的哲理并不隔绝于绵延的传统、纷繁的现实和不安的生命,而是要深入、穿透其中,并始终与之保持着不息的张力。再者,汉语在人类文明史中也确有其独特地位。我们身处其中的现代性发源于西方,而汉语所携带的生命经验和思想传统有着很大程度上并行于西方、独立于现代的渊源和历史。面对现代性的种种困境,汉语思想自有其独特的观审视角和反思可能。所以,除了内在于现代性的古今问题之外,我们尚有"中西"一维。古今中西①的二维结构是我们不同于现代西方,也不同于古代中国的思想坐标,是现代汉语哲思的独特"天命"。

对此,百年前那一辈学者多有意识,因为他们整个地身陷古今中西剧烈碰撞的洪流之中;21世纪以来,在百年现代化历程的跌宕起伏之后,在民族国家建成、经济高速发展、社会问题也大量累积之后,在我们更多了解欧美,更深地知其长短明其源流之后,我们得以、事实上也不得不再一次自觉回到古今中西的思想坐标中来。不少学者已在这方面做出重要尝试,叶隽先生的"侨易学"便是其中一种。值得注意的是,叶先生的"侨易学"思考不仅自觉处身古今中西的思想坐标,而且正以这一思想坐标为具体研究对象。

二

"'侨易学'的基本理念就是因'侨'而致'易',这其中既包括物质位移、精神漫游所造成的个体思想观念的形成与创生……也包括不同的文化子系统如何相互作用与精神变形。"②狭义地看,"侨易学"是基于汉语思想传统而提出来的文化交流、尤其是中西文化交流研究方法论。诚如叶先生自己所说,侨易学"直接缘于自身对文化交流史实证研究的理论需要"③。而事实上,《变创与渐常》一书对于狭义上的哲学确实着墨不多,题为"作为理论/哲学的侨易学:'二元三维一大道侨易'"的第一章第二节只占了九页篇幅,这一节也只以例证的方式阐发了乾坤二卦的意涵,提出"二元三维一大道"的概念结构和思想方法。然而,细心的读者不难发现,全书实际上意欲将侨易学提升为哲学观念,并在此基础上进行系统而有强烈现实关怀的思想史研究。对此,书中各处多有提示。如,强调"寻道者"的身份④,强调"作为一种哲思方式"的侨易观念⑤和"侨易

---

① 严格来讲,应该是"古今东西"。因为本文无暇处理东方内部中国与印度、中国与日韩的关系问题,也因为就本文所着眼的当下问题处境而言,中西问题是更具现实性的问题视角,故而略说为"古今中西"。

② 叶隽:《变创与渐常——侨易学的观念》,北京:北京大学出版社,2014年,第19—20页。

③ 叶隽:《变创与渐常——侨易学的观念》,北京:北京大学出版社,2014年,第7页。

④ 叶隽:《变创与渐常——侨易学的观念》,北京:北京大学出版社,2014年,第29页。

⑤ 叶隽:《变创与渐常——侨易学的观念》,北京:北京大学出版社,2014年,第177页。

学的整体性思维"①,又如,强调"不是从中国文化里汲取或选择某些资源以济西方哲学,而应该从本源处质疑哲思发展的路径问题"②,如此等等。可中西文化交流史研究如何与易学发生关系?"侨易"之名又何以成立呢?易道广大精微,易学头绪纷繁。本文只沿着叶先生所提示的方向,就侨易学之为哲学观念略作发挥。

"日月为易,象阴阳也。"《说文》从字形出发简明扼要地道出了"易"之要义。在郑玄(据《周易乾凿度》)所谓的"易简、变易、不易"三义中,"变易"居于核心,而变易之因正是刚柔相摩、阴阳相交。"一阴一阳之谓道"所道说的也正是"易"的这个简易而不易之道:大道分阴阳,交易生变易,生生无止息。在变化之中求恒常,是人类共同的、普遍的永恒追求。所不同者,在于我们如何来看待变化,又如何求得恒常,从而建基立极,安身立命。西方思想之典型如"柏拉图主义",以流变为虚妄,欲在流变之外求恒常(所谓"外在超越"),因此而有抽象的存在论,而有巍峨浩瀚的神学。中国思想之主流自第一个开端(即先秦)就走了一条不同的道路,不是在变化之外求恒常,而是一方面在变化之中体会到"天行健,君子以自强不息",在生生不息中洞察并实践生命内在圆满的精神和力量(如尼采那"永恒轮回"的"权力意志",即《查拉图斯特拉如是说》前言第十节中的"蛇圈鹰绕"之象③),在自身生命中证得道体,求得天人合一;另一方面又窥破教条之无谓,细察变化之几微,以权变应万变:"《易》之为书也,不可远。为道也屡迁,变动不居,周流六虚,上下无常,刚柔相易,不可为典要,唯变所适。"④前一方面是极为理想主义的,是"极高明",后一方面又是极为现实主义的,是"道中庸";这两方面看似矛盾,实则相合,"极高明而道中庸",是"易道"的一体两面。西方哲学自亚里士多德以后分理论哲学(形而上学,或存在论和神学,后几乎为认识论所取代)与实践哲学(伦理学和政治学)两部分,且两部分之间的鸿沟自现代以来逐渐扩大,裂变为事实与价值、自然与自由的两分,如今几乎到了无以沟通的地步,构成当下哲学思考的一个重大问题。《易》则兼有这两个层面。并且,两层之间也是一阴一阳,犹如乾坤相合:生命精神刚健创发,周行不殆,权变意识则审时度势,顺势而为。两个层面都兼有理论和实践的含义,融理论实践为一体。"夫《易》,圣人之所以极深而研几也。唯深也,故能通天下之志;唯几也,故能成天下之务。"(系辞上)"深"而"几","几"而又"深",此圣人所以象天也。

① 叶隽:《变创与渐常——侨易学的观念》,北京:北京大学出版社,2014年,第271页。
② 叶隽:《变创与渐常——侨易学的观念》,北京:北京大学出版社,2014年,第282页。
③ "看哪!一只鹰正在空中翱翔,兜着大圈子,而且身上还悬挂着一条蛇,这蛇似乎并不是它的猎物,而像是一个朋友,因为蛇就盘绕在它的头颈上。"(尼采:《查拉图斯特拉如是说》,孙周兴译,北京:商务印书馆,2010年,第27—28页)尼采好用隐喻,与《易》的取象多有相似。
④ 语出《系辞下》。吕思勉《经子解题》中的一段话可为之作注:"老贵'抱一',孔贵'中庸'。抑宇宙现象,既变动不居,则所谓真理,只有'变'之一字耳。执一端以为中,将不转瞬而已失其中矣。故贵'抱一'而戒'执一',贵'得中'而戒'执中'。'抱一''守中',又即'贵虚''贵无'之旨也。('抱一'者,抱无可抱之一。'得中'者,得无中可得之中。)"(吕思勉:《经子解题》,见《中国文化思想史九种》上,上海:上海古籍出版社,2009年,第162页)

第二个层面的易学所着重者在于"研几",因为权变顺应的具体根据在于"知几"："知几其神乎？君子上交不谄，下交不渎，其知几乎？几者，动之微，吉之先见者也。君子见几而作，不俟终日。"(《系辞下》)孔颖达疏曰："几，微也。是已动之微，动谓心动、事动。初动之时，其理未著，唯纤微而已。若其已著之后，则心事显露，不得为几。若未动之前，又寂然顿无，兼亦不得称几也。几是离无入有，在有无之际，故云'动之微'也。"六十四卦无非阴阳相交而生变易的诸种"原形"(Urformen，Prototypen)，知几就是体察阴阳相交所生之交感，洞悉生发变易之"交易"端倪。研几之学用变化的眼光来看待万事万物，并对变化的因由做一种整体性分析，就此而言，它有似于亚里士多德的四因说(质料因、形式因、动力因、目的因)。可它们的分析方式又有绝大的不同，阴阳既是质料又是形式，阴阳相交是一切变化的动力，而变化并无一个最终目的可言，并不会通往那个不动的推动者。研几之学并非没有分析的步骤，只是分析中采用了全然不同的概念方式，如"时""位""吉""凶"等，在这些概念之外更有各个卦象。百年来，我们极力改用并已惯于使用现代西方的思维方式，用现代自然科学的因果观念来分析一切，这种观念更适于人类用以宰制和征服自然。但是，违逆自然、破坏自然之恶果也随之而来。值此之时，我们需要重审偏颇的中西观念和古今观念，重审现代人的科学主义。而其中尤为紧要的，是意识到，逻辑并非普遍适用的中立之物，而是人类依语言分析存在的范式，逻辑学所不加质疑的基本概念实以一种存在论观念为前提。[1] 亚里士多德的四因说固然精妙，现代的因果论固然实用，可《周易》的阴阳之道、研几之学同样是一种自足、合理的观看方式。这种思维方式自有其高明之处，比如，天人主客之际并无截然的对立，流变永恒之间也没有无可沟通的鸿沟。我们不能简单地用古希腊的观看方式来否定古代中国的观看方式，更不能简单地用现代人以自然科学为标准的观看方式来否定这两种古代的观看方式。意识到这三者之间的差异，也就理解了我们在古今中西思想坐标中的位置，体察到了我们时代的思想交易变通之机。

叶隽先生所提出的侨易学可谓"研几之学"："必须有交互相关的一面，方才有易变的可能。故此，侨易之立名，也包括交感的意思在内。"[2]进而，"我们提出'侨易学'的概念，虽然也兼顾变易、简易的研究，但其核心部分则主要放在'交易'层面。也就是说，研究对象(侨易过程之主体)是如何通过'相交'，尤其是物质位移导致的'异质相交'过程，发生精神层面的质性变易过程。"[3]侨易学所研之几，具体而言，是中西文化交流、古今思想碰撞中所生发的易象与易理。对此，《变创与渐常》一书下篇有许多具体而微的个案分析。当然，作为侨易学的哲学观念和思维范式，"二元三维大道侨易"在

① 对此，这里无法展开论述，仅能指出，对逻辑学与存在论、语言与存在关系的考察，海德格尔用力尤勤。海德格尔因此非常有助于我们澄清西方思想久被遮蔽和遗忘的前提，破除百年来中国思想界对西方思想的误解和基于这种误解的种种迷信。海德格尔因此而非常有助于我们重新理解自身的思想传统。

② 叶隽：《变创与渐常——侨易学的观念》，北京：北京大学出版社，2014年，第5页。

③ 叶隽：《变创与渐常——侨易学的观念》，北京：北京大学出版社，2014年，第6页。

"研几"之外,同样体现了《周易》"极深"的变易观念和生命精神。"生生之谓易",太极欲显生生之德,就必须分立二元,二元相交复融为一,于是成三维。由一而三,并非数字游戏,亦非随意列举,而是事情本身的步骤。作为二元相交演变的结果,"三"是一个新的"一",于是又要分立二元,又要相交而成新的三维。如此生生,以至无穷。这也正是《淮南子·天文》对《老子》第四十二章的解释:"道始于一,一而不生,故分阴阳,阴阳合和而万物生,故曰'一生二,二生三,三生万物'。"①这里无疑有着一种辩证法,可与黑格尔不同的是,生生之道并非螺旋式上升,更无一个绝对作为最后的目的。

三

可见,"二元三维大道侨易"的文化心态、思想精神与方法特征皆植根于《易》。在古今中西的思想坐标中,也有着层层二元三维的问题结构。古与今构成二元,古今之争是二元相交而成的第三维;中与西构成二元,中西对话是二元相交而成的第三维。进而,就思想史基本问题而言,古今问题与中西问题又构成二元,古今中西的交融形成第三维。就思想史研究的视角而言,从"古今"看"中西"会在与现代的对比中看到西方古代与中国古代的亲近,看到"现代性"的独特处境;从"中西"看"古今"则会从异于中国古代的西方古代发现西方现代性的种子,看到"现代性"的渊源所自;如是,从"古今"看"中西"和从"中西"看"古今"又构成二元,这两种视角都有合理性,如果我们不以一种否定另一种,那就会形成两种视角的融合,从而生发当下哲学思考的第三维。

对中西问题的提法常有这样的批评:"首先需要我们做的是摆脱早期弥漫在知识分子思想中的那种中西二元对立,或者中国、印度、西方三元划分,或者儒家文化、基督教文化、穆斯林文化的'文明冲突'的窠臼。西方是复杂多元的西方,而中国内部的多样性、历时性和流变性也是客观事实。"②简单来说,就是强调不能把中西视为恒常不变的两个精神实体,忽视它们内部的多元与流变。这种批评当然是有道理的,甚至是必要的。可问题在于,没有任何思考不需要概念框架,而"二元三维大道侨易"的思维或许恰恰有助于我们理解概念框架之必要与方便性质:只有分立二元,才能在二元的张力中形成融合并超越二者的第三维。重要的不是规定"中"与"西"、"古"与"今"各自的实体意涵,而在于自觉其坐标意义,自觉现代中国思想命运性地处于这样两个"二元"的

---

① "道生一,一生二,二生三,三生万物。"(《老子》四十二章)另可参看熊十力的解释:"我常求其义于《老子》书中,老子说'一生二,二生三',这种说法就是申述《大易》三爻成卦之旨,用以表示相反相成的法则。"(《新唯识论》,上海书店出版社,2008 年,第 168 页)又:"恒转之动而成翕,才有翕便有辟,唯其有对,所以成变。恒转是一,其显为翕而几至不守自性,此便是二,所谓一生二是也。然恒转毕竟常如其性,决不会物化,故当其翕,即有辟之势用俱起,此辟便是三,所谓二生三是也。"(叶隽:《变创与渐常——侨易学的观念》,北京:北京大学出版社,2014 年,第 169 页)

② 刘大先:《多民族文学的侨易学视角》,见叶隽主编:《侨易》(第二辑),北京:社会科学文献出版社,2015 年,第 297 页。

张力之中,并可从中创发出"三维"。换言之,"古今""中西"都是唤醒思想自觉、指引思想方向的路标,是"大道侨易"的环节,而非终结。如上所述,对于"易道"本身而言,并没有一个终结。

作为一种哲学观念的侨易学同时启发着一种具有侨易学观念的哲学。古今中西的双重二元结构不只是现代中国思想史研究中可行的侨易学范式,而且也是当代中国哲学思想仍然身处其中的问题框架。叶隽先生所创发的侨易学着重考察因"侨"致"易"的文化现象,如果"侨"的概念也包括了"精神漫游"①这一层面,那么当代中国哲学思想本身即是一种侨易现象,天然地漫游于古今之间、中西之间,漫游于古今、中西的交错之间。无论这种漫游已经带来、最后会带来何种精神变形,缺少对于漫游的自觉,都无法真正理解可能的变形,也无法承担起变形的使命。

四

针对侨易学的哲学观念,有着另外一种看似相反,实则相似的批评,即认为这样一种哲学观念缺乏严谨的概念架构,有"空泛不实"之弊病。比如,有论者用德国古典哲学,特别是黑格尔哲学的深邃与细密,来论说《易经》和侨易学的空泛:"仅仅根据《易经》的观念和模式来把侨易学建构为一种哲学,还远远不够。抛开时代差异不说,我认为人类迄今最优秀的哲学遗产不是《易经》而是德国古典哲学,从思考的深度和辩证思维的细致程度来看,《易经》和黑格尔哲学就无法相提并论。倒不是说,我们必须参照黑格尔或德国古典哲学,而是说,参照《易经》来构想的侨易学原理和模型,在理论上毕竟还是有些空泛不实。"②将文化精神凝结提炼为严谨细密的哲学论辩,这是西方思想特有的长处,和西方文化精神在古希腊的独特奠基有着根本关联。同为西方精神源头的希伯来传统就大不相同,没有希腊化的过程,没有与希腊哲学的对峙、进而对希腊哲学的吸收,就不会有系统论证、逻辑严密之神学的产生。③ 在中西古今交融的当下,我

---

① 叶隽:《变创与渐常——侨易学的观念》,北京:北京大学出版社,2014年,第19页。

② 户晓辉:《主持人语:侨易学的几个问题》,见叶隽主编:《侨易》(第二辑),北京:社会科学文献出版社,2015年,第272页。

③ 奥利金(Origenes)被称为"基督教第一位依方法进行研究的学者""神学之为科学的发明者"。[参看汉斯·昆(Hans Küng),《伟大的基督教思想家》(*Große christliche Denker*),慕尼黑,1994年,第54页]一方面,奥利金和同时代的哲学家普罗提诺虽未必相识,可一样都曾师从于柏拉图主义者 Ammonios Sakkas,其思想中的希腊化要素自不待言;另一方面,奥利金并且有意识地融合希腊与希伯来,如此创立了真正意义上的"神学"。基督教通过作为科学的神学实现了与有着严密逻辑、高超论辩的希腊文化的和解,由此才进入了文明世界。诚如汉斯·昆所言:"无疑:奥利金通过他对信仰和科学、神学和哲学的联结,达到了一种神学转折,这种神学转折使文化转折(基督教与文化的联结)得以可能,而文化转折又为政治转折(国家与教会的联结)做好了预备。"(参看汉斯·昆(Hans Küng),《伟大的基督教思想家》(*Große christliche Denker*),慕尼黑,1994年,第66页)神学之为科学的产生,一方面改造了圣经传统的解释方式,另一方面其实也改变了希腊理性的自我理解,这本身可谓西方思想史上的一个侨易学案例。希腊化时期的亚历山大里亚因两希的交融而充满了侨易现象,在基督教传统的奥利金之外,著名的还有犹太教传统中的斐洛。

们回避不了细密的论辩，也理当取长补短，可不必妄自菲薄。并且，这样一种长处同时未必不是一种短处，"生生之道"未必不是一种比"螺旋式上升"更为高妙的生命智慧。换个角度来看，黑格尔只是因为没有突破目的论的局限，而需要一个绝对的设定和历史终结的构想，这是其受缚于自身文化精神的表现。

之所以说这种批判与前一种看似相反（前一种批判古今中西思想框架的概念化痼疾，后一种批判侨易学的哲学观念缺少森严的概念系统），实则相似，是因为两者都关系到思想的概念性质和概念的存在论属性问题，都对侨易学的哲学观念所当具有的"概念"方式缺少真正的理解。在对于"易"的言说中，所有概念都具有一种游动的性质，都等待着游动中的交互、交易，和交易中的变易、变形。我们不妨仿照尼采，将这样一种概念称为"隐喻"："什么是真理？真理即一群运动着的隐喻、转喻和拟人化，简单来说，即一组以诗意的和修辞的方式被提高、转化和修饰了的人类关系，并且这些关系在长久的使用之后被一个民族视为固定的、规范性的和有约束力的：真理是人们已经忘了其为幻觉的幻觉，是被用坏了的、失去感性力量的隐喻，是磨灭了图案的硬币，它不再被视为硬币，而是被视为金属……雄伟的概念建筑所表现出来的则是罗马骨灰存放所那样僵硬的规则，它在逻辑中所散发的是数学所特有的那种严格和冷漠。谁要是闻到了这种冷漠之气，就会难以相信，那像骰子一样骨感而立方、且能像骰子一样摆弄的概念，也只是一个隐喻的残留，那将一种神经刺激转化为图像的艺术转化之幻想即便不是每一个概念的母亲，也是它的祖母。"①这里涉及概念与隐喻的关系问题。概念思维力求清晰，可也倾向于以共相为实有，骨子里有着形而上学性质。隐喻在诸种现象领域之间自由跳跃，难以捉摸，却有不落言筌的好处。在隐喻的视角下来看，通常被斥为不严谨、非科学的"类比性思维"可谓人类构造世界和自身的一贯方式。由此，我们也可以理解，"阴阳"为何可以用来说明自然现象，为中国古代天文学和地理学的关键，也可以用来解释身体现象，为中国古代医学和各种方术的要诀，还可以用来说明从男女到家国天下的一整套人伦关系，为中国古代伦理学和政治学的基石。

《周易》中也有可称为概念的基本词语，可更多的是"（卦）象"，是隐喻。并且，即便像"阴阳"这样的基本概念实际上也有隐喻性质，或者根本上仍然是隐喻。理解《周易》言说方式的隐喻性质，有助于我们理清其看似怪异的推理方式。易思维与形而上学思维的区别可见于此，并且归根结底，两者有着存在论立足点上的根本差异，前者并不以"象"为实体，后者则要在概念中求得不变的恒在。黑格尔不正要将概念带向运动吗？可他的概念体系仍然要在一个精神自我认识的框架内展开，因而仍是一个封闭的形而上学体系。相比之下，基于易理的侨易学的哲学观念天然地具有一种开放的性质，没有形而上学体系和目的论的束缚。这样一种哲学观念所具有的"概念"系统有着截

① 尼采：《在非道德的意义上论真理与谎言》，见 KSA（考订研究版或科利版）第 1 卷，第 880—881 页。

然不同的存在论性质。"二元三维"中的二元并不是永恒普遍的实存,而是不断流变之中的二元形式,一旦二元之间形成三维,那么二元本身就又取得了新的形态。同样,"古今中西"的分析框架同样在古今中西的交融中发生内涵的转变,并且在交易形成变易之后,也将为新的分析框架所取代。

在生活世界中发生

——现象学视域中的"侨易"思考

叶 瑶[*]

内容提要：本文拟通过现象学关于生活世界的相关论述，来观照"侨易"的发生过程与特征，论证其并非单纯的理论层面上的知识的交换，还涉及交换必然牵扯着充满感性经验的、有着历史传统的生活世界。无论是否涉及跨文化维度，侨易总是发生在生活世界之内与之间。

关键词：侨易；生活世界；知识交换

叶隽先生的侨易学理论致力于说明人类文化—社会世界的侨易性，它相信藉由侨易现象之网的发现与阐明，可以对上述世界之生成、运作乃至进化的机制作出适当的描述与解释，而侨易现象的发生必在世界的感性—经验维度上。这一维度的世界也即现象学视域中前科学、前理论的生活世界，它包罗万象、变动不居，胡塞尔把它比作"赫拉克利特之流"。侨易学可以视作面向流变中的生活世界的理论尝试，它试图以不同类型的侨易现象归拢生活世界的繁芜变化，展露经验世界因时空流逝而起的变迁并非毫无章法与根据，而是"有理可循"的。

一、生活世界及其变创与渐常

胡塞尔将"生活世界（Lebenswelt）"概念引入现象学时，首先是作为科学世界的对照物，以批判近代实证科学带来的"作为数学宇宙的自然"①。这种科学披着"符号的数学理论的外衣"②，追问"世界"超脱于具体时空之外的"真实"性质，占据了关于世界的客观真理的解释权，但胡塞尔认为这种世界解释根本上仍是一种观念活动，只存在于

---

* 叶瑶：复旦大学外国语言文学学院青年副研究员。

① 胡塞尔：《生活世界现象学》，克劳斯·黑尔德编，倪梁康、张廷国译，上海：上海译文出版社，2016年，第219页。

② 胡塞尔：《生活世界现象学》，克劳斯·黑尔德编，倪梁康、张廷国译，上海：上海译文出版社，2016年，第246页。

非直观的理性反思层面上,"是原则上超越感性经验的观念物"①。若依海德格尔关于虚无主义的阐释,这样的"世界"无疑也要看作漂浮在此在生命之彼岸的虚无之物。它与人在经验层面上直接而具体的世界体验已然无涉,甚而,它使科学化日益加剧的现代文明陷入了生存论危机。在胡塞尔看来,现代文明的一大沉疴便是"以奠基于数学中的观念性的世界来偷偷地替代那个唯一现实的、在感知中被现实地给予的、总能被经验到并且也能够经验到的世界,即我们的日常生活世界了"②,与之相伴的是"科学化的世界观点……遗忘了主体"③。在对自身与世界之关系的理解上,人原本负有的主体责任遭到取消,他在科学的世界中只是一个元素,从中并不能获得关于生命意义的体认。因此,晚期胡塞尔倾力于探讨"生活世界"现象,它作为与生命息息相关的整体性的意义系统,应能克服科学化思维导致的危机。

不过,胡塞尔眼中的生活世界并非只有科学批判的作用,它还要被还原为"作为客观科学的意义基础和有效性基础"④,即科学世界同样源出于生活世界,科学真理的普遍有效性同样需要深入生活世界中去寻找源头。"关于客观科学世界的知识都是在生活世界的明见性中'建立'起来的。这个生活世界是作为基础而预先被给予科学研究者或研究共同体的。"⑤由此,胡塞尔又扬弃了两个世界之间的对照态势。有论者指出,"胡塞尔先后向我们呈现了生活世界的三重面相:最初是……前科学的直观的周围世界;然后……过渡到具体的生活世界;……最后是原初的生活世界"⑥。

第一重面相可谓是日常实践意义上的生命空间,主体必然地在其中存在,并以直接而感性的方式经验之,与之不分彼此、浑然一体。按照舒茨的说法,此时的生活世界充当着主体的"自然态度(natürliche Einstellung)"⑦,它不言而喻地、在先地安排着主体的思与行,构建他的日常存在。这种前科学的周围世界"在任何时候都是作为可支配的而被有意识地预先给予了的"⑧,而主体唯有在"预先给予"中,才有开始生命活动的可能性。这里无疑确认了一个真相,即"对于人类来说,生活世界始终是先于科学而存在着的"⑨,

①　丹·扎哈维:《胡塞尔现象学》,李忠伟译,上海:上海译文出版社,2007年,第137页。

②　胡塞尔:《生活世界现象学》,克劳斯·黑尔德编,倪梁康、张廷国译,上海:上海译文出版社,2016年,第242页。

③　胡塞尔:《生活世界现象学》,克劳斯·黑尔德编,倪梁康、张廷国译,上海:上海译文出版社,2016年,第45页。

④　李云飞:《"生活世界"问题的历史现象学向度》,《哲学研究》2012年第6期。

⑤　胡塞尔:《生活世界现象学》,克劳斯·黑尔德编,倪梁康、张廷国译,上海:上海译文出版社,2016年,第274页。

⑥　李云飞:《"生活世界"问题的历史现象学向度》,《哲学研究》2012年第6期。

⑦　Alfred Schütz/Thomas Luckmann, *Strukturen der Lebenswelt*, Konstanz:UVK Verlagsgesellschaft,2017,S.30.

⑧　胡塞尔:《生活世界现象学》,克劳斯·黑尔德编,倪梁康、张廷国译,上海:上海译文出版社,2016年,第275页。

⑨　胡塞尔:《生活世界现象学》,克劳斯·黑尔德编,倪梁康、张廷国译,上海:上海译文出版社,2016年,第265页。

甚而是高于科学而存在的,它是与生命本身相关的实践活动的发生场所,是主体能够形成、进而能够自由的孕育之地。第二重面相则是生活世界在科学阶段的状态,因为源出于生活世界的科学知识别无去处,仍需"流入"生活世界中。科学知识虽以客观绝对、独立于感官为特征,但缺少了主体的主观化乃至相对化的接受,就没了在世界上存续的机会。因此,对于具体的生活世界而言,在实践—经验维度之外,它又多了理性—超验的科学化维度。从历史角度来看,生活世界的这一面相因实证科学在近代的兴盛而生,可谓里程碑式地极致地注释了生活世界"有一个起源,并且处于永久的变化之中"①这一特征,但历经变化的生活世界无损于它在后续时空中仍旧成为"预先给予"的存在物,成为下一代主体的必然性。至于第三重面相,则关乎着胡塞尔的"生活世界科学"愿景,它要求在认识论层面上回答"作为一种特殊的、理论—逻辑的实践的……客观科学"②何以能还原为"生活世界的原始的明见性"③,尽管后者乃是"一个境遇性的、相对真理的世界"④,是一处充满着局限于感性经验的意见的地方。生活世界科学往往被认为是胡塞尔实现先验现象学还原的又一方式,但与本文关联不大,暂不多述。

可以看出,胡塞尔挑明的前两重生活世界实际上正是对人的实际生存方式的描述。凡存在,人总是要在生活世界之中存在,后者构成人的"常态"存在,而人的自由亦往往通过原有生活世界的变创而得到彰显。这种人类独有的存在状态,在海德格尔关于此在之存在样式的分析中得到过精妙的刻画。尽管海德格尔不曾把"生活世界"当作核心概念,但当他批判以对象化思维来把握人与物、与他人的关系,批判"存在之遗忘"时,其立足点无疑即是生活世界,他所解蔽的此在之平均日常存在,无疑正是生活世界的寻常样子⑤。他以桌子、锤子为例,展露物或工具首先以"上手状态"现身于此在的世界中,进而指出世界作为"意蕴的指引整体"⑥的实际功用,所说明的正是生活世界的"预先给予"。他说"我首先是从常人方面而且是作为这个常人而'被给予'我'自己'的"⑦,也无非在说明此在的"在世中"必然首先是在具体的、日常化的周围世界中存在——无关乎它是否已进入科学阶段,它都是人在实际生存中必须依附的常态;说明生活世界作为主体的必然命运,作为"一种现实领域,人无法逃避地按期向它重返,参与其中"⑧,哪怕这种日常现实被海德格尔定性为"非本真"的沉沦。

---

① 丹·扎哈维:《胡塞尔现象学》,李忠伟译,上海:上海译文出版社,2007 年,第 140 页。

② 胡塞尔:《生活世界现象学》,克劳斯·黑尔德编,倪梁康、张廷国译,上海:上海译文出版社,2016年,第 273 页。

③ 胡塞尔:《生活世界现象学》,克劳斯·黑尔德编,倪梁康、张廷国译,上海:上海译文出版社,2016年,第 273 页。

④ 丹·扎哈维:《胡塞尔现象学》,李忠伟译,上海:上海译文出版社,2007 年,第 137 页。

⑤ 倪梁康:《胡塞尔的生活世界现象学——基于〈生活世界〉手稿的思考》,《哲学动态》2019 年第 12 期。

⑥ 海德格尔:《存在与时间》,陈嘉映、王庆节译,北京:三联书店,2014 年,第 142 页。

⑦ 海德格尔:《存在与时间》,陈嘉映、王庆节译,北京:三联书店,2014 年,第 150 页。

⑧ Alfred Schütz/Thomas Luckmann, *Strukturen der Lebenswelt*, S.29.

从共时角度而言,常态意味着"此在的在世本质上是由共在组建的"①,即生活世界乃是诸主体一同分享的共同世界,是建基于主体间性的存在空间。每一个主体的存在都依赖于其他主体的共在,他理所当然地拥有与享用的知识,都离不开共在者的中介作用②。从历时角度来说,常态指向人之存在历史的当下化,它表明生活世界归根结底是历史世界,是"世代生成的生命共同体"③,而作为主体的"我""是一个'时代的孩子'……一个最广义的我们—共同体的成员—— 一个拥有其传统……的共同体"④。舒茨将胡塞尔的观点引入社会学,也要求从"社会与文化世界"的角度来界定生活世界。对于特定主体而言,其生命体验中的常态最先都要基于原生文化系统之历史传统的规定,基于父辈的传承⑤。不过,常态"在原则上是可能崩溃的"⑥,因为在常态之外,始终且一定有非常态的存在,而生活世界实则介于两者之间。它只在一定时空中有限地保持为常态,进而会因存在条件的变化走向突变或变创,而后再进入下一轮"渐常"的过程。在此起作用的毫无疑问是主体的自由实践,对其而言,常态与非常态的不一致或差异具有"重要的构成性意义"⑦,是生活世界能够保持活力、能够进化升级的契机。海德格尔要求我们从"非本真"的常人生命回到"本真"的自己,也即关乎着人从平庸化的常态中出离,自由地去存在,关乎着此在原本的生活世界进入变创阶段,获得了不一样的可能性。舒茨把人看作行动者,又设置其形象为"清醒而正常的成年人,具有健康的人类理智"⑧,亦关联着主体的实践引发生活世界之变,"我们的行动与作用没有限于生活世界之内,同时也加诸其上"⑨。唯在主体的行动中,生活世界既是必然的基础,又将迎来破除自身之恒常状态的机遇。

二、生活世界之间的"侨"与"易"

侨易现象不能跳脱生活世界的维度。侨易学的基本观点认为作为侨易对象的主体会由于自身具体处境的改变而引发精神层面的变化,即因"侨"致"易",前者多指主体在物质时空中的位移,而后者则关乎观念层面。侨易虽暗含着因果先后的意味,但其发

① 海德格尔:《存在与时间》,陈嘉映、王庆节译,北京:三联书店,2014 年,第 140 页。

② Alfred Schütz/Thomas Luckmann, *Strukturen der Lebenswelt*, S.98.

③ 转引自倪梁康:《胡塞尔的生活世界现象学——基于〈生活世界〉手稿的思考》,《哲学动态》2019 年第 12 期。

④ Husserl, Zur Phänomenologie der Intersubjektivität, Texte aus dem Nachlass. Zweiter Teil:1921-1928, edit. Iso Kern, The Hague:Martinus Nijhoff, 1973, S.223.

⑤ Alfred Schütz/Thomas Luckmann, *Strukturen der Lebenswelt*, S.133-138.

⑥ 丹·扎哈维:《胡塞尔现象学》,李忠伟译,上海:上海译文出版社,2007 年,第 150 页。

⑦ 丹·扎哈维:《胡塞尔现象学》,李忠伟译,上海:上海译文出版社,2007 年,第 146 页。

⑧ Alfred Schütz/Thomas Luckmann, *Strukturen der Lebenswelt*, Konstanz:UVK Verlagsgesellschaft, 2017, S.29.

⑨ Alfred Schütz/Thomas Luckmann, *Strukturen der Lebenswelt*, S.32.

PHILOSOPHERS 2023 (1)

生过程不是各自为阵地单独展开,而是一体两面地同时进行。从生活世界的角度来看,侨易无疑意味着相异生活世界之间的相遇、相交乃至相融,从而伴随着时空的流变,完成一个从常态到变创再到渐常的过程。侨易主体总是在某种生活世界中存在的主体,他的侨动是携带着生活世界的共同之"侨"。如果我们认可不同个体或文化系统之间总是有着或大或小、或多或少的不一致之处,那么与之相应的,生活世界也理当在复数的意义上来理解,而"侨"正意味着主体的位移使不同的常态化世界获得了相互照面、相互发现差异的机会,其结果便是相遇者之常态的松动与变易。

追问静态条件下的结构特征,并不是侨易学视域中的生活世界的重点;它更看重处在无尽交互进程中的动态的生活世界。比起地方性、区域性层面上的日常周围世界及其局限于自身时的缓慢而细微的变易,侨易学也更关注文化差异性更大的生活世界之间的"化学反应"及其可能给双方社会文化生活带来的改变。这一方面与侨易学理论的时代背景和现实关怀相关,毕竟在所谓全球时代,跨国、跨文化系统的交往势不可挡,"孑然而独立"已无可能,亦不可取;另一方面更关乎侨易学的一种愿景,即达成"'学者共和'的世界……在承认现存的制度基础上在虚拟空间中求得'理想境界'的实现"①,其途径则在于通过生活世界之间的侨动之网,推进知识的传递、互易与互学,从而达到精神层面上的互谅与共通。因此,侨易学理论在谈论自身源起时,明言是"基于留学与文化交流这种现象"②,并自谓"核心内容乃在于探讨异文化间相互关系以及人类文明结构形成的总体规律"③,而具体路径则在于考察侨易主体在构成不同文化系统的诸生活世界中的侨动现象。

可以说,正是因为"侨"天然地关联着生活世界,又基于"因侨致易——物质位移导致精神质变"的基本判断,侨易学的跨文化交往研究注定要把大量的、多样的实证案例置于基础性的地位,进而在类型化的归纳工作上,揭示背后可能潜在的规律。换言之,侨易学作为一种理论所偏爱的,是从具体的、历史的、可验证的经验维度出发,以达到某种超验的普遍解释。不过,这样的偏爱,以及"侨"往往被认为关联着物质维度、物理维度,可能引起某些理解偏差。比如有论者曾言侨易"是将马克思的历史唯物主义应用到了跨文化现象研究之中:知识分子从一种文化到另一种文化的位移,改变了那些决定着他们思想的客观条件"④,但这种单纯位移意义上的"侨"却引人直接联想到空间定位的变换,甚至仅仅局限于此,以致一定程度上会产生一种危险,即将侨易简化为地点位置的改变必会引发精神层面上的质性变化,或者产生一个质问:没有位移,也便不会有"易"。这样的误解或许又与侨易学的跨文化研究倾向有所关系,毕竟"宽泛地说,理

① 叶隽:《构序与取象:侨易学的方法》,杭州:浙江教育出版社,2021年,第4页。
② 叶隽:《变创与渐常:侨易学的观念》,北京:北京大学出版社,2013年,第311页。
③ 叶隽:《变创与渐常:侨易学的观念》,北京:北京大学出版社,2013年,第18页。
④ 何重谊:《侨易学与中国文化研究的困境》,《世界汉学》2019年第17期。

想的侨易现象是发生在两种文化之间的"①,而文化之间的异质性首先比较浅白地反映在空间距离或空间差异上,以致令人错误地将位置因素与精神之"易"唯一地关联起来。但实际上,侨易学恰恰非常强调"侨易现象既非单纯的位移现象,也非纯粹的思想现象,而是物质现象与精神现象的结合"②。从生活世界的视角来观照"侨"与"易",可以比较清晰地揭示出它们实际上是以常态存在之裂变与蜕化为表征,从而有利于避免上述错位阐释。

"侨"绝非只是单纯的地点变更。确定一个侨易现象,重要的乃是地方或空间的特质;"侨"意味着进入一处与原有空间特质不一致的地方中,它其实关乎着生命之存在样式的别样化,关乎着"实际性的生命经验"的更新。这个概念同样来自海德格尔,被用来反驳把人看作理性动物的欧洲哲学传统,同时也被用来说明,对此在至关重要的"世界"绝不是由理智构建而成的某种结构,或存在于理性反思中的某种客体,而是人要在其中去活的地方,是几乎自然的、充满无数"不言而喻"或"预先给予"的人化空间,它们总是历史地形成,并在特定时间里,呈现为具有各自不同特点的文化空间或社会空间,成为特定人群全员共享的生活世界。因此,跨文化侨易现象中的位移,应在上述空间意义上来理解。"侨"之发生,发生在不同生活世界之间;"易"则意味着生活世界开启了变创过程,意味着向非常态的敞开,它需要侨易主体带着原有的生活世界进入另一个具体而鲜活的世界,同时自由而开放地迎接后者反向的进入,而这些进入唯有以一种浸没在其中的方式完成,才可算作是有效的。

三、生活世界之内的"易"与"不易"

发生在生活世界中的"易",往小了说,对应着个体意义上主体的周围世界,往大了说,关系着文明体意义上的文化历史或历史世界的质变,但它们又都与同一个问题紧密相关,即知识的侨易。"易"关乎着精神层面上的事,如果缺少知识维度上的新发现(抑或重新发现)以及交换、吸收与转化,是不可想象的。不过,这里的知识没有仅限于如胡塞尔眼中的科学所带来的纯粹理论知识,而是生活世界囊括在内的、最宽泛意义上的关于世界的全部视域或理解,无论其被称作客观的,还是主观的。在此意义上,侨易现象中的主体无需必然为人,也可以是器物、制度,即是知识能够依附其上的任一物质形式。那么,知识要如何实现侨易,则仍需回到经验世界中寻找痕迹。

基于不同的案例研究,侨易学尝试对不同的侨易现象作类型学归纳,并以"侨"

---

① 何重谊:《侨易学与中国文化研究的困境》,《世界汉学》2019 年第 17 期。
② 叶隽:《变创与渐常:侨易学的观念》,北京:北京大学出版社,2013 年,第 90—91 页。更细致的一个定义是:"在质性文化差结构的不同地域(或文明、单元等)之间发生的物质位移,有一定的时间量和其他侨易量作为精神质变的基础条件,并且最后完成了侨易主体本身的精神质变的现象,称之为侨易现象"(叶隽:《变创与渐常:侨易学的观念》,北京:北京大学出版社,2013 年,第 90 页)。

"易"两字内含的不同义项为线索,命名这些类型,既点明每一类型的特征,又组合出侨易理论的内部谱系。"侨""易"被认为各有四义。前者涉及"一为位置迁移;二为质性升高……三为乔扮仿拟……四为侨桥相通"①,各简称为"侨(定位变化)""高(侨的方向性)""仿(交互过程中的模仿式学习)"与"桥(侨的中介功能)";后者涉及"一曰变易(变化),二曰不易(不变),三曰简易(简洁),四曰交易(触变)"②,其中的"简"与"交"分别表明着"易"的最终方向与能够发生的必要条件。由此四四相交,便能得出十六种可能的侨易方式,而知识的侨易其实也正经由这些可能性才得以发生。

要注意的是,上述这些可能性看似理性层面上的纯粹推演,仿佛在做概念游戏,但侨易学认为它们是有现实经验作为内容支持的,是可以在具体的生活世界中得到佐证的。另外,这些类型学归纳并不意味着已经把流变世界中的一切可能性穷尽。毋宁说,它仍是在反映侨易学的理论偏好,即具有普适效力的规律需从经验层面的研究中提炼。这种偏好尤其体现在侨易学把"高"与"简"分别看作"侨"与"易"的核心之义。此两者旨在说明侨易并非漫无目的地变化,而是以自身的提升为方向的,意味着侨易学并不满足于呈现不同生活世界之间数不尽的常—变—常过程,而是试图"更上一层楼,考察其'万变之中有不变'的那种根本性规律"③。在侨易学看来,这种"高"而"简"的规律并非虚物,而同样是真实地存在于世间的,是有经验作保的。换言之,在侨易学的视域中,发生在真实生活世界中的千万次侨易现象,从中既可以归纳出一定数量的类型,还可以侦查出某种"万变不离其宗"的"不易"之物,它大致就对应着在侨易理论中被反复提及的"大道"④概念。由此,侨易学为充满变数的世间又确立了真实的"高简"乃至"不易"维度。"真实"意味着它绝非什么只停留在头脑中的事物,而强调它会切实地进入与影响实际生活。

侨易学自谓"想要实现的是不仅是一般意义上的政治、社会的相似相通,而且更应涉及深层的学术、思想的交互共生"⑤,联系其对"高简"的认定,大约可说在"变"中发现"不变者",并解释它们的关系,才是侨易学的真正追求。"不变者"显然不会是个体意义上的侨易主体及其生活世界,或者此主体以主观化视域所拥有的知识,后者经过侨易式的交换与互融,难能毫无变化。但"不变者"仍旧要指向知识,且指向根本上本作为"大全之一"而存在的、具有客观意义的终极的知识世界。

可以说,因"侨"而引发的生活世界之间的知识交互只是侨易学理解世界时的初级维度,由"易"而"不易"才是它期望抵达的终点,"其所探寻者,乃是充斥于自然、文明乃

---

① 叶隽:《构序与取象:侨易学的方法》,杭州:浙江教育出版社,2021年,第43页。

② 叶隽:《构序与取象:侨易学的方法》,杭州:浙江教育出版社,2021年,第44页。

③ 叶隽:《变创与渐常:侨易学的观念》,北京:北京大学出版社,2013年,第99页。

④ 侨易学提出了自身理论的三大原则,即"因侨致易"、"观侨取象"与"大道侨易",但"大道"的"侨易"要取"易"之四义中的"不易"之义,因此又称"道乃不易,大道不易",参见叶隽:《变创与渐常:侨易学的观念》,北京:北京大学出版社,2013年,第5页。

⑤ 叶隽:《构序与取象:侨易学的方法》,杭州:浙江教育出版社,2021年,第3页。

至宇宙之中的大道，其所独到之处，乃是一种原创性的整体性思维"①，所谓整体性，便是要在高简的目光中看到知识世界的九九归一状态。经验的生活世界之间的差异无可否认，并为侨易主体的侨动、为其与新知的相遇及精神质变提供了可能，这一事实尤其被侨易学的跨文化视野所证明。但也正是藉由跨文化侨易的追问，可以看到不同文明体(及其对应的生活世界)从来就处于历史性的相互影响的状态中，处于千丝万缕的关系网内。一个绝对的、稳定的、只属于我(们)的本质化的周围世界或文化世界是不存在的，既不存在于生存论意义上，也不应存在于认识论意义上。应当看到，如果我们把知识看作生活世界之内的知识，那么它们必然早已因为世界本身的历史性与关系性而相互勾连成某种潜在的整体，类似如前述的"学者共和"。一方面知识是差异化的、复数的，它们并存、相互开放、交互与共享，发展出差异中的共性②；更重要的另一方面则是知识在共和状态中发现自身内在地总已包含着他者的存在，即无他者而无自我这一真相，进而看到一种超个体、超文明体的、整体性的知识世界是真实存在的。换从这个角度来看，侨易主体显然不是严格意义上的主体，而无非是在知识之网中移动的搬运工，暂时地存在于特定生活世界之中，却绝对地处于不同生活世界之间及其构成的整体之内。故此，侨易学尤为重视"在二元关系中如何'变三'，进而'归一'的问题"③，"三"可以说指向"事物二元取象之后的流力因素，以及间性关系的研究"④，指向差异化二元在交互中所能生化出来的"变者"而"一"则是基于对"之间"的研究而确立的非本质主义的世界理解，进而在关系学的目光中所呈现出来的世界的原本为一及其作为整体的坚韧的"不易"。

---

① 叶隽:《构序与取象:侨易学的方法》,杭州:浙江教育出版社,2021年,第280页。
② 差异本身不是固定不变的。历时地看,昨日之差异,明日或许即消亡。差异同样在时空中经历着"侨易",因此,侨易学要求非本质主义地理解世界,但这不是说,非差异主义地理解世界。本质主义要求以差异来作为自我与他者之间的彻底的、固定的界限,但这实际上无法成立。
③ 叶隽:《变创与渐常:侨易学的观念》,北京:北京大学出版社,2013年,第125页。
④ 叶隽:《变创与渐常:侨易学的观念》,北京:北京大学出版社,2013年,第18页。

要批判的和可探讨的
——论两种版本的侨易学

李哲罕*

内容提要：若综观叶隽近十年所做的相关研究，侨易学之中还可以再细分出强弱两个版本。强的版本是作为一种哲学理论的，这个版本主张很多同时问题也很多，大有要批判之处；弱的版本则是作为一种（马克斯·韦伯意义上的）社会学理论的（"理想类型"），这个版本主张不多同时问题也不多，可以有很多进一步探讨的空间。这两个版本就是所谓要批判的和可探讨的。对这两个版本的区分与进一步展开，或许可以更好地理解侨易学本身，以及做出适当的展望。

关键词：叶隽；侨易学；方法论；韦伯；理想类型

首先要讲下这篇文章的"缘起"。2014 年春天，我博士毕业前，因为联系韩水法教授做博士后的事宜，机缘巧合看到他所写的一篇还未发表的文稿，里面提到了叶隽提出的侨易学。① 若从叶隽教授最早关于侨易学的论文《侨易学的观念》是在 2011 年发表算起，②那我可以说是很早就接触到了侨易学，当时只是对此感到新奇，而并没有深究。后来和叶隽教授有几次在学术会议上的擦肩而过，不过比较有印象的是有次偶然看到他和我的一位前辈刘训练教授合编的民国学术丛刊这个系列中有一册荷兰人克拉勃的《近代国家观念》，我和他在一封事务性邮件中提到了这本书。几年时间过得很快，按照侨易学的表达方式，我正在经历一个"侨易"的过程，从杭州去北京两年去德国柏林一年再回到杭州，"侨易量"不可谓不大，但可惜在这个过程之后精神上或许没发生太多的质变。这期间，我偶尔在一些期刊上瞥见过一些讨论侨易学的文章。后来和叶隽教授有些联系，他前后两次寄了新旧两本侨易学的著作给我；再后来，承蒙错爱，他约我写篇对侨易学的评论文章，这才有了眼前这篇文章。

---

* 李哲罕：浙江大学哲学学院"百人计划"研究员，博士生导师。

① 这篇文章的正式版后来发表出来了。参见韩水法：《精神的政士经济社会史》，《跨文化对话》2015 年第 2 期。

② 参见叶隽：《侨易学的观念》，《教育学报》2011 年第 2 期。

一、侨易学是什么

想必非专业人士对侨易学或者一些类似的哲学学说和哲学概念会感到很陌生,其实专业人士有时候也会有相似的感觉或困惑,我们有必要做一个适当的说明以作为铺垫。叶隽对自己侨易学思想的形成有比较直接的记录或交代,他提出的侨易学主要是基于两种学说:侨学与易学。侨易学中的侨学的来源是国民党元老李石曾。李石曾不仅自己曾留学法国,而且之后还大规模组织中国青年的留法勤工俭学活动(这些留法的中国青年中后来不乏影响很大的人)。从李石曾的个人经历可以知道,他提出的侨学肯定和留学活动是多少有些关系的。李石曾说:"侨学为研究迁移、升高、进步的学问。"[①]以及"侨学是一种科学,研究在移动中的若干生物,从此一地到彼一地,或从几个处所到另一个处所;研究他们的一切关系上与活动上所表示的一切现象"[②]。李石曾上述两句话其实差别很大(叶隽并没有就此做出区分):第二个说法是偏事实的、实证的,或者说是价值无涉的,但是第一个说法则是包含价值判断的。举例而言,"水往低处走"这是水受到重力作用使然,是事实性的,但是一旦与"人往高处走"联系起来,就成了价值判断,有了规范性,就好像"水往低处走"这种事实有了道德上卑劣的属性。侨易学中的易学就是和《易经》有关的学问,关于事物的生成变化之类的,当然也很是复杂。叶隽通过之前对德国汉学家卫礼贤的关注而进一步地认识到了《易经》的重要性。个人非常通俗地以为,叶隽将侨学与易学结合在一起构成了侨易学,而其中侨学(空间上)和易学(时间上)就像经典马克思主义哲学里面理解辩证法在横向坐标上(空间上)"事物是普遍联系的"和在纵向坐标上(时间上)"事物是生成变化的"一样。

具体就侨易学展开而言,叶隽认为,侨易学的"研究对象(侨易过程之主体)是如何通过'相交',尤其是物质位移导致的'异质相交'过程,发生精神层面的质性变易过程。"[③]换言之,侨易学的研究对象就是"侨易现象",这也如他所说的:"我倾向于将物质位移与精神质变联合在一起,才可以被称作严格的'侨易现象'。具体言之:在质性文化差结构的不同地域(或文明、单元)等之间发生的物质位移,有一定的时间量和其他侨易量作为精神质变的基础条件,并且最后完成了侨易主体本身的精神质变的现象,我们称之为侨易现象。"[④]然后叶隽又更进一步地提出:"人的重要观念的形成,总是与物质位移、精神位移息息相关,尤其是通过异质性(文化)的启迪和刺激,提供了创造性

① 李石曾:《侨学发凡》(1942),见《李石曾先生文集》上册,台北:1980 年,第 296 页,转引自叶隽:《变创与渐常:侨易学的观念》,北京:北京大学出版社,2013 年,第 3 页。

② 李石曾:《侨学发凡》(1942),见《李石曾先生文集》上册,台北:1980 年,第 332 页,转引自叶隽:《变创与渐常:侨易学的观念》,北京:北京大学出版社,2013 年,第 3 页。

③ 叶隽:《变创与渐常:侨易学的观念》,北京:北京大学出版社,2013 年,第 6 页。

④ 叶隽:《变创与渐常:侨易学的观念》,北京:北京大学出版社,2013 年,第 90 页。

思想的产生可能。故此,侨易学的核心内容乃在于探讨异文化间相互关系以及人类文明结构形成的总体规律。"①简单点说,侨易学就是研究(人的)物理位置变化和(人的)精神层面变化之间关系的学问。当然,上述的物理位置变化也是有所限定的,质性文化差结构不明显的地区(诸如从湖州到嘉兴)之间的位置变化,肯定不能算是太符合;这也涉及物理位置变化时间的长短,去短期旅游访问肯定是不如长期留学定居之类的(想起之前有段时间国内一些学术机构经常强调要在国外访学连续待满一年才能在评职称的时候算符合相应要求)。然后叶隽就提出了一个"侨易量"的概念以解决上述这些问题,而"侨易量"下面还有很多子的参数条件。同样,不同的人,可能在物理位置变化之后,精神层面的变化是不一样的,有些人得到了提高,有些人没有太大变化,有些人甚至是降低的(这可以联系足球运动员的转会,转会去了不同俱乐部之后,有些人大放异彩,有些人表现平稳,有些人则一蹶不振)。那后来叶隽就根据《易经》提出了一个非常复杂模型,诸如"二元三型"与"二元三维"、"二元三维"与"三元二维"之类的,②以尽量把各种具体的情况都纳入其中。如果从一种相对简化的角度出发,我们的确可以尝试用侨易学以尝试解释很多事情(当然反过来也可以说是有很多具体的事例可以支撑起这个学说):诸如唐僧取经,诸如歌德与席勒在魏玛的相遇,诸如鲁迅去日本求学,等等,举不胜举。侨易学依靠《易经》的框架看似可以得出一个非常复杂的理论框架,这套理论框架看似也是充满各种可能性的、开放的,但实则还是有穷的,也即可能会出现一些不能解释的例外情况的。其实界定的经验内容越少,那就越有可能实现(康德意义上的)"抽象的普遍性",而界定的经验内容越多,越有可能实现(黑格尔意义上的)"具体的普遍性"。只是后者是盖然的,而非必然的。依个人观点,侨易学也是属于后者这种类型的,因此也会出现后者存在的那种问题的。

叶隽提出的侨易学大致如此,但其实又不止如此。因为侨易学讲求(以及叶隽实际上也确实如此做的)各种(中外)精神因素的"相交",讲求"开放性",所以在他提出的侨易学本身的内容里面就有太多的似曾相识、其实并不相识的("不中不西的")因素了。

如果侨易学只是为了说明(人的)物理位置变化和(人的)精神层面变化之间关系,用以理解与解释一部分事情(一些重要人物的心路变化、不同文明体的碰撞冲突等)的话,那的确大致是非常容易理解的、也是说得通的。这种相对保守的说法就是所谓的侨易学的弱的版本,我们可以认为这算是一种(马克斯·韦伯意义上的)社会学理论的("理想类型")。本人就一直是(停留)在这个层面上理解侨易学的。不过个人以为叶隽在相关研究的多处透露出来的是他并不满足于此,而是试图提出作为一种哲学理论的、侨易学的强的版本。这种强的版本可以认为侨易学(就像《易经》一样)是完备的、整全的,是关于人世的、宇宙的生成变化的。若从这种角度来要求侨易学,那自然是问

---

① 叶隽:《变创与渐常:侨易学的观念》,北京:北京大学出版社,2013 年,第 18 页。
② 参见叶隽:《构序与取象——侨易学的方法》,杭州:浙江教育出版社,2021 年。

题很多而大有要批判的地方的。

二、侨易学应该是什么

如果我们考察叶隽的侨易学,早期的版本还是相对节制地只是想理解与解释"侨易现象"而已。他在对侨易学的推广过程中,和学界各种学科的人广泛往来,在一来一往中使得侨易学变得更为体系化和复杂化了,然后形成了(或者说从早期的版本中最终浮现出来的)具有哲学意味的本体论与认识论层面上的侨易学。这两个版本非常明显地体现在那两本出版相差七年的书中:《变创与渐常:侨易学的观念》还主要是停留在第一层面上,而《构序与取象——侨易学的方法》则主要是关于第二层面上的。

若尝试使用马克斯·韦伯的"理想类型"的方法来理解与解释侨易学,虽然有将其独特性与重要性相对化的危险,不过或许提供了一种理解的新取径。叶隽当然熟悉韦伯的著述,只是个人相信他并没有主动地将侨易学和韦伯的方法论关联起来。如果我们只是十分朴素地试想自己平日研究中经常为大致地理解一件事情(以及它和其他事情之间的关联)而感到困惑,诸如简单点说就是去分析一只股票过去的升跌,这里将会涉及的各种要素和因果关系自然是非常复杂的。我们在这里所面对的正是一种韦伯意义上的"历史上的杂多"(geschichtliche Mannigfaltigkeit)。试想如果有海量的各种事实、数据、其他人的分析材料等等摊在自己面前的话,的确会让分析者完全手足无措,甚至感到抓狂。韦伯要尝试利用自己的方法论所建构出来的概念体系(也就是经常被人提到的那个"理想类型")去处理这些问题。这种方法论涉及的其实是一种(主观意义上的)"理解"以及与之相关的概念工具构造的问题,韦伯的这个做法非常类似于康德所谓的"哥白尼革命"的主观加之于客观(主体以在认识论意义上的形式施加于客观的杂多的经验性内容之上)的做法。如果尝试正面地展开论述韦伯的方法论,这里讲的韦伯的社会学就是"悟社会学"(采用的吴文藻在20世纪30年代的翻译),①或者说是"理解社会学"。在韦伯意义上,"理解"的目的在于领会行动者做出行动之背后的意义,而并非要去理解具体的行动本身。法国哲学家雷蒙·阿隆对韦伯的方法论理解是非常简洁和到位的:"理解,即把握意义;解释,即把主观意义组织成概念;说明,即指出行为的规律性。"②

"理想类型"背后是需要有足够多的、跨多个学科的知识支撑起来的,而不是凭空想象出来的。为构建"理想类型",需要把握尽可能多的材料,然后也要对这些材料有所妥当的"理解"。如果我们看韦伯自己所写的那些文献中对庞杂材料进行有余力地处理,就可以认识到他在这方面完全是身体力行的。通俗一些说,我们可以说韦伯的方

---

① 参见李永晶:《马克斯·韦伯与中国社会科学》,上海:华东师范大学出版社,2015年,第11—12页。

② 雷蒙·阿隆:《社会学主要思潮》,葛智强、胡秉诚、王沪宁译,上海:上海译文出版社,2005年,第444页。

法论不过是"多看看文献材料,再多联想联想"。这样的说法自然是看似非常简单,但实则是很不容易做到的。从叶隽的作品中,我们可以看到他对于各种材料(不仅是严肃的历史学、哲学等"非虚构类"作品、还有文学作品等"虚构类"作品)的信手拈来,可能在材料的逻辑连贯上还不如韦伯,但是在材料的丰富度上是毫不逊色的。法国社会学家于连·弗洛恩德对韦伯的评价还是颇为准确的:"他(韦伯——作者注)只是一个纯粹的分析家,他只是思考如何获得对历史数据的可靠知识和以可验证的限制解释它们。他当然受惠于自己身后没有其他社会学家可以匹敌的百科全书式的学识。"①还像其他有论者所指出的:"他(韦伯——笔者注)从法学、历史学、经济学和哲学中吸收各种词语,构成了自己的语汇。通过这种语汇而提出若干个社会范式,使他所关心和感兴趣的社会得到诊断,从而为他试图重建社会——即使尚未形成一个单一的、为人所理解的、科学的范式——而提供了基础。"②

那么,正是在这个韦伯提出的"理想类型"方法论的意义上,韦伯提供的只是"理解""解释"与"说明",而非"价值判断"。韦伯过世之后,身后并没有什么韦伯主义者,很多受他影响的人只是受到他许多具体观点的影响,而并未继承其方法论,这是因为其方法论是别人无法轻易驾驭的。同理,叶隽的侨易学也是如此,我们可以看到很多人讨论或批评侨易学,但是在叶隽之外却没有什么人在运用侨易学。依照韦伯"理想类型"的方法论,侨易学的弱的版本可以视为一种"理想类型",而侨易学的强的版本就直接成为了韦伯所拒斥的那种自视为真理的绝对主义理论了。那么,叶隽的侨易学在案例研究或"适用"上,对于过去许多具体现象(事实性)的分析做得非常好,只是如果有人认为这样的侨易学具有普遍意义(规范性主张)的时候,那就的确是越界了。依照韦伯"理想类型"的方法论,那我们就可以知道侨易学的弱的版本虽然只是作为(多种之一的)"一种"理论框架,但实则蕴含的是"这种"理论框架。用英文的不定冠词"a"和定冠词"the"就可以更为明显地知道这里所说的"一种"和"这种"的奥妙所在:韦伯希望的是"以退为进",叶隽或许还没有认识到这点。那么,我们似乎可以认为叶隽的侨易学的弱的版本——和韦伯一样——是以非常谦逊节制的一种方法提出了非常具有野心的研究计划。换言之,如果侨易学只是做好弱的版本,也已经是非常了不起的工作了。或许按照《易经》中关于"度"的思想和"侨易度"这样一种自我指涉(self-reference)的说法,叶隽就应该学会节制地将侨易学停留在弱的、可探讨的版本,而非强的、要批判的版本。

三、结　语

碍于自身学力不济,上面我只是在非常勉力地去捕捉叶隽天马行空之下的一些线

---

①　Julien Freund, *The Sociology of Max Weber*, translated by Mary Ilford, London: Allen Lane The Penguin Press, 1968, p.13.

②　D.G.麦克雷:《韦伯》,孙乃修译,北京:中国社会科学出版社,1989 年,第 102—103 页。

索。叶隽提出的侨易学以理解与解释现实问题("侨易现象")为出发点和主要目的，不过侨易学本身也是需要作为解释与理解的对象的。做大理论总是需要雄心壮志的，但是在现代世界还要再坚持那种完备、整全的理论，则是被认为在客观上不可能的和在主观上不合时宜的。"古今之争"业已发生，世界很难再回到之前的那种状态去了。我们还可以将这里侨易学的两种版本与现象学家埃德蒙·胡塞尔经常讲的"大钞票"与"小零钱"的关系联系起来。大理论的宿命就是要么空洞无物，要么会遭受各种攻击。有个叶隽提及的，似乎是韩水法教授提出的意见正说明了这方面的问题：(侨易学)"具有强烈的提供概念框架和范式的意图。这种宏大的构建最容易受到实证研究的挑战。"①那么，侨易学所要做的就是进一步的限定与收缩：作为一种弱的版本的，以及放弃成为一种强的版本的。

如果跳出侨易学自身的论域，在一个更为宏大的中国当代思想语境的角度下来看待侨易学，就会发现一些更为有趣的现象。近些年来，不论赵汀阳提出的"天下"②还是孙向晨提出的"家"，③这些代表性观点在一方面展露出他们建构本土(汉语)哲学话语体系的理论自觉与自信，但是在另一方面也有意识或无意识地有迎合西方智识圈子品位之嫌疑。④举例而言，就像细眼上挑的女子一样，的确部分华人是长这样，但是我们并没有必要迎合符合西方人对中国人"审美"或"审丑"的这种刻板印象，事实上，中国人并不是全部都这样的长相，以及中国人自己也并不太喜欢这样的长相。过分强调本民族的文化与过分仰慕外来的文化，这两个极端本身就是一枚硬币的两面。在批判性的视角之下，是否我们也需要把叶隽的侨易学放置在一个同样地要被批判的位子上呢？即使叶隽认为赵汀阳的"天下体系""过于前设了中国立场"，⑤但将中国立场后设一下难道除了在论证结构上的差别之外，在基本的理论立场上会产生很大的差别吗？侨易学和很多其他类似的理论努力终究还是患了这代中国学者普遍具有的焦虑症。若将这个问题视为"中西之争"，联系上文提及的"古今之争"，那似乎我们仍然没有跳出"古今中西"之争⑥的圈圈。这些中国学者越想努力证明自己(所谓中国立场的正当性)，那蜘蛛网就会缠得越紧，越让人窒息。

① 叶隽在该书的"小引"部分总结了之前各种学术会议上许多专家对侨易学的意见，不过指代并不是很清楚，我并不能确定这里是韩水法教授的观点。参见叶隽：《构序与取象——侨易学的方法》，杭州：浙江教育出版社，2021年，第20页。

② 参见赵汀阳：《天下体系：世界制度哲学导论》，南京：江苏教育出版社，2005年；赵汀阳：《天下的当代性：世界秩序的实践与想象》，北京：中信出版社，2016年。

③ 参见孙向晨：《论家：个体与亲亲》，上海：华东师范大学出版社，2019年。

④ 参见赵汀阳、H.费格、S.戈斯帕、L.缪勒等：《柏林论辩：天下制度的存在论论证及疑问》，王惠民译，赵汀阳校，《世界哲学》2022年第3期；孙向晨：《在西方讲中国哲学》，《文化纵横》2020年第4期。

⑤ 叶隽：《变创与渐常：侨易学的观念》，北京：北京大学出版社，2014年，第276页。

⑥ 参见甘阳：《古今中西之争》，北京：三联书店，2006年。

论王阳明的工夫侨易

刘　龙*

内容提要：叶隽在《构序与取象——侨易学的方法》中所构建的方法论体系为解析侨易案例提供了重要理论工具，"王阳明的工夫侨易"是一个典型意义上的侨易学案例，值得用侨易学的方法进行研究。阳明的工夫侨易以龙场悟道为节点，可以分为悟前三阶段与悟后三阶段。通过侨易九义的分析，可见阳明工夫侨易中的精神质变与其空间位移与知识移易皆有极大的关联，体现了"移变"；阳明为学虽经屡变，但始终遵循一常道，即"求为圣贤"，体现了"移常"；阳明对朱子学的继承、融汇与创新，体现了"仿变""仿常"与"仿交"。各中介力量的参与对阳明立德、立言、立功事业的创发起着重要作用，体现了"桥变""桥常""桥交"。阳明工夫侨易还体现了"高"与"简"这两个核心规律，而志向与学力是影响阳明工夫侨易的重要因素。阳明思想的社会侨易造成了重大的时空效应，尚有待应用"混沌构序""棋域原理""道衡定律"等侨易学的重要方法进行进一步的研究。

关键词：侨易学方法；王阳明；工夫侨易

在继《变创与渐常——侨易学的观念》出版之后，叶隽先生又在侨易学的园地中继续耕耘，最近又出版了《构序与取象——侨易学的方法》一书。该书体现了叶先生这几年来不断进行理论思索的最新成果，反映了他对侨易学体系建构的进一步深化。正如两本书的题名所显示的，前书主要聚焦于侨易学的观念层面或者原理层面的建构，用作者的话说是属于宏观的或者形而上的建构。而后书则在前书的基础上进一步致力于侨易学的方法层面的建构，是一种中观的或者形而中的建构。另外我们看到，在近几年关于侨易学的讨论中，叶隽先生以及其他的一些学者已经根据侨易学的原理和方法，进行了多方面的实证研究，并取得了广泛的成果。正如叶先生所言："理想的状态，应是理论家不但能创发哲思，也能兼及方法论，做出些具体的实证研究，示来者以轨辙。"[①]对于侨易学体系建构来说，原理、方法、实例三者缺一不可。侨易学的创设并不是满足一种理论玄谈的兴趣，它是要面向生活世界的；侨易学的生命力就在于能够解释现实生

---
*　刘龙：哲学博士，重庆师范大学马克思主义学院讲师。研究方向：中国哲学。
①　叶隽：《构序与取象——侨易学的方法》，杭州：浙江教育出版社，2021年，第25页。

活,分析现实案例,并从中抉发出事物本质性的规律,即从"器"中见"道"。

以往的侨易学实例研究,多聚焦于跨文化的思想碰撞、制度侨易、器物变迁、礼教下延等等面向。笔者认为还有一种新的类型的侨易实例值得关注,笔者将其命名为"工夫侨易",并且以明代著名的心学家王阳明的工夫侨易为案例来展开侨易学分析。

一、何为工夫侨易

在侨易学中,如何取象是一件非常重要的事情。世间万物,纷繁复杂,其变化亦无穷无尽。但是并不意味着世间每一现象都值得研究。合理选择研究对象,是侨易学研究的基础性步骤。选择研究对象实际上便是一个"观侨取象"的过程。对于"观侨取象",叶隽先生有云:

> 这个"观侨"的过程,也并不是一个简单的举目注视的行动,而是具有内涵意蕴的深度考察,也就是说肯定是有一个"期待视域"存在的,即我试图在这个以"侨动为象"的过程里捕捉到我所期待的东西,具体来说,就是侨易学的直接研究对象——侨易现象,说到底就是由于物质位移导致了精神质变的现象。①

侨易学研究的主要对象,是物质位移引发的精神变化的现象。这涉及了个体或者群体的精神质变现象,尤其是本质性的精神质变现象。对于个体和群体而言,这种精神质变乃是可以决定其个人人生或者群体生活之方向者,是最能体现个人或群体精神生命之光彩者;透过这种精神质变能够触及到人类生活所遵循的普遍规律者。这样的一类现象是侨易学比较理想的研究对象。本文所取之象"王阳明的工夫侨易"便满足如上之条件,是一个相当典型的侨易学案例。

这里先对"工夫侨易"中的"工夫"的含义做一个说明。"工(功)夫"原是汉语中的一个日常语词,意为"工程"或者"工作时间"。魏晋之后,这一词语被广泛用于佛教和道教修行之中,指代修行的本领、法门、过程与所经历的时间、所达致的境界等含义。到了宋代,理学家实现了"工夫"一词的义理化,并且"工夫"成了理学话语系统中一个重要的概念。在宋明理学中,"工夫"与理学家成就圣贤之志的修养实践有关,指代理学家通往圣贤之路之"过程"、成圣过程中所使用之"方法"以及所达致的修身"境界"或"效验"。②

从类型上说,理学的工夫可以分为"内圣"的工夫和"外王"的工夫。前者主要指个

① 叶隽:《构序与取象——侨易学的方法》,杭州:浙江教育出版社,2021年,第164页。
② 关于"工夫"一词涵义在中国思想史上的变迁状况,可参见朱汉民、汪俐:《从工夫到工夫论》,《湖南大学学报》(社会科学版)2019年第4期。

人以意识操练为核心的意识工夫,而后者是个人意识工夫的进一步向人际间和社会层面的推拓,是参与建构和谐的伦理秩序和政治秩序,为社会创造物质或者精神价值,增进社会的总体福祉的事业。大体说来,理学家工夫的方法、旨趣和校验其实可以被《大学》之八条目所笼罩。理学家"内圣"工夫大致对应于《大学》"八目"的格物、致知、诚意、正心、修身诸工夫;而"外王"工夫则大致对应于《大学》"八目"之中的齐家、治国、平天下的工夫。本文所分析的"王阳明工夫侨易"的"工夫"既涉及阳明的"内圣"工夫,又涉及其"外王"工夫。阳明内圣工夫的侨易效应主要指其个体精神屡次质变的历程;阳明外王工夫的侨易效应大致分为三个方面,即"立功""立德"和"立言"。"立功""立德"的侨易效应发生的时间主要在阳明在世之时,发生的影响主要在国内范围。而"立言"的侨易效应的发生不限于阳明在世之时,一直延续到当下,发生的影响已不限于中国,而扩展至全球。"立言"侨易实际上即是阳明思想的侨易。需要指出,本文所论"王阳明的工夫侨易"之侧重点在于阳明内圣工夫之侨易,并兼顾阳明外王工夫之侨易。

对于王阳明来说,内圣工夫之侨易构成了其生命的重要内容或者说是其人生之重要征象,集中体现了其精神世界的成长历程。这种精神成长经历了数次的跃迁,每一次跃迁,对于阳明来说,都是一种生命境界的质的飞跃。下节便以阳明工夫的历史发展为主线,来展示阳明一生工夫侨易的基本历程。

二、阳明工夫侨易的六个阶段

对于王阳明一生为学之发展历程,历来受到很多阳明学者以及阳明学研究者的关注,他们做了很多的论述。在这些论述之中,以王阳明的弟子王龙溪的相关论述最值得注意。王龙溪是阳明之高足,追随乃师多年,盖得乃师之学之精髓,在阳明去世之后,四处讲学,宣传乃师思想,是当时公认的阳明学宗师。他对于阳明为学之变化历程,有一系列十分清晰的说法。这些说法为我们了解阳明之学的发展状况提供了重要的线索。阳明另一亲炙弟子钱德洪所编的《阳明先生年谱》叙述阳明一生学行,也是研究阳明一生事迹包括学术发展情况的重要资料。

另外,这里需要指出,理学是身心体证之学,其包含理论建构与工夫实践两个方面,阳明之学亦不例外。在阳明一生为学的发展,既包含了理论的深化,又包含了工夫的增进或工夫的侨易,并且二者在发展阶次上是同步的。故对阳明之学各阶段状况的分析便必然包含了对其工夫侨易状况的阐发。

在本节中,我们主要参考王龙溪的《滁阳会语》等文本,并结合《阳明先生年谱》中的记录,来对阳明一生为学各个阶段的发展状况进行次第分析。

王龙溪在《滁阳会语》中有云:

先师之学,凡三变而始入于悟,再变而所得始化而纯。其少禀英毅凌迈,超侠不羁,于学无所不窥,尝泛滥于词章,驰骋于孙吴,虽其志在经世,亦才有所纵也。及为晦庵格物穷理之学,几至于殒,时苦其烦且难,自叹以为若于圣学无缘。乃始究心于老佛之学,缘洞天精庐,日夕勤修炼习伏藏,洞悉机要,其于彼家所谓见性抱一之旨,非惟通其义,盖已得其髓矣。……及至居夷处困,动忍之余,恍然神悟,不离伦物感应,而是非非天则自见,征诸四子六经,殊言而同旨,始叹圣人之学坦如大路,而后之儒者妄开径窦,纡曲外驰,反出二氏之下,宜乎高明之士厌此而趋彼也。自此之后,尽去枝叶,一意本原,以默坐澄心为学的,亦复以此立教。于《传习录》中所谓"如鸡覆卵,如龙养珠,如女子怀胎,精神意思,凝至融结,不复知有其他";"颜子不迁怒贰过,有未发之中,始能有发而中节之和";"道德言动,大率以收敛为主,发散是不得已"。种种论说,皆其统体耳。一时学者闻之翕然,多有所兴起。然卑者或苦于未悟,高明者乐其顿便而忘积累,渐有喜静厌动、玩弄疏脱之弊。先师亦稍觉其教之偏,故自滁、留以后,乃为动静合一、工夫本体之说以救之。而入者为主,未免加减回护,亦时使然也。自江右以后,则专提"致良知"三字,默不假坐,心不待澄,不习不虑,盎然出之,自有天则,乃是孔门易简直截根源。盖良知即是未发之中,此知之前,更无未发;良知即是中节之和,此知之后,更无已发。此知自能收敛,不须更主于收敛;此知自能发散,不须更期于发散。收敛者,感之体,静而动也;发散者,寂之用,动而静也。知之真切笃实处即是行,真切是本体,笃实是工夫,知之外更无行;行之明觉精察处即是知,明觉是本体,精察是工夫,行之外更无知。故曰:"致知存乎心悟,致知焉尽矣。"

逮居越以后,所操益熟,所得益化。时时知是知非,时时无是无非,开口即得本心,更无假借凑泊,如赤日丽空而万象自照,如元气运于四时而万化自行,亦莫知其所以然也。①

在上述文字之中,王龙溪以"龙场悟道"为节点,非常明确地将阳明之学分为"悟前三变"和"悟后三变"。如是,阳明之学便可以分为六个发展阶段,同时其工夫侨易亦发生了六次显著的精神质变。下面结合《年谱》,展开具体的分析。

第一个阶段:"泛滥词章,驰骋孙吴"阶段。据《年谱》记载,阳明在 13 岁的时候即立下"做圣贤"之志向。② 这其中肯定受到了当时社会上占笼罩性的思想形态即程朱理学的影响,因为理学的为学目标便是做圣贤。阳明立下此志,在为学方面便开始致力于

---

① 王畿:《滁阳会语》,见《王畿集》,南京:凤凰出版社,2007 年,第 33—34 页。

② 钱德洪:《年谱》,见吴光、钱明、董平、姚延福编校:《王阳明全集》,上海:上海古籍出版社,2011 年,第 1347 页。

理学,尤其是朱子学。此一阶段的一个标志性事件便是"格竹"。① 阳明连续用力"格竹"七日,但并未格得竹子之理,反而却"劳思致疾"②。自此"先生自委圣贤有分"③,即觉得自己并不具备成为圣贤的资质,就暂时放弃了对圣贤之学的探寻,转而去追求"词章之学"。对于"泛滥于词章",可能因为后来阳明深悔这段早期经历,故《年谱》中对此即有所避讳,只有在"先生三十一岁"条目下隐约提及:"先是五月复命,京中旧游俱以才名相驰骋,学古诗文。"④这里只是提到了阳明曾经致力于词章之学,而从哪一年开始,跟哪些"旧游"在一起,都语焉不详。不过阳明好友兼弟子黄绾对此有比较详细的记载。在《阳明先生行状》中,黄绾有云:"(阳明)已未登进士,观政工部。与太原乔宇、广信汪俊、河南李梦阳、何景明、姑苏顾璘、徐祯卿、山东边贡诸公,以才名争驰骋,学古诗文。"⑤阳明中进士之后,进入了京师文学运动的核心圈,得以同当时一系列著名文人相唱和,并且成为这个文学运动的骨干。⑥ 在从事文学的同时,阳明在此时还"驰骋孙吴",即致力于研习军事之学。《年谱》载阳明 15 岁的时候,"出游居庸三关,即慨然有经略四方之志:询诸夷种落,悉闻备御策;逐胡儿骑射,胡人不敢犯"。⑦ 此时阳明考察边关,有以军功报国之心。另《年谱》"二十六岁"条目下云:"是年先生学兵法。当时边报甚急,朝廷推举将才,莫不遑遽。先生念武举之设,仅得骑射搏击之士,而不能收韬略统驭之才。于是留情武事,凡兵家秘书,莫不精究。每遇宾宴,尝聚果核列阵势为戏。"⑧阳明自此对学兵法,即"孙吴之学"有了持续的兴趣。阳明此时不仅仅研习兵法理论,而且还积极进行兵法实践,比如他在后来督造威宁伯王越坟的时候"驭役夫以什伍法,休食以时,暇即驱演'八阵图'"⑨。这些兵法理论的研习和兵法实践的积累极大提升了阳明的军事能力,为其后来创下各地平叛的巨大事功奠定了基础。

---

① 据阳明弟子黄直编的《阳明先生遗言录》,"格竹"发生在阳明十五六岁之时,即就在他立下圣人之志不久之后。可参见束景南:《阳明大传:"心"的救赎之路》(上),上海:复旦大学出版社,2020 年,第 58 页。

② 王守仁:《传习录》,见吴光、钱明、董平、姚延福编校:《王阳明全集》,上海:上海古籍出版社,2011 年,第 136 页。

③ 钱德洪:《年谱》,见吴光、钱明、董平、姚延福编校:《王阳明全集》,上海:上海古籍出版社,2011 年,第 1349 页。

④ 钱德洪:《年谱》,见吴光、钱明、董平、姚延福编校:《王阳明全集》,上海:上海古籍出版社,2011 年,第 1351 页。

⑤ 黄绾:《阳明先生行状》,见吴光、钱明、董平、姚延福编校:《王阳明全集》,上海:上海古籍出版社,2011 年,第 1555—1556 页。

⑥ 关于王阳明与李梦阳、何景明等人的文学交游情况,可参见焦堃:《阳明心学与明代内阁政治》,北京:中华书局,2021 年,第 9—18 页。

⑦ 钱德洪:《年谱》,见吴光、钱明、董平、姚延福编校:《王阳明全集》,上海:上海古籍出版社,2011 年,第 1347 页。

⑧ 钱德洪:《年谱》,见吴光、钱明、董平、姚延福编校:《王阳明全集》,上海:上海古籍出版社,2011 年,第 1349 页。

⑨ 钱德洪:《年谱》,见吴光、钱明、董平、姚延福编校:《王阳明全集》,上海:上海古籍出版社,2011 年,第 1350 页。

第二个阶段:"为晦庵格物穷理之学"阶段。也即学习朱子学阶段。《年谱》"二十七岁"条目下有云:"先生自念辞章艺能不足以通至道,求师友于天下又不数遇,心持惶惑。一日读晦翁上宋光宗疏,有曰:'居敬持志,为读书之本,循序致精,为读书之法。'乃悔前日探讨虽博,而未尝循序以致精,宜无所得;又循其序,思得渐渍洽浃,然物理吾心终若判而为二也。沉郁既久,旧疾复作,益委圣贤有分。偶闻道士谈养生,遂有遗世入山之意。"①阳明虽然在格竹失败之后,暂时放却了对圣贤之学的讲求,但是不久他便意识到从事文章之学也毕竟不是他的夙愿。他后来在读到朱熹上宋光宗疏时,又重新燃起了从事朱子之学以求道的兴趣。他反思自己先前失败的原因可能是由于之前用功的方法不对,没有遵从朱子"循序渐进"的教法;而在这一次则改进了方法,最终使得"思得渐渍洽浃",即对朱子之学已经有所得,但是终究还是未能将"物理"与"吾心"打通为一,而达到"众物之表里精粗无不到,而吾心之全体大用无不明"的"豁然贯通"的地步。②并且阳明在此次致力于朱子学的过程之中又"旧疾复作",使他再次认为自己没有成为圣贤的资质,于是他转而去践行养生之学。

第三个阶段:致力于"老佛之学"。其实阳明早年就对佛、道之学,尤其是道家之学非常感兴趣。《年谱》中记载了一件事情,阳明 17 岁在南昌成亲当天,偶然到了铁柱宫,便被道士的养生之学所吸引,而"相与对坐忘归",以致错过了当天的婚礼,到第二天早晨才被岳父派人追回。③阳明在 31 岁之时,开始进行道家的养生实践,很快达到了极高的境界。受道家影响,阳明此时有遁世山林的想法,但是因为对祖母和父亲的思念,还犹豫不决。不过他后来突然醒悟"此念生于孩提。此念可去,是断灭种性矣"④,即认识到对亲人的爱是出自人之天性或者良知,断无舍弃之理,于是最终放弃了佛老出世的念想,而"复思用世"⑤。阳明此后再次开始致力于"身心之学",而与当时著名的理学家湛若水定交,并开始授徒讲学。

第三个阶段的结束的标志便是阳明人生之中最重要的一次思想变化,同时也是其学术和工夫的方向性跃迁,那便是"龙场悟道"。这是一段十分著名的公案,至今为研究阳明学的人所津津乐道。对于"龙场悟道",《年谱》"三十七岁"条目下记载云:

> 龙场在贵州西北万山丛棘中,蛇虺魍魉,蛊毒瘴疠,与居夷人鴃舌难语,可通语

① 钱德洪:《年谱》,见吴光、钱明、董平、姚延福编校:《王阳明全集》,上海:上海古籍出版社,2011 年,第 1349—1350 页。

② 朱熹:《四书章句集注》,北京:中华书局,2011 年,第 8 页。

③ 钱德洪:《年谱》,见吴光、钱明、董平、姚延福编校:《王阳明全集》,上海:上海古籍出版社,2011 年,第 1347 页。

④ 钱德洪:《年谱》,见吴光、钱明、董平、姚延福编校:《王阳明全集》,上海:上海古籍出版社,2011 年,第 1351 页。

⑤ 钱德洪:《年谱》,见吴光、钱明、董平、姚延福编校:《王阳明全集》,上海:上海古籍出版社,2011 年,第 1351 页。

者,皆中土亡命。旧无居,始教之范土架木以居。时瑾憾未已,自计得失荣辱皆能超脱,惟生死一念尚觉未化,乃为石墩自誓曰:"吾惟俟命而已!"日夜端居澄默,以求静一;久之,胸中洒洒。而从者皆病,自析薪取水作糜饲之;又恐其怀抑郁,则与歌诗;又不悦,复调越曲,杂以诙笑,始能忘其为疾病夷狄患难也。因念:"圣人处此,更有何道?"忽中夜大悟格物致知之旨,寤寐中若有人语之者,不觉呼跃,从者皆惊。始知圣人之道,吾性自足,向之求理于事物者误也。①

"龙场悟道"标志着阳明心学的真正创立。从义理上说,龙场一悟,标志着阳明开始摆脱朱子"格物"之学的藩篱,而树立起了心学的为学路向。从工夫上说,由于阳明开始意识到"吾性自足""心即理",故工夫亦不再是向心之外的世间万物中去求理,而是指向自己的内心,去觉察、体证、磨炼、澄澈自己的心,这是一条"逆觉体证"(牟宗三语)的道路。"龙场悟道"之后,虽然阳明工夫实践的具体方法还在发生着变化,但是"逆觉体证"的向心上追溯的工夫原则却始终坚持了下来。

"龙场悟道"之后,阳明之学又经历了"后三变",其学进入到了后三个阶段的发展时期。

第四个阶段:"龙场悟道"之后,到46岁在江西之前的经历。"龙场悟道"只是阳明开始转向心学的标志和起点,此时阳明只是确立了心学的最基本和最核心的原则,即"始知圣人之道,吾性自足,向之求理于事物者误也"。对于心学进一步的理论建构和工夫实践还有待深入。故在龙场悟道之后,阳明在理论与工夫两个层面上对其心学进行了持续的发展和推进,这一过程一直延续到阳明之逝世。在龙场悟道之后一直到46岁去江西主持平叛之前的这段时期,是阳明心学发展的探索期。阳明在"龙场之悟"后,继续授徒讲学。在贵阳的时候,接受贵州提学副使席书的聘请,开始教授贵阳诸生;②在谪戍期满,从龙场返回江西的途中,又有冀元亨、蒋信、刘观时等人慕名拜在了阳明门下,③后来在北京、滁州、南京做官之时,又有一大批弟子开始授业于阳明。④ 在这一阶段,阳明在理论上,首次揭示了"知行合一"之说,在工夫和教法上,先后提出了"默坐澄心""省察克治"等宗旨。⑤

---

① 钱德洪:《年谱》,见吴光、钱明、董平、姚延福编校:《王阳明全集》,上海:上海古籍出版社,2011年,第1354页。

② 钱德洪:《年谱》,见吴光、钱明、董平、姚延福编校:《王阳明全集》,上海:上海古籍出版社,2011年,第1355页。

③ 钱德洪:《年谱》,见吴光、钱明、董平、姚延福编校:《王阳明全集》,上海:上海古籍出版社,2011年,第1357页。

④ 钱德洪:《年谱》,见吴光、钱明、董平、姚延福编校:《王阳明全集》,上海:上海古籍出版社,2011年,第1362—1364页。

⑤ 钱德洪:《年谱》,见吴光、钱明、董平、姚延福编校:《王阳明全集》,上海:上海古籍出版社,2011年,第1355—1366页。

第五个阶段:江右致良知阶段。在此一阶段,阳明正式提出了"致良知"的理论及工夫主张。阳明以书生典兵,连平南、赣地方叛乱;①当宸濠之乱初起,朝命未下,阳明闻之,即谋起义兵,用奇谋以平之,创下不世之功。② 宸濠既平,后又历张忠、许泰之变,盖世之功不仅没有得获奖赏,反而遭到奸臣陷构,几近九死一生。③ 这一阶段既是阳明一生事功的巅峰时期,同时又是其人生遭遇之最凶险、最危难的时期,当然也是其心经受事上磨炼最深、最剧的时期。经过这些凶险境遇的磨炼,阳明的心性工夫实践又得到了极大的深入,工夫达致的境界又得到了进一步的提升。而对于理学的体证工夫来说,"有得者必有言",工夫实践的跃迁必然也造成了理论的突破,于是"致良知"论喷薄而出,在教法上,阳明亦开始专以"致良知"来教弟子。

第六个阶段:居越一直到逝世之前的阶段。阳明从江右返浙,一直到被嘉靖皇帝重新起用往征思、田,期间大概有五年时间家居讲学。在此阶段,阳明实践工夫进一步发展,心之修炼已经达致化境。"开口即得本心,更无假借凑泊",本心自然流露,心体澄澈,已无任何一点渣滓,不需人力把持。此时心体发动,触物而通,无有窒碍,一任天机流行,已经达到圣人"从心所欲不逾矩"之地步。在生命的最后几年,阳明在经过艰苦的身心体证工夫之后,终于完成了由凡至圣途中的层层跃迁,而达致圣人境界。由于天机自呈,是非、善恶双泯,故此时在理论上,"无善无恶"之"四无说"正式揭示,与"四有"说一起构成了其晚年良知理论的重要发展形态。④ 而此一阶段,阳明在教法上,亦不再局定某一具体形式,而是根据学生资质随机指点,随处皆通。阳明居越期间,门人大进,阳明之讲学进入到了鼎盛时期。

三、王阳明工夫侨易的运作机制

在《构序与取象—侨易学的方法》一书之中,叶隽先生对"侨""易"这一对侨易学最核心概念的内涵进行了详尽的阐释。叶先生揭示出侨易二元又可以细分为侨元四义与易元四义,即"侨"有"移""仿""高""桥"之四义,"易"有"变""常""简""交"之四义。侨元四义与易元四义两两组合,又可以生出十六组意象。这十六组意象本身便可视为对具体的侨易案例进行分析的重要工具;对于侨易学来说,"侨易"十六义的建构具有重要的方法论意义。但是正如叶隽先生所言,侨易十六义蕴意十分丰富,但也繁复。为避免冗繁,可做一步简化,即去除侨元核心义之"高"义,与易元核心义之"简"

---

① 钱德洪:《年谱》,见吴光、钱明、董平、姚延福编校:《王阳明全集》,上海:上海古籍出版社,2011年,第1366—1386页。

② 钱德洪:《年谱》,见吴光、钱明、董平、姚延福编校:《王阳明全集》,上海:上海古籍出版社,2011年,第1392—1397页。

③ 钱德洪:《年谱》,见吴光、钱明、董平、姚延福编校:《王阳明全集》,上海:上海古籍出版社,2011年,第1398—1407页。

④ 王畿:《天泉证道纪》,见《王畿集》南京:凤凰出版社,2007年,第1—2页。

义，那么便可得侨易之九义，即"移变""移常""移交"；"仿变""仿常""仿交"；"桥变""桥常""桥交"。①

首先，笔者在本节以"侨易九义"为分析工具，在上一节论王阳明的在各个阶段的为学变化之基础上，对"王阳明的工夫侨易"这一案例，进行侨易学视角下的解析。其次，阐发在王阳明的工夫侨易中，是如何体现出"简"与"高"这两个侨易活动的重要规律的。再次，分析"志向"与"学力"这两个因素在阳明工夫侨易之中的重要作用。最后，结合阳明学的传播效应，谈一下阳明思想的社会侨易。上述分析试图从多个侨易学角度切入案例，旨在能够呈现出王阳明工夫侨易的具体运作机制。

（一）王阳明工夫侨易的侨易九义分析

移变：因物质位移导致精神质变的现象，这是侨易学的主要研究对象。"移"主要指的是侨易主体发生物质位移的情况。② 通过上一节的分析，我们看到，阳明在"龙场悟道"以及"悟后三变"中所经历的四次工夫跃迁即四次精神质变都伴随着显著的空间位移，与北京到贵州龙场的位移，直接导致了其龙场之悟；从龙场回到江西、滁州、南京为官，经历了其悟后工夫之第一变；从南京到江西，又经历了其悟后工夫之第二变；最后又从江西回到浙江家乡，又经历了悟后工夫的最后一变。

当然，在侨易学中，物质位移并不限于地理位置的变动，还包括物器时变以及一些非实体空间的位移情况，比如说是知识移易、感觉移易以及虚拟移易。③ 从上节分析可以看出，阳明之学的"悟前三变"，即是以阳明所致力的学问类型的三次转移——从词章之学到朱子学，再到佛老之学，即三次知识移易为划分标准的。在"龙场悟道"和"悟后三变"之中，知识移易也起到了重要作用。比如在龙场悟道之中，"忽中夜大悟格物致知之旨"，可以看做是对朱子学格物致知论的创新和突破，这里面就有一种知识移易的向度。

移常：阳明一生为学虽然经历了屡次阶段性变化，但是"成为圣贤"的人生目标或者人生志向却始终如一。阳明工夫的侨易是工夫的不断深入，个人修习境界的不断提升，心体逐渐纯化，天理逐渐朗现而人欲逐渐消退，意识的不断提纯和翻转而逐渐趋近形上的本体的过程。可见阳明的工夫侨易不是漫无目的的，而是有一个明确的发展方向，那就是成为"圣贤"，阳明工夫之变迁中蕴含着不变之常道。

移交："个体或者主体因移动而发生的变化，还有可能进一步涉及对外在环境的影响，即对侨入、侨出语境都产生影响。"④"这种由移动而导致的文化相交关系，超出了个

---

① 关于"侨元四义""易元四义""侨易十六义""侨易九义"的分析，可参见叶隽：《构序与取象——侨易学的方法》，杭州：浙江教育出版社，2021 年，第 44—58 页。
② 叶隽：《构序与取象——侨易学的方法》，杭州：浙江教育出版社，2021 年，第 64 页。
③ 叶隽：《构序与取象——侨易学的方法》，杭州：浙江教育出版社，2021 年，第 127 页。
④ 叶隽：《构序与取象——侨易学的方法》，杭州：浙江教育出版社，2021 年，第 51 页。

体本人的变异层面,具有更重要的文化载体交易意义"。① 比如阳明谪戍龙场之后,便在贵阳讲学,吸引了大批贵州的青年前来问学。对整个贵阳乃至贵州的学术风气、社会风气产生了巨大的影响。这实际上即是阳明思想的社会侨易效应。对此,笔者将在下文展开详细论述,此处暂且不论。

仿变:"仿"所凸显的是一种非物质层面,即思想上的或者观念上的模仿。② 阳明为学并不是空无依傍的,其学术的发展和工夫的侨易是在既定文化背景和社会背景之中进行的。在阳明生活的时代,朱子学早已成为官方的意识形态,在思想领域占据了主流性的地位,对当时的文化氛围和社会氛围的建构产生了重大影响。阳明早年所耳濡目染的学问便是朱子学。最初,阳明用力于朱子学,根据朱子的"格物"说,而有"格竹"之举,后来阳明"龙场悟道"也是建立在对朱子学的反思的基础上。到阳明晚年,他做《朱子晚年定论》,可以看做是对朱子学的别出心裁的诠释。可以说,阳明一生都跟朱子学纠缠在一起,阳明心学的建立和发展是对朱子学进行学习、模仿、践行、反思、创新,即是对朱子学进行"仿变"的过程。

仿常:阳明心学虽然对朱子学有所创新,但是无论是在义理上还是在工夫上都还是保留了对朱子学很多方面的认同。在思想体系上,阳明继续沿袭了朱子所确立的一系列理论前提、概念体系,言说方式、思考模式。在工夫上,阳明亦继承了朱子学"静坐"、"主敬"的工夫法门。另外,阳明"做圣贤"的志向亦是来源于朱子学。

仿交:正如叶隽先生所云"这种交易与一般的交易不同,它是以一方学习另一方为主轴的交易过程"③。可以将阳明心学的创立看做是对朱子学的创造性的模仿,阳明对朱子学的研习便体现了这一"仿交"过程。

桥变:阳明思想的传播是通过讲学活动来实现的。阳明在"龙场悟道"之前就开始讲学,"龙场悟道"之后,讲学力度明显加大,越来越多的弟子拜在阳明门下,心学思想亦得到了广泛传播。那么阳明思想影响力的扩大就是通过讲学来完成的,讲学活动便是"桥变"之"桥"。

桥常:在阳明的讲学活动,尤其是晚年的讲学活动之中,始终贯穿着一个明确的宗旨,那便是"知行合一"或"致良知"。阳明讲学,不拘一格,随处指点,讲学内容亦随情境而变,但不管如何变化,亦终将归于此宗旨。在生命的最后一年,前往广西之前,阳明在天泉桥上正式对钱德洪、王龙溪二位弟子揭示了"四句教"。他说:"二君以后与学者言,务要依我四句宗旨:无善无恶是心之体,有善有恶是意之动,知善知恶是良知,为善去恶是格物。"④ 又

---

① 叶隽:《构序与取象——侨易学的方法》,杭州:浙江教育出版社,2021年,第52页。
② 叶隽:《构序与取象——侨易学的方法》,杭州:浙江教育出版社,2021年,第65页。
③ 叶隽:《构序与取象——侨易学的方法》,杭州:浙江教育出版社,2021年,第53页。
④ 钱德洪:《年谱》,见吴光、钱明、董平、姚延福编校:《王阳明全集》,上海:上海古籍出版社,2011年,第1443页。

云：“此是彻上彻下语，自初学以至圣人，只此工夫。”①"四句教"便是对"知行合一""致良知"宗旨的进一步升华，成为阳明对弟子的临终嘱咐和传法衣钵，他告诫弟子今后讲学，务必遵循此宗旨。那么"四句教"便是"桥常"之"常"。

桥交：比如阳明能够得以在贵阳书院讲学是由于席书的聘请，如果没有席书，阳明就没有教授书院诸生的机会。比如后来阳明能够有机会巡抚南、赣，创立功业，是得到了当时的兵部尚书王琼的推荐。晚年被皇帝起用去征思田，是受到了在朝廷的阳明的弟子，方献夫和黄绾的推荐。另外，阳明的政治思想和政治主张对北京政局的影响，是通过在朝廷上一系列的门人、弟子来实现的。在这些案例之中，正是由于席书、王琼以及方献夫、黄绾等一些门人的中介作用，阳明才得以进入到一个广阔的施展教化、建立功勋、参与政治的场域。

（二）关于阳明工夫侨易之"简"与"高"

叶隽先生指出"简"是"易元"四义中的核心之义，"简"乃是大道至简之义，"高"是"侨元"四义中的核心之义，乃是质性提高之义。② 这两义在阳明的工夫侨易中，都有着鲜明的体现。

对于"简"，阳明注重从心体之根源处用功，而非从心体发动的枝叶上着力。阳明的工夫是"擒贼先擒王""灭心中贼"的端本澄源的工夫，只要用功于心体，使心体澄澈，则心体之发用自能泛应曲当。若心体受蔽，便如水之源头处受到污染，则其各种流荡、分化皆不得清净。故越趋源头处，工夫就越简易。阳明说："工夫只是简易真切，愈真切，愈简易；愈简易，愈真切。"③阳明究极之工夫只是"发明本心""致良知于事事物物"或"四句教"，因此章炳麟即指出"王守仁之立义，至单也"。④ 然这并非是阳明立义之简陋，而是究极工夫只此一二语便可讲明，无须费很多口舌。从教法上看，随着阳明工夫境界之跃升，其教门人从"静坐""动静合一""知行合一""克治省察"等法门最后归并到"致良知"或"四句教"上。盖见道越深，则工夫越趋简易；工夫越简易，则愈能可久可大，故陆象山有诗云"易简工夫终久大，支离事业竟浮沉"⑤，此诚见道之言。

至于"高"义，通过上节论述，我们发现，阳明为学之六变，尤其是悟后之三变，体现

---

① 钱德洪：《年谱》，见吴光、钱明、董平、姚延福编校：《王阳明全集》，上海：上海古籍出版社，2011 年，第 1443 页。

② 叶隽：《构序与取象——侨易学的方法》，杭州：浙江教育出版社，2021 年，第 58 页。

③ 钱德洪：《年谱》，见吴光、钱明、董平、姚延福编校：《王阳明全集》，上海：上海古籍出版社，2011 年，第 1445 页。

④ 章炳麟撰，徐复注：《訄书详注》，上海：上海古籍出版社，2000 年，第 110 页。心学的先驱象山之学也是这样，《象山语录》有云："吾之学问与诸处异者，只是在我全无杜撰，虽千言万语，只是觉得他底在我不曾添一些。近有议吾者云：'除了"先立乎大者"一句，全无伎俩。'吾闻之曰：'诚然。'"（陆九渊：《语录》，见《陆九渊集》，北京：中华书局，1980 年，第 400 页）时人便发现，象山之教法，只归结为"先立乎其大"一句，而象山对此自己亦不否认。

⑤ 陆九渊：《鹅湖和教授兄韵》，见《陆九渊集》，北京：中华书局，1980 年，第 301 页。

了一个工夫层层深入，境界层层跃迁的过程。这是一个个体精神不断实现向上超越和质性提升的过程。通过艰苦的工夫实践，阳明最终跨越了由凡至圣的层层关卡，而达致圣人地步。可见，"高"是阳明工夫侨易的核心要义。

（三）志向与学力：影响阳明工夫侨易的重要因素

叶隽先生说："'学'正是侨易学特别强调的第三维因素，只有通过知识的不断扩展和增进，才能在'才华'与'志向'之间构建一种可能的动力机制。"①叶隽先生指出了"学"是侨易二元之间的第三维的"流力"因素，是侨易现象发生的重要助推力。人只有通过不懈地为学，才能增进才华，实现志向。结合王阳明的工夫侨易历程，我们发现，"志向"与"学力"乃是影响阳明工夫侨易的两个重要因素。以圣贤之学为志向决定了阳明的工夫侨易的基本类型和方向，即是在儒家心性之学范围内的身心转化以及外王事业的开辟。而"学力"则决定了阳明的工夫侨易实践的效果，即侨易目标实现的程度。

王阳明非常重视"立志"。阳明贬谪贵州期间，即对来学诸生以四事相规，四事之首，便是立志。阳明云："志不立，天下无可成之事，虽百工技艺，未有不本于志者。今学者旷废隳惰，玩岁愒时，而百无所成，皆由于志之未立耳。故立志而圣，则圣矣；立志而贤，则贤矣。志不立，如无舵之舟，无衔之马，漂荡奔逸，终亦何所底乎？"②志向可以提供一个人生在世的生活目标，在此目标的范导之下，人可以放弃掉一些志向之外的人生选择，而将精力、智力凝结于一条确定的道路或方向上面，而不至使得生命的活力奔流放逸。志向可以时时提醒人心，使人不至于萎靡懈怠，志向又可以提供一种克服通往目标途中所遇到的各种困境、危机的实践动力，使人恒能保持一种稳定的生命趋向和坚忍不拔的意志品质。

通过上节对阳明为学各阶段的简要分析，我们看到阳明 13 岁时所立下的"做圣贤"的志向深刻影响了他一生的道路选择、促发了他一生的"立德""立言"和"立功"的事业。阳明虽然很早就立志做圣贤，但是最初的阶段，阳明并未找到如何做圣贤的门径。阳明大概 15 岁开始致力于"朱子学"，先是渴望通过实践朱子之学来通达"成圣"之路，但是阳明很快便遭到了打击，即他遭遇了"格竹"的失败。但阳明并不甘心于此次失败，后来在大概 27 岁之时又继续致力于朱子学；此次虽取得了一定的进展，但仍然"物理吾心终若判而为二也"，即未能实现为学上的根本性突破，反而再次因用功过猛而遭至疾病，以至于阳明认为自己真的没有成为圣贤之资质，而暂时转向了对其他学问的修习。然而从阳明此后的为学经历来看，这一转向并非意味着阳明真的便放弃了少

---

① 叶隽：《构序与取象——侨易学的方法》，杭州：浙江教育出版社，2021 年，第 260 页。
② 王守仁：《教条示龙场诸生》，见吴光、钱明、董平、姚延福编校：《王阳明全集》，上海：上海古籍出版社，2011 年，第 1073 页。

时所立下的成为圣贤的志向。其实,此志向仍然作为一种标准潜伏在阳明胸中,来决定着他对其他学术形态的取舍和人生价值的判断。比如阳明后来转向词章之学,并在文学方面已经达到了很高的造诣,得到李东阳、何景明这些明代文坛巨擘的称赞。如果阳明继续在文学之路上耕耘,那么其成就注定不可限量;假以时日,成为文坛宗师亦不无可能。但是阳明毕竟还是视圣贤之道才是最值得追求的人生目标,而"辞章艺能不足以通至道",故阳明毫不犹豫地放弃了词章之学。后来阳明用力于佛老之学,也已经达到了很高的修为,但是又悟到佛老之学乃是主张"断灭种性",并不符合圣贤之道,因此阳明亦最终放弃了佛老之学,而重新致力于圣贤之学。可见,即使在阳明从事于词章、佛老等学的时候,也念念不忘做圣贤。总之,在阳明关于人生志向的各种念头之中,还是"做圣贤"之念最真,"做圣贤"之志最笃,虽偶生其他念头,但是兜兜转转,还是察觉到"做圣贤"念不能割舍,最不能容己。

正因为有做圣贤之志向念兹在兹,阳明在经历了用力词章、佛老之后还是再次转向圣学,并且持续用功,后在遭逢困境磨砺之中终于迎来为学之根本性突破,即实现了"龙场悟道"。阳明在龙场悟道,找到圣学门径之后,更是矢志不渝,生死以之,在百死千难的极端困境之下不断历练自己的心体,最终实现了"由凡至圣"的层层跨越。阳明去世之前,门人问他还有什么遗言,阳明答曰"吾心光明,亦复何言"①。阳明毕生立志为圣,而今已心体光明,达致圣人地步,正所谓求仁得仁,人生到此无有遗憾矣。

立志固然重要,但志向之能否实现,亦端赖是否有足够之学力支撑。阳明早年先后两次用功于朱子之学,但是都没有实现本质性突破,最重要的原因是彼时学力还有所欠缺。一直到谪居龙场之时,居夷处困的凶险经历锤炼了阳明的心性,促成了其学力的增进,导致阳明终于勘破了生死观,悟得了"格物致知"之旨,实现了工夫倚易的重大精神突破。龙场悟道之后,阳明继续在艰难困苦之中保任心体,磨炼心性,学力不断增长,工夫亦得以继续深入。到阳明晚年,学力已经达到了无有窒碍,随处而通的境界,而工夫也已达到了如"庖丁解牛"般任运自然的地步。

需要指出的是,以上所论的学力主要指的是心之道德主宰能力,即理学家所讲的"德性之知"的不断增进。另外学力还包括了对事物知识,即理学家所说的"闻见之知"的积累和掌握。阳明的"致良知"的工夫实践以人的主体精神的锻造为主,故内省式的"逆觉体证"的心性磨炼构成了其工夫的主要形式,但是对客观知识的学习和积累也是其工夫实践的重要内容。对于"闻见之知"的努力求取,构成了阳明一生学力的主要组成部分,并支撑和滋养着阳明道德主体精神的挺立和外王事业的发皇。

比如阳明少时即驰骋于孙吴之说,在军事之学的理论和实践之中都有积累。这些最终成就了他卓越的军事才干。正因为有了如此之才干或者学力,他后来才能取得了

---

① 钱德洪:《年谱》,见吴光、钱明、董平、姚延福编校:《王阳明全集》,上海:上海古籍出版社,2011 年,第 1463 页。

平定南、赣,擒宸濠,平定思、田等军事功业。阳明在平宸濠之乱时,进行了很多机密的谋略活动,颇用了一些机巧霸道之术,这些都对阳明的成功起到了很大作用,阳明对此是有清楚认识的。他后来对学生说:"苏秦、张仪之智也,是圣人之资。后世事业文章,许多豪杰名家,只是学得仪、秦故智。仪、秦学术善揣摩人情,无一些不中人肯綮,故其说不能穷。仪、秦亦是窥见得良知妙用处,但用之于不善尔。"①仪、秦之智是纵横捭阖的政治权谋之术,是一种"闻见之知"。历来的正统儒者大都以仪、秦之智为一种杂霸之术而所不取,但是阳明却认为其是"圣人之资",即仪、秦之智是圣人建立德业的重要凭借。对阳明来说,只要人的心术端正,像"仪秦之智"之类的见闻之智就有助于人的德业之建立。

综上分析,对王阳明的工夫侨易来说,"立志"与"学力"二者缺一不可,不可偏废。既需要锚定目标,又需要久久为功,方能实现侨易工夫之跃迁和精神境界之质变。

(四)阳明学的社会侨易

上述对阳明工夫侨易的分析和阐发,主要是聚焦于个体侨易的角度进行论述的。个体侨易的发生是作为个体侨易主体与侨易环境之间进行双向交流、影响的过程。一方面,在侨易活动中,外界环境或信息场域的变化会引发侨易主体的变异;另一方面,侨易主体的侨易活动又能够搅动与个体发生信息、能量交流的社会环境。即个体侨易可以引发更广场域的侨易活动,而引发社会侨易现象。叶隽先生指出:"人的侨易过程并非简单的个体行为,虽然首先必然落实到个体的发展上,但总体来看,它是一个涉及群体、共同体、文明整体的复杂侨易活动。"②诚哉斯言。王阳明的工夫侨易引发了非常广泛和深远的社会侨易现象,这些侨易现象也构成了阳明外王事业的重要组成部分。

首先,王阳明通过传播其心学思想,改变了当时的学术风气。龙场悟道之后,王阳明正式创立心学,自从之后他以极大的热情投入到讲学活动之中。阳明之讲学有两种形式,一是私人讲学,二是通过书院等官方或半官方的教育机构进行讲学。至于前者,阳明从谪戍期满返回江西途中就开始收徒讲学,在滁州、南京时期讲学传道事业日臻兴旺,《年谱》即云"从游之众自滁始"③。随后阳明在江西平叛时期,虽然军务繁忙,身边仍有大量弟子跟随并讲学不辍。④ 正德十六年(1521)之后,阳明从江西返回越中家乡之后,讲学事业更是达到了极盛时期,四方来学者众多,阳明重要弟子钱德洪、王畿等人就是在这个时期及门的。至于书院讲学,王阳明在贵州时候便应席书之聘讲学于贵阳

---

① 王守仁:《传习录》,见吴光、钱明、董平、姚延福编校:《王阳明全集》,上海:上海古籍出版社,2011年,第130页。

② 叶隽:《构序与取象——侨易学的方法》,杭州:浙江教育出版社,2021年,第218页。

③ 钱德洪:《年谱》,见吴光、钱明、董平、姚延福编校:《王阳明全集》,上海:上海古籍出版社,2011年,第1363页。

④ 钱德洪:《年谱》,见吴光、钱明、董平、姚延福编校:《王阳明全集》,上海:上海古籍出版社,2011年,第1383、1412页。

PHILOSOPHERS 2023（1）

文明书院,后来在巡抚南、赣时修复了赣州的濂溪书院并在此讲学,[1]后又集门人在白鹿洞书院讲学。[2] 晚年居越时期,王阳明又讲学于稽山书院,门人从全国各地汇聚于此,以至"宫刹卑隘,至不能容。盖环坐而听者三百余人"[3]。直到阳明生命的最后一年,在广西平叛的时候,还支持设立了南宁敷文书院,并让自己的弟子季本负责教学。[4]由于书院是众多学子汇聚的地方,阳明及其弟子在书院讲学无疑使得阳明思想获得了更大的传播效力,从而书院成为了阳明思想传播的有力工具。

总之,通过阳明身体力行的讲学活动,以及他的门人以及再传门人的继续讲学,逐渐形成了一个遍及全国的讲学网络,阳明学的影响随着这个网络迅速得以扩张,极大改变了当时的学风,以至于阳明学最终取代了朱子学,成为明代中晚期最有影响力的学说。

其次,王阳明的讲学活动影响了当时的政治格局。在《与顾东桥书》中,阳明痛心三代之后,霸术猖獗,邪说流行,阳明的政治理想是"挽回王道";[5]这一理想主要是通过他的讲学活动来实现的。阳明"挽回王道"的努力主要有"觉民行道"与"觉士行道"两种类型。前者是通过讲学,唤醒普通民众自己的良知,敦化风俗,重整基层的伦理秩序。阳明在江西、广西平叛之后都要创立社学、书院,来聚众讲学,其用意便在于此。后者是通过讲学,唤醒拥有一定政治资源的士人的良知,洗刷其心中的"功利之毒",使其在出仕之后不再斤斤于争权夺利,而是以安民为旨趣,以挽回三代之治。嘉靖皇帝即位初年,阳明此时任南京兵部尚书,远离朝廷,但是他对北京政局仍然非常关切。恰好此时阳明的很多弟子如方献夫、黄绾等人都在朝为官,这些阳明的官员弟子群体对中央政治具有相当的影响能力。他们在心学理念的指导下,为尝试构建理想的政治秩序而进行了一系列政治活动。阳明通过与这些门人的书信交往得以了解当时朝廷的基本情况,并且对他们的在朝政治活动进行了多方引导。在某种程度上,以这些官员弟子为中介,阳明对中枢政治施加了很大的影响。[6]

再次,阳明思想侨易所造成的社会侨易不仅在阳明在世之时得以进行,在阳明去世之后,仍然还在持续发酵。万历十二年(1584),王阳明得以被从祀孔庙,这代表着其思

① 钱德洪:《年谱》,见吴光、钱明、董平、姚延福编校:《王阳明全集》,上海:上海古籍出版社,2011 年,第 1385 页。

② 钱德洪:《年谱》,见吴光、钱明、董平、姚延福编校:《王阳明全集》,上海:上海古籍出版社,2011 年,第 1413 页。

③ 钱德洪:《年谱》,见吴光、钱明、董平、姚延福编校:《王阳明全集》,上海:上海古籍出版社,2011 年,第 1424 页。

④ 钱德洪:《年谱》,见吴光、钱明、董平、姚延福编校:《王阳明全集》,上海:上海古籍出版社,2011 年,第 1454 页。

⑤ 王守仁:《传习录》,见吴光、钱明、董平、姚延福编校:《王阳明全集》,上海:上海古籍出版社,2011 年,第 62 页。

⑥ 关于王阳明对嘉庆朝中枢政治的影响,可参加焦堃:《阳明心学与明代内阁政治》,第三章"阳明学派与'大礼议'",见焦堃:《阳明心学与明代内阁政治》,北京:中华书局,2021 年,第 93—180 页。

想正式被官方承认。有了官方的认可和支持,阳明思想的传播更走向了一条快车道,阳明思想所造成的社会效应也越来越显著。明朝灭亡之后,阳明学曾一度消沉,但是晚清时期又再度兴盛起来,一直延续到当下。近代以来,阳明学对中国社会仍然产生了深远的思想史和社会史的效应。比如当前中国社会所出现的"阳明热"这一现象便体现了阳明学所引发的社会侨易仍然在我们的当下发生着,并且注定今后还会继续发生着。

不仅如此,阳明思想的侨易不仅发生在中国,在明末之后,还扩张到日本、欧洲等异域。阳明心学创立之后,很快便东传日本。日本的阳明学研习者对阳明思想进行了长期的挖掘、发挥、改造、传播、践行,对日本社会产生了重要影响。有论者指出,阳明学思想便是日本明治维新时期维新志士进行社会改造和政治改造的有力思想武器。① 另外,明清之际,在"东学西渐"的洪流之中,阳明思想通过来华传教士传播到欧洲,并在一定程度上滋养了当时很多启蒙运动者的精神世界。比如德国著名哲学家莱布尼兹(Gottfried Wilhelm Leibniz)在给友人信中便引用和讨论了阳明"心即理"学说。17 世纪之后,西方学者对阳明思想的兴趣有增无减。直至今日,在西方学界,如万白安(Bryan W.Van Norden)、安靖如(Stephen C.Angle)、斯洛特(Michael Slote)等人还致力于实现阳明伦理思想的当代转换。可见,阳明思想的侨易在西方也产生了重要的社会效应。②

综上,阳明的思想侨易产生了跨越时空的效应。从时间上看,阳明思想对后世持续发生影响,至今没有停止之迹象;从空间上看,阳明心学思想不仅了侨动了中国,乃至在某种程度上也侨动了世界。阳明学的思想传播引发的侨易效应如此之大,令人叹为观止也,此亦盖非阳明自己所能梦见矣。

四、结　语

本文尝试在侨易学的视域下,对"王阳明心学工夫的发展"这一案例进行分析。由于初步尝试和篇幅有限,本文所用以实施案例分析的侨易学方法还比较单一,即主要集中于"侨易十六义"上。但尽管如此,这一案例的侨易学意蕴已经得到了多向度的展示。其实若以叶隽先生在《构序与取象——侨易学的方法》一书中所提出的更多分析方法,比如"混沌构序""棋域原理""道衡定律"等视角对案例进行进一步关照,则可抉发出阳明工夫侨易的更多层次的内涵,此项工作尚有待推进。另外,上一节提及了阳明思想传播到日本、欧洲之后,发生了重要的文化侨易效应,关于这种跨文化侨易现象的生发机理与运作机制,亦是一个很值得继续深入研究的话题。

---

① 可参见张兆敏:《试述阳明学对日本现代化政权的催生》,《齐鲁学刊》2005 年第 6 期。
② 关于阳明学在欧美世界的传播,可以参见蔡亮:《阳明思想在欧美的传播研究》,《浙江社会科学》2022 年第 2 期。

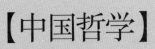
【中国哲学】

论《墨子》的历史哲学

孙中原*

内容提要:历史哲学,是研究社会历史整体性质与规律的哲学部门,亦称历史观。《墨子》是战国时期墨家学派共同体的集体著作,时间跨度,覆盖整个战国时期,从前5世纪战国初,到前3世纪战国末秦统一。《墨子》荟萃墨学博大精深的科学理论体系,与儒学同称显学,并驾齐驱,分庭抗礼,儒墨学对立统一,兼容互补,是中华文化多元并存,璀璨亮丽的典型范式。墨学在新时代的创新转型,是国家上层建筑、意识形态的组成元素,具有重要的历史、理论与现实意义。本文用 E 考据(数字化考据)与元研究(超越总体研究)的方法,阐发《墨子》历史哲学范畴与原理的理论体系,论述墨学社会历史观的闪光亮点,分析其历史发展观、劳动价值论、人情人性论以及人民、利民与民生范畴论等科学观点,凸显墨学崇高的学术价值、功能作用,值得细细品鉴,传承弘扬。

关键词:《墨子》;历史哲学;范畴;原理

引 言

历史哲学,是研究社会历史整体性质与规律的哲学部门,亦称历史观。本文用 E 考据(数字化考据)与元研究(超越总体研究)的方法,阐发《墨子》历史哲学范畴与原理的理论体系,论述墨学社会历史观的闪光亮点,分析其历史发展观、劳动价值论、人情人性论以及人民、利民与民生范畴论等科学观点,凸显墨学崇高的学术价值,功能作用,值得细细品鉴,传承弘扬。

《墨子》是战国时期墨家学派共同体的集体著作,时间跨度,覆盖整个战国时期,从前5世纪战国初,到前3世纪战国末秦统一。《墨子》荟萃墨学博大精深的科学理论体系,与儒学同称显学,并驾齐驱,分庭抗礼,儒墨学对立统一,兼容互补,是中华文化多元并存,璀璨亮丽的典型范式。墨学在新时代的创新转型,是国家上层建筑、意识形态的组成元素,具有重要的历史、理论与现实意义。

---

* 孙中原:中国人民大学哲学院,北京,100872。

一、历史发展观

《墨子》从本体论(存在论、世界观)、认识论、语言论与方法论等多维度,多侧面,大格局,高起点,阐发其历史主义观点。历史主义,亦称"历史观""历史感""历史分析"等,是用历史联系与发展变化的观点,考察社会历史现象。

历史发展观,把社会现象,看作是在历史中发生、发展与变化的观点,是基本的科学研究方法论,与世界观、认识论、方法论、逻辑学并列,是对社会历史根本观点的综合概括,具有基础性、前瞻性与前导性,是劳动人民改造社会、改造世界、改造人类的指南导引。

《墨子》历史哲学范畴与原理的理论体系,与世界先进科学理论,融会贯通,联系接轨。马克思《资本论·第二版跋》说:"研究必须充分地占有材料,分析它的各种发展形式,探寻这些形式的内在联系。只有这项工作完成以后,现实的运动才能适当地叙述出来。"①

恩格斯说:"黑格尔的思维方式不同于所有其他哲学家的地方,就是他的思维方式有巨大的历史感作基础。""他是第一个想证明历史中有一种发展、有一种内在联系的人"。"他的基本观点的宏伟,就是在今天也还值得钦佩。"

恩格斯赞扬黑格尔著作"到处贯穿着这种宏伟的历史观,到处是历史地、在同历史的一定的联系中来处理材料的"。② 从战国初墨子十论(《尚贤》至《非命》),到战国末《墨经》六篇,表现墨家历史发展观的数据资料,异常丰富清晰,到处体现"历史感""历史分析"与强调历史发展变化的科学方法论。

1. 尧义在古,名实俱变:典型分析式的科学归纳推论。《经下》第 154 条说:"尧之义也,声于今而处于古,而异时,说在所义二。"《经说下》举例解释说:"或以名示人,或以实示人。举友富商也,是以名示人也。指是鹤也,是以实示人也。尧之义也,是声也于今,所义之实处于古。"

即说"尧是仁义的",这是今天所说的话,而这句话所指称的历史实际,是处于古代,古代与现代,是本质不同的历史时代,论证的理由在于"尧是仁义的"这个命题,涉及语言与历史实际这两个方面。

语言表达,交流思想,有两种方式。一种是展示语词概念,教人明白。另一种是展示实际事物,教人明白。例如说:"我的朋友是富裕商人。"这是展示语词概念,教人明白。教师带学生,到野外湿地实地考察,用手指着一种实际动物说:"这就是仙鹤。"这是展示实际事物,教人明白。说"尧是仁义的",这个语句是今天说的,而"尧是仁义的"这个语句所指称的历史实际,是处于古代。

---

① 《马克思恩格斯选集》第 2 卷,北京:人民出版社,1972 年,第 93 页。
② 《马克思恩格斯选集》第 2 卷,北京:人民出版社,1972 年,第 121 页。

《经上》第81条专论知识分类说："知：闻、说、亲；名、实、合、为。"《经说上》解释说："知。传受之，闻也。方不彰，说也。身观焉，亲也。所以谓，名也。所谓，实也。名实耦，合也。志行，为也。""名知"即语词概念之知，定义为"所以谓"，即称谓述说的工具手段，"实知"即实际事物之知，定义为"所谓"，即称谓述说的对象，从逻辑学、认识论的理论高度，阐明历史发展观的范畴与原理。

《经下》第117条说："察诸其所然、未然者，说在于是推之。"《经说下》举例解释说："尧善治，自今察诸古也，自古察之今，则尧不能治也。"《经下》《经说下》整条，是用典型分析式的科学归纳推理，阐明历史发展观的科学分析方法。《经说下》分析典型事例，说："尧善于治理。"这是从现代观点出发，考察古代，断定说："尧善治理古代。"如果从古代视野出发，考察现代，则尧不能治理，因为历史发展，古今差异，现代比古代晋阶高级，表现新质，更为复杂多样。

《经下》是从典型事例分析出发，概括历史发展观的基本原理，考察历史发展的有无是非，"所然、未然"（已经如此，未有如此），某事之所以这样，与某事之所以不这样的原因，可从"尧善治"命题，适用于古，而不适用于今的事例，类推而知。这种"类推"，是指对"尧善治"命题，古今是否适用的典型事例分析。"尧善治"，是指善于治理古代，不是指善于治理现代。肯定历史继承与创新的两面性，古今不同，社会异质，是明显清晰历史发展观论断。

"于是推之"一词，明清出现8次，意同《墨经》。"于是推之"，后发展为"以此类推""依此类推"。"以此类推"用例，宋至清代出现42次。"依此类推"用例，明清出现3次。"以此类推""依此类推"义同。"以"：用，按照。"依"：依照，按照。

从《墨经》《四库全书》出现"于是推之""以此类推""依此类推"46次的语境与案例分析，其推论性质，是从分析典型案例出发，推论一般情况，即由个别推知一般，是典型分析式的科学归纳推理。

2."久"：表时间绵延性的历史哲学范畴。《经上》第40条说："久，弥异时也。"《经说上》举例解释说："久。古今旦暮。"即"久"（时间范畴）是一切不同具体时间形式的概括，如古代、今天、早晨、晚上。

"久"通"宙"（zhòu），概括古往今来所有时间，是时间的总称，历史发展观的时间范畴。"弥"：遍满，普遍，概括。《淮南子·齐俗训》说："往古来今谓之宙，四方上下谓之宇。"《庄子·庚桑楚》说："有实而无乎处者宇也，有长而无本剽（本末）者宙也。"注："宙者，有古今之长。""本剽"（běn piāo）：始末。成玄英疏："剽，末也，亦原也。""剽"（piāo）：末尾；原本。

3. 昔虑今虑：与时俱进，创新思维。《大取》说："昔者之虑也，非今日之虑也。昔者之爱人也，非今之爱人也。""昔之知穑，非今日之知穑也。"[1]即过去思虑，不等于现在

---

[1] "穑"（sè）通"啬"：节俭，节用，爱惜，爱吝。《书·洪范》疏："穑，惜也，言聚蓄之可惜也。"《左传·僖二十一年》注："穑，俭也。"《昭元年》注："穑，爱也。"

思虑。过去爱人,不等于现在爱人。过去知道节俭,不等于现在知道节俭。《小取》称为"一是一非"式的比辞类推,广义类比推理,语句排比类推。

古今思虑有别,思虑与时俱进,随时代变革创新,随历史发展变通。爱人贯彻今昔,有新表现、新功效。节俭节用,过去现在,坚持不懈。《墨经》坚持历史发展观,倡导历史主义,用历史分析法,使创新思维成果具有历史感。前3世纪《墨经》的系统科学知识,是前5世纪墨子"十论"呈现新质的高级阶段,对墨子兼爱说,推出创新论证,是不同时代的思虑追求。

4. 批判儒家复古论。《非儒下》说:"儒者曰:'君子必古服古言然后仁。'应之曰:'所谓古之言服者,皆尝新矣,而古人言之服之,则非君子也,然则必服非君子之服,言非君子之言,而后仁乎?'"

即儒者说:"君子必须穿古代衣服,说古代语言,才叫做仁。"墨家批判说:"所谓古代语言衣服,当时都曾经是新的,而古人说这些语言,穿这些衣服,照儒家的说法,他们就是非君子,这就意味着,一定要穿非君子的衣服,说非君子的语言,才叫仁吗?"

推论步骤:"君子必古服古言然后仁"→古服古言皆尝新→古人言之服之→古人非君子→必服非君子之服,言非君子之言,而后仁→与初始命题"君子必古服古言然后仁"矛盾。儒家同时断定"君子必古服古言然后仁"(Q)与"必服非君子之服,言非君子之言,而后仁"(非Q)的矛盾命题,违反矛盾律。墨家运用归谬法,驳斥儒家谬论。

《耕柱》记载:《公孟》说:"公孟子曰:'君子必古言服,然后仁。'子墨子曰:'昔者商王纣卿士费仲,为天下之暴人,箕子、微子为天下之圣人,此同言,而或仁不仁也。周公旦为天下之圣人,管叔为天下之暴人,此同服,或仁或不仁。然则不在古服与古言矣。且子法周而未法夏也,子之古,非古也。'"

即公孟子说:"君子一定说古话,穿古服,才叫做仁。"墨子说:"从前商纣王与卿士费仲,是天下的暴人。箕子、微子是天下的圣人。他们语言相同,但有仁,有不仁。周公旦是天下圣人,其弟管叔是天下的暴人。他们服装相同,但有仁,有不仁。可见仁,并不在于穿古服,说古话。况且你是效法周朝,而没有效法夏朝。你说的古,还不够古。"

《非儒下》说:"(儒家)又曰:'君子循而不作'(述而不作)。应之曰:'古者羿作弓,杼作甲,奚仲作车,巧垂作舟,然则今鞄函车匠皆君子也,而羿、杼、奚仲、巧垂,皆小人邪?且其所循,人必或作之,然其所循,皆小人道也?'"

即儒家说:"君子只转述前人,不自己创作。"墨家回应说:古时羿作弓,杼作甲,奚仲作车,巧垂作船,若按儒家观点,现在皮匠、车匠,都是君子,而羿、杼、奚仲、巧垂,岂不都是小人?况且,现在皮匠、车匠所遵循的,最初必定有人先创作出来。按儒家观点,这些最初创作的羿、杼、奚仲、巧垂等人,因为只自己创作,不转述前人,就都成小人,那么后人所遵循的,岂不都成小人道?墨家用归谬法,分析儒家"君子述而不作"命题的矛盾,批判其谬论。

《耕柱》记载:"公孟子曰:'君子不作,述而已。'子墨子曰:'不然。人之其不君子者,古之善者不述,今也善者不作。其次不君子者,古之善者不述,已有善者则作之,欲善之自己出也。今述而不作,是无所异于不好述而作者矣。吾以为古之善者则述之,今之善者则作之,欲善之益多也。'"

即儒家信徒公孟子说:"君子不创作,只是转述而已。"墨子说:"不是这样,人中最不具备君子品行的人,对古代善的不转述,对今天善的不创作。第二等不具备君子品行的人,对古代善的不转述,对自己有善就创作,希望善出于自己。现在只转述,而不创作,与对古代善的不转述,对自己有善就创作的人,没有不同。我主张对古代善的就转述,对当今善的就创作,希望善更多。"批判儒家"君子述而不作"的谬误命题,"多多益善"成语出典。墨家运用典型的归谬反驳法,批判儒家复古谬说,是中国思想史上绝妙新颖的经典佳话。

二、劳动价值论

墨子论证人兽之别,明确提出"劳动价值论"这一历史发展观、科学历史观的根本原理。墨子肯定,人的本质是劳动,劳动是区别人与禽兽等动物的本质属性、特有属性。《非乐上》说:"今人固与禽兽、麋鹿、飞鸟、征虫异者也,今之禽兽、麋鹿、飞鸟、征虫,因其羽毛,以为衣裘,因其蹄爪,以为裤屦,因其水草,以为饮食,故唯使雄不耕稼树艺,雌亦不纺绩织纴,衣食之财,固已具矣。今人与此异者也:赖其力者生;不赖其力者不生。"

即人类与禽兽、麋鹿、飞鸟、昆虫不同。禽兽、麋鹿、飞鸟、昆虫,用羽毛作衣裳,用蹄爪作裤屦,用水草作饮食,所以雄不耕田种植,雌不纺纱制衣,衣食财用已经具备。人类与动物不同:靠自己力量生产,就能生存;不靠自己力量生产,就不能生存。论证劳动创造人,劳动创造世界,阐发劳动的性质、功能、价值、意义与作用,是清楚明白的劳动历史观,唯物历史观,科学历史观。

墨子名言"赖其力者生;不赖其力者不生",与马克思列宁主义基本原理"不劳动者不得食",意义相通,若合符节。列宁说:"这个工人政权正在力求实现社会主义的第一个主要的和根本的原则:'不劳动者不得食。'"。"'不劳动者不得食',这是任何一个劳动者都懂得的。""这个简单的、十分简单和明显不过的真理,包含了社会主义的基础,社会主义力量的取之不尽的泉源,社会主义最终胜利的不可摧毁的保障。"①

毛泽东《贺新郎·读史》词:"人猿相揖别。只几个石头磨过,小儿时节。铜铁炉中翻火焰,为问何时猜得?不过几千寒热。"即与猿拱手作别,人类坠地,进化到原始社会。磨石为工具,石器时代,人类少儿时期。铜铁炉中火焰滚,青铜铁器时代,经过几千年。石头磨过,把石头打磨,制造成石器。石器时代是人类社会发展的"小儿时节"。

---

① 列宁:《论饥荒》,见《列宁全集》第34卷,北京:人民出版社,2017年,第334、335页。

铜铁炉中翻火焰,青铜器时代和铁器时代,青铜器和铁器用炉火冶炼翻铸。不过几千寒热,石器时代经过几十万年,青铜器时代和铁器时代经过几千年,人类社会进化的加速度。

恩格斯说:"动物仅仅利用外部自然界,而人则通过他所作出的改变来使自然界为自己的目的服务,而人则通过他所作出的改变来使自然界为自己的目的服务,来支配自然界。这便是人同其他动物的最终的本质的差别,而造成这一区别的还是劳动。"①

人兽之别在劳动,劳动创造人本身。恩格斯指出,劳动"是一切人类生活的第一个基本条件,而且达到这样的程度,以致我们在某种意义上不得不说:劳动创造了人本身"。手的使用与语言思维的产生,在生产劳动过程中形成发展。②

17世纪英国经济学家威廉·配第(1623—1687)认为,劳动是价值的唯一源泉,同时也是财富的源泉,劳动是财富之父。劳动(Labor),指发生在人与自然间的活动,通过人有意识的、有一定目的的活动,调整控制自然,使自然发生物质变换,改变自然的形态性质,为人类社会生活的需要服务。

《墨经》记载制革、制陶、冶金、缝纫、刺绣、制鞋、造铠甲、土石建筑等各种劳动,探求其原因与规律,概括各门科学知识。墨子出身工匠,会制木鸢,车辖,守城器械。精通木工,熟悉百工。《鲁问》:"翟之为车辖,须臾斫三寸之木,而任三十石(3600斤)之重。"

《韩非子·外储说左上》说:"墨子为木鸢。"《公输》说:"臣之弟子禽滑厘等三百人,已持臣守圉之器,在宋城上。"《贵义》记墨子自称"贱人",比喻墨学像农民种庄稼,采草药。《吕氏春秋·爱类》说:"(墨子)见荆王曰:'臣,北方之鄙人也。'"鄙人:卑贱人,劳动者。

《节用中》说:"凡天下群百工,轮车鞞鞄,陶冶梓匠。"《法仪》说:"百工从事者,亦皆有法。百工为方以矩,为圆以规,平以水,直以绳,正以悬。无巧工、不巧工,皆以此五者为法。"

《鲁问》记墨子自述农业劳动的体验体会。"鲁之南鄙人,有吴虑者,冬陶夏耕,自比于舜。子墨子闻而见之。吴虑谓子墨子:'义耳,义耳,焉用言之哉?'子墨子曰:'子之所谓义者,亦有力以劳人,有财以分人乎?'吴虑曰:'有。'子墨子曰:'翟尝计之矣,翟虑耕而食天下之人矣,盛,然后当一农之耕,分诸天下,不能人得一升粟。籍而以为得一升粟,其不能饱天下之饥者,既可睹矣。翟虑织而衣天下之人矣,盛,然后当一妇人之织,分诸天下,不能人得尺布。籍而以为得尺布,其不能暖天下之寒者,既可睹矣。'"

"故翟以为虽不耕而食饥,不织而衣寒,功贤于耕而食之、织而衣之者也。故翟以

---

① 恩格斯:《自然辩证法》,见《马克思恩格斯选集》第4卷,北京:人民出版社,1995年,第383页。

② 恩格斯:《自然辩证法》,见《马克思恩格斯选集》第4卷,北京:人民出版社,1995年,第373—374页。

为虽不耕织乎,而功贤于耕织也。吴虑谓子墨子曰:'义耳,义耳,焉用言之哉?'子墨子曰:'籍设而天下不知耕,教人耕,与不教人耕而独耕者,其功孰多?'吴虑曰:'教人耕者其功多。'"

《三辩》说:"农夫春耕夏耘,秋敛冬藏。"《非攻下》说:"农夫不暇稼穑,妇人不暇纺绩织纴,则是国家失卒,而百姓易务也。"《非乐上》说:"农夫早出暮入,耕稼树艺,多聚叔粟,此其分事也;妇人夙兴夜寐,纺绩织纴,多治麻丝葛绪捆布縿,此其分事也。"

《非命下》说:"今也农夫之所以早出暮入,强乎耕稼树艺,多聚叔粟,而不敢怠倦者,何也?曰:彼以为强必富,不强必贫;强必饱,不强必饥,故不敢怠倦。今也妇人之所以夙兴夜寐,强乎纺绩织纴,多治麻丝葛绪捆布縿,而不敢怠倦者,何也?曰:彼以为强必富,不强必贫,强必暖,不强必寒,故不敢怠倦。"

劳动圣人倡劳动。墨子极力宣扬劳动价值论,劳动创世说,凸显世界哲学领域的典型事例:墨子是劳动者的圣人,墨家是劳动者的学派,墨学是劳动者的学说。劳动圣人有定评。毛泽东(1893—1976),自幼酷爱阅读传统经典,经史子集,尤重研读《二十四史》。1952年,毛泽东特意购置清乾隆武英殿版《二十四史》,此后一直朝夕相伴、风雨相随,夜以继日、逐渐通读。读到评墨说:"墨子是一个劳动者,他不做官,但他是比孔子高明的圣人,孔子不耕地,墨子自己动手做桌椅子。"①

1939年4月,毛泽东在抗大生产运动总结大会讲话说:"历史上的禹王,他是做官的,但也耕田。墨子是一个劳动者,他不做官,但他是一个比孔子高明的圣人。孔子不耕地,墨子自己动手做桌子、椅子。"毛泽东对墨子的认知评判,刻骨铭心,一以贯之,终生不渝。

毛泽东发挥说:"马克思主义千条万条,中心的一条就是不劳动者不得食。""不劳动者不得食",是墨子信条"赖其力者生,不赖其力者不生"(《非乐上》)的现代表述。推崇夏禹,是推崇墨子思想的表现,夏禹是墨子理想中的圣人。毛泽东在延安时期,大倡墨子之道,因为墨子观点,与马克思主义的原理,不谋而合,有助于马克思主义的中国化,传统文化的现代化。②

《庄子·天下》记载,墨子称赞夏禹说:从前夏禹,治理洪水,疏导江河,沟通九州,大川三百,支流三千,小河无数。夏禹持筐,操铲劳动,汇合河川,辛苦劳累,汗毛磨光,风雨无阻,安定天下。禹是大圣人,劳苦为天下。墨子教后世墨者,身穿粗布衣,足蹬木麻鞋,日夜不休,以自苦为原则,说不这样,非禹之道,不能做墨者。

什么叫"圣人"?《孟子·尽心下》下定义说:"大而化之之为圣。"东汉赵岐注解

---

① 《毛泽东评点二十四史》精华解析本,中国档案出版社1998年版。《目录》第4页序号15标题"墨子列传"下引毛泽东批注原话。按"墨子列传",编书者误标,司马迁《史记》无《墨子列传》,只在《孟子荀卿列传》附言墨子24字。

② 《中共早期领导人对墨家思想的继承和弘扬》,《毛泽东:墨子是比孔子高明的圣人》,《党史博览》2018年第1期。

说:"大行其道,使天下化之,是谓圣人。"即圣人学说,格局伟大,融会贯通,普遍推行,教化天下,叫做圣人。

《孟子·尽心下》还说:"圣人,百世之师也。"即圣人可做百代人的老师。一世按30 年计算,可以推论,从今往后,再过五百年,到公元三千年,墨子还是劳动者与进步人士的导师。墨子歌颂劳动,反映劳动者心声的科学人文精神,永远值得学习效法,是亟待弘扬传承的宝贵思想资源。

三、人情人性论

墨家肯定"全世界、全人类共同人性",明确提出"全人类共同人性论,人格论与人权论",是反映"全世界、全人类深刻本质"的人文学客观真理。从理论的正确性与长远美好的社会效益说,墨子的"全世界、全人类共同人性论",明显优越于孟子坚持适应"封建宗法等级制"要求的"血统论"。作为墨子兼爱理想深刻理论基础的"全世界、全人类共同人性论",不符合"封建宗法等级制"的要求,在两千多年漫长的封建社会,是无法实现的"超越性善良愿望与理论设定"。①

墨子认为,人情人性论,全人类共同,真天壤之情,先王不能更。《辞过》说:"凡回(运转)于天地之间,包于四海之内,天壤之情,阴阳之和,莫不有也,虽至圣不能更也,何以知其然? 圣人有传:天地也,则曰上下;四时也,则曰阴阳;人情也,则曰男女;禽兽也,则曰牡牝雄雌也,真天壤之情,虽有先王不能更也。"

即所有活动在天地间,包于四海内的事物,天地间的情况,阴阳间的调和,无一不是自然本有,即使最圣明的人,也不能改变,怎么知道如此? 圣人书传遗训说:天地称上下,四季称阴阳,人情称男女,禽兽称牝牡雌雄,这确是天地间的实情,即使古先圣王,也不能变更。

保障人民的基本生存条件,是墨家历史哲学的基本原理。《辞过》说:"故民衣食之财,家足以待旱水凶饥者,何也? 得其所以自养之情。"《经下》第 145 条发挥说:"无欲恶之为益损也,说在宜。"《经说下》举例解释:"或者欲有不能伤也,若酒之于人也。"即并非"所有的欲恶都是有益的",或者"所有的欲恶都是有损的",论证理由在于,欲恶的满足要适宜,有些欲望的满足,不会伤生损寿,如适量喝酒,对人体有益。

甲的论点是:"所有的欲恶都是有益的。"这是纵欲主义的论点。乙的论点是:"所有的欲恶都是有损的。"这是禁欲主义的论点。《墨经》反对以上甲与乙双方的论点。《墨经》的论点是:"并非'所有欲恶都有益',或者'所有欲恶都有损'。""宜"即适宜,有节制,有分寸。"所有欲恶都有损"命题的反例是,适量喝酒对人有益。《辞过》篇名的意义是:排除过分,讲究节制。"辞过",即辞绝(排除,避免)过分过度。衣食住行,都要

---

① 孙中原:《儒与墨:一个常新的话题》,《光明日报》2019 年 10 月 12 日。

适当节制，注意分寸，不能过分，这是定义辩证法"合宜""适度"概念的意涵。

《尚贤下》说："饥则得食，寒则得衣，乱则得治，此安生生。"即饿者得食，冷者得衣，混者得治，生命得以安宁。《兼爱下》说："饥则食之，寒则衣之，疾病侍养之。"即饥饿得食，寒冷得穿，疾病得养护。《非命下》说："饥者得食，寒者得衣，劳者得息。"

墨子定义人民"衣食住行"的基本生存条件，说："为衣服，适身体、和肌肤而足矣。""其为食也，足以增气充虚、强体适腹而已矣。""作为宫室，便于生，不以为观乐也。""作为舟车，以便民之事。"

所谓"人情人性"，即人的性情本性，为全世界、全人类共有。所谓"人性论"，即关于人类共同本性的理论。"本性"即本质，撇开人类个体所有差异差别的特殊性，是全世界、全人类都共同具有的本性本质。

儒家"爱有差等""等级尊卑"的政治伦理学说，适应"封建宗法等级制"的要求，随着"血缘亲疏远近"，施爱厚薄不同，其人性论的理论基础，是"亲亲尊尊"的"血统论"，受"封建宗法等级制"的严格约束，为维护"封建宗法等级制"服务，是中国2000多年封建社会的主流统治思想。

《论衡·讲瑞》说："凤凰麒麟，生有种类，若龟龙有种类矣。龟故生龟，龙故生龙，形色小大，不异于前者也。"作为"封建宗法等级制"理论基础的"血统论"，被通俗解释为："龙生龙，凤生凤，老鼠儿子会打洞。"[1]谬称："血统高贵永高贵，血统卑贱永卑贱。"成为普遍流行的谚语俗语。墨子坚决反对这种"封建宗法血统论"的谬说。

《尚贤中》说："今王公大人，有一衣裳不能制也，必藉良工；有一牛羊不能杀也，必藉良宰。故当若之二物者，王公大人未尝不知以尚贤使能为政也，逮至其国家之乱，社稷之危，则不知使能以治之，亲戚则使之，无故富贵、面目佼好则使之。夫无故富贵、面目佼好则使之，岂必智且有慧哉！若使之治国家，则此使不智慧者治国家也，国家之乱既可得而知已。"

《尚贤下》说："今王公大人，有一牛羊之财不能杀，必索良宰；有一衣裳之财不能制，必索良工。""王公大人有一疲马不能治，必索良医；有一危弓不能张，必索良工。""王公大人骨肉之亲，无故富贵、面目美好者，则举之，则王公大人之亲其国家也，不若亲其一危弓、罢马、衣裳、牛羊之财与，我以此知天下之士君子皆明于小，而不明于大也，此譬犹喑者而使为行人，聋者而使为乐师。"

"今王公大人骨肉之亲，无故富贵、面目美好者，焉故必知哉！若不知，使治其国家，则其国家之乱可得而知也。""王公大人骨肉之亲，无故富贵、面目美好者，此非可学能者也。"只凭血统高贵，治理国家，不通过学习，获得智能，犹如叫哑巴当外交官，聋子当乐队指挥，必然越治越乱。墨家始终反对儒家"亲亲尊尊"的"血统论"，主张"可学而

---

[1] 温端政：《常用谚语辞典》，上海：上海辞书出版社，2014年，"龙生龙，凤生凤，老鼠的儿子会打洞"词条。

能"的共同人性论,其哲学基础,是科学的认知理论(认识论)。其政治效用,是为广大劳动者参政议政,参与国家管理,制造舆论,奔走呼号。

四、人民、利民和民生范畴论

1. 人民范畴论。人民之众,人民史观。第 34 条《经上》说:"君,臣民通约也。"《经说上》说:"君:以若民者也。"即国君是臣民共同约定的结果,国君应该顺从人民意志。梁启超《墨经校释》引《墨子·尚同中》说,"选择天下贤良""立以为天子""国君",解释本条:"言国家之起源,由于人民相约置君。""与西方近世民约说颇相类。"①

"以若民",即"以民意为归顺"。墨家的"人民史观",是"以人为本""以民为本"命题的哲学基础,主张"人民群众是历史发展的主体、主宰与动力"。《尚贤上》说:"人民之众。"《尚同中》说:"众其人民。"《节葬下》说:"人民寡,则从事乎众之。"《明鬼下》说:"人民之众兆亿。"《耕柱》说:"众人民。""人民必众。"都是强调重视最大多数劳动人民群众,劳动人民群众是历史发展的主体、主宰与动力。

墨学有深刻的人民性。《荀子·王霸》说:"役夫之道也,墨子之说也。论德使能而官施之者,圣王之道也,儒之所谨守也。"认为墨学是劳动者的道理,有别于儒家所谨守的"圣王之道","贵族之道",显示儒墨两大学派,秉持不同的社会基础与价值取向。

"若"即顺从。《尔雅·释言》说:"若,顺也。"《释名·释言语》说:"顺,循也。""民"指以劳动群众为主体的社会成员,"人民""黎民""百姓""平民""庶民"等词语,同义互训。"民"(人民)与"君"(君主)"官"(官吏)相对,是维系社会存在发展主体力量,根本基础。墨家认为,君主、官吏,应该顺从最大多数劳动人民的利益需求。

2. 利民范畴论。真理标准。《经上》第 35 条说:"功,利民也。"即功效概念的标准内涵(本质属性),是符合人民的利益。"利为民谋。""为民谋利。"《耕柱》说:"所为贵良宝者,可以利民也。"《节用中》说:"利民谨厚。""诸加费不加于民利者,圣王弗为。"《非命上》说:"发以为刑政,观其中国家百姓人民之利。"墨家以符合人民利益,作为检验言论真理性的重要标准。

3. 民生范畴论。民众以生存为最大的欲望。《尚贤中》说:"民生为甚欲。"《非乐上》说:"民有三患,饥者不得食,寒者不得衣,劳者不得息,三者民之巨患也。"《非命下》说:"必使饥者得食,寒者得衣,劳者得息。"

《兼爱下》说:"万民饥即食之,寒即衣之,疾病侍养之,死丧葬埋之。老而无妻子者,有所侍养以终其寿。幼弱孤童之无父母者,有所放依以长其身。"《尚贤下》说:"饥者得食,寒者得衣,乱者得治,此安生生。"人民希望世代安生,生生不息,永续繁衍。

《辞过》说:"(君主)厚作敛于百姓,暴夺民衣食之财。""富贵者奢侈,孤寡者冻

---

① 梁启超:《墨经校释》,收入《墨子大全》第 26 册,北京图书馆出版社,2004 年,第 277 页。

馁。"批判统治者奢侈纵欲,维护广大劳动人民温饱生存权,这是劳动者的人权观。"民生"即人民生计生活,衣食住行,就业娱乐,家庭社团等,是民众的生存生活状态,民众的发展机会、发展能力与权益维护。"民生"是人民的生存发展权,实现人民生存发展权的需求,把人民的生存条件与生活质量,作为施政准则。

1924年8月3日至17日,中国国民党一大在广州召开后,孙中山以民生主义为题演讲,定义民生主义。孙中山民生主义演讲说:"什么叫做民生主义呢?""我今天就拿这个名词来下一个定义,可说民生就是人民的生活——社会的生存、国民的生计、群众的生命便是。""民生就是政治的中心,就是经济的中心和种种历史活动的中心。"孙中山历史观的"民生"范畴,指维持人民群众生命存在所需要的衣食住行等经济生活。孙中山的"民生史观",与墨学的"民生范畴论",一脉相承,异曲同工。

五、结 语

本文用E考据(数字化考据)与元研究(后设研究)方法,论述《墨子》历史哲学范畴与原理的理论体系。《墨子》历史哲学,与其本体哲学、认知哲学、方法哲学、科技哲学和逻辑哲学一起,构成《墨子》博大精深哲学大厦。

《墨子》元典,多维度,大格局,大视野,高起点,阐发墨家对全部世界,包括自然、社会与人类思维的普遍规律。《小取》说:"摹略万物之然,论求群言之比。"即反映世界本来面目,分辨社会语言的是非真假,利弊得失。墨家推出古代世界顶级的哲学成就,具有重要的历史、理论与现实意义,深刻影响中国社会的未来路径。

弘扬《墨子》历史哲学范畴与原理的精深意涵,推进建构中国特色历史哲学的学科体系、学术体系与话语体系,使之融入新时代中国社会的上层建筑、意识形态,与世界先进科学文化联通接轨,交流互鉴,整体提升中华科学文化的生命活力与影响震撼力。

中华传统文明和谐思想的传承与创新

宫志翀*

内容提要：中华文明蕴生、继承和创造性发展的文明和谐思想，是其绵延 5000 年历史的精神宝藏。中华文明和谐思想通过一系列道德观念、伦理原则、社会秩序落实与维系。礼的秩序，具体来说，仁爱、礼敬、正义等观念是最核心的要素。它们渗透于中国人对他人、对共同体的态度，中国对其他族群与文明体的态度，乃至中国对世界秩序的理想追求。它们在 5000 余年的文明史中发挥了深刻和悠久的稳定作用，实现了人与人、人与社会、文化与文化、人与天地自然的共生和谐，实现了人性美德，社会风俗与文明品格的升华。

关键词：中华；文明；和谐

习近平同志曾指出："我们的祖先曾创造了无与伦比的文化，而'和合'文化正是这其中的精髓之一。'和'指的是和谐、和平、中和等，'合'指的是汇合、融合、联合等。这种'贵和尚中、善解能容，厚德载物、和而不同'的宽容品格，是我们民族所追求的一种文化理念。自然与社会的和谐，个体与群体之间的和谐，我们民族的理想正在于此，我们民族的凝聚力、创造力也正基于此。因此说，文化育和谐，文化建设是构建和谐社会的重要保证和必然要求。"①

一、文明和谐思想的奠定

中华传统文明强调和谐思想，是中华民族几千年来积淀的宝贵财富。这种信念最初是从朴素的经验观察中得出的。西周末年的太史伯就指出，世界从各个层面都是由复杂要素协调构成的，如饮食具五味，音乐具六律，人身具四体等。他进而提出了"和实生物"的重要命题，这意味着世界各层面的发展都以其组成要素的和谐共生为前提。这当中的理由可概括为："以他平他谓之和，故能丰长而物归之。"尽管不同要素的性质、功用不同，但正是因为不同而能相互调节、补充与激发，以产生新的生长力量和生长

---

* 宫志翀：中国人民大学哲学院讲师。本文受中国人民大学科学研究基金（22XNF062）资助。

① 习近平：《之江新语》，杭州：浙江人民出版社，2007 年，第 150 页。

空间,任何事物乃至世界整体都必须在一种生生不息的状态下才能持存。与"和"的方式、状态相反的是"同",太史伯概括为"若以同裨同,尽乃弃矣"①。"同"是单一要素的复制与扩张,这看似是一种发展与生成的方式,但并不具有无限持久的可能,故总会有耗尽的极限,最终使事物衰落荒颓。

太史伯的"和同之辨"的命题开启了一种重要的思想传统。它在春秋战国时期得到了提炼和拓展。例如,道家讲"和"上升为宇宙的本体状态。《老子》第四十二章有"道生一,一生二,二生三,三生万物。万物负阴而抱阳,冲气以为和。"②世界是不断运动和衍生的,道家将世界的基本要素归结为阴与阳,这是两种性质既相反又互补相生的要素。阴阳的分离与对立当然会发生冲突,道家相信这只是道运作方式的一种,或运作过程的一个短暂片段。阴阳还会交感、依附、激发和协同,而这一系列运作方式和过程,最终会实现为一种"和"的状态。"和"是阴阳平衡、稳定的状态,是道运作的理想结果。在道家看来,事物存在分裂和冲突就还不是理想的状态,它还处在道的运作过程当中,最终必然实现"和"的状态。

儒家同样首先在本体论中奠定"和"的根本意义。《周易·乾卦·象辞》:"乾道变化,各正性命,保合太和,乃利贞。"③世界的生成变化中,万物各得其所,共同构成了最完美的和谐状态,也就是"太和"。另外,《中庸》也说:"中也者,天下之大本也;和也者,天下之达道也。致中和,天地位焉,万物育焉。"④儒家用"中""时中""中庸"来体现事物复杂因素得以协调、平衡的尺度,"和"则是"中"的结果。朱熹就申述称:"大本者,天命之性,天下之理,皆由此出,道之体也。达道者,循性之谓,天下古今之所共由,道之用也。"⑤

进而,儒家还将和谐落实到秩序的追求当中。《论语·学而》篇有子曰:"礼之用,和为贵。先王之道,斯为美,小大由之。有所不行,知和而和,不以礼节之,亦不可行也。"⑥礼是儒家理想秩序的概称。礼的秩序旨在实现社会的和谐,先代圣王的治道正因遵循礼的这种宗旨,从而是美好盛大的,社会秩序的大大小小各层面都依循礼的秩序。在礼的秩序不能落实的地方——指发生矛盾冲突的地方——一味地只维持和谐,而不用礼的方式节制它们(矛盾冲突),这只是表面的和谐,不可能长久地维持,也没有真正地解决矛盾。这当中同样贯彻了和同之辨的基本信念。世界本质上的多样性和差异性,应当在一种好的秩序中实现和谐,而不是要求将多样化约为同一,或一元的无限扩张来同化多样。这种强制追求同一的方式只能落于表面的和虚假的安定。

① (春秋)左丘明撰:《国语集解》,徐元诰集解,王树民、沈长云点校,北京:中华书局,2002年,第470页。
② (魏)王弼注:《老子道德经注校释》,楼宇烈校释,北京:中华书局,2008年,第117页。
③ (魏)王弼撰:《周易注》,楼宇烈校释,北京:中华书局,2011年,第3页。
④ (宋)朱熹:《四书章句集注》中庸章句,北京:中华书局,1983年,第18页。
⑤ (宋)朱熹:《四书章句集注》中庸章句,北京:中华书局,1983年,第18页。
⑥ 杨伯峻:《论语译注》,北京:中华书局,2006年,第8页。

所以,儒家明确宣称:"君子和而不同,小人同而不和。"①"君子"和"小人"是儒家探讨秩序原则的理论符号,在君子小人的对照中体现价值判断。"君子和而不同"既可以指君子在日常交往中追求和谐而不必故意与人相同,也可延伸为理想的秩序是实现差异的和谐而不是同一,因为"君子"的形象包括理想的道德人格和理想的执政者两方面。"小人同而不和"则与之相反,既指小人在交往中要求他人与自己相同,或伪心与他人相同,这并不能实现和谐,进而延伸为秩序的类型亦然。这种违背本质规律的"同"往往就是儒家批判的"乡愿"。和流俗意见保持一致,不论当中的是非对错,就是"乡愿"。表面上这将获得时人的认可和称许,但这是虚伪的行为,并且将遮蔽真正的品德和良好秩序,故孔孟都明确批判"乡愿"是"德之贼"。②

上述简要介绍已揭示出,中华文明在起源和奠基时期已经确立了和谐的文明精神。这发端于朴素的经验观察,无论是五味、五音的协调,阴阳五行的运转,还是历史事件的兴衰。但更重要的是,这些经验观察在诸子百家——尤以儒道两家为大宗——提升到了理论高度,包括世界的本体论层面和人事的秩序层面,用传统表达就是"天道"和"人道"两端,得出了"和实生物""和而不同"的经典命题。雅斯贝尔斯将诸子百家时代标志为中华文明的"轴心时代",和谐精神深刻融入到中华文明的血脉当中。③

在3000余年的漫长历史中,和谐的愿景是通过中华文明一系列道德观念、伦理原则、社会秩序落实与维系的。概括来说就是前述礼的秩序,具体来说,仁爱、礼敬、正义等观念是最核心的要素。它们渗透于中国人对他人、对共同体的态度,中国对其他族群与文明体的态度,乃至中国对世界秩序的理想追求。

首先,中华文明的和谐愿景根本于仁的精神。仁的要义是人与人之间以对方为重而互相礼敬关爱。这首先要求将人作为人本身来看待,不论他人与我们有怎样的现实差异,包括欲求、性别、族群、财富、权力、国别等,他人都和我们同样是人本身,有着同等的道德地位和重量,有着同等的人生幸福可能,值得被尊重对待。再者,仁的对待并不是单方面地表达自己的爱意,而是必须尊重对方,包括对方的感受、选择及结果。这意味着,即使对方因此与我们产生分歧与冲突,仁者也有包容的态度,和进一步协调的方式。

儒家将仁的实践概括为推己及人的忠恕之道。忠的本义是真诚,真诚地将他人作为与自己同样的人来看待,就会为他的幸福欢欣鼓舞,为他的痛苦恻隐恻怛。由此也就有了"己欲立而立人,己欲达而达人"④的同呼吸共命运的信念。恕的本义是同情地理解,当我们能同情地理解他人时,我们就能理解和包容各种差异、分歧。恕的行为原则

---

① 杨伯峻:《论语译注》,北京:中华书局,2006年,第159页。

② 杨伯峻:《论语译注》,北京:中华书局,2006年,第209页。

③ [德]雅斯贝尔斯:《历史的起源与目标》,李夏菲译,桂林:漓江出版社,2019年,第18页。

④ 杨伯峻:《论语译注》,北京:中华书局,2006年,第72页。

就是"己所不欲,勿施于人",①这通过想象情境互换的方式,理解差异和分歧的存在,从而不会将自己的偏好、欲求强加于人。这才真正做到了尊重他者。忠是践行仁的积极方面,恕是践行仁的底线要求。

忠恕之道在 17 世纪就已传播到西方。法国启蒙思想家伏尔泰把这句名言作为自己的座右铭,认为这是超越基督教义的最纯粹的学说。② 法国大革命的《人权和公民权宣言》将其作为自由道德的标志写入其中。③ 这句名言现在还镌刻在联合国总部大楼上。1993 年在芝加哥举行的世界宗教会议上,孔汉思和库舍尔起草的《全球伦理宣言》将"己所不欲勿施于人"作为全球伦理的共同原则,也称之为"黄金律"。④ 全球伦理是面对全球文化多元化和一体化过程中的普遍愿望和需求,来建立全人类能够共同接受的伦理规则。将"己所不欲勿施于人"作为全球伦理的共同规则,意味着认可这是多元文明与文化传统都必备的人道共识。这一金规则的普遍性也体现在,不只适用于人与人之间,也适用于社群团体之间、族群之间、国家之间,是世界文明秩序的基准原则。在此原则的指导下,人、社群团体、民族与国家之间秉持着对等、互重的原则,和谐相处、交流合作,共同增进人类福祉,实现世界的和平安宁。

再者,中华文明的和谐愿景确立于义的原则。义在中国人的观念中有多重内涵,合宜、端正、正义等。表示合宜时处理事物的妥善方式。事物的特点不同、处境不同、关系不同,故有不同的合宜办法,不可能用同一种方式对待所有人和所有事物。儒家用"中庸"的方法来掌握合宜的尺度,中指中正平和、不偏不倚,无过不及,庸是常道,在日用常行之道中验证中正尺度的价值。中庸没有统一的尺度,因为事物本身不断变化,所以孔子说"君子之中庸也,君子而时中",⑤这需要君子的智慧,把握每时每地的局势处境,用一种模式终结人类分歧是天真和危险的。端正、规范是义的另一种内涵。儒家认为"仁以爱之,义以正之",⑥"行义以正",⑦墨子、庄子也用端正来理解义。这说明义是一种"正其不正以归于正"⑧的规范性原则。只是这种原则在不同时势下有中庸的尺度,但义的规范性是必然存在的。所以,义的不同内涵综合起来,体现了中国传统的正义观念。它具有处理关系的合宜尺度和规范原则。

并且,义的正当性还体现为利的超越和综合。利益是每个人、群体乃至国家都切身

①　杨伯峻:《论语译注》,北京:中华书局,2006 年,第 188 页。

②　[法]伏尔泰:《风俗论》上册,梁守锵译,北京:商务印书馆,1994 年,第 252—253 页。

③　《人权和公民权宣言》中引用了孔子的格言:"自由是属于所有的人做一切不损害他人权利之事的权利;其原则为自然,其规则为正义,其保障为法律;其道德界限则在下述格言之中:己所不欲,勿施于人。"

④　(瑞士)孔汉思、(德)库舍尔:《全球伦理——世界宗教议会宣言》,何光沪译,成都:四川人民出版社,1997 年,第 55 页。

⑤　(宋)朱熹:《四书章句集注》中庸章句,北京:中华书局,1983 年,第 19 页。

⑥　(汉)郑玄注:《礼记正义》,(唐)孔颖达正义,吕友仁整理,上海:上海古籍出版社,2008 年,第 1471 页。

⑦　(清)王先谦撰:《荀子集解》,沈啸寰、王星贤点校,北京:中华书局,1988 年,第 473 页。

⑧　(明)王守仁:《王文成公全书》,王晓昕、赵平略点校,北京:中华书局,2015 年,第 31 页。

体会和率先维护的。但是各方的利益会发生冲突,特别是无限制地扩张自己的利益时,会出现强凌弱、众暴寡的争斗态势。并且,争斗态势的出现由于人们只能看到眼前切近的利益,以为只有零和博弈,不能看到长远的、共同的利益只有在和平安宁中才能实现。这就需要正义的原则与秩序。所以,先秦儒家就极为重视义利之辨。《论语》谓:"君子义以为上",①"放于利而行,多怨"。②《大学》说:"国不以利为利,以义为利。"③《孟子》谓:"何必曰利? 亦有仁义而已矣! 王曰:'何以利吾国',大夫曰'何以利吾家',士庶人曰:'何以利吾身'。上下交征利而国危。"④《荀子》:"义胜利者为治世,利克义者为乱世。"⑤董仲舒也主张:"正其义不谋其利,明其道不计其功。"⑥程颐和朱熹以天理人欲来区分义利,陆九渊也说:"凡欲为学,当先识义利公私之辨"。⑦ 中国人始终鲜明展现出义高于利、利必须受义制约的态度。中国人始终相信,只关注利益不能获得持久和真正的利益,只有着眼于正义才能获得利益,对于个人、群体和国家都是如此。中国人始终要求超越私利的狭小界限,追求天下的正义和公利。

再者,中华文明的和谐愿景经由礼的教化。传统中国被称为礼乐文明。西周时期就建立起繁盛美富的礼乐制度,这是儒家思想产生的母体,儒家的精神突破以礼为中心,以仁为导向。孔子强调,履行礼是实现仁的基本方式。礼具体来说是贯穿人一生各种场合的行为规范。儒家期许人在礼的秩序中养成自律的精神,养成文明的风范和修养。礼仪节文在不同时代会有所变化,但礼的根本精神是不变的。行礼的基本要求是敬,不论是面对天地自然,还是父母尊长,甚至是晚辈和卑者,乃至陌生的个体、群体和国家,都必须怀有敬畏之心。敬使得人在礼仪活动中保持"自卑而尊人"⑧的姿态。这就使得礼的仪节和关系都不是单向度的复述,而是双方的互动,所谓"礼尚往来"⑨最初就是这一意义。

在礼的这种精神中,还体现出中国人的责任观念。礼在不同空间、领域和处境中要求不同的德行,仁义忠信孝惠敬让,实质都是个人与他人社会的关联德行。这些德行的价值取向,都是要承担起对他人、对社会的责任。⑩ 并且,没有单方面的责任或单方面的享有,孝是对父母的责任,惠慈是对子女的责任,忠是尽己为人的责任,信是不辜负他

① 杨伯峻:《论语译注》,北京:中华书局,2006 年,第 214 页。
② 杨伯峻:《论语译注》,北京:中华书局,2006 年,第 41 页。
③ (宋)朱熹:《四书章句集注》大学章句,北京:中华书局,1983 年,第 12 页。
④ (宋)朱熹:《四书章句集注》孟子集注,北京:中华书局,1983 年,第 201 页。
⑤ (清)王先谦撰:《荀子集解》,沈啸寰、王星贤点校,北京:中华书局,1988 年,第 502 页。
⑥ (汉)董仲舒:《春秋繁露义证》,(清)苏舆撰,钟哲点校,北京:中华书局,1992 年,第 268 页。
⑦ (宋)陆九渊:《陆九渊集》,钟哲点校,北京:中华书局,1980 年,第 470 页。
⑧ (汉)郑玄注:《礼记正义》,(唐)孔颖达正义,吕友仁整理,上海:上海古籍出版社,2008 年,第 22 页。
⑨ (汉)郑玄注:《礼记正义》,(唐)孔颖达正义,吕友仁整理,上海:上海古籍出版社,2008 年,第 22 页。
⑩ 陈来:《中华文明的价值观与世界观》,《中华文化论坛》2013 年第 5 期。

人应得的责任，等等。责任不同于权利，权利是为自己争取利益空间，责任是实现对他人的义务。因为个人与他人、群体是息息相关的整体，故人必须自觉承担对他人和群体的责任。中国人不是以自我为中心，而是以自我为出发点，以对方为重，个人的利益要服从责任的要求。

最终是，中华文明的和谐愿景朝向家、国、天下同体共构的信念。人在世界上的生存不是孤立的，人生存的品质与利益必须在共同体中协调和体现，人的德性养成也必须在共同体中实现。这是中国人的根本信念，也就形成了家、国、天下紧密关联的文明架构。个体之外最基本的共同体是家庭，家庭扩大为家族、宗族与乡土的熟人社会。家庭、乡土之上覆盖着国家的共同体，国家担负着生民百姓的幸福。国家之外是天下，不同人、族群和国家共享天下的生存空间和物产资源，所有人同等享有人本身的幸福、尊严与生存可能。

中国文化不强调个体的权利或利益，而是认为个人价值不能高于家庭、国家与天下的价值。同时，个体与共同体必须协调和融合，个体对共同体的义务和责任是更首要的。中华文化流传着大量"能群""保家""报国""以天下为己任""天下兴亡匹夫有责"①"苟利国家生死以，岂因祸福避趋之"②等格言，深入影响了中华文明的精神气质。并且，在基本的公私关系上，也体现着共同体的有限性。相对于家庭，个人是私，家庭是公；相对于社会国家，家庭是私，社会国家是公；相对于天下，社会国家是私，天下是公。最大的公是天下的公道、公平、公益，故谓"天下为公"。③ 总之，中华文明的伦理秩序不是个体本位的，而是一个向着社群开放的、连续的同心圆结构，个体—家庭—国家—天下从内向外不断拓开，使得中国人的伦理秩序包含多个向度和层次，确认了人对不同层级的社群负有责任。

仁的精神、义的原则、礼的教化和共同体信念，都是构成文明秩序的普遍价值。它们在2000余年的文明史中发挥了深刻和悠久的稳定作用，实现了人与人、人与社会、文化与文化、人与天地自然的共生和谐，实现了人性美德，社会风俗与文明品格的升华。

那么，中国的文明精神在其内部秩序，也拓展为与周边族群、外部世界的交往方式。首先，中华文明的"中华"之称，实质就是一个价值概念，它超越了族群、地域与国家。可以说，"中华"在最初就是一文明的共同体，它包含了一系列价值、道德和礼乐秩序为标准。符合标准就是文明的一部分，不符合就是夷狄。正是由此，此后几千年，南北各族群不断融入并壮大中华民族。因此，文明的价值高于族群、地域和国家的文化特殊性和有限利益。

进而，中华文明始终着眼于"天下"。"天下"是一个复合式的观念，它首先是一个

---

① 梁启超：《饮冰室文集之二》，北京：中华书局，2015年，第20页。
② 钱仲联编：《清诗纪事》，南京：凤凰出版社，2004年，第2161页。
③ （汉）郑玄注：《礼记正义》，（唐）孔颖达正义，吕友仁整理，上海：上海古籍出版社，2008年，第874页。

地理概念,指天覆地载的最广大区域。它没有界限,等同于今天所说的世界。当然,古代人使用"天下"观念所勾勒和指涉的区域,在今天看来是有限的,但历史上来看,它并不是封闭的,而是保持敞开的可能,所以"天下"也指中国及其周边族群构成的体系。这同样源于"中华"的文明价值优先性和包容性。由此,"天下"也体现为伦理政治的内涵,它指所有土地上的所有人。《老子》说:"以身观身,以家观家,以乡观乡,以邦观邦,以天下观天下",①这意味着天下是一个独立的存在领域和利益单位,是比国更大的领域和更高的价值标准,那就是天下所有人的幸福。这作为世界的公共利益,各种国家、社会、族群、家庭、个体的利益,都必须与之相协调,不能相违背。

所以,"天下"与"民心"紧密关联在一起。得天下的实质表现就是得民心,得天下与得民心的首要要求,就是天下为公,与天下同利,与百姓同心。《老子》说:"圣人无常心,以百姓心为心。善者,吾善之;不善者,吾亦善之;德善。信者,吾信之;不信者,吾亦信之;德信。"②《管子》云:"与天下同利者,天下持之;擅天下之利者,天下谋之。"③"圣人若天然,无私覆也;若地然,无私载也。"④《吕氏春秋》称:"昔先圣王之治天下也,必先公;公则天下平矣,平得于公。"⑤儒家更是明确表示:"方制海内,非为天子;列土封疆,非为诸侯,皆以为民也。……明天下乃天下之天下,非一人之天下也。"⑥在这种信念下,"无外"是中华文明身处世界中的基本精神。所以,中国人不将他者视作不可交往、必然冲突的异类,不会产生界限分明的民族主义。整个世界范围内所有人、所有族群,都应当享有参与公共事业、享受人类文明成果的权利,也都负有建设天下和平安定的义务。

那么,天下秩序的理想图景就是王道。王道霸道之论盛行于战国,旨在拨乱反正,通过高扬王道理想,来批评战国时期盛行的力量政治。战国时期各国之间的征战掠夺非常频繁,各国都施行"霸道"实现强国的目标。对此,诸子都提出了深刻的反思。《管子》说:"王主积于民,霸主积于将战士。"⑦《墨子》也反对战争兼并,称"天之意不欲大国之攻小国也,大家之乱小家也。强之暴寡,诈之谋愚,贵之傲贱,此天之所不欲也。"⑧《荀子》也说:"行一不义,杀一无罪,而得天下,仁者不为也。""故用国者,义立而王,信立而霸,权谋立而亡。"⑨先秦诸子都认识到,各国在争夺利益与权力的过程中,表面上打着一些普遍价值的旗号,实质却从不遵守礼义忠信。他们在国内毫无顾忌地欺压人

①　(魏)王弼注:《老子道德经注校释》,楼宇烈校释,北京:中华书局,2008 年,第 143 页。
②　(魏)王弼注:《老子道德经注校释》,楼宇烈校释,北京:中华书局,2008 年,第 129 页。
③　(清)黎翔凤撰:《管子校注》,梁运华整理,北京:中华书局,2004 年,第 1205 页。
④　(清)黎翔凤撰:《管子校注》,梁运华整理,北京:中华书局,2004 年,第 778 页。
⑤　(秦)吕不韦编:《吕氏春秋集释》,许维遹集释,梁运华整理,北京:中华书局,2009 年,第 24 页。
⑥　(汉)班固:《汉书》,(唐)颜师古注,北京:中华书局,1962 年,第 3467 页。
⑦　(清)黎翔凤撰:《管子校注》,梁运华整理,北京:中华书局,2004 年,第 315 页。
⑧　吴毓江撰:《墨子校注》,孙启治点校,北京:中华书局,2006 年,第 303 页。
⑨　(清)王先谦撰:《荀子集解》,沈啸寰、王星贤点校,北京:中华书局,1988 年,第 202 页。

民,攫取民利,对外毫无顾忌地欺诈盟国,争夺霸权。但是,由此获得的权力和地位不会稳固,因为上下交相欺瞒,离心离德,权谋盛行,敌国会轻视他们,盟国会怀疑他们,国家必然分崩灭亡。

真正好的政治是王道,王道依凭德行的示范和影响作用。孟子说:"以力假仁者霸,霸必有大国;以德行仁者王,王不待大。汤以七十里,文王以百里。以力服人者,非心服也,力不瞻也;以德服人者,中心悦而诚服也。"①这极为精当地分判出了王道、霸道的德行品质与作用模式的不同,也符合和同之辨的道理。霸道靠力量来推行,它必然要求各个国家与霸主保持一致,并不断服务于霸主的利益,这是一种强制的"同"。但是,这种秩序实质很脆弱,因为力量征服是外在强制关系,一旦强制力衰弱或出现新的强者,联盟关系就会崩溃。王道则是让人心悦诚服的关系,它不包括力量的强制,完全因国内的太平景象使人愿意效仿和交往。所以,王道秩序不会要求各国与王者保持一致,或有利益输送关系,而是认同各国应有自身的特征,实现普遍价值的方式可以殊途同归。由此,王道的天下才能实现一种和谐的秩序。那么,王道秩序的根本还是在行德政以安民乐民,无论一国之内还是整个天下都是这一要求。《孟子》说:"桀纣之失天下也,失其民也。失其民者,失其心也。得天下有道,得其民,斯得天下矣。得其民有道,得其心,斯得民矣。"②民心是最大的政治,公道自在人心。

那么,王道秩序的理想图景就是天下大同。这一信念源远流长,在《尚书·尧典》中就提出:"克明俊德,以亲九族。九族既睦,平章百姓。百姓昭明,协和万邦。"③"克明俊德"指修身,"以亲九族"指齐家,"平章百姓"指治国,"协和万邦"指平天下。中国人的伦理道德是从修身齐家到治国平天下一以贯之的。"协和万邦"是中国文明观的精神源头。《左传》中也说:"夫乐以安德,义以处之,礼以行之,信以守之,仁以厉之,而后可以殿邦国,同福禄,来远人,所谓乐也。"④《周礼》也要求:"以和邦国,以谐万民,以安宾客,以说远人。"⑤宣德行化以来远人是中华文明对外的基本立场。5000年的历史上,中华文明是先进和优越的文明。中华文明向来保持富而不骄,安而好礼的态度,从来不崇尚傲慢、胁迫和侵犯的态度,因为那就不是文明。

先秦儒家极大地深化了这一文明信念。孔子就指出:"有国有家者,不患寡而患不均,不患贫而患不安。盖均无贫,和无寡,安无倾。夫如是,故远人不服,则修文德以来之。既来之,则安之。"⑥《中庸》也说:"送往迎来,嘉善而矜不能,所以柔远人也;继绝

① (宋)朱熹:《四书章句集注》孟子集注,北京:中华书局,1983年,第235页。
② (宋)朱熹:《四书章句集注》孟子集注,北京:中华书局,1983年,第280页。
③ (汉)孔安国传:《尚书正义》,(唐)孔颖达正义,黄怀信整理,上海:上海古籍出版社,2007年,第36—37页。
④ 杨伯峻:《春秋左传注》,北京:中华书局,1990年,第993—994页。
⑤ (清)孙诒让撰:《周礼正义》,王文锦、陈玉霞点校,北京:中华书局,2013年,第1731页。
⑥ 杨伯峻:《论语译注》,北京:中华书局,2006年,第195页。

世,举废国,治乱持危。朝聘以时,厚往而薄来,所以怀诸侯也。"①这就是用美好的道德、文化与文明秩序作为示范,以敬让有礼的道德作为方式,与不同文明、族群交往。这里所谓"继绝世,举废国",也常常写作"兴灭国,继绝世",是中国独有的政治文化传统,体现着中国保护文明多样性的基本态度。

据文献记载,殷周易代后,周人就立夏文明的后裔于杞国,立殷文明的后裔于宋国,不要求他们推行周文明的礼法制度,而是保存他们的先代文明,是谓之"通三统",②示天下非一家所有。这展示出不同文明都是人类生存的多样形态,应当共存和共享,相互借鉴交流的博大胸怀。此后从汉代开始,中国历代都注重保护先代文明,予以嘉奖和优待,同时对周边文明和外来文明也都予以礼敬和扶持。中国人认识到,生存的多样性是自然的,《礼记·王制》:"凡居民材,必因天地寒暖燥湿,广谷大川异制。民生其间者异俗:刚柔轻重迟速异齐,五味异和,器械异制,衣服异宜。"所以对待其他文化与文明的方式应该是:"修其教,不易其俗;齐其政,不易其宜。"③

所以在上述价值观的引导下,中华文明绝大多数时候都以包容、平等的态度与周边文明交往和交流。例如,魏晋以后印度文明与中国文明开始交流,佛教东传以来,中国文化极大地吸收了佛教文化。而且明确意识到了,中国文明之外存在着其他的文明形态,它在某些方面甚至高于中国文明。至唐代,西方的景教、祆教诸多文化纷至沓来,同时周边民族突厥、回纥、靺鞨族、吐蕃、六诏等频繁与中华文明有经济、文化的交往。我们看唐代法律,就包括了其他民族在华地位的判定:"各有风俗,制法不同。其有同类自相犯者,须问本国之制,依照其俗法断之。"④正是这种四海一家、各美其美的价值理念,使唐代成为开放、多元、灿烂的文明。

时至近代,西方的坚船利炮冲破了中国的大门,迫使中国人必须面对一个新的世界格局。救亡图存的紧迫使命,使得近代中国的仁人志士主要致力于塑造一个富强的国家,以在弱肉强食的国际丛林中求生存、求独立。这是近代中国思想潮流与历史进程的主要脉络。然而,中国人天下为公、和合大同的世界观并未被彻底放弃,它成为中国人反思世界秩序、文明形态与人类未来的重要资源。伴随着近代救亡图存的历史进程,也有一些仁人志士将传统的文明和谐思想进行了创造性转化。这构建出中国特色的现代世界观和文明理想。

首先是康有为的大同理想。他认为继承了传统的大同精神,但这实质上也是针对现代文明困境做出的理论创构。康有为年轻时亲历了法国侵略越南,给广东沿海地区带来的巨大动荡,这极大地冲击了他的世界观。反思国家间的兼并战争是他思想的重

---

① (宋)朱熹:《四书章句集注》中庸章句,北京:中华书局,1983年,第30页。

② (清)陈立撰:《公羊义疏》,刘尚慈点校,北京:中华书局,2017年,第169页。

③ (汉)郑玄注:《礼记正义》,(唐)孔颖达正义,吕友仁整理,上海:上海古籍出版社,2008年,第537页。

④ 长孙无忌:《唐律疏议》,北京:中华书局,1983年,第133页。

要问题。他指出,国家意识固然有一定意义,但也促使国家间产生利益分歧和斗争,这将陷入悖论,离理想社会越来越远。并且康有为也看到,世界的进化趋势是由分到合,但此前的推动力量往往是兼并战争,人类每每付出巨大的文明代价。他认为,未来的文明统一趋势应该由理性的规划设计所指引。为此,他勾勒了人类从弭兵会到国家间结盟再到世界公政府的路线。在最终的阶段,人民都成为了世界公民,共享与共治。虽然这已较传统的天下为公、和合大同的信念走得更远,但不妨视作从中国传统和谐思想出发的"永久和平论"。它作为对国际丛林状态的反省,仍具前瞻意义。它的世界公政府设想较联合国的制度更为理想,提出的时间也更早。

梁启超是康有为的学生,他在 20 世纪初主张中国应着重于国家主义,但"一战"后他游历欧洲,目睹了西方文明的困境与衰退,重新认识到传统天下主义的价值。他明确总结了传统文明和谐的基本理念。"中国人则自有文化以来,始终未尝认为国家为人类最高团体。其政治论常以全人类为其对象,故目的在平天下,而国家不过与家族同为组成'天下'之一阶段。政治之为物,绝不认为转为全人类中某一区域某一部分之利益而存在。""儒家之理想的政治,则欲人人将其同类意识扩充至极量,以完成所谓'仁'的世界。此世界名之曰'大同'。"由此,梁启超鲜明地批判了西方政治思想,他说:"儒家之政治思想,与今世欧美最流行之数种思想,乃全异其出发点。彼辈奖厉人情之析类而相嫉,吾侪利导人性之合类而相亲。彼辈所谓国家主义者,以极褊狭的爱国性为神圣,异国乃视为异类。"[①]

此后的儒家学者,最重视传统文明和谐思想的是钱穆。他是著名的历史学家,对中国历史有着通贯的理解。他明确地看到,"中国民族不断在扩展中,因此中国的国家亦随之扩展。中国人常把民族观念消融在人类观念里,也常把国家观念消融在天下或世界的观念里。他们只把民族和国家当作一个文化机体,并不存有狭义的民族观与狭义的国家观,'民族'与'国家'都只为文化而存在。"[②]西方人"仅知有国际,不知有天下",文化也仅限于民族文化,不知有世界文明。所以,即使其所建立的国际组织,也只能是利益的博弈场,或为霸主所操纵,距离人类理想的未来还有很大距离。

费孝通在 20 世纪 90 年代提出的"各美其美,美人之美,美美与共,天下大同",[③]也是传统文明和谐观的一种回声。费孝通是我国人类学、社会学的奠基人。他长期致力于理解传统中国的社会结构、经济模式、民族关系等问题,总结出了"差序格局"[④]"中华民族多元一体"格局[⑤]等理论。在晚年他提出文化自觉说,指基于中华文化"多元一

① 梁启超:《先秦政治思想史》,天津:天津古籍出版社,2003 年,第 87—88 页。
② 钱穆:《中国文化史导论》,北京:商务印书馆,1994 年,第 23 页。
③ 费孝通:《缺席的对话——人的研究在中国——个人的经历》,《读书》1990 年第 10 期。
④ 费孝通:《乡土中国》,北京:人民出版社,2015 年,第 26—35 页。
⑤ 费孝通:《中华民族的多元一体格局》,《北京大学学报(哲学社会科学版)》1989 年第 4 期。

体"的理念与经验,包容地看待人类多样性和文化开放性,建设多元共处共生的全球社会。① 从"各美其美"和"美人之美"中,要从他文化中发现美,在自我欣赏中肯定自己的美;从"美美与共"中去实现本民族文化的自尊和理解他文化的特点,在平等友好的基础上进行文化的交流和相互借鉴,从而实现天下大同。天下大同境界不是某一种文化的统一,而是多元文化的和谐,在和谐与理解的过程中让各自文化都有较大的发展。

---

① 费孝通:《反思·对话·文化自觉》,《北京大学学报(哲学社会科学版)》1997 年第 3 期。

【宗教学】

牟宗三的佛学研究及其对
跨文化哲学诠释的启示

李宜静*

内容提要：牟宗三的佛学研究不仅是其中国哲学史研究的重要环节，也是建构新儒家哲学的有机部分，其佛学诠释带着自身鲜明的哲学问题和价值判断。牟宗三的佛学诠释有助于逻辑上厘清中国佛教思想史上般若学到涅槃学的转向，以及近代以来关于唯识学与如来藏思想的争议；其在近现代佛教研究反形上学的潮流中以"存有论"诠释佛教思想，对跨文化语境中哲学宗教传统的现代诠释具有启发。

关键词：牟宗三；佛学；存有论；诠释学

佛学是影响现代新儒家思想的重要学源之一，不论从历史还是哲学的角度看，新儒家思想的建构都援用了不少佛学资源。作为新儒家最重要的代表人物之一，牟宗三对佛学研究着力颇深①，他历时多年完成百万余字的《佛性与般若》一书，对佛教思想及其在中国的发展作了历史与理性的双重疏解，是对大乘佛学中观、唯识、如来藏三系及南北朝—隋唐一期佛学进行一总消化的经典性著作。牟宗三的佛学研究不应仅仅被视作对"中国哲学史"的研究，虽然他确曾说过"若南北朝—隋唐一段弄不清楚，即无健全的哲学史"，但其佛学研究更可被视作为其整个哲思历程的重要环节，是构成其整个哲学思想的有机部分。牟宗三的学生蔡仁厚先生在《牟先生的学思历程与著作》一文中，将《佛性与般若》的写作归于其思想进展的"新知培养转深沉"阶段，并认为《佛性与般若》与《现象与物自身》等著作代表了其思想的最高阶段。② 程恭让也指出《佛性与般若》代表了牟宗三60、70岁哲学思想发展的重要进境，只有将其按照牟宗三个人哲学思想进展中的环节对待，才能真正显示出此书的思想成就。③

本文无意对佛学研究在牟宗三整个哲学思想中的意义作整体评价，只想指出他的佛学研究不是纯粹哲学史的研究，而是一种代入了自身哲学问题、哲学探索和价值取向

---

* 李宜静：华南师范大学哲学与社会发展学院。

① 关于牟宗三的佛学研究历程，可参见徐波：《牟宗三对佛学研究的两次转变及其意义》，《世界宗教研究》2016年第6期。

② 蔡仁厚：《牟宗三先生的哲学与著作》，台北：台湾学生书局，1978年，第11—12页。

③ 程恭让：《华梵之间》，北京：中国社会科学出版社，2007年，第435页。

的创造性的诠释。他对佛教义理系统的具体内容与特质皆有其独到的见解,对佛教思想的诠释在现代佛学研究中可谓独树一帜。牟宗三的佛学研究不仅对逻辑上把握佛教思想史的一些重要问题有所助益,同时也是现代佛学诠释学的一个经典个案,对如何在现代语境和问题意识下诠释佛教思想有重要的启发。以下本文将就此二问题,提出一些自己的思考。

一、佛教义理发展的逻辑与晋宋般若学到涅槃学的转向

牟宗三以"佛性"与"般若"作为把握整个佛教义理流变和各派学说分野的总纲,指出:"吾人通过此纲领说明大小乘各系统之性格——既不同又相互关联之关节。"①与传统上将大乘佛教思想分为空有二宗及近代以来学者提出的"大乘三系"(中观、唯识、如来藏)不同,牟宗三认为般若学并非一个区别于其他佛学体系的系统,而是大小乘佛教的共法。因为般若学并非通过运用概念和逻辑分析这种"分解"的方法确立思想体系,而是对于佛教中的一切概念和教法都以"缘起性空"的般若智慧融通淘汰之。因此"般若部无有任何系统,无有任何教相。它不负责系统教相之责任,它只负责荡相遣执之责任。……因此,它是共法。无论大小乘法,皆以般若融通淘汰之,令归实相"②。牟宗三认为,般若学贯穿大小乘思想,但不能决定一种思想是属于何种形态,真正能够使我们判分一种思想之特质的是"佛性"这一观念。

在牟宗三看来,般若学在两个方面有所局限,因此不是佛教最圆满的教法,而佛学的发展必然在此两方面有所演进。首先,般若学没有对一切法(一切存在)予以根源的说明。《般若经》与《中论》都讲万法因缘而生,因此无有自性,但说万法因缘而生就相当于未对万法的最终根源给予说明,因为因缘本身也是不定、偶然的。他指出,"般若经虽不坏假名而说诸法实相,中论中有'以有空义故一切法得成',虽然不舍弃一切法,但对一切法不作根源的说明。若说根源,缘生即是其根源。说根源就是缘生,这等于未说明,这只是一套套逻辑。"③牟宗三把般若智慧与一切法的关系称之为"作用的圆具",般若智慧的运用是不离开一切法,也不执着于一切法,也即般若只是就现成的一切存在而洞察其实相。般若不是一切法的源头,若要对一切法的根源予以说明,则要有阿赖耶识缘起和如来藏缘起的系统。

般若学的另一个局限在于不能说明众生成佛之必然性与佛之圆满。首先,一切众生之成佛是否具有内在必然性?《般若经》与《中论》只以因缘说明成佛的可能,这种说明太空泛而无力。因为因缘缺乏内在的必然性,所以众生的成佛也无法保障。正因如

---

① 牟宗三:《佛性与般若》(上),长春:吉林出版集团,2010年,第3页。

② 牟宗三:《佛性与般若》(上),长春:吉林出版集团,2010年,第11页。

③ 牟宗三:《佛性与般若》(上),长春:吉林出版集团,2010年,第78页。

此,"佛性"的观念应运而生,作为众生成佛的超越的、必然的保障。① 其次,什么样形态的佛才是最圆满的? 大乘之所以为大,在于悲愿大,不舍众生,牟宗三认为"不舍众生"意味着"必须即九法界(六道众生加声闻缘觉菩萨为九法界)而成佛",也就是说佛之境界中必须包含一切众生,才是圆满形态的佛。但般若学中成佛是"直证无生而显示的寂灭境界"②,这与"化缘已尽,灰身入灭"的小乘无异;《中论》的释迦佛的个体生命只是假名,如幻如化,不能显示法身的圆满和伟大,正因如此,才需要有"如来藏恒河沙佛法佛性"的观念,说明佛之体性的圆满和伟大。

牟宗三从逻辑上梳理从般若思想演进至佛性(如来藏)的必然性,这对从思想史的发展理路理解晋宋之际佛学思潮由"般若学"到"涅槃学"的转向很有启发。般若学是最早传入中国的大乘佛教思想,佛学界一直以极大的热情翻译并阐发般若义理,及至东晋,般若学已在佛教义学中占主导地位。但随着六卷本《大般泥洹经》的翻译,"泥洹不灭、佛有真我,一切众生皆有佛性"这些与般若学"诸法性空,如幻如化"似乎轩轾难容的新说成为义学界最为重视的主题,被视为佛陀最重要、最终极的教导,并有大批义学高僧专门对其思想进行阐发,形成所谓涅槃师,而般若学在佛学体系中的地位则被降低。

对于晋宋之际佛学从"般若学"到"涅槃学"的剧烈转向,当代学者给予了不少关注,并从各个角度对其原因及意义进行探讨。一般认为"佛身是常,佛性是我"的法性实在论更符合中国人"实体化"的思维方式,而"众生皆有佛性"则与儒家"人皆可为尧舜"的理念一致,因此,阐扬"佛性"的涅槃学由于更契合中国文化而成为佛学界的主导思想。然而,仅以符合中国文化传统这种"外在"的原因来解释这一剧变并不充分,比如张风雷教授就指出竺道生因提出"一阐提也能成佛"而遭受严厉的"破僧"处分,如果仅以切合中国文化作为标准,那道生的主张无疑完全符合儒家"涂之人可以为禹"的观念,他何以会因与六卷本涅槃经说法不符而被摈呢? 因此"在当时的中国佛学界,接受或拒斥一种佛教经典或佛教思想的最主要的标尺,恐怕并不完全在于它是否与儒家等中国传统的观念相契合,而是必有其佛教自身的内在原因"。③

张风雷从庐山慧远与鸠摩罗什问答佛教义理的《大乘大义章》入手,指出慧远关心的"法性""法身"问题实际上是"追求一个至极无变的、绝对的实体性的东西,并以这个实体的存在作为整个佛学理论的基石"④。至于为何需要"实体的存在"作为佛学理论的基石,他认为一个重要的原因就是慧远思考问题的立足点并不单纯在于纯粹的佛教理论问题,他更关注的是如何指导信众的问题。对于一般民众而言,般若所讲的"一切皆空","涅槃亦空",甚至诸佛亦"虚妄非实,毕竟性空"并不能作为他们的可靠的精神

① 牟宗三:《佛性与般若》(上),长春:吉林出版集团,2010年,第144页。
② 牟宗三:《佛性与般若》(上),长春:吉林出版集团,2010年,第90页。
③ 张风雷:《从慧远鸠摩罗什之争看晋宋之际中国佛学的转向》,《中国人民大学学报》2010年第3期。
④ 张风雷:《从慧远鸠摩罗什之争看晋宋之际中国佛学的转向》,《中国人民大学学报》2010年第3期。

支柱,不能满足他们的现实的心理需求,因此信众需要一个更实在的精神支柱。这种看法很有洞见,也是从佛教自身需求的角度看待晋宋之际的佛学转向。

除了化俗的需要,般若学在理论上的未尽之处,恐怕也是当时义学界整体思考的问题,僧叡在《法华经后序》中说"至如《般若》诸经,深无不极,故道者以之而归;大无不该,故乘者以之而济。然其大略,皆以适化为本,应务之门,不得不以善权为用。权之为化,悟物虽弘,于实体不足。"①这段话虽然向来受到学者们的重视,认为它表明中国佛教界需要确立一个"实体",但并未详细阐明佛教在理论上为何需要一个实体。在这一点上,牟宗三对般若学性格的阐发恰能在理论上明晰地反映和表达晋宋之际义学界的思考。牟宗三指出般若之意义不在于建立佛学体系而在于遣执荡相,它虽然在作用中"不舍万法",即僧叡所谓"大无不该,乘者以之为济",但并不能从根源上说明万法之所以存在的原因以及意义,因此僧叡责之以"于实体不足",即未能指明万法存之根据。这一点在慧远"至极以不变为性"的"法性"观及僧肇的《不真空论》中也有所体现。僧肇被誉为"解空第一",是当时中土对般若义理领悟最深的义学高僧。然而,在此论中,僧肇虽明万法因缘而生,但仍有所谓"万物一气所化,物我同根"这种玄学的说法,可见般若学缘起性空的义理,并不能完全满足人们探究万物存在根源的理论兴趣。

此外,与之相关的另一个问题是对于法身的思考。慧远与罗什问答教义的《大乘大义章》中,慧远特别关心佛法身是实有还是幻化的问题,般若经中如幻如化、空寂的法身事实上遭遇了慧远的质疑,在慧远看来,一个充满清净功德,"真实"的法身才能发挥妙用,起到在世间度化、救赎的作用。慧叡《喻疑论》也记载了义学界类似的困惑"佛之真主亦复虚妄,积功累德,谁为不惑之本?"②此外,慧远也根据《法华经》的一乘思想,反思般若经中罗汉、辟支佛不能成佛的三乘思想,思考一切众生皆当作佛的必然性。这些都是在理论上呼唤一个在"体性"上实有、功德无限的佛,及众生成佛的内在依据。不过,当时义学界并未形成对般若学在此两方面不足的系统阐述。牟宗三从理论上指出般若学在证成"佛之圆满"与众生成佛之必然性方面的局限,可以说是对晋宋之际义学界理论思考的一个明晰的总结。

总之,晋宋之际的佛学转向有多重原因,而佛教内部义理发展的需要,是其中重要的方面,牟宗三对般若学性格的总结及对从般若到佛性学说的逻辑梳理,对清晰化晋宋之际义学界的理论思考很有帮助。

二、《大乘起信论》的诠释与唯识、真常之争

《大乘起信论》是对中国佛教义理影响至深的一部论典,其真伪问题及其思想是否

---

① (南朝·梁)僧佑:《出三藏记集》,北京:中华书局,1995年,第306—307页。
② (南朝·梁)僧佑:《出三藏记集》,北京:中华书局,1995年,第236页。

符合佛法是近代以来佛学界争论的一个重要课题,梁启超、太虚、欧阳竟无、熊十力、吕澂、印顺等佛学大家都先后加入此大讨论并各自表达其鲜明的学术观点。对于这场争论的内容和意义,学界已有诸多讨论,本文不再赘述。虽然《佛性与般若》的写作距这场争论已时隔数十年,但其中仍可看到牟宗三对此一争论的思考,他对《大乘起信论》的诠释对廓清唯识学和真常心系统的一些理论问题具有启发意义。①

牟宗三认为,佛教思想从唯识系统演进至以《大乘起信论》为代表的真常心系统是佛教义理发展的必然。如前所述,牟宗三认为般若学无法对万法给予根源性的说明,也不能证成成佛的必然性,为解决这两个问题而有唯识学与真常心系统。唯识学以阿赖耶识为中心说明一切法的生死流转和涅槃还灭,但阿赖耶识本身是虚妄的识心,它可以解释染污的生灭法的根源,但却难以解释清净法的根源。牟宗三指出虽然唯识宗以"无漏种"说明清净法的来源,但在对"无漏种"的说明上遇到困难。依《摄大乘论》,"无漏种"非阿赖耶识而寄存于阿赖耶识中,无漏种由闻熏佛法而来,因此无漏种不是阿赖耶识"本有",而是"新熏",是经验的、偶然的。这样一来,唯识系统虽然对从虚妄转清净亦可说明,但其必然性则无法保证,"即或有能达,亦只是偶然,而并无必然,以无众生皆可成佛之必然"②。

对于这一问题,唯识学内部似乎已经认识到,因此有"无漏种"本有、新熏的不同说法,护法就认为无漏种"法尔本有",即清净的种子是无始以来就自然而有的。但牟宗三认为护法对"本有种"的增加是随意的,"并非在《摄论》规范以外另有依原则而来的必然性",因为"原则上,以迷染的阿赖耶识为主体而视正闻熏习为客的唯识系统不能承认本有种"③。而且,护法所主张的"法而本有"仍然套在"种子——熏习——现行"的链锁内,因此这种无漏种的本有并非超越的,而是与遗传学上的"先天"同样,仍然在时间的序列中,说其"本有"只是难以追溯其开始,而本质上仍是经验的(后天的)。

从牟宗三对唯识学无漏种"本有"的理解回看20世纪40年代新儒家熊十力和内学院吕澂对"闻熏"的争论④,也许可以更明白其争论的关键所在。熊十力批评"闻熏"是一种"外铄"的修行方法,"不如反在自心恻隐一机扩充去,无资外铄"⑤。吕澂则回答"来教不满意闻熏,未详何指。《瑜伽论》说净种习成,不过增上,大有异乎外铄"⑥,意即清净的种子是本有的,不过是通过种种修行而增强其势力,并不是外来的。然而熊

---

① 牟宗三晚年更加重视《大乘起信论》,认为其"一心开二门"的构架"对内对外具有特别的意义与作用",对内指的是建立佛教存有论的内在逻辑,对外则指会通其他宗教和哲学系统。本文主要探讨牟宗三的佛学诠释对佛教研究的意义,因此本文主要关注"对内"的方面,其关于"佛教存有论"的部分将在下一节讨论。

② 牟宗三:《佛性与般若》(上),长春:吉林出版集团,2010年,第249页。

③ 牟宗三:《佛性与般若》(上),长春:吉林出版集团,2010年,第251页。

④ 参见吕澂、熊十力:《辩佛学根本问题》,见《中国哲学》第十一辑,北京:人民出版社,1984年,第169—199页。

⑤ 吕澂、熊十力:《辩佛学根本问题》,见《中国哲学》第十一辑,北京:人民出版社,1984年,第179页。

⑥ 吕澂、熊十力:《辩佛学根本问题》,见《中国哲学》第十一辑,北京:人民出版社,1984年,第169页。

氏认为,净种虽可说本有,但仍然是经验中的,不具备超越性和必然性,所以他一再追问"然力之意,则谓必须识得实相,然后一切净习皆依自性发生,始非外铄。今人手不见般若实相,而云净种习成,以为增上,此净种明是后起,非自实相生,焉得曰非外铄耶?"①所谓"实相",在熊十力看来就是有自觉能力的真心,是一切法的超越的根据,"净种"只有由之产生才有真正的内在性和必然性,而唯识学既然不承认一个超越的、本有觉性的真心,所以无论如何都是"外铄"。

虽然熊十力对佛教思想的表述有时并不严谨,但在对"闻熏"的批评上,其思路和牟宗三是一致的,都认为唯识学终究无法为"由染转净"提供内在的、必然的依据。吕澂从唯识学严密思维对熊十力的各种含混表述予以批评,并指出熊氏所谓"本有觉性"的真心出自伪经《大乘起信论》,但他其实也并未真正回答清净法的最终来源,或者由染转净的必然根据。事实上,熊吕的这场争论正反映了唯识学和真常心系统在思路上的根本差异。吕澂将这种差异总结为"性寂"与"性觉"之别,并认为前者是佛法本意,而后者是伪经《大乘起信论》造成的。这种观点在学界很有影响,但并不一定是一种全面的概括,当代学者也一般认为把"本觉"思想的产生归于讹译和伪经是过于简单化了,真常心思想的产生有其内在理路,而牟宗三提出的两种"分解"类型的观点则对两种思想系统内在理论的差异有一清晰的说明,值得重视。

牟宗三认为,唯识学和以《大乘起信论》为代表的真常心系统都是通过"分解"的方式对一切法的流转和还灭予以说明,但两者属于不同的分解类型。唯识学是经验的分解或心理学意义的分解,而真常心(如来藏)则是超越的分解。② 前者通过对现实身心经验的分析来说明一切现象的生起和由人而成佛的历程,因此即便是"法尔本有"的无漏种,也是在无始以来的时间序列中,是后天的、经验的,这在牟宗三看来,都是偶然的,缺乏必然性。要对众生成佛的必然性予以说明,就必须要有一个超越的而非经验的根据,也就是要有一个有"自己涌现之能力"的真心③,"因为一旦有一超越的真常心作为成佛的依据,则我们的生命中,先天地即蕴涵一种超脱的力量,能够自然发动,而非完全靠后天经验的熏习"④。因此,顺着"众生成佛之必然性"问题的逼迫,佛教教义必须从唯识学这种"经验的分解"进至"超越的分解",也即真常心系统,而《大乘起信论》正是这一系统思想的代表。

在对《大乘起信论》真伪问题的看法上,牟宗三与印顺法师基本一致,都认为从佛教史的考据方面讲,《大乘起信论》或可说不是从印度的梵文翻译过来⑤,但其义理却是

① 吕澂、熊十力:《辩佛学根本问题》,见《中国哲学》第十一辑,北京:人民出版社,1984年,第183页。
② 牟宗三:《佛性与般若》(上),长春:吉林出版集团,2010年,第381页。
③ 牟宗三:《佛性与般若》(上),长春:吉林出版集团,2010年,第365页。
④ 牟宗三:《中国哲学十九讲》,贵阳:贵州人民出版社,2024年,第247页。
⑤ 牟宗三推测《大乘起信论》很可能是传统上所说的译者真谛所造,因为"真谛三藏的思想就是想融摄阿赖耶识于如来藏的,而《大乘起信论》正是这种融摄之充分的完整的展示。"参见牟宗三:《佛性与般若》(上),长春:吉林出版集团,2010年,第251页。

"契经"的①,其思想依据是印度大乘佛教后期的经典。牟宗三认为《大乘起信论》的"一心开二门"的构架能很好地说明一切法(包括清净法和染污法)的根源,以及由染转净的必然性。

对于《大乘起信论》一心开二门的框架是否如牟宗三所言能很好地解释一切染净法的根源,学者们有不同意见。如程恭让就指出,如果说以虚妄心识作为一切法存有依据的唯识体系在解释清净法的来源时会遇到困难,那以真常心作为一切法存有论依据的《大乘起信论》在说明染污法的来源时也未免捉襟见肘。② 这一质疑其实很多学者都曾提出过③,可以说这是"一心开二门"构架最容易招致的批评。《大乘起信论》通过真心忽然不觉而起妄念(无明),来说明染污法的产生,但问题的焦点在于本来清净、觉悟的真心如何会起无明? 此一问题,牟宗三并未忽视,而是一直试图寻找一合理的解释。

他最终的答案是,因为人是有限的存在,人有感性,所以常为物欲所牵引,因而有无明,"我们有躯壳,我们有感性私欲,所以才有无明昏沉。这种问题只能如此说明,也只能分析至此。假定有人追问:人为什么有感性,有私欲呢? 这种问题是不成其为问题的,否则真是'难可了之'的。"④

对于这一回答,不少学者认为并不能令人满意,如释恒清就指出"牟先生的这种说法,仍不能算是答案",因为对人何以是感性的存在,何以有私欲还是未加说明。⑤ 程恭让先生也认为借助"无明的插入"解释真常心系统遇到的难题与借助"圣言"解决唯识系统的难题在性质上是一样的,二家存有论模式都有内在的麻烦。⑥

本文对此有一些不同的看法。本文认为借助牟宗三所提出的"经验的分解"与"超越的分解"这一理论模型,恰可以说明无论唯识学还是真常心系统,其理论都具有内部的自洽性,并不存在所谓困难。唯识学既然是从现实人生经验的分析来说明一切法的流转与还灭,"无漏种"作为无始以来经验当中的存在,就足以说明清净法的来源,为其寻找一"超越的依据"并非唯识学本身所关心的问题。

就真常心系统而言,最大的问题在于"本觉的真心如何起无明",而"超越的分解"这一理论模型也可以解释这一问题。如牟宗三所言,"真心"是一个预设,并非经验中的现实,所以并非有一个在经验中的、初始的真心,在时间中忽然产生无明。按照佛教的说法,无明是无始以来即存在的,是经验的现实,应该说"无明"既不是世界产生的第

---

① "契经"是印顺法师的说法,印顺法师同时认为唯识学也是对后期大乘经典的阐释,唯识学的"无漏种"与《大乘起信论》中的真如心(如来藏)都是对同一契经的不同解说,参见印顺:《大乘起信论讲记》,北京:中华书局,2009年,第38页;而牟宗三则认为两者有根本的不同,"无漏种"是经验的,而真如心则是超越的。

② 程恭让:《华梵之间》,北京:中国社会科学出版社,2007年,第403页。

③ 释恒清:《佛性思想》,台北:东大图书公司,1997年,第221页。

④ 牟宗三:《中国哲学十九讲》,贵阳:贵州人民出版社,2024年,第256页。

⑤ 释恒清:《佛性思想》,台北:东大图书公司,1997年,第223页。

⑥ 程恭让:《华梵之间》,北京:中国社会科学出版社,2007年,第403页。

一因,也没有本体论的最终根据,正因如此,无明才最终可以消灭。"超越的分解"并非为无明寻找一个超越的根据,而是在承认其现实性的基础上,为破除无明寻找超越的根据。这一诠释点明的是众生的心灵,虽然就其现实性而言,是无始以来就处于无明之中(这是经验的事实),而从其超越性上讲,则是清净、觉悟的。正因如此,处在染污中的众生才具备一种离染求净的内在动力。因此,只要不把《大乘起信论》一心开二门的架构理解为在时间先后意义上的"真心产生无明",而将之理解为超越性和现实性两个方面,就不存在所谓的困难。关于这一点,印顺法师在《大乘起信论讲记》中也已经提到,他指出:"真常心者说明一切是有两种论法的:一、从现起一切说,建立相对的二元论,如说杂染与清净、真实与虚妄……二、从究竟悟入真实性说,建立绝对的一元论。……如不知此义,但说从真起妄,返妄归真,立义不圆满,容易为虚妄唯识者所误会与攻难,而不能自圆其说。"①

总之,牟宗三在诠释《大乘起信论》时所运用的"经验的分解"和"超越的分解"的理论模型,确有洞见,对深入理解唯识学与真常心系统的理论特色以及评判近代以来围绕两种学说的种种争论都很有启发意义。

三、佛教"存有论"在跨文化语境下的诠释学意义

总体而言,牟宗三对佛教思想的诠释采取的是判教诠释学的进路。判教在中国佛教史上古已有之,是佛教学者对不同历史时期的不同佛教经典及义理体系的抉择判摄,作为一种解释机制,它可以解释同为"佛说"而具有权威和神圣性的经典为何在思想上互有差别甚至相互冲突,同时又通过"了义"和"不了义"的评判,对佛教历史上涌现出的经典和思想进行深浅判分,并抉择最能体现佛陀本旨的、最圆满的教说。对牟宗三而言,判教是一种哲学方法,其目的并非传统佛教的"畅佛陀本怀",而是通过一定的标准判断一种佛教思想系统的形态是否圆满。这一标准即是否能对一切法的存在予以根源性的说明以及在证成佛之圆满与众生成佛的必然性方面是否圆满,换言之,即是否能够建立一种圆满的"佛教的存有论"。牟宗三对佛教思想发展史的梳理及对各宗派思想系统的判摄都是依此标准展开的。

然而问题在于,用"对一切的法存在给予根源性的说明"的存有论诠释佛教思想是否恰当?佛教从诞生之初即确立了"缘起性空"的原则,反对离开人的修行实践而对所谓世界的本原、本质等问题进行形而上的玄思,将万物产生于一个根源性的实体或"基体"的观念视为"外道"。虽然在佛教发展的过程中,无论是印度的如来藏思想还是中国各宗派思想都或多或少带有对万物存在根源的探讨,并将之落实于"佛性"或"如来藏",但这类思想宣传者在谈论一种实体或根源性的存在时,似乎总不是那么理直气

---

① 印顺:《大乘起信论讲记》,北京:中华书局,2009 年,第 93 页。

壮。近代以来,欧阳竟无、吕澂、印顺等中国佛学界最有影响力的学者都对有实体化倾向的传统宗派佛学进行了批判,认为其违反了佛教的根本教理,如吕澂对《大乘起信论》一心开二门的思想即批评为"视染净万法悉为一心之开展演变,此正《楞伽》所破缘生外道之说,何复有于佛法哉。"①无独有偶,20 世纪 80 年代开始出现并引起学界巨大反响的日本批判佛教思潮也将如来藏及中国佛教各宗派思想批评为"万物产生之根源的基体说",松本史郎称更将之称之为"发生的一元论"或"根源实在论",认为其违背了佛教的缘起无我的原则。

从表面上看,牟宗三的诠释似乎正印证了近代学界对如来藏思想及中国传统宗派佛学的批评,但如果顺着他的思路深入辨析,就会发现那些表面上具有实体化、形上学意味的用词和表达,其实并非与佛教"缘起性空"的根本原则相违背。如果我们认为牟宗三对如来藏和中国传统宗派佛学的诠释大体不脱离其原意,那么借助他的诠释,恰恰可以反思近代以来对传统佛学的批评是否完全恰当;同时也可以借助此一诠释范例,思考现代意识、现代语境下的佛学诠释问题。

事实上,牟宗三对近代以来的佛学批评相当熟悉,在进行自己的佛教诠释时也往往对其可能遭遇的批评进行阐明,在《佛教体用义之衡定》的长文中,牟宗三一再阐明不但空与缘起并非"存在上体用因果之成就或建立之实义"②,唯识虽将万法统于识心,但识的流变仍是现象上来说,因此阿赖耶识与万法的关系也非真正的体用。对于"实体性"嫌疑最大的如来藏(或真常心)系统,他指出:"但到'真心'成立,空如理与真心为一,空如理遂因真心故而成为一实体。"③这种作为一切法依止的"竖立"的真心,"以今语言之,便可有实体性的本体之嫌,以古语言之,便可有外道梵我之嫌"④。

但同时他又辩说嫌疑只是嫌疑,这实体性的实有只是一个虚样子,如来藏"随缘不变,不变随缘"之缘起并不是"实体性的实有之本体论的生起",也就是说,真心并不是产生万法的形而上根源。以《起信论》这部真常心系统的代表性论典为例,首先,当文本提出心真如是一切法的根源时,此"法"是作为功德的"意义法",是第二序上的,不是缘起的事法。⑤ 其次,对于一切生灭法而言,其实是阿赖耶识缘起,阿赖耶识本身非一恒常的实体,而真心仅是依凭因而非一切法的生因。待到无明断尽,离妄想无所有境界,有实体性虚样子的真心即被打散。因此,经过层层辨析后,牟宗三最终的结论是

---

① 吕澂:《吕澂佛学论著选集》第一卷,济南:齐鲁书社,1991 年,第 295 页。
② 牟宗三:《心体与性体》(上),上海:上海古籍出版社,1999 年,第 492 页。
③ 牟宗三:《佛性与般若》(上),长春:吉林出版集团,2010 年,第 373 页。
④ 牟宗三:《佛性与般若》(上),长春:吉林出版集团,2010 年,第 374 页。
⑤ 牟宗三:《佛性与般若》(上),长春:吉林出版集团,2010 年,第 369 页。这种看法很有启发,《大乘起信论》文本在谈论真如与无量清净功德和一切世间出世间善法时,常常是在与妄境妄念相对的意义上展开的,如当论中有人问道为何说真如体有种种功德时,回答是"若心有动,非真识知,无有自性,非常非乐非我非净,热恼衰变,则不在,乃至具有过恒河沙等妄染之义。对此义故,心性无动,则有过恒河沙等净功德相义示现。"(《大乘起信论》,见《大正藏》第 32 册,第 579 页上)

"唯真心最有实体性的实有之意味,亦最有本体论的升起之架势,然尚可以打散,不同外道"①。正如林镇国先生所言,牟宗三的判教诠释学是"试图解消中国传统佛教实体性形上学的'嫌疑'"②。

然而,林先生同时认为,虽然"牟氏对佛家各系统的判释可称得上善解",但对《起信论》与华严宗部分却有"过度诠释的可能"③,并认为这种消解所有实体主义姿态的佛教论述,是为了其"诠释学计划的终极导向",即"儒家大成圆教的建立"。因为只有抹掉佛教内部的差异,使其成为同质的整体,才能使其作为"他者"与儒家进行对比,进而显明:"作为完整之一套之佛家乃根于苦业意识,不同于儒家之根于道德意识;佛家之体用是虚说的体用、诡辞的体用,而儒家的体用则是有机的体用、创生的体用。"④

对于这种意见,本文有不同的看法,牟宗三"第一序"的法即缘起法与"第二序"的法即意义法的分别虽然可说是一种新的诠解,但并未脱离文本;其对真心作为依凭因而非生因的强调则是传统解经中的常谈,但很难说是过度诠释。对于本来就具有一定诠释空间的传统佛教文本,他给予了并非不合理的"非实体"化诠释,这恰恰为我们提供了另一种视角,看待近代以来对如来藏及传统佛学的批评。

至于牟宗三为什么一方面努力消解传统佛学的实体化、形上学嫌疑,一方面又使用"佛教的存有论""存在的根源性说明"这类容易引起误会的表达,是否只是为了对比以突出"儒家创生的本体论的优越性",本文也认为也需要进一步辨析。

首先,牟宗三认为,佛教的存有论,与一般的存有论特别是西方所讲的存有论不同,但是"在这个时代讲这种道理是很有意义的"⑤。它可以消除传统上将佛教看作是虚无主义的误解,"例如过去儒家批评佛教说缘起性空,如幻如化,好像一说如幻如化就什么也没有了"⑥,但存有论的诠释恰恰表明佛教充分肯定了一切法存在的意义。其次,对佛教而言,也提醒其不能因缘起性空的原则即否认其他各家所肯定的一切,而应该与其他思想体系相对话交流。他指出:"佛法可以与其他外道以及其他讲本体讲实有之教义(如儒家道家乃至也耶教)乃至一切理想主义之哲学相出入、相接引、相观摩。若与旁人不能相出入、相通气,完全隔绝,则亦非佛法之福。"⑦

牟宗三虽非佛教本位的哲学家,但他充分认识到佛教思想对沟通东西方哲学,包括

---

① 牟宗三:《佛性与般若》(上),长春:吉林出版集团,2010 年,第 377 页。

② 林镇国:《空性与现代性:从京都学派、新儒家到多音的佛教诠释学》,台北:立绪出版社,2000 年,第 121 页。

③ 林镇国:《空性与现代性:从京都学派、新儒家到多音的佛教诠释学》,台北:立绪出版社,2000 年,第 121 页。

④ 林镇国:《空性与现代性:从京都学派、新儒家到多音的佛教诠释学》,台北:立绪出版社,2000 年,第 124 页。

⑤ 牟宗三:《中国哲学十九讲》,贵阳:贵州人民出版社,2024 年,第 367 页。

⑥ 牟宗三:《中国哲学十九讲》,贵阳:贵州人民出版社,2024 年,第 367 页。

⑦ 牟宗三:《佛性与般若》(上),长春:吉林出版集团,2010 年,第 378 页。

建构其自身哲学体系的重要意义,甚至越到后期对佛教在此两方面的意义越为重视,其以《大乘起信论》一心开二门的结构建立"无执的存有论"沟通东西哲学、用佛教圆教的概念来表达哲学最圆满的体系,都可见一斑。所以,我们也可以认为,牟宗三用使用"存有论"进行佛学诠释是一种"方便法门",以达成对各种哲学体系的相互对比沟通,因为"真理是要靠相观摩而始可各自纯净、各自纯净,各自限制的。凡一切大教皆非无真处。判教可,相非则不可。"①

此外,可能更为重要的是,在牟宗三看来"对一切法的存在予以根源性的说明"不但对一般哲学体系来说至关重要,对佛教思想来说也不可或缺。不过,这种根源性的说明不在于从发生学的角度说明万法从一个实体性的源头产生,而是说明一切法存在的意义,把一切法"保住"。他说:"本来佛教讲无自性,要去掉存有(being),根本不讲存有论,但是就佛性把法的存在保住,法的存在有必然性而言,那么就成了佛教式的存有论。"②之所以要保住万法存在的必然性,首要原因即在于,它是成就佛的圆满法身的必要条件。原本万法因缘生,只是经验的陈述,万法的存在并无必然性,随着断除无明,一切法也将还灭。但牟宗三一再强调大乘佛教的涅槃法身不只是空寂断灭,而是"充实饱满,涉及一切,以一切得度为条件"③。因此,成佛不能孤绝地成佛,而要在众生色相中成佛,这种法身必在众生色相中呈现,就是实践而超越地肯定了万法的必然性。就保住一切法的必然性而言,牟宗三认为在天台宗才真正可称得上是圆教的存有论,"天台宗将大小乘开决后,以一念三千来说明一切法的存在……天台宗用非分别说的方式开决了分别说的一切法,并使一切法通畅;如此,每一法都得以保住,没有一法可以去掉,所以说一低头一举手,都是佛法。"④对此观点,牟宗三在《佛性与般若》的下半部和其他文章中论述甚详甚繁,篇幅有限,本文不能在此详述,只是就此表明牟宗三用"存有论"诠释佛教的原因和意义所在。

当然,牟宗三之所以格外重视佛教存有论,重视万法存在的意义,也与其自身对哲学问题的终极思考和探索有关,这在代表其学思历程最终阶段的《中国哲学十九讲》《圆善论》多有体现。牟宗三认为,哲学最后、最高的问题就是圆善的问题,这一问题在西方哲学的表述中就是"最高善",最高善不仅意味着最高的道德,同时要"德福一致"。虽然西方哲学和中国儒家学说中都有"德之所在即为福"的看法,以德性化掉幸福,但这"非人情之所能安。所以幸福是实践理性的必然要求,在这里不得不过问"⑤。就佛教而言,幸福,必须寄托在法的存在上,法的存在就是现实世界的存在,"假如现实世界

① 牟宗三:《佛性与般若》(上),长春:吉林出版集团,2010 年,第 378 页。
② 牟宗三:《中国哲学十九讲》,贵阳:贵州人民出版社,2024 年,第 311 页。
③ 牟宗三,《心体与性体》(上),上海:上海古籍出版社,1999 年,第 527 页。
④ 牟宗三:《中国哲学十九讲》,贵阳:贵州人民出版社,2024 年,第 310 页。
⑤ 牟宗三:《中国哲学十九讲》,贵阳:贵州人民出版社,2024 年,第 323 页。

保不住,其存在无必然性,那么幸福要寄托在哪里呢?"①这也就是牟宗三一再要谈佛教存有论、万法存在之意义的最终目的所在,因为没有万法,就不可能达到圆善。

牟宗三还认为"圆教"虽出自天台判教,但此观念具有普遍的意义,可解西方哲学之蔽,对中国哲学也是一进步②。在西方哲学中,康德以假设"上帝的存在"来保证德福相协和的最高善,这种解决在牟宗三看只是假设而非必然,因此是综合命题而非分析命题。但如果从"圆佛"的角度看就不同了,因为一切众生皆可成佛;并且成佛不仅有逻辑的可能,而且有真实的可能,圆善的保证若在上帝那里,就与我们无关,但"若在佛法身这里,则是我们的事。所以圆教中的福德一致并非综合命题,而是分析命题"③。当然,牟宗三同时认为,就佛教自身而言,虽然讲圆教,但本身并不讨论最高善的问题,这一问题是儒家讨论的,儒家也有一个圆教,尽管内容不同,但模式是一样的。④ 在其最后著作《圆善论》中,牟宗三即根据佛教圆教的启发,探讨了最高善问题和儒家的圆教,可以说这也是牟宗三思想的最终进境。

四、结　语

在近现代佛学研究反实体主义、反形上学的思潮中,牟宗三"佛教存有论"的诠释在一定程度上回应了对如来藏系统和中国传统佛学"实体化""基体"主义的批评,对学界进一步反思近代以来的佛学批判以及中国传统佛学的性格具有启发意义。此外,牟宗三具有开阔的哲学视野,他对佛教存有论的诠释发掘出佛教思想在汇通中西方哲学、建立普遍哲学范式、解决具有普遍意义的哲学问题方面的重要贡献。这对在重视文明间交流对话的当代社会如何诠释佛教思想以促进契机契理的发展,并发挥其在其新时代的思想意义具有重要启发。

---

① 牟宗三:《中国哲学十九讲》,贵阳:贵州人民出版社,2024 年,第 324 页。
② 牟宗三:《中国哲学十九讲》,贵阳:贵州人民出版社,2024 年,第 319 页。
③ 牟宗三:《中国哲学十九讲》,贵阳:贵州人民出版社,2024 年,第 328 页。
④ 牟宗三:《中国哲学十九讲》,贵阳:贵州人民出版社,2024 年,第 329 页。

禅宗的佛身说

张 凯[*]

内容提要：在《金刚经》基于缘起性空的法身离相思想的基础上，慧能《坛经》重在阐发有别于教门法身非色身的自性三身佛说，将法身与自性清净心、真如、佛性、如来藏进行嫁接，主张法身不离色身，法身在自身，这种思想为禅宗后学所继承和发展，演化出许多关于"如何是清净法身""如何透法身句""如何是毗卢师法身主"等提问话头，这些公案与"如何是佛""如何是祖师西来意"等一样，体现出禅宗否定外在偶像权威，主张自己即佛、即心即佛，对个体自身的重视，对主体性的高扬，成为禅宗佛身观有别于其他教门佛身观的鲜明特色，体现了禅宗"直指人心，见性成佛"的宗旨，是佛教中国化和中国文化"内在超越"的典型体现。

关键词：《金刚经》；《坛经》；禅宗；佛身；法身

与天台宗、三论宗、华严宗、唯识宗等教门理论色彩浓厚的佛身观相比，禅宗的佛身观以"般若空观""真心观"为思想基础，体现了其简易明了、直指佛性的鲜明特色。关于禅宗的佛身观，以往学界虽有探讨，但少见详尽阐发。[①] 本文在吸收前贤研究成果的基础上，首先考察作为禅宗实际创始人慧能佛学思想重要来源之一的《金刚经》及其说法记录《坛经》的佛身观，进而分析慧能之后禅宗内部对慧能佛身观的继承与发展，及其与禅宗思想的整体关联。

一、《金刚经》的法身离相说

《金刚经》是大乘佛教早期产生的一部般若类经典，主要宣扬"缘起性空"的般若思想。相传，从禅宗初祖达摩到四祖道信均以《楞伽经》印心，五祖弘忍兼弘《楞伽经》与

　＊　张凯：宁波大学佛教文化研究中心副教授、副主任，硕士生导师。
　①　就笔者管窥所见，相关成果有：[日]鎌田禅商，"禅宗より見たる仏身観"，载《禅学研究》，1928年，通号6；[日]光地英学，"禅における佛身の問題"，载《印度学佛教学研究》，1953年，通号2；[日]末木文美士，"『碧巌録』における法身説"，载東隆真博士古稀記念論文集刊行会編，《禅の真理と実践：東隆真博士古稀記念論集》，东京：春秋社，2005年，等等。

《金刚经》,到六祖慧能则专以《金刚经》印心,可见《金刚经》对慧能思想的重要影响。①

《金刚经》对佛身的论述,主要集中在对如来法身的探讨。《金刚经·离色离相分第二十》中说:

> "须菩提! 于意云何? 佛可以具足色身见不?"
>
> "不也,世尊! 如来不应以具足色身见。何以故? 如来说具足色身,即非具足色身,是名具足色身。"
>
> "须菩提! 于意云何? 如来可以具足诸相见不?"
>
> "不也,世尊! 如来不应以具足诸相见。何以故? 如来说诸相具足,即非具足,是名诸相具足。"②

此品首先指出佛(如来)既不可以具足色身见,也不可以具足诸相见。尔后通过《金刚经》惯用的"既非"句式来说明佛的法身既离色离相,又身相具足;既无形无相,又遍满十方,随缘而现。法身从《金刚经》所宣示的般若性空智慧而言是毕竟空寂的,无三十二相八十种好的色相庄严,但从现象界的发用而言又遍满法界,随缘应机说法,所以《金刚经》中的法身,可以看做是无相与有相、体与用、空与有的统一,但无疑更加侧重从性空的角度理解法身。这种观点在《金刚经》中多有论说,如《金刚经·如法受持分第十三》中说:"不可以三十二相得见如来。"③《金刚经·法身非相分第二十六》中说:

> "须菩提! 于意云何? 可以三十二相观如来不?"
>
> 须菩提言:"如是! 如是! 以三十二相观如来。"
>
> 佛言:"须菩提! 若以三十二相观如来者,转轮圣王即是如来。"
>
> 须菩提白佛言:"世尊! 如我解佛所说义,不应以三十二相观如来。"

---

① 关于《坛经》与《金刚经》的关系,郭朋认为《金刚经》强调"般若性空",《坛经》强调"明心见性",两经思想主旨不同,认为两经关系密切是"一种习而不察的历史误会"。(郭朋:《坛经校释》序言,北京:中华书局,1983 年,第3—9页)笔者认为,从思想倾向看,《金刚经》重在"破相"(宣扬"缘起性空"),《楞伽经》重在"显性"(主张"明心见性"),《坛经》则融冶两经思想为一炉,提倡"扫相"与"显性"的统一,"无念为宗""无相为体""无住为本"思想即是慧能继承《金刚经》"破相"思想的典型体现,且《坛经》中有言:"但持《金刚般若波罗蜜经》一卷,即得见性,入般若三昧,当知此人功德无量。……若大乘者,闻说《金刚经》,心开悟解,故知本性自有般若之智。"(李申校译,方广锠简注:《敦煌坛经合校译注》,北京:中华书局,2018 年,第79页)因此《坛经》与《金刚经》仍有某种程度的思想继承关系,不应完全对立与割裂。《楞伽经》主张化佛、报生佛、如如佛、智慧佛的四种佛身说,相关研究可参考:[日]柳幹康,"慧可と慧遠の『楞伽経』四種仏身理解",载《印度学佛教学研究》,2008 年,通号114。

② 宣方译注:《金刚经译注》,北京:中华书局,2012 年,第132页。

③ 宣方译注:《金刚经译注》,北京:中华书局,2012 年,第87页。

　　尔时,世尊而说偈言:"若以色见我,以音声求我,是人行邪道,不能见如来。"①

　　这里也指出,无论从身形还是从声音来认识如来,都还是执着于如来的具体形相,与如来真实的体性(空性)、真实的体相(诸相非相的实相)不符合,所以不能见到真正的如来,由此凸显般若正观的重要性。

　　在不以身相见佛的基础上,《金刚经》中随处可见"见法即见佛""见经典即见佛"的思想,主张从见法(缘起性空)的角度论说见佛。如《金刚经·如理实见分第五》中说:"不可以身相得见如来。何以故? 如来所说身相,即非身相。"②"凡所有相,皆是虚妄。若见诸相非相,则见如来。"③《金刚经·法身非相分第二十六》的偈颂之后,其他各汉译本和梵文本还有一偈,梵本直译作:"依法能见佛,导师法为身,法性非所识,故其不可知。"玄奘和义净译本均作:"应观佛法性,即导师法身,法性非所识,故彼不能了。"流支和真谛的译本均作:"由法应见佛,调御法为身,此法非识境,法如深难见。"亦是此例。宣示佛法的载体是佛教经典,所以《金刚经·尊重正教分第十二》中说:"若是经典所在之处,则为有佛,若尊重弟子。"④法身由此而有"智身""文身"(文字身)之称。印度佛教常将显示佛理的缘起偈安放于塔中供养,名为法身塔(有别于供养舍利的色身塔)。《金刚经》中多处说有此经处即相当于有佛塔,如《金刚经·尊重正教分第十二》中说:"复次,须菩提! 随说是经,乃至四句偈等,当知此处,一切世间天、人、阿修罗,皆应供养,如佛塔庙。"⑤《金刚经·持经功德分第十五》中说:"须菩提! 在在处处,若有此经,一切世间天、人、阿修罗,所应供养;当知此处则为是塔,皆应恭敬作礼围绕,以诸华香而散其处。"⑥由此可知佛身特别是法身与经典文字中所彰显的佛法亦即体认缘起性空的离相智慧之间的密切关联。⑦

　　① 宣方译注:《金刚经译注》,北京:中华书局,2012 年,第 146 页。关于此分中的如来,以往注释多有将其解释为化身佛者,故认为《金刚经》主张不仅对于法身佛不能从身相去认识,对于化身佛也不能从身相去认识。笔者依据该分的名称《法身非相分》,主张仍应从法身佛的角度理解此品。
　　② 宣方译注:《金刚经译注》,北京:中华书局,2012 年,第 34 页。
　　③ 宣方译注:《金刚经译注》,北京:中华书局,2012 年,第 34 页。
　　④ 宣方译注:《金刚经译注》,北京:中华书局,2012 年,第 83 页。
　　⑤ 宣方译注:《金刚经译注》,北京:中华书局,2012 年,第 83 页。
　　⑥ 宣方译注:《金刚经译注》,北京:中华书局,2012 年,第 104 页。
　　⑦ 值得注意的是,《金刚经》虽未详述法、报、化三身说,但以《金刚经》为指导思想而形成的一部佛教忏仪《金刚五礼》(保存在敦煌文献中)却论及了三身说,并将法、报、化三身同归于释迦牟尼佛,阐发了较有特色的"三身一佛"思想,从中可见佛身思想对佛教忏仪及民众民俗的影响。有关《金刚五礼》的录文与研究可参考汪娟:《敦煌礼忏文研究》,台北:法鼓文化事业股份有限公司,1998 年;方广錩主编:《藏外佛教文献》第七辑,北京:宗教文化出版社,2000 年。

二、《坛经》的自性三身佛说

《坛经》是理解慧能(638—713)和禅宗思想的核心文献,其中的佛身论述,与《金刚经》中的法身离相说相比,有所继承和发展。从思想倾向看,《金刚经》重在基于"缘起性空"的"扫相",故其佛身论述重在从"空"的层面论说,讨论法身离色无相的特点。《坛经》则重在扫相之后的"显性",故其佛身论说重在从"有"的层面论说,讨论其与自性(佛性、自性清净心)的关联,主张法身不离色身的自性三身佛说。

《坛经》中提到了慧能关于受戒的独特说法"无相戒",授"无相戒"包括归依自性三身佛、发四弘誓愿、无相忏悔、三性三归依戒等内容。慧能在论述传授无相戒时,将佛教传统三归依中的归依佛,改造为归依自三身佛,主张自性是佛、众生是佛:

> 善知识,总须自听,与授无相戒。一时逐惠能口道,令善知识见自三身佛:于自色身,归依清净法身佛;于自色身,归依千百亿化身佛;于自色身,归依当来圆满报身佛。已上三唱。

> 色身者是舍宅,不可言归。向者三身在自法性,世人尽有,为迷不见。外觅三世①如来,不见自色身中三世②佛。……此三身佛,从自性上生。③

慧能主张佛三身皆存于众生自身(色身)自性(法性)之中,为众生所本有,只因迷而不见,所以与《金刚经》从离色离相的角度论说佛身不同,《坛经》倾向于论述佛身与色身的密切关系,例如,《坛经》在解释"无住为本"时说:"无住者,为人本性,念念不住。前念、今念、后念,念念相续,无有断绝。若一念断绝,法身即离色身。念念时中,于一切法上无住。一念若住,念念即住,名系缚。于一切上,念念不住,即无缚也。"④主张念念相续不断,法身不离色身,但须念念不住,方达无住为本。此即是念念虽相续,法性总清净。慧能关于法身不离色身、色身法身不二的思想,还见于他与弟子志道的一段问答:

> 昔志道禅师问六祖:"学人自出家,览《涅槃经》近十余载,未明大意,愿师垂诲。"祖曰:"汝何处未了?"对曰:"诸行无常,是生灭法。生灭灭已,寂灭为乐。于此疑惑。"祖曰:"汝作么生疑?"对曰:"一切众生皆有二身,谓色身、法身也。色身无常,有生有灭。法身有常,无知无觉。《经》云'生灭灭已寂灭为乐'者,未审是何身寂灭?何身受乐?若色身者,色身灭时,四大分散,全是苦苦,不可言乐。若法身

---

① 郭朋校本"世"作"身"。(郭朋:《坛经校释》序言,北京:中华书局,1983年,第39页)
② 郭朋:《坛经校释》序言,北京:中华书局,1983年,第39页。
③ 李申校译,方广锠简注:《敦煌坛经合校译注》,北京:中华书局,2018年,第53页。
④ 李申校译,方广锠简注:《敦煌坛经合校译注》,北京:中华书局,2018年,第41页。

寂灭,即同草木瓦石,谁当受乐? 又法性是生灭之体,五蕴是生灭之用。一体五用,生灭是常。生则从体起用,灭则摄用归体。若听更生,即有情之类,不断不灭。若不听更生,即永归寂灭,同于无情之物。如是,则一切诸法,被涅槃之所禁伏,尚不得生,何乐之有?"祖师到这里,不能临济德山用事,遂放些气息还他云:"汝是释子,何习外道断常邪见而议最上乘法? 据汝所解,即色身外别有法身,离生灭求于寂灭。又推涅槃常乐、言有身受者,斯乃执吝生死,耽著世乐。汝今当知,佛为一切迷人认五蕴和合为自体相,分别一切法为外尘相。好生恶死,念念迁流。不知梦幻虚假,枉受轮回,以常乐涅槃,翻为苦相,终日驰求。佛愍此故,乃示涅槃真乐。刹那无有生相,刹那无有灭相。更无生灭可灭,是则寂灭现前。当现前时,亦无现前之量,乃谓常乐。此乐无有受者,亦无有不受者,岂有一体五用之名? 何况更言涅槃禁伏诸法,令永不生,此乃谤佛毁法。"①

此处,志道分别将色身与五蕴、法身与法性相对应,认为色身是生灭之体,法身是生灭之用,疑问《涅槃经》所说的"生灭灭已,寂灭为乐",到底是何身寂灭,何身受乐? 志道基于《涅槃经》的这种认识,应该即是被南阳慧忠批评为有主张神我倾向的"色身无常而性是常""与彼先尼外道无有差别"的"南方宗旨"。② 慧能则认为志道的看法是"色身外别有法身,离生灭求于寂灭"的外道邪见,主张色身即法身、生死即涅槃。

慧能在授"无相戒"中论述了归依自三身佛后,又分别论说了佛的法身、化身、报身。在论说法身佛时,慧能说:

> 何名清净③身佛? 善知识,世人性本自净,万法在自性。思惟一切恶事,即行于恶行。思量一切善事,便修于善行。知如是,一切法尽在自性。自性常清净,日月常明。只为云覆盖,上明下暗,不能了见日月星辰。忽遇慧风吹散,卷尽云雾,万象森罗,一时皆现。世人性净,犹如清天。慧如日,智如月,智慧常明。于外看境,妄念浮云盖覆,自性不能明故。遇善知识开真法,吹却迷妄,内外明彻,于自性中万法皆见。一切法在自性,名为清净法身。自归依者,除不善心及不善行,是名归依。④

① 《大慧普觉禅师语录》卷28,见《大正藏》第47册,第931页上—下。
② 《景德传灯录》卷28,见《大正藏》第51册,第437页下—第438页上。关于南阳慧忠的师承,有弘忍弟子、慧能弟子、行思弟子、神会弟子等不同说法。释印顺指出慧忠的传承不大明白,谁也想使他属于自己一系。然而从传说的慧忠语句推论,慧忠有独立的禅风,出入于东山及牛头,南宗与北宗之间。(释印顺:《中国禅宗史》,北京:中华书局,2010年,第244—246页)关于南阳慧忠批判的"南方宗旨"是指对《坛经》进行添改的志道,释印顺已有指摘。(释印顺:《中国禅宗史》,北京:中华书局,2010年,第251页)
③ 郭朋校本"清净"后补"法"。(郭朋:《坛经校释》序言,北京:中华书局,1983年,第39页)
④ 李申校译,方广锠简注:《敦煌坛经合校译注》,北京:中华书局,2018年,第53—54页。

此处,慧能论说了"万法在自性""一切法在自性",将清净法身与光明佛性(自性)进行了关联,佛性为人人所本有,而佛与佛性在修行者看来是一致的,修行的目的就是通过彰显修行者内在本有的佛性而顿悟成佛,最终获得智慧解脱。成佛并非另有佛身,自性就是佛,此即禅宗所标榜的"直指人心,见性成佛"。所以他说:"善知识,见自性自净,自修自作自性法身,自行佛行,自作自成佛道。"①"修行者,法身与佛等也。"②"不修即凡,一念修行,法身等佛。"③"善知识,后代得吾法者,常见吾法身不离汝左右。善知识,将此顿教法门,同见同行,发愿受持,如事佛故。"④这种对法身的理解,成为尔后禅宗后学解读法身的主要思路。

慧能将法身与自性(佛性)、智慧解脱进行关联的同时,也将法身与功德相关联,他在回答韦据提问达摩为何说梁武帝无功德时,指出福报与功德的差别:"功德在法身,非在于福田。自法性有功德,平直是佛性。……自性无功德,法身无功德。"⑤指出功德有否在于是否体认到法身(自性、佛性),而与所种福田多少无关。

在论说化身与报身时,慧能说:

> 何名为千百亿化身佛?不思量,性即空寂;思量,即是自化。思量恶法,化为地狱;思量善法,化为天堂;毒害化为畜生,慈悲化为菩萨;智慧化为上界,愚痴化为下方。自性变化甚多,迷人自不知。见一念善,智慧即生。一灯能除千年暗,一智能灭万年愚。莫思向前,常思于后。
>
> 常后念善,名为报身。一念恶,报却千年善心;一念善,报却千年恶灭。无常已来,后念善,名为报身。从法身思量,即是化身;念念善,即是报身。自悟自修,即名归依也。⑥

慧能主张法身与化身的差别在于心念的思量与否,而化身的差别根源于个体自身思量对象的善恶差别。报身是心念向善的果报,心念思量即成化身,而心念向善即成报身。可见慧能论说三身,皆是从自性心念的内在主观角度论说。慧能讲三十六对法中的"自性居起用对"时,提及"法身与色身对""化身与报身对"⑦,可知法身侧重从色身自性角度论说,而化身、报身则是从心念的思量与思量善法的角度论说。

慧能不仅将三归依中的归依佛解释为归依自性三身佛,还将归依佛、法、僧三宝解

---

① 李申校译,方广锠简注:《敦煌坛经合校译注》,北京:中华书局,2018年,第50页。
② 李申校译,方广锠简注:《敦煌坛经合校译注》,北京:中华书局,2018年,第68页。
③ 李申校译,方广锠简注:《敦煌坛经合校译注》,北京:中华书局,2018年,第72页。
④ 李申校译,方广锠简注:《敦煌坛经合校译注》,北京:中华书局,2018年,第94页。
⑤ 李申校译,方广锠简注:《敦煌坛经合校译注》,北京:中华书局,2018年,第101页。
⑥ 李申校译,方广锠简注:《敦煌坛经合校译注》,北京:中华书局,2018年,第54页。
⑦ 李申校译,方广锠简注:《敦煌坛经合校译注》,北京:中华书局,2018年,第146页。

释为归依觉、正、净①,而觉、正、净只是慧能对人的内在佛性的不同侧面的不同称呼,体现了其"明心见性"的一贯立场,此为"无相三归依"。

慧能在临终前所说的《自性见真佛解脱颂》中说:

> 化身报身及法身,三身元本是一身。
> 若向身中觅自见,即是成佛菩提因。
> 本从化身生净性,净性常在化身中。
> 性使化身行正道,当来圆满真无穷。
> 淫性本是清净因,除淫即无净性身。
> 性中但自离五欲,见性刹那即是真。②

慧能认为三身实为一身,三身中的根本是法身(净性),法身蕴藏在化身中,能使化身思善法、行正道,故能成就圆满报身。因此,当从自身(色身、佛性)中寻觅法身(佛)。可以说,《金刚经》强调见法(缘起性空的智慧)即见佛,《坛经》则强调见性(众生本具的清净佛性)即见佛。

据《景德传灯录》载,慧能弟子寿州智通曾向慧能请教《楞伽经》中的三身四智,从中可见慧能对佛身与佛智关系的理解:

> 寿州智通禅师者,寿州安丰人也。初看《楞伽经》约千余遍而不会三身四智,礼师求解其义。祖(慧能)曰:"三身者,清净法身,汝之性也;圆满报身,汝之智也;千百亿化身,汝之行也。若离本性别说三身,即名有身无智。若悟三身无有自性,即名四智菩提。听吾偈曰:'自性具三身,发明成四智。不离见闻缘,超然登佛地。吾今为汝说,谛信永无迷。莫学驰求者,终日说菩提。'"师曰:"四智之义,可得闻乎?"祖曰:"既会三身,便明四智,何更问邪?若离三身别谭四智,此名有智无身也。即此有智,还成无智。复说偈曰:'大圆镜智性清净,平等性智心无病,妙观察智见非功,成所作智同圆镜。五八六七果因转,但用名者无实性。若于转处不留情,繁兴永处那伽定。'"(转识为智者,教中云:转前五识为成所作智,转第六识为妙观察智,转第七识为平等性智,转第八识为大圆镜智。虽六七因中转,五八果上转,但转其名,而不转其体也。)师礼谢,以偈赞曰:"三身元我体,四智本心明。身智融无碍,应物任随形。起修皆妄动,守住匪真精。妙言因师晓,终亡污染名。"③

---

① 李申校译,方广锠简注:《敦煌坛经合校译注》,北京:中华书局,2018年,第65页。
② 李申校译,方广锠简注:《敦煌坛经合校译注》,北京:中华书局,2018年,第170—171页。
③ 《景德传灯录》卷5,见《大正藏》第51册,第238页中—下。

在此,慧能将法身、报身、化身分别对应于人之性、智、行,指出"若离本性别说三身"则是"有身无智","若离三身别谭(谈)四智",则是"有智无身","若悟三身无有自性"(缘起性空)则获"四智"(成所作智、妙观察智、平等性智、大圆镜智)。从中可知,想要获得四智,需体认到三身既不离本性(显性),又无有自性(扫相),三身与四智皆基于众生的自性清净心,因而相融无碍。此段问答虽有唯识思想的引入,但从扫相与显性两方面理解三身,与《坛经》的主旨是一致的。

三、禅宗后学的佛身说

慧能之后的禅宗后学,基本继承了慧能对佛身的论述思路,一方面主张法身离相无相的特点,另一方面着重阐发法身不离色身,自性清净心即是法身的思想。在此基础上,更是创造性地发展出各种富有机锋的禅语、话头、公案,旨在引导众生自识本心,见性成佛,获得佛身。

(一)法身与色身的关系

关于法身离相无相的特点,百丈怀海法嗣黄檗希运(?—850)说:

> 言佛真法身,犹若虚空。此是喻法身即虚空,虚空即法身。常人谓法身遍虚空处,虚空中含容法身。不知法身即虚空,虚空即法身也。若定言有虚空,虚空不是法身。若定言有法身,法身不是虚空。但莫作虚空解,虚空即法身。莫作法身解,法身即虚空。虚空与法身无异相,佛与众生无异相,生死与涅槃无异相,烦恼与菩提无异相。离一切相即是佛。①

希运指出法身与虚空是不一不异的关系,虚空即是法身,离相即得成佛,此理同于佛即众生,生死即涅槃,烦恼即菩提。黄龙惠南(1002—1069)说:"法身无相,应物现形;般若无知,随缘即照。遂竖起拂子云:'拂子竖起,谓之法身,岂不是应物现形?拂子横来,谓之般若,岂不是随缘即照?'"②圆悟克勤(1063—1135)也说:"法身无相,应机现形;法眼无瑕,随照鉴物。"③意为法身之体无相离相,法身之用却又万象森然。永嘉玄觉(665—713)也说:"无名实性即佛性,幻化空身即法身。"④
在法身无相思想的基础上,禅宗后学更倾向阐发法身即是自性清净心(如来藏)的思想,如南岳怀让法嗣、提倡"即心即佛"的马祖道一(709—788)说:"汝若欲识心,只今

---

① 《黄檗山断际禅师传心法要》,见《大正藏》第48册,第381页上。
② 《黄龙慧南禅师语录》,见《大正藏》第47册,第630页中。
③ 《圆悟佛果禅师语录》卷6,见《大正藏》第47册,第740页中。
④ 《永嘉证道歌》,见《大正藏》第48册,第395页下。

语言，即是汝心。唤此心作佛，亦是实相法身佛，亦名为道。……今见闻觉知，元是汝本性，亦名本心。更不离此心别有佛。此心本有今有，不假造作。本净今净，不待莹拭。自性涅槃，自性清净，自性解脱，自性离故。是汝心性，本自是佛，不用别求佛。"①又说："在缠名如来藏，出缠名大法身。法身无穷，体无增减。能大能小，能方能圆。应物现形，如水中月。滔滔运用，不立根栽。不尽有为，不住无为。"②主张心即是佛（实相法身佛），如来藏是包含烦恼（在缠）的法身，法身是摆脱烦恼（出缠）的如来藏。这种将身心的生理作用，无条件地与佛性相等同的思想，一般称为"作用即性"说。马祖弟子大珠慧海说："心无形相即是微妙色身，无相即是实相法身，性相体空即是虚空无边身，万行庄严即是功德法身。此法身者，乃是万化之本，随处立名。智用无尽，名无尽藏。能生万法，名本法藏。具一切智，是智慧藏。万法归如，名如来藏。"③认为心即佛，如来藏即法身，主张不离世间心性而求解脱。又如"僧问：'何者是佛？'师（大珠慧海）曰：'离心之外，即无有佛。'曰：'何者是法身？'师曰：'心是法身，谓能生万法，故号法界之身。'"④永嘉玄觉也说："诸佛法身入我性，我性同共如来合。"⑤

　　基于心性是佛（法身）的思想，禅宗后学亦多探讨色身与法身的不二（不即不离）关系。这种不二关系体现在两个方面：一方面，色身不等同于法身，如《景德传灯录》载："曰：'和尚色身岂得便同法身不生灭耶？'师（南阳慧忠）曰：'汝那得入于邪道？'曰：'学人早晚入邪道。'师曰：'汝不见《金刚经》色见声求皆行邪道，今汝所见不其然乎？'"⑥南阳慧忠（？—775）在此主张生灭的色身与不生不灭的法身毕竟不能等同。另一方面，法身又不离色身，《景德传灯录》又载："曰：'一切众生尽居佛身之上，便利秽污佛身，穿凿践蹋佛身，岂无罪耶？'师（南阳慧忠）曰：'众生全体是佛，欲谁为罪？'曰：'经云佛身无罣碍，今以有为质碍之物而作佛身，岂不乖于圣旨？'师曰：'《大品经》云，不可离有为而说无为，汝信色是空否？'曰：'佛之诚言，那敢不信？'师曰：'色即是空，宁有罣碍？'"⑦慧忠在此又主张不离有为而说无为，故不离色身而说法身，众生全体是佛。正因如此，才有南泉普愿（748—834）"法身具四大"⑧、杨岐方会（996—1049）"长者长法身，短者短法身"⑨等语。《景德传灯录》载："时有僧问：'承师有言，世界坏时，此性不坏。如何是此性？'师（赵州丛谂）曰：'四大五阴。'僧曰：'此犹是坏底，如何是此

---

①　《宗镜录》卷14，见《大正藏》第48册，第492页上。

②　《景德传灯录》卷28，见《大正藏》第51册，第440页中。

③　《景德传灯录》卷28，见《大正藏》第51册，第441页上。

④　《景德传灯录》卷28，见《大正藏》第51册，第441页上。

⑤　《永嘉证道歌》，见《大正藏》第48册，第396页中。

⑥　《景德传灯录》卷28，见《大正藏》第51册，第438页下。

⑦　《景德传灯录》卷28，见《大正藏》第51册，第438页中。

⑧　《景德传灯录》卷14，见《大正藏》第51册，第314页中。《祖堂集》中载以此语示众者是药山惟严（751—834）而非南泉普愿。（《祖堂集》卷5，见《大藏经补编》第25册，第402页上）

⑨　《杨岐方会和尚语录》，见《大正藏》第47册，第641页下。

性?'师曰:'四大五阴。'"①这里所谓的"此性",就是由虚妄无常的"四大五阴"所构成的活生生的自己(色身),除此之外,不会有什么绝对普遍的"此性"。赵州还有如下问答:"问:'如何是无疾之身?'师(赵州丛谂)云:'四大五阴'。"②所谓"无疾之身",即指与生老病死无关的不灭法身。概而言之,他宗多主张破色身以求法身,禅宗则主张色身法身不二,在色身中求法身。

禅宗后学虽强调法身不在色身之外,在色身中求法身,但却不主张极力追求法身佛果,认为追求也是一种执着,提倡平常心是道、无事是贵人。如南阳慧忠曾与唐肃宗有一段对话:"肃宗帝问忠问③师:'如何是十身调御?'国师云:'檀越踏毗卢顶上行。'帝云:'寡人不会。'国师云:'莫认自己清净法身。'"④圆悟克勤在解释此公案时说:"教家以清净法身为极则,为什么却不教人认?不见道,认著依前,还不是咄,好便与棒。会得此意者,始会他道莫认自己清净法身。"⑤禅宗主张要认识到众生自身中本有的清净法身,而此处慧忠教人"莫认自己清净法身",究其原因,一方面是暗示法身虽在色身中,但色身毕竟不当下即是法身,体现了色身与法身的不一;另一方面也有让人放下对法身的执着与追求。云门文偃(864—949)曾讲到"法身两般病":

> 光不透脱,有两般病:一切处不明面前有物,是一;又透得一切法空,隐隐地似有个物相似,亦是光不透脱。又法身亦有两般病:得到法身,为法执不忘,己见犹存,坐在法身边,是一;直饶透得法身去,放过即不可,子细点检来,有什么气息,亦是病。⑥

文偃以对光的认识为喻来说明对法身也存在两种错误认识:一是努力追求外在法身("坐在法身边");二是认识到法身在自身后仍执取于此身,两者皆是我执的体现,特别是第二种认识,尤需警惕避免。乾峰也曾说:"法身有三种病二种光,须是一一透得。"⑦

(二)法身与化身、报身的关系

关于法身与化身、报身的关系,禅宗后学也有论说,黄檗希运说:

---

① 《景德传灯录》卷28,见《大正藏》第51册,第466页下。
② 《赵州和尚语录》卷中,见《嘉兴藏》第24册,第366页上。
③ 笔者注:"问"当为"国"。
④ 《佛果圜悟禅师碧岩录》卷10,见《大正藏》第48册,第222页中。
⑤ 《佛果圜悟禅师碧岩录》卷10,见《大正藏》第48册,第223页上。
⑥ 《云门匡真禅师广录》卷2,见《大正藏》第47册,第558页上。
⑦ 《云门匡真禅师广录》卷3,见《大正藏》第47册,第574页下。关于云门宗"两般病"的讨论,可参考丁建华:《论禅宗"两般病"思想之意涵》,《中国文化研究》2018年第3期。

佛有三身:法身说自性虚通法,报身说一切清净法,化身说六度万行法。法身说法,不可以言语音声形相文字而求,无所说无所证,自性虚通而已。故曰:"无法可说,是名说法。"报身化身皆随机感现,所说法亦随事应根以为摄化,皆非真法。故曰:"报化非真佛,亦非说法者。"①

希运将法身、报身、化身所说法分别对应于自性虚通法、一切清净法、六度万行法,与慧能将此三身分别对应于人之性、智、行有相通处。法身所说法虽是真法,但无言语音声形相文字,无所说无所证;报身、化身所说法乃随机感现,摄化非真。法身与报化二身虽有不同侧重,但不能作割裂对待,《景德传灯录》载:

曰:"每闻和尚说报化非真佛,亦非说法者,未审如何?"师(南泉普愿)曰:"缘生故非。"曰:"报化既非真佛,法身是真佛否?"师曰:"早是应身也。"曰:"若怎么即法身亦非真佛?"师曰:"法身是真非真,老僧无舌不解道,尔教我道即得。"曰:"离三身外何法是真佛?"师曰:"遮汉共八九十老人相骂,向尔道了也,更问什么离不离,拟把楔钉他虚空。"曰:"伏承《华严经》是法身佛说,如何?"师曰:"尔适来道什么语?"其僧重问。师顾视叹曰:"若是法身说,尔向什么处听?"曰:"某甲不会。"师曰:"大难大难,好去珍重。"②

提倡"心不是佛"的南泉普愿,针对三身的提问,认为法身即是应身,主张法身不离化报二身,三身是一身。又如"举应化非真佛,亦非说法者。师(云门文偃)曰:'应化之身说,即是法身说。亦唤作亲体全真,以法身吃法身。'又云:'饭不是法身,拄杖不是法身。'"③又如"问:'千百亿化身,于中如何是清净法身?'师(清凉文益)云:'总是。'"④"问:'如何是法身?'师(清凉文益)云:'这个是应身。'"⑤既然众生的色身与法身是不一不异的关系,那么佛的色身(应化身、释迦牟尼)与法身的关系当然也是如此。黄檗希运法嗣、临济宗开创者临济义玄(?—867)在论述一念心上清净就是佛的思想时说:

尔要与佛祖不别,但莫外求。尔一念心上清净光,是尔屋里法身佛;尔一念心上无分别光,是尔屋里报身佛;尔一念心上无差别光,是尔屋里化身佛。此三种身,是尔即今目前听法底人,只为不向外驰求,有此功用。据经论家取三种身为极则,

① 《黄檗山断际禅师传心法要》,见《大正藏》第48册,第382页上。
② 《景德传灯录》卷28,见《大正藏》第51册,第446页中。
③ 《云门匡真禅师广录》卷2,见《大正藏》第47册,第558页下。
④ 《金陵清凉院文益禅师语录》,见《大正藏》第47册,第589页上;又见《景德传灯录》卷24,见《大正藏》第51册,第399页上。
⑤ 《金陵清凉院文益禅师语录》,见《大正藏》第47册,第589页下;又见《景德传灯录》卷24,见《大正藏》第51册,第399页中。

约山僧见处不然,此三种身是名言,亦是三种依。古人云:"身依义立,土据体论。"法性身、法性土,明知是光影。大德! 尔且识取弄光影底人是诸佛之本源,一切处是道流归舍处。……道流! 取山僧见处,坐断报化佛头,十地满心犹如客作儿,等妙二觉担枷锁汉,罗汉辟支犹如厕秽,菩提涅槃如系驴橛。①

义玄认为佛的法身、报身、化身分别由一念心上的清净光、无分别光、无差别光所致,主张三身佛皆由众生清净平等自性所显现,皆是名言,故不需外求,亦不需内求,因为不论外求还是内求都是一种执着,"心外无法,内亦不可得,求什么物?"②"设有修得者,皆是生死业。"③"佛与祖师是无事人,所以有漏有为,无漏无为,为清净业。"④故有法身是"光影""坐断报化佛头"等类似"呵佛骂祖"的说法。

(三)无情有无法身

如果众生皆具法身,那么无情草木是否也有法身? 这就涉及到禅宗对"无情有性"问题的讨论。关于这个问题,禅宗有句名言:"青青翠竹尽是法身,郁郁黄花无非般若"。佛教居士苏东坡(1036—1101)曾说:"溪声便是广长舌,山色清净无非身",也表达了这一思想。然而如何看待这种观点,禅宗内部也有不同的声音:

> 僧问忠国师(南阳慧忠):"古德云:'青青翠竹尽是法身,郁郁黄华无非般若。'有人不许,云是邪说。亦有信者,云不思议。不知若为?"国师曰:"此盖普贤文殊境界,非诸凡小而能信受,皆与大乘了义经意合。故《华严经》云:'佛身充满于法界,普现一切群生前。随缘赴感靡不周,而恒处此菩提座。'翠竹既不出于法界,岂非法身乎? 又《般若经》云:'色无边故,般若亦无边。'黄华既不越于色,岂非般若乎? 深远之言,不省者难为措意。"又《华严》座主问大珠和尚(大珠慧海)曰:"禅师何故不许青青翠竹尽是法身,郁郁黄华无非般若?"珠曰:"法身无像,应翠竹以成形;般若无知,对黄华而显相。非彼黄华翠竹,而有般若法身。故《经》云:'佛真法身,犹若虚空。应物现形,如水中月。'黄华若是般若,般若即同无情。翠竹若是法身,翠竹还能应用。座主会么?"主曰:"不了此意。"珠曰:"若见性人,道是亦得,道不是亦得。随用而说,不滞是非。若不见性人,说翠竹著翠竹,说黄华著黄华,说法身滞法身,说般若不识般若,所以皆成争论。"师(大慧宗杲)云:"国师主张青青翠竹尽是法身,直主张到底。大珠破青青翠竹不是法身,直破到底。老汉将一个主张底,将一个破底,收作一处,更无拈提,不敢动着他一丝毫。要尔学者具眼,透国

---

① 《镇州临济慧照禅师语录》,见《大正藏》第 47 册,第 497 页中。
② 《镇州临济慧照禅师语录》,见《大正藏》第 47 册,第 499 页中。
③ 《镇州临济慧照禅师语录》,见《大正藏》第 47 册,第 499 页中。
④ 《镇州临济慧照禅师语录》,见《大正藏》第 47 册,第 499 页中。

师底金刚圈,又吞大珠底栗棘蓬。具眼者辨得出,不具眼者未必不笑。"①

由此可知,南阳慧忠肯定"青青翠竹尽是法身,郁郁黄花无非般若"观点的合理性,认为这是"普贤文殊境界",并引《华严经》《般若经》等大乘经典为证。大珠慧海对此句则持否定态度,并指出若对见道之人而言,肯定否定皆可,不须执著于此。大慧宗杲最后也指出,肯定与否定皆是佛说,须具慧眼方能辨识。概言之,"青青翠竹尽是法身,郁郁黄花无非般若"与洪州系"触类是道"、石头系"即事而真"的思想一脉相通,都是主张真如佛性(法身、般若、道、真)蕴藏在事事物物(翠竹、黄花、类、事)之中,最终的觉悟在于发现蕴含在事物之中的道理,这也就是"生死即涅槃""烦恼即菩提"的"不二"真义。然如对此见解不能灵活运用,反而将其执为僵化的教条和口号,则会成为修道障碍,故也须对其进行否定、破除和解构,重现禅悟的活泼泼的灵动气象。马祖早年宣说"即心即佛",后来主张"非心非佛",看似前后矛盾,意亦在此。

(四)有关法身的著名禅语

基于"青青翠竹尽是法身,郁郁黄花无非般若"的理念,在法身即众生本具佛性思想的指导下,法身因与佛性、般若、解脱相通,逐渐成为禅师们行使机锋棒喝的常用问语,出现了与"如何是佛?"相类似的"如何是法身?""如何是清净法身?""如何是透法身句?"等相关的话头、古则和公案。其中,与云门文偃有关的问语尤多,择要列举如下:

(1)问:"如何是透法身句?"师(云门文偃)云:"北斗里藏身。"②

(2)问:"如何是清净法身?"师(云门文偃)云:"花药栏。"进云:"便与么会时如何?"师云:"金毛师子。"③

(3)问:"如何是透法身句?"师(云门文偃)云:"海晏河清。"④

(4)僧问云门:"如何是清净法身?"门云:"六不收。"⑤

(5)举法身说法:"青青翠竹尽是法身,未是提纲,拈掇时节。"⑥

(6)举法身吃饭:"早是剜肉作疮,将谓合有与么说话?"⑦

(7)举法身吃饭:"幻化空身即法身。"师(云门文偃)云:"乾坤大地何处有也?

① 《大慧普觉禅师语录》卷15,见《大正藏》第47册,第875页上;大珠慧海对话,又见《景德传灯录》卷28,见《大正藏》第51册,第441页中—下。

② 《云门匡真禅师广录》卷1,见《大正藏》第47册,第546页上。

③ 《云门匡真禅师广录》卷1,见《大正藏》第47册,第552页下。

④ 《云门匡真禅师广录》卷1,见《大正藏》第47册,第553页中。

⑤ 《圆悟佛果禅师语录》卷17,见《大正藏》第47册,第795页下。

⑥ 《云门匡真禅师广录》卷2,见《大正藏》第47册,第557页中。

⑦ 《云门匡真禅师广录》卷2,见《大正藏》第47册,第557页中。

物物不可得,以空噇空。若约点捡来,将谓合有与么说话?"①

(8)举法身清净:"一切声色尽是廉纤语话,不涉廉纤,作么生是清净?"又云:"作么生是法身?"师(云门文偃)云:"六不收。"又云:"三十三天二十八宿。"②

(9)师(云门文偃)有时云:"我寻常道,一切声是佛声,一切色是佛色,尽大地是法身,枉作个佛法中见?如今见拄杖但唤作拄杖,见屋但唤作屋。"③

(10)举一宿觉云:"幻化空身即法身。"师(云门文偃)拈起拄杖云:"尽大地不是法身。"④

其中,第(1)则材料"北斗里藏身"尤被后世重视,汾阳善昭、大慧宗杲均有评点,汾阳善昭的解读是:"藏身北斗最分明,只为人多见不精。巧妙安陈心意解,却如平地作深坑。昏灯日昼何曾易,青竹黄花满地生。"⑤大慧宗杲解读为:"云门老人恁么道,只答得法身句,未答得透法身句。今日或有人问径山,如何是透法身句,即向他道:蟭螟眼里放夜市,大虫舌上打秋千。"⑥针对第(4)则材料"六不收",也有圆悟克勤的拈语:"只道得一半。若问道林,只对他道一不立,遂成颂。一不立,六不收,突然那更有踪由。无限青山留不住,落华流水太悠悠。"⑦

除云门文偃外,多有禅师提撕有关"法身"的类似问答,择要列举如下:

(1)明水和尚问:"如何是顿获法身?"师(南泉普愿法嗣池州灵鹫闲禅师)云:"一透龙门云外望,莫作黄河点额鱼。"⑧

(2)僧问:"如何是清净法身?"师(濠州思明和尚)曰:"屎里蛆儿头出头没。"⑨

(3)问:"如何是清净法身?"师(益州北院通禅师)曰:"无[黑*古]污。"⑩

(4)问:"如何是清净法身?"师(泉州福清院玄讷禅师)曰:"虾蟆曲蟮。"⑪

(5)僧问:"如何是清净法身?"师(襄州白马山行霭禅师)曰:"井底虾蟆吞却月。"⑫

(6)问:"如何是清净法身?"师(襄州鹿门山第二世谭和尚志行大师)曰:"戌

---

① 《云门匡真禅师广录》卷2,见《大正藏》第47册,第558页下。
② 《云门匡真禅师广录》卷2,见《大正藏》第47册,第558页上。
③ 《云门匡真禅师广录》卷2,见《大正藏》第47册,第559页上。
④ 《云门匡真禅师广录》卷2,见《大正藏》第47册,第554页中。
⑤ 《汾阳无德禅师语录》卷2,见《大正藏》第47册,第608页上。
⑥ 《大慧普觉禅师语录》卷4,见《大正藏》第47册,第828页下—第829页上。
⑦ 《圆悟佛果禅师语录》卷17,见《大正藏》第47册,第795页下。
⑧ 《景德传灯录》卷10,见《大正藏》第51册,第278页中。
⑨ 《景德传灯录》卷15,见《大正藏》第51册,第324页下。
⑩ 《景德传灯录》卷17,见《大正藏》第51册,第339页中。
⑪ 《景德传灯录》卷19,见《大正藏》第51册,第356页中。
⑫ 《景德传灯录》卷23,见《大正藏》第51册,第394页上。

亥年生。"①

（7）问："如何是透法身句？"师（襄州万铜山广德和尚）曰："无力登山水，茅户绝知音。"②

（8）时有僧问："如何是透法身句？"师（朗州德山第九世缘密圆明大师）曰："三尺杖子搅黄河。"③

（9）问："如何是透法身句？"师（韶州云门山爽和尚）曰："银香台上生萝卜。"④

（10）僧问："如何是透法身句？"师（郢州临溪竟脱和尚）曰："明眼人笑汝。"问："如何是法身？"师曰："四海五湖宾。"⑤

（11）问："如何是透法身外一句子？"师（婺州明招德谦禅师）曰："北斗后翻身。"⑥

（12）问："如何是法身体？"师（福州广平玄旨禅师）曰："廓落虚空绝玷瑕。"⑦

（13）问："如何是大阳透法身底句？"师（郢州大阳山警玄禅师）曰："大洋海底红尘起，须弥顶上水横流。"⑧

（14）僧问大龙："色身败坏，如何是坚固法身？"龙云："山花开似锦，涧水湛如蓝。"⑨

除"如何是清净法身？""如何是透法身句？"等问答外，也多有"如何是毗卢师法身主？"的问答，此话头似兴于曹洞，择要列举如下：

（1）僧问："如何是毗卢师法身主？"师（洞山良价）云："禾茎粟干。"⑩

（2）曹山行脚时，问乌石灵观禅师（黄檗希运法嗣）："如何是毗卢师法身主？"石曰："我若向汝道，即别有也。"⑪

（3）僧问："如何是法身主？"师（曹山本寂）曰："谓秦无人。"僧云："这个莫便是否？"师曰："斩。"⑫

---

① 《景德传灯录》卷23，见《大正藏》第51册，第395页中。
② 《景德传灯录》卷20，见《大正藏》第51册，第366页中。
③ 《景德传灯录》卷22，见《大正藏》第51册，第384页下。
④ 《景德传灯录》卷22，见《大正藏》第51册，第385页下。
⑤ 《景德传灯录》卷22，见《大正藏》第51册，第386页中。
⑥ 《景德传灯录》卷23，见《大正藏》第51册，第392页中。
⑦ 《景德传灯录》卷24，见《大正藏》第51册，第401页下。
⑧ 《景德传灯录》卷26，见《大正藏》第51册，第421页下。
⑨ 《佛果圜悟禅师碧岩录》卷9，见《大正藏》第48册，第208页上。
⑩ 《筠州洞山悟本禅师语录》，见《大正藏》第47册，第510页中。
⑪ 《筠州洞山悟本禅师语录》，见《大正藏》第47册，第513页中；又见《景德传灯录》卷12，《大正藏》第51册，第293页上。
⑫ 《抚州曹山元证禅师语录》，见《大正藏》第47册，第529页上。

（4）问："如何是毗卢师法身主？"师（汾阳善昭）云："毗卢华藏海，法界不思议，恁么则识得和尚也。"①

（5）问："如何是法身主？"师（河中南际山僧一禅师）曰："不过来。"又问："如何是毗卢师？"师曰："不超越。"②

（6）师（杭州龙华寺真觉大师灵照）谓众曰："诸方以毗卢法身为极则，镜清遮里即不然，须知毗卢有师，法身有主。"问："如何是毗卢师法身主？"师曰："二公争敢论。"③

（7）问："古人道，毗卢有师，法身有主，如何是毗卢师法身主？"师（南岳金轮可观禅师）曰："不可床上安床。"④

此外，北宋临济宗人汾阳善昭（945—1023）作有《法身歌》：

荡荡全躯，人天莫测。虽无念以无私，乃有恩而有力。展之不舒，收之不克。现千般异像于人天，化万类长悬于太极。震威灵无边刹土，岂碍星辰化群生。有识界中，宁亡轨则。不话无功，岂谈寂默。兴大悲而拔苦有恩，运大慈而与乐无德。或擒或纵，只在临机。或用或施，互为光饰。用则遍满十方，施则不移暑刻。纵则放旷宽容，擒则毗耶杜默。实不思议，可行可止。只目前兮，巍巍莫睹。在纤尘兮，落落何视。有作有能，无心无意。上智闻兮爽神，下士见兮眼瞖。塞之杜源，通之流水。明白只要心开，不管古今道理。一念不通有塞，蓦尔心开无滞。虽然毫发不收，曾与空王同志。直言普告人天，分明这个不是，复云那个是。⑤

北宋云门宗人雪窦重显（980—1052）作有《透法身句》（二首）：

潦倒云门泛铁船，江南江北竞头看。
可怜无限垂钩者，随例茫茫失钓竿。
一叶飘空便见秋，法身须透闹啾啾。
明年更有新条在，恼乱春风卒未休。⑥

综合上述关于"法身"的论说可知，唐宋时代的禅宗后学，一方面多将法身描述为

---

① 《汾阳无德禅师语录》卷1，见《大正藏》第47册，第602页上。
② 《景德传灯录》卷16，见《大正藏》第51册，第328页下。
③ 《景德传灯录》卷18，见《大正藏》第51册，第352页中。
④ 《景德传灯录》卷19，见《大正藏》第51册，第356页中。
⑤ 《汾阳无德禅师语录》卷3，见《大正藏》第47册，第623页下—第624页上。
⑥ 《明觉禅师语录》卷5，见《大正藏》第47册，第702页下。

"花药栏""虾蟆曲蟮""屎里蛆儿""银香台上生萝卜""禾茎粟干"等常见事物,这种回答的深意可有二解:一是引导人们悟得法身佛性内含于万事万物包括有情众生之中,这与"青青翠竹尽是法身,郁郁黄花无非般若"的思路一致;二是提示当下观看这些事物的主体自身,让提问者彻悟自身即是法身。这让我们想起赵州丛谂"庭(亭)前柏树子"的著名公案:"问:'如何是祖师西来意?'师(赵州)云:'亭前柏树子。'僧云:'和尚莫将境示人。'师云:'我不将境示人。'僧云:'如何是祖师西来意?'师云:'亭前柏树子。'"① 在主客的对立被消解时,你就是那棵柏树子了,那棵柏树子也就是你。这种解释,当然也是存在的。不过,赵州的意图,恐怕并非如此。所谓"庭前柏树子",其实就是直指当下看见"庭前柏树子"的你自己。②

另一方面,将法身看作是"北斗里藏身""戌亥年生""明眼人笑汝""无力登山水,茅户绝知音""三尺杖子搅黄河",与对常见事物的述说相比,更加直截了当地揭示出法身就是说话主体自身,点明任何有情个体中皆有法身真如,不须外求,否则就是"床上安床",骑驴找驴。悟得此理,便可明心见性,顿悟成佛,所谓"明白只要心开,不管古今道理"。在禅宗语境中,佛身更多指佛之身,法身更多指己之身。将法身与自身等同,将佛与众生对接,破除外在的偶像崇拜,从而确立个人的主体地位,高扬人的价值,是禅宗精神的鲜明特色。这与禅师们对"如何是佛?""如何是祖师西来意?"等提问的回答如出一辙。

这种法身在自身的观念,还体现在唐代香严袭灯大师智闲(?—898)的偈颂《破法身见》中:

> 向上无父娘,向下无男女。
> 独自一个身,切须了却去。
> 闻我有此言,人人竞来取。
> 对他一句子,不话无言语。③

圆悟克勤《碧岩录》在解释第 99 则公案时引述了一则故事,也意在说明这个道理:

> 法报化三身,即法身也。何故?报化非真佛,亦非说法者,据法身则一片虚凝,灵明寂照。太原孚上座,在扬州光孝寺讲《涅槃经》。有游方僧,即夹山典座,在寺阻雪,因往听讲。讲至三因佛性、三德法身,广谈法身妙理。典座忽然失笑。孚乃目顾,讲罢令请禅者,问云:"某素智狭劣,依文解义。适来讲次,见上人失笑,某必

---

① 《祖堂集》卷 18,载《大藏经补编》第 25 册,第 632 页中。
② 关于赵州"庭前柏树子"公案的解读,详见[日]小川隆:《语录的思想史:解析中国禅》,何燕生译,上海:复旦大学出版社,2018 年,第 14—15 页。
③ 《景德传灯录》卷 29,见《大正藏》第 51 册,第 452 页下。

有所短乏处,请上人说。"典座云:"座主不问,即不敢说。座主既问,则不可不言。某实是笑座主不识法身。"孚云:"如此解说,何处不是?"典座云:"请座主更说一遍。"孚曰:"法身之理,犹若太虚。竖穷三际,横亘十方。弥纶八极,包括二仪。随缘赴感,靡不周遍。"典座曰:"不道座主说不是,只识得法身量边事,实未识法身在。"孚曰:"既然如是,禅者当为我说。"典座曰:"若如是,座主暂辍讲旬日,于静室中端然静虑,收心摄念,善恶诸缘,一时放却,自穷究看。"孚一依所言,从初夜至五更,闻鼓角鸣,忽然契悟,便去叩禅者门。典座曰:"阿谁?"孚曰:"某甲。"典座咄曰:"教汝传持大教,代佛说法,夜半为什么醉酒卧街?"孚曰:"自来讲经,将生身父母鼻孔扭捏。从今日已后,更不敢如是。"①

这则故事集中体现了宗门与教下理解法身的不同趋向。教下强调"依文解义",尚理论玄谈,禅宗则重在实践,主张反求自身,见性成佛。孚上座最终悟到的法身,不是如他先前所说的《涅槃经》等经典文字中解释"法身"的刻板教条,而是一个不敢"将生身父母鼻孔扭捏"的活泼泼的自己。又如"问:法身还受苦也无? 师(福州怡山长庆藏用禅师)曰:地狱岂是天堂? 僧曰:怎么即受苦去也。师曰:有什么罪过。"②这里讲到受苦的法身,正是自身,更确切地说,是自身本有的清净不染的光明佛性。

四、小　结

综上所述,在《金刚经》基于缘起性空的法身离相思想的基础上,慧能在《坛经》中重在阐发自性三身佛说,将法身与自性清净心、真如、佛性、如来藏进行链接,主张法身不离色身,法身在自身,这种思想为禅宗后学所继承和发展,因此演化出许多关于"如何是清净法身""如何透法身句""如何是毗卢师法身主"等提问话头,这些公案与"如何是佛""如何是祖师西来意"等一样,体现出禅宗否定外在偶像权威,主张自己即佛、即心即佛,对个体自身的重视,对主体性的高扬,成为禅宗佛身说有别于其他教门佛身说的鲜明特色,体现了禅宗"直指人心,见性成佛"的宗旨。正如潭州石霜山庆诸禅师所说:"法身非身,此是教家极则,我辈沙门全无肯路。若分即差,不分即坐着泥水。"③指出教门主张法身非色身、离色身,禅宗则主张法身即色身、不离色身。此外,禅宗在"无情有性"思想的基础上,还主张法身蕴含在事事物物之中,万物皆有佛身、皆能成佛,因而有"青青翠竹尽是法身,郁郁黄花无非般若"的名句,这与禅宗洪州系的"触类

---

①　《佛果圜悟禅师碧岩录》卷 10,见《大正藏》第 48 册,第 222 页中—下。圆悟克勤《碧岩录》在解释第 47 则公案时亦引此故事,但较此处为简,见《佛果圜悟禅师碧岩录》卷 5,见《大正藏》第 48 册,第 183 页上—中。

②　《景德传灯录》卷 22,见《大正藏》第 51 册,第 381 页中。

③　《景德传灯录》卷 15,见《大正藏》第 51 册,第 320 页下。

是道"、石头系的"触事而真"思想如出一辙,与华严宗的"理事无碍"、宋明理学的"理在事中"等思想亦相贯通。总之,禅宗用简易明快的手法,把佛三身归结为自性,将出世间的法身归结于世间的色身,以实现"内在超越"为最终追求,是打通世间与出世间的中国化佛教的典型体现,成为尔后中国佛教佛身说的主流。

康僧会的仁学思想发微

张雪松*

内容提要:汉唐时期的仁学思想发展呈现多纬度、多层面的特征。东汉末年,儒家宣扬以仁义为核心的名教日益教条化、虚伪化,魏晋玄学家更是提出了"道德本,仁义末"的口号。汉末三国以来,佛学思想日益在中国思想界发生影响,本文以在三国吴地颇有影响的僧人康僧会为主题,通过探讨他对儒家仁学思想的吸收及其创造性转化,探索中外思想文化交流互鉴,以及佛教中国化的早期思想脉络。

关键词:康僧会;仁学;五阴;戒杀

汉魏两晋,佛教初传中国,首先面对的是以儒家为代表的中国本土文化。仁学是传统儒家思想的重要组成部分,佛教传入中国之初,就开始积极调和与仁学的关系,认为佛教自身学说并不违背仁学的核心思想,乃至于就是仁学思想的重要组成部分。佛教这种调和的态度,固然是为了其在中国生存和发展,会对儒家仁学思想进行选择性地理解,着重对佛教自身有利的某一部分仁学思想进行阐发,但在阐发的同时又在某些向度无形中拓展了仁学的领域。三国吴时来华的僧人康僧会,受到统治者的礼遇,在吴地有较大的影响。他在华译介佛教思想时,对中国传统仁学多有融汇,并有创造性阐释,对后世颇多启发价值。

一、研究康僧会仁学思想的原始资料依据

康僧会,一般被认为是汉末译经大师安世高的再传弟子,属于海外学界常说的"安世高学派"(An Shih-kao and his school)。康僧会曾从安世高弟子南阳韩林、颍川皮业、会稽陈慧学习。自隋代费长房《历代三宝纪》之后,寄名康僧会名下的译经不少,然多不可信。本文研究康僧会的仁学思想,主要依据以下几类材料。

1.《六度集经》,该经文辞典雅,多引中国传统思想,公认是康僧会编译而成,特别是该经按六度(六波罗蜜)编辑,吕澂先生认为这种编辑方式,可能受到安世高以来毗

---

* 张雪松:中国人民大学佛教与宗教学理论研究所副教授。本文为2019年度国家社科基金重大项目"中国仁学发展史(多卷本)"(19ZDA024)阶段性成果。

昙的组织方式的影响,类似严佛调的沙弥十慧。除"智度"(般若波罗蜜)之外,每"度"之前皆有引言,正如汤用彤先生所言:"审其内容,决为会(康僧会)所自制,非译自胡本。此乃治汉魏佛学者最重要之材料也。"①日本学者伊藤千贺子也认为《六度集经》不是根据已经编辑完成的经典进行的汉译,并通过与同类经文故事进行对比,论证了康僧会在原始经文中加入了自己的观念。②

《出三藏记集》康僧会传:"译出经法,《阿难念弥经》《镜面王》《察微王》《梵皇王经》,《道品》及《六度集》,并妙得经体,文义允正。"③梁《高僧传》与此记载基本相同。④《察微王》本属《六度集经》中的一篇,在康僧会传记中单独列出,可见当为康僧会译著的代表作。又《出三藏记集》卷四:"《镜面王经》一卷(出《六度集》)。《察微王经》一卷(出《六度集》)。《摩天国王经》一卷(出《六度集》)。《桀贪王经》一卷(出《六度集》)。"⑤《桀贪王经》出自三国吴时支谦译《佛说义足经》卷上"桀贪王经第一"⑥,僧祐记载恐有误。《摩天国王经》应即《梵皇王经》。《镜面王》《察微王》《梵皇王经》是《六度集经》所收最后三经,该三经都曾单行于世,颇为世人所重。故后文笔者将选取《察微王》和《梵皇王经》的经文探讨康僧会的仁学思想。

据笔者统计,《六度集经》中共有91个独立的故事,其中61个以"喻"为名,30个以"经"为名,直接以"喻"为名的故事占《六度集经》全部故事的67%。佛本生,原本就属于广义的佛教譬喻类经典。佛教早期的譬喻类经典,都属于小乘性质,即便比《六度集经》晚200多年的汉译譬喻类代表性经典《撰集百缘经》经史拜雅(J.S.Speyer)研究也被认定为小乘性质。而且6世纪的《撰集百缘经》汉译本中并无"六度"的概念,现存17世纪以后的尼泊尔梵文写本才出现六度概念,是梵文本不断增补、大乘化的反映。⑦康僧会编辑《六度集经》,实际上也有将该经典大乘化的倾向,《六度集经》中各故事宣扬的佛教教义都属于小乘,即便是"智度"(般若波罗蜜)这一类的故事,也不涉及大乘般若经典空宗学说,但康僧会有意使用大乘的"六度"概念对这些譬喻、本生故事进行重新编辑整理,是有意将大乘观念融入其间,由此亦说明《六度集经》的编译性质,可以将其作为康僧会本人思想的研究材料使用。

2.《大正藏》中所收《阴持入经注》,该经为安世高所译,注解者题名为"陈氏",学界皆认为是安世高的弟子陈慧,属于安世高后学的著作。《阴持入经注》中的"师云",汤用彤等人一般都认为是安世高。而左冠明(Stefano Zacchetti)则认为"师"为康僧会,

①　汤用彤:《汉魏两晋南北朝佛教史》上册,北京:中华书局,2016年,第97页。

②　伊藤千贺子,《『六度集经』における康僧会の意図と受容》,《パーリ学仏教文化学》第30卷(2016年),第87—105页。

③　(南朝·梁)释僧祐著,苏晋仁、萧鍊子点校:《出三藏记集》,北京:中华书局,1995年,第515页。

④　(南朝·梁)释慧皎撰,汤用彤校注:《高僧传》,北京:中华书局,2004年,第18页。

⑤　(南朝·梁)释僧祐著,苏晋仁、萧鍊子点校:《出三藏记集》,北京:中华书局,1995年,第144页。

⑥　(三国·吴)支谦译:《佛说义足经》卷上,见《大正藏》第4册,第174页中。

⑦　参见范晶晶:《缘起:佛教譬喻文学的流变》,上海:中西书局,2020年,第117页。

并认为《阴持入经注》是公元 3 世纪活跃在吴国的佛教饱学之士所为。左冠明还提出安世高为代表的东汉注经主要是口头的讲解（"口解"），而三国时期则已经转变为行间注，尤其关心译经中的特定段落与语词的解释。东汉的"口解"主要针对听讲的精英信徒，而三国时注经的受众则更为广泛，故不会像东汉"口解"那样几乎完全不涉及中国本土思想。①

简言之，《阴持入经注》是安世高后学在 3 世纪吴地的作品，这些后学结合中国本土思想，有不少创造性的发挥，康僧会是 3 世纪吴地安世高后学中的重要人物，故《阴持入经注》可作为理解康僧会仁学思想的重要材料。

3. 康僧会为安世高译《安般守意经》撰写的序言、注疏。梁僧祐《出三藏记集》卷六所收康僧会《安般守意经序》。《大正藏》中所收的《大安般守意经》，自古便认为是译本夹杂注疏，13 世纪守其法师在校勘高丽大藏经时就认为"此经按经首序及见经文，似是书者之错，经注不分而连书者也。义当节而注之，然往往多有不可分处，故不敢擅节，以遗后贤焉。"②1999 年日本学者梶浦晋在金刚寺发现了《安般守意经》的两个写本，③不同于藏经本的《大安般守意经》，日本古写经《安般守意经》被认定为安世高的译本，《大安般守意经》则掺杂了东汉的"口解"注释和 3 世纪安世高后学的注解。④ 依康僧会《安般守意经序》的说法，《安般守意经》的注疏部分是康僧会从陈慧受学时，协助其所作，"陈慧注义，余（康僧会）助斟酌"⑤。故藏经中的《大安般守意经》可与《安般守意经序》配合使用，作为研究康僧会思想的材料佐证。

4. 康僧会的传记材料。《出三藏记集》中的康僧会传和慧皎《高僧传》中的康僧会传，两传内容基本相同，以康僧会与东吴君主孙权、孙皓显示神通、舍利应验故事为主，《高僧传》略为详细。又蜀僧仁显《广画新集》记载曹不兴受康僧会影响而画佛像，这是中国画家创造佛像之始："昔竺乾有康僧会者，初入吴，设像行道，时曹不兴见西国佛画仪范写之。故天下盛传曹也。"⑥康僧会的传记材料虽多神意传说，但涉及佛舍利、佛画等题材，也可以佐证康僧会本人对佛陀人格之崇拜；传记中记载他对吴地君主应实行仁政的进谏，也具有一定的思想史价值。

---

① Stefano Zacchetti, "Some Remarks on the Authorship and Chronology of the *Yin Chi Ru Jing Zhu* 阴持入经注——The Second Phase in the Development of Early Chinese Buddhist Exegetical Literature", *Buddhist Asia* 2 (Papers from the Second Conference of Buddhist Studies Held in Naples in June 2004), Italian School of East Asian Studies, Kyoto, Japan, 2010, pp.141–198.

② （后汉）安世高译：《佛说大安般守意经》卷下，见《大正藏》第 15 册，第 173 页上。

③ 梶浦晋，《金刚寺一切经と新出安世高訳仏典》，《仏教学セミナー》，2001 年，第 73 号，第 25—44 页。

④ Stefano Zacchetti, "A New Early Chinese Buddhist Commentary: The Nature of the *Da anban shouyi jing* 大安般守意经 T 602 Reconsidered", in *Journal of the International Association of Buddhist Studies*, Vol. 31, No. 1-2, 2008(2010), pp.421–484.

⑤ 康僧会：《安般守意经序》，见（南朝·梁）释僧祐著，苏晋仁、萧鍊子点校：《出三藏记集》，北京：中华书局，1995 年，第 244 页。

⑥ （宋）郭若虚撰，王群栗点校：《图画见闻志》，杭州：浙江人民美术出版社，2019 年，第 27 页。

二、在六道轮回与禅定解脱两个体系中丰富"仁"的意涵

康僧会编译《六度集经》卷八《察微王经》：

> 深睹人原始，自本无生。元气强者为地，软者为水，暖者为火，动者为风。四者和焉，识神生焉。上明能觉，止欲空心，还神本无。因誓曰："觉不寤之畴，神依四立，大仁为天，小仁为人。众秽杂行，为蜎飞蚑行蠕动之类，由行受身，厥形万端。识与元气，微妙难睹。形无系发，孰能获把。然其释故禀新，终始无穷矣。"①

宇宙天地与各种生物，都是以元气为本原。元气因其强、软、暖、动等不同性质而表现为地、水、火、风"四大"，"四大"是构造宇宙万物的基本元素。而生物的神识也是依据这四种基本元素而产生。当元气清明、四大精纯，则"大仁为天"，其次"小仁为人"，再次则是"众秽"而为各种禽兽虫蚁等类。这段经文实际上是在利用元气产生神识、神识精粗决度受身，来解释无始无终的六道轮回的理论。

《察微王经》中云："大仁为天，小仁为人"，这里的"天"本指天神，是六道轮回中的一道，最高级的一种生物。但在中文的语境中，又蕴含了以元气为基础的天人合一的意味。与康僧会同时略早的阮籍《达庄论》：

> 人生天地之中，体自然之形。身者，阴阳之积（范陈本、梅本、李本作精）气也。性者，五行之正性也；情者，游魂之变欲也；神者，天地之所以驭者也。②

阮籍认为人身是天地自然之物，由阴阳两种精气聚集凝结而成，天地通过"神"来驾驭趋势人身。又嵇康《明胆论》：

夫元气陶铄，众生禀焉。赋受有多少，故才性有昏明。唯至人特钟纯美，兼周外内，无不毕备。降此已往，盖阙如也。③

嵇康则进一步认为人的神识的清明与昏聩程度，是由于接受元气的多寡不同造成的。也就是说天地自然与人类及各种生物，都是依托元气而生成与运行变化的，并因禀赋元气的精粗与多寡不同而产生了一个等级序列。康僧会利用"大仁为天，小仁为人"的说法，非常巧妙地将中国固有的元气说与佛教的六道轮回联系起来，以禀赋元气的精

---

① （三国·吴）康僧会译，《六度集经》卷八，见《大正藏》第 3 册，第 51 页中。

② （三国·魏）阮籍：《达庄论》，见阮籍著，陈伯君校注，《阮籍集校注》，北京：中华书局，2012 年，第 2 版，第 141 页。

③ （三国·魏）嵇康：《明胆论》，见嵇康著，戴明扬校注，《嵇康集校注》，北京：中华书局，2014 年，第 428 页。

粗与多寡不同来解释六道轮回的等级差异。佛教原本的六道轮回应以个人的善恶业报为基础，主张"自作自受"，而康僧会则结合中国固有的一元宇宙论，将元气说引入其中。并提出"识与元气，微妙难睹"，以此创造性地提出轮回的主体以不灭的"神识"为基础，而神识的成立则以元气为前提，较好地将中国固有的宇宙论与佛教的心性论结合在一起。而"大仁为天，小仁为人"的"仁"既是中国固有元气说中元气的充盈与精纯，也是佛教业报轮回思想中心性纯净无染、行善积德。

"识与元气，微妙难睹"这里暗含有将神识与元气都归结微妙难睹之"五阴"的意味。五阴，后世多翻译为五蕴或五众，指色、受、想、行、识，这五种构成世界的微观性物质元素与精神元素。而安世高、康僧会这一系将其称为"阴"，其原因如《阴持入经注》中所说："识神微妙，往来无诊，阴往默至，出入无间，莫睹其形，故曰阴。"①阴，既有遮蔽难睹之意，亦通萌，有萌发、种子之意。《阴持入经注》：

> 师云：五阴种身也。身有六情，情有五阴……灭此彼生，犹谷种朽于下，栽受身生于上。又犹元气，春生夏长，秋萎冬枯。百谷草木丧于土上。元气潜隐，禀身于下。春气之节，至卦之和，元气悄躬于下，禀身于上。有识之灵，及草木之栽，与元气相含，升降废兴，终而复始，转三界无有穷极，故曰种也。②

五阴好比腐朽烂泥，从中可以滋润五谷种子，从而使得草木秧苗最终破土而出；五阴亦滋润元气，蕴含神识，受身禀形，轮回转世。由此可见，五阴虽然也被比喻为人身的种子，但却与孟子所说人之善端大异其趣。《孟子·告子》上："恻隐之心，人皆有之。羞恶之心，人皆有之。恭敬之心，人皆有之。是非之心，人皆有之。恻隐之心，仁也。羞恶之心，义也。恭敬之心，礼也。是非之心，智也。仁义礼智，非由外铄我也，我固有之也，弗思耳矣。"③孟子主性善，以恻隐之心等为仁义礼智四德的源头，是"善端"；而安世高一系所谓五阴为种子，却绝非将其视为人之性善的萌芽，而是视为需要清理的污泥。康僧会在《安般守意经序》中继承了安世高及其门人的说法，并加以发挥：

> 心之溢荡，无微不浃，恍惚仿佛，出入无间，视之无形，听之无声，逆之无前，寻之无后，深微细妙，形无丝发，梵释仙圣所不能照明。默种于此，化生乎彼，非凡所睹，谓之阴也。犹以晦暗种夫粢芥，阂手覆种，孳有万亿，旁人不睹其形，种家不知其数也。一朽乎下，万生乎上，弹指之间，心九百六十转。④

---

① （三国·吴）陈慧撰，《阴持入经注》卷一，见《大正藏》第 33 册，第 9 页下。
② 《大正藏》第 33 册，第 10 页上。
③ （清）焦循撰，沈文倬点校：《孟子正义》，北京：中华书局，1987 年，第 757 页。
④ （南朝·梁）释僧祐著，苏晋仁、萧錬子点校：《出三藏记集》，北京：中华书局，1995 年，第 242 页。

五阴种即六识(眼耳鼻舌身意)种,人的内外六情受邪行所祸,心神荡漾,瞬息万变,恰如春种一粒粟,秋收万石粮,故云"一朽乎下,万生乎上"。而一刻不息的心念,眼不能得见,耳不能听闻,所以称之为"阴"。荡漾的心神,在康僧会看来,恰是需要禅定守意来对治的。

2 世纪安世高传译了《大安般守意经》等小乘禅法,"安般"即"安那般那"的简称,为出息、入息(呼吸)的意思,守意后世一般翻译为"持念"。安世高再传弟子康僧会在《安般守意经序》中将这种禅法总结为"其事有六(数息、相随、止、观、还、净),以治六情"。"数息"是通过从 1 至 10,反复数息,达到身心寂静的目的;"相随"是将意念集中在呼吸的动作上;"止"是注意鼻头,不受外物侵扰,达到心思寂寞,志无邪欲的目的;"观"是从头至足,观身体毛发,内体污露、鼻涕脓血,即"不净观"。以上四禅做到"众冥皆明"之后,即可达到"摄心还念,诸阴皆灭"("还")、"秽欲寂尽,其心无想"("净")的境界。

汤用彤先生认为安世高、康僧会之学主养生成神,与中国传统道教颇为接近,"佛陀之教,首在破我。僧会所持之阴,仍承袭汉代佛教神明住寿之说"[1],但我们并不能因此批评康僧会的主张背离了佛教"无我"的根本旨趣。如前文所讲,康僧会的仁学思想,与孟子的善端说,有本质区别。虽然康僧会讲"五阴"视为种子,从中可以生长元气形体,但并非是将善端充盈于人乃至天地,而是从负面意义上看待五阴导致的业报轮回。康僧会提倡的禅定修行最终是要达到"诸阴皆灭",众秽皆除的清净无为境界;绝非是将依五阴、四大而立神明(神识)作为修行的目标,反而要"诸阴皆灭"对神明之我进行釜底抽薪,以此断除轮回之苦。

三、对"仁"理解的具象化、抽象化与内在化

康僧会编译《六度集经》卷八《梵摩皇经》:

> 王尔时,以五教治政,不枉人民:一者慈仁不杀,恩及群生;二者清让不盗,捐己济众;三者贞洁不淫,不犯诸欲,四者诚信不欺,言无华饰;五者奉孝不醉,行无沾污。当此之时,牢狱不设,鞭杖不加,风雨调适,五谷丰熟,灾害不起。其世太平,四天下民,相率以道。信善得福,恶有重殃,死皆升天,无入三恶道者。[2]

前文已述,《梵摩皇经》即僧传中的《摩天王经》,该经曾单独行世,是有较大影响的康僧会的代表作之一。在这里康僧会将佛教的"五戒"比附为"五教"。《尚书》中即有

---

[1]　汤用彤:《汉魏两晋南北朝佛教史》上册,北京:中华书局,2016 年,第 99 页。
[2]　《六度集经》卷八,见《大正藏》第 3 卷,第 52 页上。

"五教"的说法,《左传》明确五教为父义、母慈、兄友、弟恭、子孝。《孟子》:"父子有亲、君臣有义、夫妇有别、长幼有序、朋友有信也。"康僧会将佛教的杀盗淫妄酒"五戒"推举为治理国家的"五教",并以戒杀比附为"仁",列为五教之首。

佛教传入中国初期,无论在佛经的翻译用词,还是在比附阐述上,常常将儒家"仁"这个概念简单化地理解为"不杀生"。戒杀护生是佛教的根本戒律,将"仁"理解为不杀生,则佛教理念和实践便很容易地被纳入为儒家"仁"的范畴,这对当时作为外来异质文化在中国本土的生存和发展是有利的。

《六度集经》还提到:"诸佛以仁为三界上宝,吾宁殒躯命,不去仁道也。"①这里的"仁",即指慈悲不杀。"佛戒以杀为凶虐之大。活生,仁道之首也。"②早期佛教徒往往从戒杀护生来诠释儒家的"仁",认为"仁"的核心或首要的内容就是不杀;并在此基础上用佛教的杀盗淫妄酒"五戒"来比附儒家的"五常"。当时五戒与五常有不同的匹配关系,但各家都一致用不杀来匹配仁。例如广为人知的一种拟配方式是《颜氏家训》:"内外两教,本为一体,渐极为异,深浅不同。内典初门,设五种禁,外典仁、义、礼、智、信,皆与之符。仁者,不杀之禁也;义者不盗之禁也;礼者,不邪之禁也;智者,不淫之禁也;信者,不妄之禁也。"③即是将"仁"比拟为五戒中的杀戒。

将"仁"仅仅理解为不杀生,是对"仁"的一种有选择性的、狭隘化或者是具象化的理解;但因为早期中国佛教徒,借助中国固有的阴阳五行思想将"五戒"在世界观中进行了大量的阐发,故以不杀所诠释的"仁"也带有了十分广泛的含义,比如在北朝出现并广为流传的佛教疑伪经《提谓经》,④用不杀来匹配五常中的"仁",在五行中属木,五星中为岁星(木星),五方中为东方,五岳中为泰山,五脏中为肝脏。南北朝末期,天台智者大师曾引用《提谓经》:"提谓波利等问佛:何不为我说四、六戒? 佛答:五者天下之大数,在天为五星,在地为五岳,在人为五脏,在阴阳为五行,在王为五帝,在世为五德,在色为五色,在法为五戒。以不杀配东方,东方是木,木主于仁,仁以养生为义。"⑤敦煌残卷《佛说提谓经》(P.3732)中将佛教五戒视为天地父母的地位,"长者提谓白佛言:五戒实是天地之根,万物之母,天下之父,天中天。佛言:不持五戒者,如天地之无根,婴儿无母,鱼夺于润;如树无根,如断华著日中,能有几时鲜?"⑥人守五戒,如鱼得水;不守五戒,如被摘下来的无根花朵,不能持久。五戒是天地的根源,万物的源头,那么作为五戒之一的"仁"也具有了世界本体的意义。

由此可见,中国早期佛教徒一方面将"仁"具象化为不杀生,但另一面也在将不杀

---

① 《六度集经》卷四,见《大正藏》第3卷,第18页下。

② 《六度集经》卷六,见《大正藏》第3卷,第37页上—中。

③ 王利器:《颜氏家训集解(增订本)》,北京:中华书局,2007年,第368页。

④ 参见曹凌:《中国佛教疑伪经综录》,上海:上海古籍出版社,2011年,第57—87页。

⑤ (隋)智顗说、灌顶记:《仁王护国般若经疏》卷二,见《大正藏》第33册,第260页下。

⑥ 上海古籍出版社、法国国家图书馆编:《法国国家图书馆藏敦煌西域文献》第27册,上海:上海古籍出版社,2002年,第183页。

之"仁"抽象化,至少是开始脱离传统儒家的语境来论述"仁"。汉末牟子在回答佛经卷帙浩繁时说:"孔子不以五经之备,复作《春秋》《孝经》者,欲博道术,恣人意耳。佛经虽多,其归为一也。犹七典虽异,其贵道德仁义,亦一也。孝所以说多者,随人行而与之。若子张、子游俱问一孝,而仲尼答之各异,攻其短也,何弃之有哉?"①道德仁义是儒家的核心观点,儒家典籍都是探讨道德仁义的,而且针对子张、子游等不同的受众对象,探讨道德仁义的论述表达方式也可以是有诸多差异的。这样一方面解释了为什么佛经卷帙浩繁,另一方面也为佛经亦可阐释仁义道德留下了诠释空间。

这样"仁"就在一定意义上超越了具象的行为规定,可以进行更加抽象的思想探讨,使得儒家的"仁"开始具备越来越普适的品格。"许由栖巢木,夷、齐饿首阳,舜孔称其贤,曰:'求仁得仁者也。'不闻讥其无后无货也。沙门修道德,以易游世之乐。反淑贤以背妻子之欢,是不为奇,孰与为奇? 是不为异,孰与为异哉?"②牟子认为只要"修道德""反(返)淑贤",出家独身这样的行为也可以属于"仁"的范畴。这样"仁"就不简单地被视为遵循中国本土、儒家既有的行为模式、礼仪规范,而变为只要内心追求高尚的道德境界,便可以认定为"仁"。这样"仁"就变为一种精神层面的理想追求、情感意识和道德理性。

康僧会在《安般守意经序》中,将安世高就描绘成让国于人的仁者、贤者,"有菩萨名安清字世高,安息王嫡后之子,让国与叔,驰避本土"。③ 康僧会编译的《六度集经》中有很多捐弃王位、隐居深山修道的故事,例如《波罗㮈国王经》:"昔者波罗㮈国王太子名迦兰,兄弟二人,父王丧身,以国相让,无适立者。兄将妻遁,迈入山学道,止临江水。"④波罗㮈国王太子迦兰为了让弟弟做国王,自己入山学道,行为颇似中国古时贤者泰伯、仲雍为让位三弟季历,南奔荆蛮,断发文身。再如《波耶王经》中波罗㮈国王波耶"治国以仁",国富民丰,引来敌国入侵,但本可以抵抗的波耶王却选择离开都城,隐居深山修道。波耶王解释自己行为时说:

> 以吾一人之身,戮兆民身,爱吾一人命,杌兆民之命,一口再食、一身数衣,与时何诤? 而去春天之德,取豺狼之残乎? 吾宁去一世之命,不去大志,恕己安群生,盖天之仁也。⑤

《长寿王喻》跟《波耶王经》的情节类似,长寿王解释自己不抵抗而隐居山林的理由时说:

---

① (南朝·梁)僧祐撰,李小荣校笺,《弘明集校笺》,上海:上海古籍出版社,2013年,第18页。
② (南朝·梁)僧祐撰,李小荣校笺,《弘明集校笺》,上海:上海古籍出版社,2013年,第23页。
③ (南朝·梁)释僧祐著,苏晋仁、萧鍊子点校:《出三藏记集》,北京:中华书局,1995年,第244页。
④ 《六度集经》卷二,见《大正藏》第3卷,第6页下。
⑤ 《六度集经》卷二,见《大正藏》第3卷,第6页中。

王曰:"胜则彼死,弱则吾丧,彼兵、吾民,皆天生育,重身惜命,谁不然哉？全己害民,贤者不为也。"群臣出曰:"斯天仁之君不可失也。"自相捡率,以兵拒贼。长寿觉之,谓太子曰:"彼贪吾国,怀毒而来。群臣以吾一人之身,欲残民命。今吾委国,庶全天民。其义可乎？"太子曰:"诺。"父子逾城,即改名族,隐于山草。①

康僧会编译的《六度集经》中这类故事颇多,意涵为戒杀为仁政的第一要义。其甚至为了避免军事冲突,君主可以主动退位,隐居山林。不能为君王主帅一己之福,而让对阵双方军士百姓遭生灵涂炭。

中国有许多贤者让位、退隐山林的传说故事,其中最为推崇的是伯夷、叔齐。《史记·伯夷列传》:

> 伯夷、叔齐,孤竹君之二子也。父欲立叔齐,及父卒,叔齐让伯夷。伯夷曰:"父命也。"遂逃去。叔齐亦不肯立而逃之。国人立其中子……文王,东伐纣。伯夷、叔齐叩马而谏曰:"父死不葬,爰及干戈,可谓孝乎？以臣弑君,可谓仁乎？"左右欲兵之。太公曰:"此义人也。"扶而去之。武王已平殷乱,天下宗周,而伯夷、叔齐耻之,义不食周粟,隐于首阳山,采薇而食之。及饿且死,作歌……遂饿死于首阳山。②

伯夷、叔齐以遵守尊卑上下秩序为仁,但汤武革命被儒家正统视为正义之举,伯夷、叔齐的行为就显得不合时宜。而康僧会编译的《六度集经》实际上为伯夷、叔齐等圣贤的隐居、不合时宜的行为,提出了一个新的解释,即以戒杀为出发点,反对任何形式的战争,这样在理论上便可以自洽。将以国相让、隐居山林的行为,用仁惠布施、戒杀为仁加以诠释。而且论证的出发点,来自个人的道德修养,而非外在的"父命""天命"(以殷商为正统,天命所归),亦具较大的能动性和自主性。

早在先秦时期,儒家就开始了仁学心性化的尝试,《孟子·告子上》:"仁,人心也";③《孟子·尽心上》:"君子所性,仁义礼智根于心",④仁义称为君子的内在本性、本质要求,《周易大传·说卦》:"立天之道曰阴与阳,立地之道曰柔与刚,立人之道曰仁与义。"⑤一般认为汉魏以来,儒家心性学说处于相对停滞阶段,直到中唐韩愈、李翱才有较大突破,至宋明理学的心性的本体论和工夫论将儒家心性理论推向高峰。但在魏晋

---

① 《六度集经》卷二,见《大正藏》第3卷,第5页中。

② (汉)司马迁撰,(宋)裴骃集解,(唐)司马贞索隐,(唐)张守节正义,顾颉刚等点校:《史记》,北京:中华书局,1959年,第2123页。

③ (清)焦循撰,沈文倬点校:《孟子正义》,北京:中华书局,1987年,第786页。

④ (清)焦循撰,沈文倬点校:《孟子正义》,北京:中华书局,1987年,第906页。

⑤ (魏)王弼撰,楼宇烈校释:《周易注》,北京:中华书局,2011年,第380—381页。

南北朝时期,很多具有佛教信仰的士大夫在关于何为仁者的讨论中,将具有佛性与仁义等同起来,颇有一些以往儒家心性论较少涉及的"创见"。

佛教讲因果报应,因此有人认为佛教这种趋利避害,不是真正追求仁义,而是将仁义变质成了利害。在刘宋竺道生之前,人人皆有佛性、人人顿悟成佛的观念并未在中国佛教界得到普遍认可。当时的佛教徒认为,众生贤愚品类千差万别,大多数人不过芸芸众生,趋利避害,但只要有超越利害的慈悲喜舍即有仁义,"若乐施忘报,即为体仁。忘报而施,便为合义",[1]实行仁义并非为了获得福报,有这样的仁义便可与天地并列为三才。"依西方准墨,伊颜未获法身,故当下丽生品",[2]伊尹、颜回虽有仁义,但还未成佛,所以位列下品。儒家"感生帝"式的圣人,需要有天命,不仅仅是"积学能至"的,这是当时佛教徒对儒家比较普遍的看法,如稍后谢灵运在《辨宗论》中议论竺道生顿悟成佛说的思想来源时也提到:"孔氏之论,圣道既妙,虽颜殆庶,体无鉴周,理归一极"。[3]

而刘宋道生之前,信仰佛教的儒家士大夫群体中,常常具有超越利害的仁义的精英分子,被视为能够跟天、地并列为"三才"的人,这样的人才是具有佛性的人。同孟子所讲仁为"善端"类似,佛性也是成佛的肇始,"所云上仁上义,谓兼总仁义之极,可以对飨天地者耳,非谓少有耻爱,便为三才。"[4]

康僧会编译的《六度集经》中《龙蛇喻》中有一个偈子:

> 贪欲为狂夫,靡有仁义心,嫉妒欲害圣,唯默忍为安。非法不轨者,内无恻隐心,悭恶害布施,唯默忍为安。[5]

康僧会在这里使用了"仁义心""恻隐心"。由此可见,康僧会的"仁"这一概念的使用中,一方面是外在慈悲布施,强调仁惠的意义,主张君主实行仁政;另一方面,作为实行仁的外在行为的内在依据则为恻隐、仁义之心,而达到止观还净这一内心修为境界,则需要安般守意的禅定功夫。康僧会的传记记载,康僧会曾经向吴主孙皓进言:

> 夫明主以孝慈训世,则赤乌翔而老人星见;仁德育物,则醴泉涌而嘉禾出。善既有瑞,恶亦如之。故为恶于隐,鬼得而诛之;为恶于显,人得而诛之。《易》称:

① 颜延之:《又释何衡阳》,见(南朝·梁)僧祐撰,李小荣校笺:《弘明集校笺》,上海:上海古籍出版社,2013年,第230页。
② 颜延之:《又释何衡阳》,见(南朝·梁)僧祐撰,李小荣校笺:《弘明集校笺》,上海:上海古籍出版社,2013年,第219页。
③ (唐)道宣撰:《广弘明集》卷十八,《大正藏》第52册,第224页下—224页上。
④ 颜延之:《又释何衡阳》,见(南朝·梁)僧祐撰,李小荣校笺:《弘明集校笺》,上海:上海古籍出版社,2013年,第219页。
⑤ 《六度集经》卷五,见《大正藏》第3卷,第27页下。

"积恶余殃"。《诗》咏:"求福不回"。虽儒典之格言,即佛教之明训也。①

　　康僧会主张君主以孝慈训世、仁德育物,实行仁政实行的好坏,上天会显示祥瑞或警示。"大仁为天,小仁为人",可以说,从宇宙论、心性论到工夫论,康僧会比较全面地将儒家仁学与其佛教思想体系进行了融会贯通。

---

　　① (南朝·梁)释僧祐著,苏晋仁、萧錬子点校:《出三藏记集》,北京:中华书局,1995 年,第 244 页。参见(南朝·梁)释慧皎撰,汤用彤校注:《高僧传》,北京:中华书局,2004 年,第 17 页。

【逻辑学与美学】

虚构对象的模态唯名论及其困难

陈常燊*

内容提要：大卫·刘易斯关于虚构名称的指称和虚构话语的真值条件分析，从可能世界语义学出发，最终走向了虚构语用学和虚构语境论，可将之概括为一种关于虚构对象的模态唯名论立场。根据虚构世界的集合论模型，虚构对象并非真实存在，它们不是某种可能对象，而是彼此处于对应体关系中的诸多可能对象的集合；虚构是"讲故事"的语用行为，作者和读者假装虚构对象是存在的，并通过将虚构内嵌于现实世界来确定隐含虚构话语的真值条件；通过将虚构世界解释为可能世界的集合而非某个可能世界，模糊虚构、不完备虚构、不可能虚构等问题也能得到较好处理。然而，虚构对象的特殊性在于，其本体论地位不同于反事实可能、单纯可能和物理机会，特别是当我们试图借助"虚构反事实"方法为"反事实虚构"（反虚构）给出模态唯名论解释时，不得不面临双重的形而上学不确定性。

关键词：模态唯名论；虚构对象；虚构世界；反事实；反虚构

一部虚构作品向读者打开了一个虚构世界，例如《福尔摩斯探案集》中的侦探世界、《西游记》中的神魔世界。原则上，不同的哲学家对虚构对象的存在、虚构话语的真值条件提供了不同的本体论解释。例如，肯达尔·沃尔顿（Kendall Walton）将虚构世界解释为虚构的内部真命题集；①格雷汉姆·普里斯特（Graham Priest）为虚构世界提出了"另世界策略"（other word strategy）；②马克·嘉果（Mark Jago）则为虚构对象的本体论和语义学提供了的超内涵（hyperintensionality）进路。③ 本文特别关注大卫·刘易斯（David Lewis），他主张虚构世界可以被解释为某种意义上的世界集（world sets）而非单

　　* 陈常燊：山西大学哲学学院教授、博士生导师。本文为国家社科基金重点项目"分析的西方哲学史研究"（19AZX013）阶段性研究成果。

　　① Kendall Walton ，"How Remote are Fictional Worlds from the Real World?"，*The Journal of Aesthetics and Art Criticism*，1978，37（1）：11-23.Kendall Walton，*Mimesis as Make-Believe：On the Foundations of the Representational Arts*，Cambridge，MA：Harvard University Press，1990，pp.64-67.

　　② Graham Priest，*Towards Non-Being：The Logic and Metaphysics of Intentionality*，Oxford：Oxford University Press，2005.Second expanded edition，2016.

　　③ Franz Berto & Mark Jago，*Impossible Worlds*，Oxford University Press，2019.

个世界。① 本文将他关于虚构对象本体论地位的理论称为模态唯名论(modal nominalism),它区别于非模态领域中的普通唯名论,也区别于刘易斯自己的模态实在论,尽管它仍分享了普通唯名论的某些本体论特征以及模态实在论的某些方法论特征;它也不同于科学哲学和数学哲学中的模态唯名论,尽管三者仍以不同方式与反实在论相关。② 本文旨在批判性考察模态唯名论是如何解决虚构对象的存在、虚构话语的真值条件问题的,它揭示了虚构的哪些本体论特征,探讨它所预设反事实条件分析带来了哪些理论困难。

一、虚构算子与虚构推理

在虚构论题上,类似于模态实在论,模态唯名论基于可能世界语义学上的反事实分析,并借用"对应体"(counterparts)概念来刻画虚构对象同一性的粗粒度特征。二者区别在于,模态唯名论的反事实分析拒绝了最近可能世界的唯一性假设,即在所有可能世界中存在一个反事实前件为真但仍最接近于现实世界的那个可能世界。然而,二者的区别不在于是否拒绝可能世界的唯一性假设,而在于以不同方式对待可能世界:前者主张它们是真实存在的,后者主张它们是彼此处于对应体关系中的诸多可能对象的集合。在刘易斯看来,福尔摩斯的世界是复数形式的世界,可能世界的复多性解释了虚构对象的模糊性特征。例如,波特爵士的亲戚组成的合唱团的规模没有确定的人数限制,也不需要有这个限制,因为有大量可能世界,每个可能世界的人数不尽相同,但它们有可能也有必要成为两幕喜剧《皮纳福号军舰》中的虚构世界。

《虚构中的真》中的论证始于刘易斯对迈农主义的批评:首先,后者无法解释虚构—虚构比较;其次,无法解释模糊对象或模糊数量;再次,后者没有指出量化的域是什么,例如它很难为"福尔摩斯是个侦探""孙悟空比所有现实世界中的猴子都更能干"给出真值条件;最后,后者无法解决虚构—现实推理的有效性问题。在刘易斯看来,与其像迈农主义者那样从字面意思上理解虚构话语,还不如将其视为一个加了"在虚构 F 中……"这个前缀算子的缩写,这是一个内涵算子,它可以分析为作用于可能世界之上的经过限制的全称量词。"因此,我们可以认为,一个加前缀的语句'在虚构 F 中,φ'为真,当且仅当,φ 在某个特定集合中的每个可能世界中为真,这个特定的集合是由虚构 F 决定的。"③借助可能世界语义学,刘易斯将虚构对象名称的指称理解为处于对应体关系中的诸多模糊的可能对象的集合。可能世界 W 中的 φ 被当作已知事实而不是虚构来描述,φ 在我们的世界中没有真值。例如,"福尔摩斯是一名侦探""福尔摩斯是一

---

① David Lewis,"Truth in Fiction",*American Philosophical Quarterly*,1978,15(1):37-46.Reprinted with postscripts in Lewis,Philosophical Papers,volume 1,Oxford:Oxford University Press,1983,p.270.

② 科学哲学中关于建构经验主义的讨论会涉及所谓的"客观模态",对之采取反实在论的立场被称为模态唯名论;在数学哲学中,比如赫尔曼(Geoffrey Hellman)的模态结构主义,也被称为模态唯名论。

③ David Lewis,"Truth in Fiction",*Philosophical Papers*,vol.1,Oxford:Oxford University Press,1983,p.264.

名宇航员"这些话没有真值,它不是外部真理(external truh)的话语,但是"在《福尔摩斯探案集》中,福尔摩斯是一名侦探"为真,"在《福尔摩斯探案集》中,福尔摩斯是一名宇航员"为假,它们为我们提供了一些内部真理(internal truth)。

在方法论上,刘易斯用"语义下行"(semantic descent)取代了蒯因关于本体论的"语义上行"(semantic ascent),主张将对于可能对象和虚构对象的本体论地位问题从语义层面下行到世界层面。在这里,个体的存在量化问题转换为个体的域(可能世界)的存在量化问题。据此,可能对象和虚构对象是否有指称的问题,并非相对于言说世界的方式,而是相对于世界本身,这里特指被考虑的可能世界。据此,虚构与可能世界的关系是"一对多"的关系。虚构情节不是外延性的,否则可以指称外部世界,迈农主义由于混淆了内涵和外延而陷入了理论困境。根据外延主义,那么博尔赫斯借虚构人物梅纳德之手创作的"元虚构"(meta-fiction)作品《吉诃德》和塞万提斯的虚构作品《堂·吉诃德》讲的是同一个故事,但根据内涵主义,它们讲的不是同一个故事。

迈农主义的另一个问题是,难以解释虚构话语的真值蕴含的封闭性特征。下述推理中,AP_1 是一个为真的虚构话语,AP_2 是现实话语,AC 是一个为假的虚构话语:

(AP_1)福尔摩斯在贝克街221B;
(AP_2)贝克街221B的唯一建筑是一座银行;
(AC)福尔摩斯住在一座银行里。

这种封闭性类似于刘易斯式可能世界之间的封闭性,但它只是一种时空和因果封闭性。"福尔摩斯在贝克街221B"这个空间位置表示福尔摩斯这个人有时空占位。加了虚构算子"在虚构 F 中",我们就能判断下述推理的有效性:

(AP_1')在《福尔摩斯探案集》中,福尔摩斯在贝克街221B;
(AP_2')在《福尔摩斯探案集》中,贝克街221B的唯一建筑是一座银行;
(AC')在《福尔摩斯探案集》中,福尔摩斯住在一座银行里。

从逻辑形式上看,这个推理是有效的,但其前提 AP_2' 为假,并且结论 AC' 为假。作品中并没有明示或暗示过福尔摩斯住在银行里。考虑到虚构与现实之间的因果封闭性,下述推理是不成立的:

(BP_1)《白毛女》中的黄世仁对白毛女的压迫激发了某个观众的愤怒;
(BP_2)这个观众的愤怒激发了他对黄世仁扮演者的枪击;
(BC)《白毛女》中的黄世仁对白毛女的压迫激发了某个观众对黄世仁扮演者的枪击。

作品中并没有明示或暗示过黄世仁对白毛女的压迫激发了某个观众的愤怒,或者这个观众的愤怒激发了他对黄世仁扮演者的枪击。然而,胖、红、聪明这些可比较的共相性质,并不受这种时空和因果封闭性的限制,这只能借助刘易斯所支持的属性唯名论来解释:

(CP$_1$)《水浒传》里的武松力气比现实中的某个男生大;

(CP$_2$)这个男生的力气比《红楼梦》里的林黛玉大;

(CC)《水浒传》里的武松力气比《红楼梦》里的林黛玉大。

这个推理逻辑形式上有效,结论为真,这表明"力气大"的可比较属性是允许现实—虚构之间的传递的。关于属性的唯名论主张如"力气大"这样的共相是个体的集合,它并不真实存在于任何一个可能世界,也不存在于类似于抽象世界的地方。刘易斯并不承认在具体的可能世界还存在一些我们称之为属性的柏拉图式共相或某种特普(tropes)式抽象对象。

二、虚构世界的构成

本文所说的"虚构"包括作为可能对象之集合的虚构对象,以及作为虚构对象之集合的虚构世界。它们必然具有模糊性、不完备性特征,在某些情况下还具有不一致性或不可能性特征;此外它们还在多重意义上具有外部真理性特征。在某种意义上,虚构对象应该广义地理解为"虚构实体",除了狭义的虚构人物(如福尔摩斯)、虚构物体(如福尔摩斯的烟斗),还包括虚构属性、虚构事件和虚构事态等。但是作为唯名论者的刘易斯仍然会坚持个体或具体对象的本体论优先性,所以他宁愿在狭义上理解虚构对象。

根据克里普克的严格指示词理论,"福尔摩斯"如果是一个专名,那么它在所有可能世界中都指称同一个人,但刘易斯认为"福尔摩斯"只是一个准严格指示词(quasi-rigid *designator*)。严格来说,它在不同的可能世界中并不指称同一个人,彼此之间总有一些差别,尽管仍然具有"可比较的最大相似性"。换言之,他们并不具有同一性关系,而是具有对应体关系。

基于刘易斯的论证,笔者建构了一个关于虚构世界的集合论模型,对它的形而上学解释分为下述三个步骤:

步骤一:假设 A,B,C 是一些类型虚构对象(type fictional objects),例如《福尔摩斯探案集》的侦探福尔摩斯、华生医生等(类型)虚构对象,他们各自是不同可能世界 W$_1$、W$_2$、W$_3$…中具有不同属性但属于同一类型且彼此处于对应体关系中诸多殊型可能对象(token possible objects)的集合,表示为:

$$A = \{a_1, a_2, a_3 \cdots\}$$
$$B = \{b_1, b_2, b_3 \cdots\}$$
$$C = \{c_1, c_2, c_3 \cdots\}$$

步骤二:假设 F_1、F_2、F_3 是诸多的殊型虚构世界,例如《福尔摩斯探案集》的诸多殊型虚构世界,它们是不同殊型可能对象的各种可能性的组合,表示为:

$$F_1 = \{a_1, b_1, c_3, \cdots\}$$
$$F_2 = \{a_2, b_3, c_2, \cdots\}$$
$$F_3 = \{a_3, b_2, c_1, \cdots\}$$

…

步骤三:假设 F 是一个类型虚构世界,例如《福尔摩斯探案集》的类型虚构世界,它是其诸多殊型虚构世界的集合,也就是不同殊型虚构世界或不同类型虚构对象的集合,或不同殊型可能对象集合的集合:

$$F = \{F_1, F_2, F_3, \cdots\}, 或$$
$$F = \{\{a_1, b_1, c_3, \cdots\}, \{a_2, b_3, c_2, \cdots\}, \{a_3, b_2, c_1, \cdots\}, \cdots\}$$

进一步,将上述三个步骤综合表示如下:

表 1　虚构的集合论模型

O F F	F1	F2	F3	…
A	a_1	a_2	a_3	…
B	b_1	b_3	b_2	…
C	c_3	c_2	c_1	…
…	…	…	…	…

在表 1 中,行 A、B、C…是不同的虚构对象,如《福尔摩斯探案集》中的福尔摩斯、华生;列 F_1、F_2、F_3…是殊型虚构世界,由 F_1、F_2、F_3…所构成的集合 F 是类型虚构世界。"一千个读者有一千个哈姆雷特"就是从读者的解释学维度所揭示的殊型虚构世界的复多性特征。然而,刘易斯看重的是作为不同种类(如 A、B、C)的不同可能对象殊型的随机集合的殊型虚构世界。换言之,在本体论上,允许根据大量可能对象的排列组合构成的殊型虚构世界,而所有这些殊型虚构世界的集合就是类型虚构世界。《福尔摩斯探案集》在解释学上和本体论上都具有很多种可能性,这些可能性与这部作品本身的关系,正是殊型与类型的关系。由于这种虚构世界都是根据集合被定义的,它符合刘易斯的唯名论立场:我们无须在本体论上承诺虚构对象和虚构世界的存在,尽管我们在观念学(ideology)上需要它们。

据笔者理解,刘易斯在模态实在论和模态唯名论中都共享了奎因(W.V.O.Quine)

的下述立场：与本体论不同，观念学并非真实地刻画了世界的客观特征，但它对于解释力、经济性等方面提升一种形而上学的理论美德必不可少。① 根据模态实在论，可能对象是具有特定时空占位和因果效力的具体物；根据模态唯名论，严格来说，并不存在作为具体对象的虚构对象，只存在作为处于对应体关系中的可能对象的集合的虚构对象，它与可能对象的关系，是集合与集合成员的关系，或者，类型与殊型的关系。如果说可能对象像现实对象一样属于本体论上的真实存在，那么虚构对象只是观念学上出于解决问题的实用考虑而被设定的，刘易斯建议我们只是假装它们存在。虚构对象本身不是集合，说福尔摩斯是一个集合，这也违背了我们的下述直觉：他是一名侦探，不是一个集合。所以这不是福尔摩斯的本体论特征，而只是借助集合来解释。用集合论解释虚构对象或虚构世界，正是因为没有关于它们的本体论，而只有观念学。它们并不存在，但我们仍能说它们是"无指称物的指称"，或者"无使真者的使真关系"。

三、虚构对象和虚构世界的本体论特征

刘易斯和帕森斯（Terence Parsons）所理解的虚构世界在一定程度上是模糊的和不完备的，有时候还是矛盾或不一致的。② 对于虚构对象来说，一定程度上的模糊和不完备不仅是可能的，还是必要的。严格来说，虚构对象和虚构世界都是模糊的、不完备的，它们也不可能是精确的和完全的，它们在本体论上分别依赖于现实对象和现实世界。虚构对象是一些模糊的、不完备的甚至相互矛盾的可能对象的集合。可以将一个虚构世界刻画为由多个可能世界构成的集合，而一个可能世界最多只能对应一个虚构世界。作为彼此处于对应体关系中的可能对象之集合的虚构对象实际上是一些模糊对象，它们具有一些模糊属性，但并非全都是模糊的。例如，福尔摩斯是模糊对象，他在很多世界里有近似物或对应体。福尔摩斯 18 岁生日当天零点整时有几根头发？约瑟夫爵士的合唱团一共有几个成员？原文中并未明确或隐含地给出确切数目。对于福尔摩斯是否身高 6.2 英尺，由于作品中毫无交代，所以我们只能说，它既非身高 6.2 英尺，亦非身高不是 6.2 英尺。但这并不等于说，福尔摩斯没有身高。根据常识，任何一个住在贝克街的侦探在某个特定的时间点 t_0 都有特定的身高 h_0。也许可以虚构一个没有身高的人，但虚构作品中并没有明确地或隐含地告诉我们这一点，《福尔摩斯探案集》中并没有给出这样的明示或暗示。我们可以说他没有明确的身高，他有模糊的身高。他有各种按照现实世界常理来说的可能身高，这些身高构成了一个集合。根据刘易斯的模态实在论，福尔摩斯的可能身高，不是一个命题集，而是一个世界集——从集合论角度看，这两个集合是不同的。也就是他在一系列世界 $W_1, W_2, W_3 \cdots$ 中有一不同的身高，然后

① W.V.O.Quine,"Ontology and Ideology",*Philosophical Studies*,1951(2),p.11-15.

② Terence Parsons,*Nonexistent Objects*,New Haven:Yale University Press,1980.

我们暂时抛开其他情况，仅仅将这些世界的集合，看作是福尔摩斯身高的集合。这些虚构对象的不完备属性和不可能属性也只能根据这些可能世界的一部分子集来解释。

根据普里斯特的超赋值（supervaluation）观点，福尔摩斯的替身定义是具有故事明确说了的福尔摩斯具有的全部性质的可能对象。① 但这不是刘易斯的做法，他更愿意借用模糊对象的语义学观点："对模糊性的唯一可理解的说明，将之置于我们的思想和语言之中。边界地带的起点很模糊，原因并不是因为存在这样的边界不清晰地带，而是因为存在很多东西，各自有不同的边界，没有人傻到试图强制选择其中一个作为'边界地带'一词的正式指称。模糊性是语义学上的优柔寡断状态。"② 不管对于模糊对象还是抽象对象，刘易斯不想做出显然是冗余的本体论承诺，他更愿意采取一种观念学进路，也就是关于虚构对象的模态唯名论。这符合关于虚构对象的观念学节俭性（ideological parsimony）原则。

与模糊对象密切相关的是模糊同一性（vague identity）问题。《封神演义》中的哪吒与《西游记》中的哪吒是同一个人吗？《西游记》和《封神演义》中哪吒的身份都是托塔天王李靖的三儿子，很显然，这两个哪吒应该是同一个人。刘易斯会认为，他们不是同一个人，他们之所以都叫哪吒，是因为两位作者在现实世界中接触过神话中的哪吒形象，它自从隋唐引进中原后，以佛教中护法神的身份出现。我们必须以现实世界为语境，来理解虚构对象的指称或真值条件问题。但这两个哪吒之间并不具有同一性。假设现实世界中有一个人，其外貌、经历和性情完全与哪吒一样，那么他与哪吒是同一个人吗？从刘易斯的角度看，这只是巧合，他们不是同一个人。

克里普克对于福尔摩斯这样的虚构对象采取了细粒度的同一性标准。如果福尔摩斯是具体对象，那么他肯定是不存在的，因为在克里普克看来，任何一个具体对象都必须满足细粒度的同一性标准，换言之，作为虚构专名（空名）的"福尔摩斯"必须是一个严格指示词；但它并不具有日常专名（如"尼克松"）的指称功能，它只是假装着进行指称，至少在"指称虚构对象"问题上是如此。③ 克里普克与刘易斯的分歧是局部的。他们同意，不管有多相似，一个与虚构对象相似的真实对象都不是虚构对象。"仅仅发现真的有个侦探拥有福尔摩斯那样的光辉事迹，那也不会证明柯南·道尔写的就是那个人。柯南·道尔写的是一个纯粹的虚构故事，结果碰巧和现实雷同了，这虽然在理论上是可能的，但在实践中是绝无可能的。"④

① Graham Priest, *Towards Non-Being: The Logic and Metaphysics of Intentionality*, Oxford: Oxford University Press, 2016.

② David Lewis, *On the Plurality of Worlds*, Oxford: Basil Blackwell, 1986/2001, p.212.

③ 索尔·克里普克:《空名与虚构实体》,《世界哲学》2013 年第 2 期。在指称虚构对象上，关于"福尔摩斯"的命题只是假装着表达了一个命题。但是在"意向虚构对象"问题上，显然并非如此。"尼克松崇拜福尔摩斯"尽管也是一个关于福尔摩斯的陈述，但是它表达了一个真正的命题。

④ Saul Kripke, *Naming and Necessity*, Oxford: Blackwell, 1980. Originally lectures that appeared in *Semantics of Natural Language*, edit. Donald Davidson and Gilbert Harman, Dordrecht: Springer Netherlands, 1972, pp.157-158.

对于克里普克,不同的可能对象具有福尔摩斯的属性,因此他们都是福尔摩斯,这是一个矛盾说法。但是对于刘易斯,这并没有什么矛盾的,因为我们称之为"福尔摩斯"的虚构对象本来就应该理解为位于不同可能世界中的所有这些不同可能对象所构成的一个集合。根据他的"世界约束个体"理论,在本体论上,任何具体对象都不能被不同的世界所共享或分享。但是在观念学上,我们仍然可以借助对应体理论来解释跨世界同一性问题,而我们的跨世界同一性直觉、反事实条件句和虚构话语都需要在不同意义上借助这里的对应体概念。

四、虚构语用学和虚构语境论

（一）虚构语用学

虚构即假装或"讲故事"。这是虚构语用学,而非语义学。在这里,刘易斯反对像罗素那样,把"福尔摩斯"这个专名看作是某种伪装起来的限定摹状词。在前者看来,即便现实世界中有一个人完全符合《福尔摩斯探案集》里对福尔摩斯的描述,这个人也不是真的福尔摩斯。为了解释福尔摩斯的指称和相关虚构话语的真值条件,我们需要的是不同可能世界中彼此之间处于对应体关系中的关于福尔摩尔的相似物,而不是现实世界中的福尔摩尔的相似物。在刘易斯看来,来自现实世界的巧合是没有意义的,反之,有意义的东西不能只是巧合。这里有两种情况:首先,不同可能世界中存在彼此之间处于对应体关系中的关于福尔摩尔的相似物,这一点不是巧合;其次,根据刘易斯在1号分析（analysis 1）和"补记"中的描述,有一些虚构作品可以向读者传达关于现实世界的真理,这些真理有很多种类似,其中之一便是虚构对象与现实对象之间的相似性。

在当代学界,刘易斯和克里普克都持有虚构对象的反实在论观点,也都认为虚构话语涉及假装。① 但是他们的出发点和理由并不相同,因此有必要稍作澄清。克里普克支持关于虚构对象的抽象创造物观点,其出发点是模态现实主义（modal actualism）:如果世界上没有福尔摩斯,那么我们就不能说有一个可能的人,如果他存在就是福尔摩斯。刘易斯支持一种关于虚构对象同一性的细粒度观点。根据他的"假装"理论,虚构是一项动态的"讲故事"活动,而非静态的、作为命题集的故事,所以即便是现实世界中有人与福尔摩斯极为相似,那只是一种巧合,除非这是故事作者的刻意安排。在刻意安排的情况下,这种相似性可能向读者传达关于现实世界的某些真理,比如反讽这种相似

---

① 赛恩斯伯里（R.M.Sainsbury）认为将刘易斯的虚构对象本体论视为某种"反实在论"是一种混淆。参见 R.M.赛恩斯伯里:《虚构与虚构主义》,万美文译,北京:华夏出版社,2015 年,第 107 页。但笔者认为并非如此。也有人认为克里普克持有关于虚构对象的实在论的抽象主义（realist abstractionism）观点,这涉及对"实在"标准的不同理解。参见 Franz Berto & Mark Jago, *Impossible Worlds*, Oxford University Press, 2019, p.256. 他认为虚构对象是作为某种抽象创造物而存在的。作为抽象创造物的虚构对象不符合具体对象的"实在"标准,故而说它们不存在。

性不仅有助于我们在虚构语境论意义上理解虚构对象的指称或虚构话语的真值条件，还有助于我们在美学意义上理解现实世界的某些真相，它类似于亚里士多德以来被称为高于"生活真实"的某种"艺术真实"。亚里士多德称诗与历史的区别在于："一个描写已发生的事，另一个描写可能发生的事。因此，诗比历史更具有哲学性，意义更重大，因为诗所陈述的事具有普遍性，而历史则陈述特殊的事。"①此外，根据刘易斯描述，虚构也可以作为一种寻求模态真理的工具。② 有时候故事作者会刻意安排故事情节与另一个已有的故事高度雷同，这向我们揭示了另外一种艺术真理。根据博尔赫斯的描述，皮埃尔·梅纳德这个虚构人物写了一部《吉诃德》，它在字面上与塞万提斯的经典小说《堂·吉诃德》分毫不差。③ 但刘易斯同意博尔赫斯，认为从"讲故事"的角度看，它们并不是同一个故事。④ 从"读故事"的角度看也是如此。

隐含真理并没有被明示，但它并不模糊。"福尔摩斯有肝脏""福尔摩斯没有三个鼻孔"这些都是合理的隐含真理。我们可以从故事中获得到隐喻真理比它从字面上告诉我们的要多，它为生活在现实世界中的读者提供了理解故事的知识前提。但即便如此，虚构作品并未在所有方面都明确地告诉我们何为"内部真理"。例如，我们无法得到"福尔摩斯的平均大小的肝脏"真值条件。不管他的肝脏是否平均大小，都不影响他是有肝脏的，也不影响故事情节的展开。这种有意地忽略在客观上符合语义学经济性原则。对于不存在的东西，我们无从知道，我们可以否认对于其肝脏重量的任何一个确定值，甚至也可以否定关于其确定值的命题的析取。

矛盾或情节上的不一致也不罕见。为了遵循修改的最小必要性原则，即"若无必要，勿做修改"，刘易斯提出用并集方法（method of union）取代交集方法（method of intersection），主张"φ 在原虚构中为真，当且仅当，φ 在某个片断中为真"⑤。这是一个粗粒度的真值条件理论：只要满足集合中的任何一个成员的要求，关于福尔摩斯的虚构话语即为真。福尔摩斯的姑姑是一个违背排中律的虚构对象，我们既不能说福尔摩斯有姑姑，也不能说他没有。这不是一种不可知论，不可知是针对本体论上存在的对象。本体论上不存在的东西不可知，这是一个琐碎的真理。刘易斯并没有像一些学者那样预设了一个不可能世界的存在。如果不可能的世界是一个实体，它不仅违背我们的模态直觉，还违背了本体论节俭性原则，甚至比刘易斯的可能世界还要臃肿。但用集合解释矛盾对象还好一些，如果用集合解释排中律对象呢？ 也许普里斯特的"双面真理"论是不必要的，但超内涵论仍然是必要的，后者可以拯救违背排中律的虚构对象。

---

① Aristotle，Poetics，1451b5—8.

② David Lewis，"Truth in Fiction"，*Philosophical Papers*，vol.1，Oxford：Oxford University Press，1983，p.278.

③ 豪尔赫·博尔赫斯，《小径分岔的花园》，王永年译，上海：上海译文出版社，2015 年，第 25—40 页。

④ David Lewis，"Truth in Fiction"，*Philosophical Papers*，vol.1，Oxford：Oxford University Press，1983，pp.265—266.

⑤ David Lewis，"Truth in Fiction"，*Philosophical Papers*，vol.1，1983，Oxford：Oxford University Press，p.277.

由于模态实在论中没有不可能世界(impossible worlds)的位置,所以刘易斯就必须咬紧牙关,坚称虚构作品中的矛盾叙述只是由于作者的疏忽。① 他建议道,任何自相矛盾的故事都应该经过一系列最低限度的修改,从而与那个并不涉及矛盾的"理想原著"相一致。但笔者认为,修改有时候是不可能的,特别是在作者已经去世的情况下。有时候是不必要的,因为这是作者有意为之的疏忽,这可以被视为某种个人风格。甚至可以将这种矛盾视为虚构的本质特征。所以最好是这样:虚构世界是允许出现逻辑矛盾的,有时是作者疏忽,有时则是刻意为之。从超内涵的角度看,虚构世界中可以是容纳矛盾的不可能世界。② 这种说法不符合刘易斯的精神,但它能合理解释虚构作品中的矛盾。

(二)虚构语境论

语境论分析和语义学分析对于刻画虚构对象本体论同样重要。刘易斯的虚构语境论通过他的 0 号分析、1 号分析和 2 号分析来展开。0 号分析是虚构被当作已知事实所述说的那个世界。它的问题在于,它割裂了虚构与现实的关系,忽视了读者理解虚构作品所必需的背景知识。实际上,虚构作品中通常所隐含的现实要素比我们想象的要多,因此我们只需考虑那些与我们现实世界最接近、发生最小变化(这些变化是虚构话语所提示的)世界。正是这些现实因素的存在使得读者能够看懂虚构作品,也使得下述话语是有意义的:首先,一些现实—虚构话语,比如意向虚构话语"小明同学崇拜福尔摩斯",现实中的小明同学对虚构对象的积极意向;其次,现实—虚构比较话语"孙悟空比现实世界中的所有猴子都更能干";最后,虚构—虚构比较话语,如"猪八戒比林黛玉更胖"。就此而言,从虚构角度看,"关公战秦琼"的说法是有意义的。受反事实条件约束的虚构世界与受反事实条件约束的可能世界一样,不能过多地偏离现实世界,相反它们应该在与现实世界之间有一个"可比较的最大相似性",也就是除了明示或隐含的某些虚构话语,其他方面都与现实世界高度相似,其差异性遵循"虚构的最低必要性限制"。由于被明示或隐含的虚构话语足够多,所以不会影响虚构作品的本体论地位——它们仍然是虚构而非纪实作品。"我们要找使得前件为真的最不偏离现实世界的方式,部分工作就是保持和固定那些无须改变的现实特征。"③为了理解福尔摩斯的虚构话语,相较于福尔摩斯在其中有三个鼻孔的世界 W_1,福尔摩斯在其中只有两个鼻孔的世界 W_2,对现实世界 $W_@$ 的偏离更小。

刘易斯的 1 号分析弥补了 0 号分析的上述缺陷,它认为 0 号分析对于虚构话语的真值条件是不充分的,还需要额外增加一个世界,即虚构作品所产生的那个公

---

① David Lewis, "Truth in Fiction", *Philosophical Papers*, vol.1, 1983, Oxford: Oxford University Press, p.275.

② Franz Berto & Mark Jago, *Impossible Worlds*, Oxford University Press, 2019, p.256.

③ David Lewis, "Truth in Fiction", in Lewis 1983, *Philosophical Papers*, vol.1, Oxford: Oxford University Press, p.269.

開信念(overt belief)的世界。如果说米开朗琪罗在创作大理石雕像《大卫》时只做减法,但 1 号分析还需要做加法,它主张充分地在现实世界的语境下理解虚构话语,先做减法再做加法:第一步,就在现实世界中剔除掉不符合明显的或隐含的虚构话语后剩下的东西;第二步,在此基础上增加虚构上明显或隐含的内容。如果说 0 号分析的缺陷是现实因素太少,那么 1 号分析的缺陷可能是现实因素太多,以至于超出了现实要素的最小必要性限制。2 号分析不再依赖于现实的事实,只依赖于一定历史背景下的集体信念,作者和读者共享了一个"集体信念世界"(collective belief world),它允许不符合后来被揭示的事实,同时也把作者和读者的私人信念排出了考虑范围。

五、虚构反事实与反事实虚构

就内容而言,反事实条件句可分为两类:形如"假如袋鼠没有尾巴,它就会摔倒"这样的普通反事实,与形如"假如福尔摩斯是真实存在的,那么他会是一名优秀侦探"这样的虚构反事实(fictional counterfactuals)。刘易斯借助处理普通反事实的可能世界语义学方法得出了关于虚构对象的模态唯名论结论。进一步,借助模态唯名论,刘易斯解释了虚构对象的指称、虚构话语的真值条件、模糊虚构、不可能(不一致)虚构、不完美虚构等哲学问题。事实上,福尔摩斯不存在,一个不存在的人无所谓是不是侦探,说他是侦探和不是侦探都是不对的。诸如"福尔摩斯是一名侦探"这种内虚构话语(intra-fictional discourse)缺乏真值,这在形式上违背了排中律。借助反事实方案,刘易斯论证道,福尔摩斯反事实地存在,在小说中,他是一名侦探,不是一名宇航员,这是一个内部真理。"柯南道尔塑造了福尔摩斯这个人物形象"这个外虚构话语(extra-fictional discourse),为我们提供了一个外部真理。

反事实的福尔摩斯在哪儿? 刘易斯回答,在可能世界。是在某个还是某些可能世界? 在某些可能世界。所有这些世界上的人都是福尔摩斯吗? 不是,他们没有一个是福尔摩斯。只有将他们放到一个集合里,这个集合才叫福尔摩斯。各个世界的福尔摩斯不一样怎么办? 很正常,所有虚构作品都留下了模糊地带,允许有差异。为何这些世界中的都不是福尔摩斯? 因为他们只是可能世界里的可能的福尔摩斯,不是现实世界里的虚构的福尔摩斯。他们只是可能对象,不是虚构对象,只有他们的集合才是虚构对象。正因为各个世界的福尔摩斯不完备一样,所以才需要一个集合,是模糊的、不完备的,不一致的福尔摩斯都放进集合里。一个世界内部不允许矛盾,但是不同世界之间允许矛盾。我们把这些世界搞成一个集合就容纳了矛盾。

刘易斯用处理可能对象的反事实条件句来处理虚构对象的语义学,并基于可能对象的集合论来理解虚构对象。然而在笔者看来,这个策略是令人困惑的。首先我们看到,虚构对象不是那种原本可能存在的东西,而是逻辑上可能但不现实的东西的集合。

克里普克借助亚瑟王从岩石中提取的神秘剑(Excalibur)的例子区分了虚构对象与可能对象。① 可能性概念意味着,实际上是的东西可能不是,柯南·道尔在现实世界中是一名侦探小说家,但在某个可能世界中他是一名宇航员,而不是一名侦探小说家。虚构性概念则相反,可能是的东西实际上不是:福尔摩斯实际上并不是一名侦探,因为他在现实世界中并不存在,但福尔摩斯只可能是一名侦探——他只能是一名存在于可能世界中的侦探。这里的"只能是"相当于一种包含了足够多的可能性却唯独不包含现实世界的"单纯可能性"(mere possibility)。

逻辑上可能但不现实的东西,容易与物理机会(physical chance)相混淆。物理机会不是面向过去的原本有的可能性,也不是单纯可能性,而是一种根据自然律面向未来的可能性。我们只有一个物理世界,但有很多关于过去原本可能的反事实世界,有很多单纯可能的虚构世界,这一点与现实世界很相似。刘易斯为了做出机会与单纯可能性的区分,他采取了一种永恒论(eternalism)立场,亦即物理机会是真实存在的,它在本体论地位上与现实世界一样,二者的区分是认识论上的,我们对于物理机会没有足够确定的知识,但关于现实世界的知识会确定得多。

笔者认为,把虚构当作单纯可能性也是令人困惑的。首先,单纯可能性不允许违背逻辑矛盾律,但是在"不可能的虚构"情形中允许违背矛盾律。对于模糊的虚构对象,情形也是如此。其次,单纯可能性不允许违背逻辑排中律,但在虚构中存在一些"既非a亦非—a"的情形,特别是在不完整虚构的情形中。最后,根据模态实在论,作为类型的单纯可能性的本体论地位要高于作为殊型的现实性,但是,虚构对象的本体论地位并不高于现实对象。相反,他的分析1主张根据现实世界来理解虚构对象,虚构无非是在现实中剔除掉一些不符合虚构情节的东西,总体上看,虚构中的现实元素比我们想象的要多得多,这是我们能够理解一个虚构作品并且为虚构话语提供语义学的一个前提。换言之,在虚构中隐含了非常多的现实因素。福尔摩斯有两个鼻孔就属于这种"隐含真理"。我们无法在字面上判定它的真值,但在多数情况下,它的真值是我们理解福尔摩斯并为相关判断提出真值条件的一个前提。尽管虚构对象与现实世界相距甚远,但至少有一部分是可以从现实世界中获得的,刘易斯自己也认为虚构中有一些关于现实的实质性真理。然而根据笔者所支持的大卫·帕皮纽(David Papineau)的观点,从我们对单纯可能世界的分析中难以获得关于现实的实质性真理,而哲学的核心问题涉及现实性而非必然性,这是一种与科学相连续的后天综合的现实性。② 这表明刘易斯把虚构对象当作单纯可能对象是有问题的。

依其性质,虚构可以区分为形如"福尔摩斯具有高超的推理能力,因此成为一名优

---

① Saul Kripke, *Naming and Necessity*, Oxford: Blackwell, 1980, pp.157-158.

② David Papineau, "The Poverty of Conceptual Analysis", *Philosophical Methodology: The Armchair or the Laboratory*, edit. Matthew Haug, New York: Routledge, 2014, pp.166-167.

秀侦探"这样的"事实虚构"(factual fiction)，与"假如福尔摩斯推理能力很糟糕，那么他不能成为一名优秀侦探"这样的"反事实虚构"(counterfactual fiction)，简称"反虚构"(couterfiction)。"反事实虚构"在哲学上的重要性体现在，它便于我们对虚构话语进行反虚构分析。虚构反事实条件句，形如"假如林黛玉真实存在，那么她会是一名优秀诗人"；反事实虚构条件句，形如"假如林黛玉不进贾府，她就不会和宝玉一见钟情"。那个不会和宝玉一见钟情的黛玉并不出现在现实世界，也没有出现在《红楼梦》的虚构世界中，而是出现在被称为"《红楼梦》*"的虚构世界对应体之中。"事实虚构"这个说法具有字面上的悖谬色彩，因为虚构成为在反事实意义上的理解。然而，"福尔摩斯具有高超的推理能力，因此成为一名优秀侦探"符合柯南·道尔在《福尔摩斯探案集》对人物形象的真实刻画，就此而言我们称之为"事实虚构"。相较而言，"福尔摩斯推理能力很糟糕，因而未能成为一名优秀侦探"这样的描述并不符合原著中的设定，因此只能说是"反事实虚构"。

如果上述概念区分大致可行，那么我们会产生下述困惑：模态唯名论如何借助"虚构反事实"来处理"反事实虚构"问题？面对一个形如"假如袋鼠没有尾巴，它就会摔倒"的反事实条件句，我们可以设想一个可能世界 W_1 在其中除了袋鼠没有尾巴这一点，其他细节与现实世界 $W_@$ 足够相似。然后我们设想，W_1 中的袋鼠经常摔倒。如果我们在某种意义上把虚构世界类比作现实世界，那么如何在虚构世界之上叠床架屋地设想一些可能世界呢？福尔摩斯是一名英国侦探，但并不必然如此。假设在一些反虚构世界中，福尔摩斯的经历和性格与《福尔摩斯探案集》有所不同，假设他 20 世纪初离开英国，移民到中国上海，那么在上海定居的福尔摩斯还会像《福尔摩斯探案集》所写的那样，继续干私家侦探，他的观察力会仍然敏锐、推理能力仍然突出，善于通过观察与演绎推理和法学知识来解决问题吗？

在这个问题上，刘易斯并没有给我们任何启示。无论如何，反虚构的福尔摩斯依然是诸多可能的福尔摩斯的集合，但他的邻居可能不再是华生，他会接手其他一些案件，或者改行做别的。反虚构世界对象和反虚构世界都是一些"二阶可能对象"(the second-order possible objects)。此外，如果我们要理解虚构世界中的因果关系，是不是需要假设反虚构呢？福尔摩斯是一名优秀侦探，是因为他观察力足够敏锐、推理能力足够突出，借用反虚构条件句，假设他观察力不够敏锐，或者推理能力不够突出，他就不会成为一名优秀侦探了。根据笔者在其他文章中论证的观点，反事实陈述的形而上学不确定性包括三个层面：其一，从超内涵主义语义学角度看，反事实陈述面临真值条件上的不确定性；其二，从经验主义认识论角度看，反事实陈述面临动机上的不确定性；其三，从反实在论角度看，反事实陈述所假定的所谓"关键事实"和"另类时空"(alternative space-time)面临本体论上的不确定性。①

---

① 陈常燊：《反事实陈述的形而上学不确定性》，待刊。

反虚构是不会遇到类似的形而上学不确定性呢？笔者的回答是肯定的。不唯如此，这种不确定性是双重的：其一来自于将虚构世界类比作一个现实世界，进而将反虚构世界类比作一个反事实世界之时；其二来自于我们像刘易斯那样借助以事实来解释虚构世界的语义学之时。根本原因在于，在笔者看来，虚构情节既不是外延性的，也不是内涵性的，否则虚构反事实就不会有多重的不确定性。在日常的（非虚构的）反事实中当中还有如此多的确定性，虚构反事实增加了这些不确定性："假如福尔摩斯移民上海……"

逃避认识论

——论罗蒂伦理美学思想转向的哲学根源

郝二涛*

内容提要：认识论是罗蒂伦理美学思想中有待开掘的一个问题，与罗蒂哲学思想的转向密切相关。通过转向语言，罗蒂剥离了认识论的同质化的意志权力关系；通过转向实用主义，罗蒂剥离了认识论的先验化的情感权力关系；通过转向语言—效果论，罗蒂剥离了认识论的等级化的知识权力关系。按照罗蒂对"逃避"的界定，这三次转向是罗蒂对哲学认识论的"逃避"。罗蒂分别逃避了认识论的镜式观念、视觉观念与语言——基础观念，这种"逃避"批判地继承了皮尔士实用主义。它使罗蒂发现了维系个体与他者的唯一社会纽带——侮辱，并在重新描述"侮辱"中，找到了更好地理解自我及其与他者关系的方式——对话。其目的是使个体，通过持续对话，为他者提供信念之网与社会希望；这有利于我们整体地理解罗蒂伦理美学思想的生成逻辑、背景，并深入推进罗蒂伦理美学思想研究。

关键词：认识论；语言；实用主义；罗蒂；哲学美学

导　言

有学者曾断言，伟大的教化哲学家都对认识论有过回应。[1] 回到西方哲学史，我们可以将回应认识论的哲学家，列一个长长的名单，比如，维特根斯坦、杜威、海德格尔、德里达等。在这个名单中，最具影响力也最具争议的哲学家非罗蒂莫属。罗蒂以"逃避"的方式回应了认识论。如果逃避被提供为解构方法的一个变化的选择，[2]那么，罗蒂对认识论的"逃避"，就意味着剥去认识论的伪装并揭露它植根于过去的与权力结构的依

---

* 郝二涛：博士，湘潭大学文学与新闻学院副教授，主要从事美国美学、文论研究。本文为2022年度国家社科基金后期资助课题"罗蒂伦理美学思想研究"（22FZXB065）阶段性成果。

① Alexander Gröschner, Colin Koopman, Mike Sandbothe, edit.*Richard Rorty*: *From Pragmatist Philosophy to Cultural Politics*, Bloomsbury Publishing PLC, 2013, p.59.

② David L. Hall, *Richard Rorty*: *Prophet and Poet of the New Pragmatism*, State University of New York Press, 1994, p.221.

附关系。① 这种依附关系突出地表现为表象主义、本质主义与基础主义。由于表象主义与基础主义都是本质主义的变异形态，且本质依赖于人们对实在的认识，认识的目标是通过心灵、语言去寻找那些带有本质、基础等性质的确定性的因素，②因此，罗蒂对它们之批判就是对认识论之"逃避"。在批判中，罗蒂哲学思想经历了三次转向，已有的相关研究成果主要聚焦于罗蒂的心灵哲学、语言哲学、新实用主义与政治哲学研究，涉及罗蒂哲学思想的转向之研究成果集中在罗蒂批判形而上学哲学之外部根源，相对忽视其批判形而上学哲学的内在根源；因此，我们拟通过分析罗蒂对认识论之"逃避"，理清罗蒂哲学思想转向的内在根源，凸显罗蒂超越形而上学哲学的隐性策略。

一、逃避镜式观念：罗蒂哲学思想语言转向之根源

"镜式哲学"是罗蒂对西方传统形而上学哲学的称呼。这种称呼源于罗蒂对西方传统的形而上学哲学的独特认识，即他们的传统哲学观念是由图画和隐喻决定的。这里所说的"图画"主要指能精确再现西方传统哲学知识的观念的"心的图画"。"心的图画"，由于能准确地再现西方传统哲学的知识观念，而被罗蒂形象地称为"巨镜的心的图画"。③ "巨镜的心的图画"决定洛克的以"心之过程"为基础的知识论观念、笛卡尔的"心物二元论"观念、康德的纯粹理性的认识论观念，因为"如果没有类似于镜子的心的观念，作为准确再现的知识观念就不会出现"，没有准确再现的知识观念，洛克、笛卡尔、康德的上述哲学观念就失去了合理性。

"巨镜的心的图画"中的"镜子"，就像魔术中的镜子，可以使人们相信，客观事物与镜子中的客观事物的表象是不同的。在这一点上，哈茨霍恩曾批评罗蒂的观点缺少有力论证。④ 实际上，罗蒂的观点是有有力的论证的，只不过这种论证是针对二元对立的哲学思想根源的。这种错觉源于古希腊人在理论与实践之间的区分，在永恒秩序和纯历史偶然之间的区分。这种区分进一步发展为笛卡尔的思维与实体之间的区分观念，最终演变为理性主义观念。受理性主义观念支配的人，其本质也受理性支配。受理性支配的人的本质并不具有感性形式，而物质的镜子具有感性的形式。这是二者之间的一个不同点。二者之间的另一不同点是，物质的镜子是纯粹实体性的、质地均匀的镜子，而人之镜是人与神共有的、非实体性的、质地不均匀的镜子。基于这两点差异，我们将西方传统形而上学称为"镜式哲学"。镜式哲学的最重要的特点是本质主义，本质主

---

① 康乃尔·韦斯特：《美国人对哲学的逃避：实用主义的谱系》，董山民译，南京：南京大学出版社，2016 年，第 49 页。

② 金惠敏主编：《20 世纪西方美学史（下编）》，太原：山西教育出版社，2020 年，第 934—935 页。

③ Richard Rorty, *Philosophy and the Mirror of Nature*. Princeton University Press, 1979, Introduction, p.12.

④ 查尔斯·哈茨霍恩：《罗蒂的实用主义及告别信念和启蒙时代》，见海尔曼·J.萨特康普编：《罗蒂和实用主义——哲学家对批评家的回应》，张国清译，北京：商务印书馆，2003 年，第 43—44 页。

义观念是对德谟克利特和笛卡尔的终极语汇观念的补充,①这种终极语汇以寻求终极知识为核心。

这种认识主要得益于罗蒂对哲学史之梳理。通过梳理西方哲学史,罗蒂有效区分了体系哲学与反体系哲学,前者以柏拉图哲学为代表,后者以尼采哲学为代表。体系与反体系之争是当代西方哲学的一个论争焦点。塞拉斯使罗蒂积极参与到这场哲学论争中,艾尔(Ayer)的总体历史叙述观念使罗蒂由关注尼采与柏拉图之争到关注艾尔与怀特海之争,并试图以视域融合来解决这场论争。在此过程中,罗蒂一度因为找不到更好的视域融合的方法而苦恼。此时,怀特海对华兹华斯的热情,哈茨霍恩拒绝将物理科学作为终极语汇,使罗蒂怀疑哲学终极知识之可靠性。

一个主要原因是,它将不可证明之物作为自身的合法性证明物,且因将自身的描述与具体事物的描述相联系而陷入自相矛盾中。② 仅就常识而言,我们不能用"人"称呼所有"个体的人",也不能用"人"描述所有个体的人的特点。因此,罗蒂提出了无镜哲学观念。这种哲学观念受伽达默尔的"解释学"的影响,把教化作为哲学最重要的任务,相信描述事物的多种语汇,相信描述的多样性,相信民主式的真理之创造。有的学者认为,罗蒂的"创造"观念的例外情况至少包括知识的善与道德的善,因为,"知识的善和道德的善至少既是被发现的又是被造就的,它们超越了我们的实践特性,并且它们使那些实践同知识事务或道德事务起着重要的协调作用"。③ 而所有这些都表明了一种倾向,罗蒂在用语言学(分析哲学)方法挑战镜式哲学观念;这种挑战姿态凸显了罗蒂哲学的语言学转向。

罗蒂转向语言哲学的标志是他于1967年编辑出版的《语言学转向》一书。"语言学转向"主要指语言描述已经成为哲学家谈论客观事物的一种普遍的方法,谈论者既有维特根斯坦、伯格曼、罗蒂等反体系的哲学家,也有罗伊斯(Royce)、乔基姆(Joachim)、保罗·维斯(Paul Weiss)与布兰德·布兰沙德(Brand Blanshard)等捍卫体系的哲学家。其中,在处理哲学二元对立问题时,布兰德·布兰沙德的《思想的本质》一书流露出的调和怀特海与黑格尔观点的倾向,一度得到罗蒂的赞同。但是,最终这种倾向却被罗蒂视为一种空洞的语言策略。一个重要原因是布兰德·布兰沙德的调和策略未通过谈论合适的语言来谈论世界。

这主要涉及三个问题,即词语应用的哲学化问题,形而上学哲学产生矛盾和谬误的根源问题,语言在可认知的事物范围内的普遍性问题。这三个问题可被归结为一点,即哲学家可以在如何使用哲学术语方面达成妥协。这种妥协意味着,哲学家的意见可以多样化。这实际上悬置了哲学家的意见之间的差异,不再使哲学家的意见保持一致,不

---

① Richard Rorty, *Philosophy and the Mirror of Nature*. Princeton University Press, 1979, p.337.

② Richard Rorty, *Philosophy and the Mirror of Nature*. Princeton University Press, 1979, p.361.

③ 弗兰克·B.法莱尔:《罗蒂和反实在论》,见海尔曼·J.萨特康普编:《罗蒂和实用主义——哲学家对批评家的回应》,张国清译,北京:商务印书馆,2003年,第248页。

再追求哲学问题答案的唯一性,而是追求哲学词语使用方法上的一致性。由于追求哲学意见的一致性与追求哲学问题答案的唯一性是镜式哲学的核心,因此,"语言学转向"使哲学不再主要关注西方传统的镜式哲学观念,而是主要关注一定的常识中的哲学问题。

由于常识与人的生活密切相关,是人的生活中的常识,因此,我们也可以说,哲学的"语言学转向"将哲学转向了人的现实生活。这种转向是哲学向生活的回归。这种回归实际上悬置或替代了认识论的镜式反映模式,为西方镜式哲学的困境指出了一条出路,其原因主要包括以下四点。

原因之一,是之前的哲学家所采用策略时基本都着眼于普遍的哲学方法,将哲学问题的提问权主要归于科学,相对忽略了哲学自身的人文性特点,都未能使哲学走出"镜式哲学"的困境。而语言分析策略着眼于哲学家与哲学问题的独特性,致力于将哲学问题的提问权重新归于哲学,旨在恢复哲学的人文性。原因之二是语言是哲学思想的载体,在哲学中具有举足轻重的地位。原因之三是语言分析是西方形而上学传统哲学家质疑的方法,也是他们忽略的方法。原因之四是分析哲学语言能超越镜式哲学语言,并改变镜式哲学对待语言的人为的、主观的态度。

语言分析意味着,研究者将哲学词语分析作为哲学研究的核心,哲学开始重视词语在哲学中的地位和作用,哲学可借鉴语言学的研究方法。借鉴语言学的哪些研究方法,如何借鉴语言学的研究方法,一度使罗蒂陷入深思。罗蒂虽赞同布兰德·布兰德沙的方法,但最终因为这种方法内容空洞而未采用,也曾尝试用博士论文《论潜在性概念》中的比较研究法,但却在锻炼自己对话能力的过程中,因炫耀比较方法而被施米特批评,并陷入了偏执的无聊中,进而寻求更好地做哲学的方法。于是,罗蒂将分析哲学视为一个明显的候选项。其中的一个主要原因是罗蒂怀疑卡尔纳普与奎因是当代最重要的哲学家。这种怀疑既显示了罗蒂对哲学中的还原与实证之不满,也为罗蒂走向塞拉斯,转向古典实用主义奠定了基础。其中发挥关键作用的是塞拉斯融合卡尔纳普风格、完全的哲学史知识与热情洋溢的形而上学想象的方法。[1] 这种方法,使罗蒂注重从论战双方的语言入手,了解哲学的原始形态,辨析早期哲学著作中的精华与糟粕。但这似乎并不必然导致罗蒂完全转向分析哲学。因为,以上只是为罗蒂转向分析哲学奠定基础,罗蒂真正转向分析哲学,是在他具备分析哲学的追求精确性的素养之后。如果罗蒂只是在分析哲学中努力,那么,他可能会有"不识庐山真面目"之感。只有跳出分析哲学,罗蒂才能认识到分析哲学的真面目。

让罗蒂认识分析哲学真面目的机遇是他的服兵役经历。在服兵役期间,罗蒂做了两件事。一件事是转向陆军信号部队的计算机发展部,学习编写早期电脑程序;另一件

---

[1]　Richard Rorty,"Intellectual Autobiography",*The Philosophy of Richard Rorty*,Randalle Auxier,Lewis Edwin Hahn,ed.Open Court Publishing Company,2010,p.8.

事是,如饥似渴地大量读书。这两件事,罗蒂都做得很出色。比如,罗蒂不仅学会了电脑编程,而且因建议管理者使用自由插入语"抛光"记号而获得带有金属饰物的国家服务丝带,还利用大部分时间阅读了奥康姆、谢林等哲学家的著作,进一步熟悉了西方形而上学哲学。除了唯名论哲学的影响之外,更关键的是塞拉斯的"所有的意识都是一个语言事件",布尔迪厄(Bourdieu)、柯林斯(Collins)的"知识分子生活的战略性维度"观点和20世纪50年代反实证主义思潮、语言学转向,使罗蒂于研究生毕业后转向分析哲学。

要创造哲学词语的意义,我们就要对哲学词语进行分析。这种分析主要包括对词语的语法形式的分析和对词语在哲学中的用法的分析。这种分析不仅可帮助我们发现传统哲学中的一些表达错误,而且也可帮助我们修正这些错误,从而推动哲学研究的进步。这种认识已成为分析哲学家之共识,比如,维特根斯坦、罗素等人都肯定了语言在哲学研究中的积极意义。这种语言哲学思想的主要内容是哲学表达即哲学的语言描述,哲学问题产生于哲学语言的混淆,哲学的作用是消除哲学语言应用中的混淆。

这种观点已被证明是合理的。这种证明包括两种方式:直接证明主要指"语言在17世纪的哲学中已经发挥了作用,语言已成为人们正在了解的主体与已经知道的主体之间联系的纽带"。① 间接证明包括两种:一种是机械复制艺术对已有的艺术理论尤其是艺术的普遍性定义的挑战;另一种是美国哲学的科学化倾向。另外,罗蒂从小注重语言能力训练,罗蒂的第一任妻子是普林斯顿大学哲学系分析哲学家,普林斯顿大学哲学系当时是分析哲学的中心,罗蒂在此工作,深受分析哲学方法的影响。

后来,这种方法受到罗蒂质疑,这种质疑使罗蒂与从事分析哲学研究的大多数同事关系紧张;再加上,罗蒂与第一任妻子婚姻破裂,而罗蒂的第一任妻子的同事、朋友多数是分析哲学家;罗蒂因未恰当地处理这件事,且迅速迎来第二次婚姻而进一步恶化了他与同事的关系,甚至导致与同事之间不讲话、相互厌恶;这使罗蒂在普林斯顿大学难以立足。更重要的是,托马斯·库恩的观点使罗蒂不再将分析哲学视为做哲学的唯一方式,而是将其视为做哲学的方式之一,并将哲学视为解决一系列问题的方式。比如,库恩的《科学革命的结构》与《必要的张力》引导罗蒂成为一个反基础主义者、主流分析哲学的批评家和实用主义的斗士。实际上,从接受研究生教育开始,实用主义就对罗蒂很重要。② 在舒斯特曼看来,实用主义的中心是黑格尔的整体主义与反基础主义(大写的基础主义)。③ 由于这些主题恰恰是分析哲学反感的主题,因此,实用主义就成为罗蒂

---

① Richard Rorty, *The Linguistic Turn*: *Essays in Philosophical Method*. The University of Chicago Press, 1992, p.365.

② Neil Gross, *Richard Rorty*: *The Making of An American Philosopher*, The University of Chicago Press, 2008, p.318.

③ 理查德·舒斯特曼:《实用主义的定位》,见《实用主义美学》,彭锋译,北京:商务印书馆,2016年,第18页。

批判分析哲学的一个重要理论资源。

罗蒂,像世俗中的普通学者一样,热衷于追求学术地位与学术名声。在这个过程中,罗蒂"把实用主义视为引起社会发展的巨大进步"①。而实用主义哲学家皮尔士、詹姆斯尤其是米德、杜威,几乎都是美国爱国者,且注重自我实现,都深入探讨了"自我"概念。这些探讨都对罗蒂产生了重要影响。其中,左翼美国爱国者杜威及其自我概念对罗蒂影响最大。有的学者据此认为,在转向实用主义过程中,罗蒂的左翼美国爱国者的"自我"概念发挥了最关键的作用。这种观点是非常深刻的。

二、逃避视觉观念:罗蒂哲学的实用主义转向之根源

从分析哲学到实用主义的转变,始于罗蒂对分析哲学思想的质疑,并经历了由质疑分析哲学到发现分析哲学的困境,由试图解决分析哲学的困境到接受实用主义哲学思想。

罗蒂对分析哲学思想的质疑源于在介入心灵哲学争论的过程中,他秉持的哲学跨界的研究方法与"哲学史"转向的姿态,以及欧陆哲学家提出的社会政治问题向学术的回归。罗蒂对分析哲学观念之质疑主要表现为对康德的认识论观念的质疑,因为分析哲学的基础主要是康德的认识论。罗蒂将康德认识论的核心概括为表象主义,这固然触及了康德认识论中表象与实在的关系的特点,但却因为未触及这种关系的实质而略显偏颇。有的学者将康德认识论的核心概括为视觉隐喻,②这直接点出了康德认识论的核心。笔者赞同这种观点。视觉隐喻观念主要表现为直观与概念的严格区分。这种区分,虽然使分析哲学借助数理逻辑暂时躲过了批评者的批评,但也使自身陷入了自然主义与历史主义两面夹击中。

在这种夹击中,分析哲学无法追求绝对真理。这并不符合康德的认识论的宗旨,因为康德的认识论的宗旨是通过区分直观与概念,获得绝对真理,而分析哲学是语言批评,以分析概念为目标。分析哲学的基础与分析哲学自身之间的矛盾足以令研究者对前者产生质疑。这种质疑进一步导致我们对分析哲学阐释有效性之质疑。如果说,这种质疑是从理论上对分析哲学的质疑,那么,大量机械复制艺术作品的出现以及分析哲学对机械复制艺术作品的无效阐释,就是研究者从实践上对分析哲学阐释有效性之质疑的证明。

更重要的是,仅凭语言分析,我们无法令人信服地解释这些艺术现象,除了因为概

---

① Marius Backmann, Andreas Berg-Hildebrand, Marie Kaiser, Michael Pohl, Raja Rosenhagen, Christian Suhm, Robert Velten. "Pragmatism, Realism, and Science", *Richard Rorty: His Philosophy Under Discussion*, Andreas Vieth(Hrsg.) Die Deutsche Bibliothek, 2005, p.73.

② Randalle Auxier, Lewis Edwin Hahn, ed. *The Philosophy of Richard Rorty*, Open Court Publishing Company, 2010, p.255.

念代表了人类（社会）一时兴起随意构成的组合、缺少认识上的可靠性之外，①也因为这些艺术现象诞生于人的日常生活中，与日常生活紧密相关，不了解人的日常生活，我们就无法令人信服地解释这些艺术品。这导致，分析哲学的艺术理论无法对艺术家的创作提供有益指导。分析哲学的阐释有效性危机又带来了分析哲学的合法性危机。这实际上是分析哲学思想自身的困境。罗蒂将分析哲学思想的困境概括为分析哲学的"碎片化"、分析哲学的"空壳化"、分析哲学"认识论困境"。所谓分析哲学的"碎片化"主要指，分析哲学注重对哲学问题的分割与穷尽式的分析，致使我们对哲学问题的看法停留于这些零碎的分析上。这种零碎的分析主要源于维特根斯坦与卡尔纳普的概念的系统化思想。②

这种思想源于罗素的逻辑原子主义思想，认为哲学问题可以被分割成无数部分，每部分都可以像事物的原子那样被分析，直到不能被分析为止。它因为既未使我们看到哲学问题的实质，也未使我们看到哲学问题的全貌，实际上无助于我们思考与解决哲学问题。比如，美学研究者对"崇高"概念虽然作出了无数分析，却仍然没有使人明白"崇高"问题是如何产生的，崇高的特征是如何被归纳出来的，这些特征为什么会被研究者接受，崇高为什么会产生那么大的影响。一个主要原因是，研究者没有看到"崇高"问题的全貌，即"崇高"是一个美学问题，也是一个文化问题、社会政治问题等，崇高是一个与"美""痛苦""恐惧"等有密切联系的问题。这种联系并不是我们仅仅分析"崇高"概念就能把握的。同理，分析哲学单靠语言分析也不能解决自身面临的问题。

分析哲学"碎片化"又造成了分析哲学的"空壳化"，即分析哲学的术语与分析哲学的内容之间的分离。比如，戴维森、布兰顿等人的分析哲学思想就表现出分析哲学术语与内容之间分离的倾向。因为在讨论问题时，他们虽然使用分析哲学的术语与分析哲学的表达方式，但是他们讨论的内容与分析哲学无关，不考虑语言的意义这种东西。

罗蒂，作为分析哲学家，虽然写一些分析哲学的文章，使用分析哲学的术语和表达方式，但是关注的问题却是反历史主义问题。分析哲学的术语与内容之分离又引发了分析哲学的非认识论倾向与分析哲学的认识论基础之间的矛盾。一方面，分析哲学致力于改造哲学问题；另一方面，形而上学哲学以认识论为基础。虽然罗蒂与普特南都认为，认识论的哲学基础——实在，是不可知的，但是，二人对待认识论的态度却截然不同：普特南肯定认识论的研究价值，而罗蒂则在信仰之外，否定认识论的研究价值。③而且，罗蒂认为，除了信仰有认识论意义之外，否定或抛弃认识论是安全的、必要的，因为，关于"实在"的知识不依赖于实践。这可能受到了戴维森"有条理地克服认识论"观

---

① 安·兰德(Ayn Rand)：《客观主义认识论导论》，江怡、李广良、侯艳译、江怡校译，北京：华夏出版社，2007年，第53页。

② Richard Rorty, *Philosophy and the Mirror of Nature*. Princeton：Princeton University Press, 1979, p.257.

③ Randalle Auxier, Lewis Edwin Hahn, ed. *The Philosophy of Richard Rorty*, Open Court Publishing Company, 2010, p.251.

点的影响。这种影响使罗蒂保持清醒的头脑,对主张克服或抛弃认识论的哲学家甚至自己的观点保持警惕。罗蒂认为,克服认识论,不意味着像普特南、阿佩尔、哈贝马斯、麦克道维尔甚至他自己一样,仅仅拒斥或摒弃认识论,留下一个认识论尾巴,而意味着要彻底摆脱任何形式的表象主义的控制,彻底斩断认识论的尾巴。因此,罗蒂改造哲学问题是在抛弃哲学认识论基础上对已有哲学问题之重新描述。

这种重新描述不是唯一的模式,也无固定的模式,并不能为康德知识论形式提供逻辑证明,实际上背离了分析哲学的基础,这使分析哲学陷入了自相矛盾中。如果分析哲学坚持康德的认识论,则现在的分析哲学思想已不属于分析哲学了。如果分析哲学背离了康德的认识论,那么,分析哲学相当于否定了之前的分析哲学,否定了自身的合法性。再加上,罗蒂打破镜式哲学之后,已有的沟通主客体的特殊路径、应用这种特殊路径的方法一下子失去了效用,这加剧了分析哲学的困境。

罗蒂认为,这种困境可用实用主义思想解决。这主要因为实用主义的叙事内核。何谓实用主义?罗蒂赞同理查德·伯恩斯坦的观点,将实用主义视为诸叙事的冲突,视为由叙事建构起来的一种观念。① 当面向欧洲哲学家拒斥实用主义哲学观念和实用主义观念内部的叙事张力时,有的学者对实用主义之真面目感到困惑,甚至否认实用主义存在的历史与状态,将实用主义视为实用主义者因文化和家族相似而自由地联合在一起的观念。② 也有的学者从启蒙运动演变历程入手,将罗蒂的实用主义视为第三次启蒙,并将其解释为善的人文主义或供应我们铭记于心的希望品质的警示人文主义。③ 这两种解释都因站在罗蒂哲学之外,而偏离了罗蒂实用主义的真正主题。而在蒯因关于"经验论的两个教条"之影响下,罗蒂不仅将实用主义视为一种无了解真理之需要的观念,一种"创造性与想象性的历史主义",④而且将实用主义分为实用主义命名与实用主义发展两阶段,还将实用主义改造为语言实用主义。

实用主义的内在精神品格是摒弃康德哲学传统,接受出发点的偶然性。⑤ 这既与罗蒂实用主义继续保留的具有宗教内涵的另一结构——"新教的主要冲动之一是提出这样的指令,我们不接受单纯的由世界或者由传统或者由权威给予的东西,但是我们自己所从事的活动肯定是保证各种事物为客观的和合理的事物的条件"⑥——

① 理查德·罗蒂:《对理查德·伯恩斯坦的回应》,见海尔曼·J.萨特康普编:《罗蒂和实用主义——哲学家对批评家的回应》,张国清译,北京:商务印书馆,2003 年,第 96 页。

② Barry Allen, "Is It Pragmatism? Rorty and the American Tradition", A Pragmatist's Progress?, *Richard Rorty and American Intellectual History*, Lanham, Maryland: Rowman & Littlefield Publishers, 2000, p.135.

③ Randalle Auxier, Lewis Edwin Hahn, ed. *The Philosophy of Richard Rorty*, Open Court Publishing Company, 2010, "Preface" ⅹⅸ-ⅹⅹ.

④ Randalle Auxier, Lewis Edwin Hahn, ed. *The Philosophy of Richard Rorty*, Open Court Publishing Company, 2010, p.140.

⑤ 罗蒂:《后哲学文化》,黄勇编译,上海译文出版社 2004 年,第 233 页。

⑥ 弗兰克·B.法莱尔:《罗蒂和反实在论》,见海尔曼·J.萨特康普编:《罗蒂和实用主义——哲学家对批评家的回应》,张国清译,北京:商务印书馆,2003 年,第 241—242 页。

有关,也与罗蒂最初喜欢实用主义的原因——詹姆斯的《实用主义》对形而上学虚假问题的早期抨击——一致。这种一致性不仅使罗蒂接受实用主义,而且使罗蒂走出了自然主义与历史主义困境,并从非历史主义问题中看到了历史主义倾向。这其中蕴含着一种超越二元论的意蕴,主要在古典实用主义与罗蒂的实用主义之比较中呈现出来。

古典实用主义的代表人物主要有皮尔士、米德、詹姆斯和杜威。有意思的是,在谈到实用主义时,实用主义内部的叙事张力让哈贝马斯与罗蒂对实用主义各有取舍,这种取舍几乎让我们无法察觉到其中的任何别扭之处,反而看起来很自然。与哈贝马斯看重皮尔士与米德不同,罗蒂看重詹姆斯、杜威尤其看重杜威,并认为詹姆斯与杜威之实用主义的核心概念是经验。"经验"产生于人们的实践,①实践来源于人们的现实生活。这表明,古典实用主义比较重视生活实践,这与重视理论思辨的西方传统形而上学哲学尤其是康德的认识论哲学截然不同,这种差异显示出古典实用主义对康德认识论哲学之批判。这种批判主要表现为,实用主义哲学家对认识论哲学缺陷的认识,即认识论哲学的根本缺陷在于符合论。尽管这种认识在哲学上有一定的片面性,但是,由于康德的认识论是分析哲学陷入合法性危机的重要原因,因此古典实用主义对认识论哲学缺陷之认识弥补了分析哲学之不足。这对罗蒂批判镜式哲学有重要启示,同时也使罗蒂认清了自己所处的时代状况,即这个时代并不完全由确定的因素构成,也由许多不确定性因素构成。

在反教权主义思想的影响下,罗蒂逐渐向达尔文的进化生物学与斯图亚特·密尔的功利主义非神化思想回归,进而认为,实用主义具有反本质主义、反区分主义、对话主义。② 从他对"表象"的理解中,我们可管窥罗蒂对待这三种观念的态度。与詹姆斯、杜威对"表象"的看法类似,罗蒂也将"表象"视为谈论语言能为我们做什么的一个坏的或无帮助的方式。③ 可以说,罗蒂对实用主义特点之认识建立在他对西方传统的镜式哲学批判的基础上。如果我们停留在这样的认识层面,那么我们可能会误读实用主义的特点。因为罗蒂所概括的实用主义的上述特点并未包括实效性,而实效性是古典实用主义最鲜明的特点。显然,罗蒂要么对实用主义的特点进行了误读,要么为实用主义的特点增添了新内容。

如果说罗蒂对实用主义特点进行了误读,那么,这种误读暗示了他关于实用主义描述之局限。罗蒂对实用主义特点之描述,局限于他对认识论哲学之批判、局限于哲学概

① Leszek Koczanowicz,"The Choice of Tradition and the Tradition of Choice:Habermas and Rorty's Interpretation of Pragamatism",*Philosophy&Social Criticism*,1999,25(1),p.16.

② Richard Rorty.*Consequences of Pragmatism*(*Essays*:1972-1980).Minneapolis:University of Minnesota Press,1994,pp.162-165.

③ Randalle Auxier,Lewis Edwin Hahn,ed.*The Philosophy of Richard Rorty*,Open Court Publishing Company,2010,p.78.

念之分析、局限于理论阐释。有的学者将此视为罗蒂实用主义发展中的雄辩性。① 这种观点虽然着眼于罗蒂对实用主义之发展，但却也适合于罗蒂批判认识论哲学的特点——雄辩性。比如，面对杜威的经验论，罗蒂认为，杜威应放弃经验，放弃二元论，而非在一元论范围内重新界定经验。② 舒斯特曼将其中的原因归结为，经验对罗蒂而言是个可憎的事物。③ 从罗蒂的思想整体看，这种观点比较吻合罗蒂对待经验的态度。

与伯恩斯坦的新实用主义观念和舒斯特曼的实用主义观念类似，罗蒂也试图沟通实用主义哲学与欧洲大陆哲学，并吸收了古典实用主义中的整体论、历史论与生活论思想；因为"二战"前后，欧陆一批哲学家来到美国长期讲学，占有不少期刊、教学资源，他们宣扬的逻辑实证主义、现象学、存在主义等学说在美国哲学界的影响力很大，在20世纪60年代受到了美国学者的迷恋，且与实用主义关注的基本问题相同。实用主义虽然在美国影响力最大，但罗蒂却只认可古典实用主义者所持的整体论、历史主义与社会学说，并在批判完镜式哲学之后紧紧抓住了生活。

更重要的是，整体论是杜威实用主义哲学的重要论点，历史主义是海德格尔存在主义哲学的主要观点，而社会学说则是维特根斯坦哲学、杜威哲学、海德格尔哲学的一个相似点，因此，罗蒂对上述哲学观点之认可暗示出罗蒂哲学对多种哲学思想之融合。融合的前提是罗蒂将主体与客体的关系视为偶然的、在世界之中的；融合的关键是隐喻，罗蒂正是通过强调隐喻的用处，将语言与用处结合起来，而二者融合的动力是启蒙与世俗化。罗蒂不仅站在启蒙思想的肩膀上，而且将世俗化作为实用主义的前提，认为一个人只有首先成为世俗主义者，摆脱非人权威之束缚，才能成为实用主义者。④ 这是对康德主客体关系认识之突破。

三、逃避语言——基础观念：罗蒂哲学的新实用主义转向之根源

罗蒂哲学的新实用主义转向，既有内因，也有外因。

内因主要有三个：杜威的实用主义排斥后印象派之后的艺术，尤其是先锋派艺术，这种艺术观念流露出黑格尔与马克思的结合，对美国哲学来说不是一个有吸引力的选

---

① Randalle Auxier, Lewis Edwin Hahn, ed. *The Philosophy of Richard Rorty*, Open Court Publishing Company, 2010, p.xⅪ.

② Richard Rorty, *Truth and Progress*, Cambridge：Cambridge University Press, 1998, pp.297-298.

③ Richard Shusterman. "Pragmatism and Cultural Politics：Variations on a Rortyan Theme," *Richard Rorty：From Pragmatist Philosophy to Cultural Politics*, Alexander Gröschner, Colin Koopman, Mike Sandbothe, ed. London &New York：Bloomsbury Publishing PLc, 2013, p.165.

④ Randalle Auxier, Lewis Edwin Hahn, ed. *The Philosophy of Richard Rorty*, Open Court Publishing Company, 2010, p.548.

择;① 杜威的"左"倾政治倾向与 20 世纪 50 年代美国盛行的麦卡锡主义格格不入;杜威的实用主义表述模糊。② 外因也主要有三个:即美国哲学的专业化趋势;"二战"时期,逃避纳粹德国迫害的欧洲分析哲学家大批移民美国,带去了逻辑实证主义的哲学学说;罗素、维特根斯坦、卡尔纳普的逻辑实证主义学说走向分析哲学,并逐渐在英美哲学中占据主流的位置;除此之外,罗素与怀特海等人的符号逻辑学说转移了人们对古典实用主义学说的注意力。

当这种语境发生变化时,内因也会发生变化,并受外因影响。一方面,20 世纪 70 年代末,随着经济的繁荣和人们物质生活水平的提高,新的艺术形态也倾向于回应人们物质生活中的问题;另一方面,麦卡锡主义已不再盛行,加之,哲学的专业化基本完成,且出现了困境,而古典实用主义思想恰恰因为有效地回应了这些问题而凸显了自身的独特价值。于是,哲学家开始重视实用主义,同时也注意到,在用词上,古典实用主义缺少精确性。

而在这一时期,分析哲学也面临着严重困境。除了前面提到的,还有一个更重要的困境:在人们的物质生活面前,逻辑实证精神无能为力。其中的一个主要原因是,分析哲学中的逻辑实证精神追求的是词语与概念表达的精确与清晰,艺术的本质,③ 基本不关心人们的物质生活现象。这主要通过严密的逻辑推理达到,严密的逻辑推理依赖于概念。这些概念并不能对纷繁复杂、充满模糊性和不确定性的物质生活现象做出令人信服的解释,也无法对层出不穷的文化艺术现象做出有效阐释。更重要的是,分析哲学家、美学家纳尔逊·古德曼与约瑟夫·玛戈利斯已经呈现出实用主义的倾向。④ 这意味着,我们应摒弃分析哲学中的逻辑实证精神,摒弃语言哲学的无限分析观念,重新看待语言在哲学中的地位和作用,重构语言哲学。罗蒂就是因陷入分析哲学语言分析方法的本质主义泥淖中而反对分析哲学的分析方法,进而尝试重构分析哲学的。如果在罗蒂接触欧陆哲学并对海德格尔哲学着迷之前,那么这种预测能成为现实。可是在罗蒂对海德格尔哲学着迷之后,就几乎不能成为现实。因为,"对海德格尔及德里达关于海德格尔的阅读之着迷代替了罗蒂成为完全专业化的、完全受尊敬的分析哲学家的雄心"。⑤ 既然如此,罗蒂为何重构分析哲学(语言哲学)呢?

罗蒂对语言哲学的重构,得益于古典实用主义的复兴,因为,古典实用主义中的整体论、历史主义以及向现实生活的回归弥补了分析哲学的上述不足。而整体论、

---

① 舒斯特曼:《实用主义美学》,彭锋译,北京:商务印书馆,2016 年,第 44 页。

② 舒斯特曼:《实用主义美学》,彭锋译,北京:商务印书馆,2016 年,第 10 页。

③ Richard Shusterman, "Introduction: Analysing Analytic Aesthetics", *Analytic Aesthetics*, Basil Blackwell, 1989, p.6.

④ Richard Shusterman, "Introduction: Analysing Analytic Aesthetics", *Analytic Aesthetics*, Basil Blackwell, 1989, p.15.

⑤ Randalle Auxier, Lewis Edwin Hahn, ed. *The Philosophy of Richard Rorty*. Open Court Publishing Company, 2010, p.14.

历史主义又恰恰是海德格尔哲学的重要贡献之一,海德格尔哲学确实表现出了回归伦理生活的趋向,①且罗蒂仔细研读过海德格尔哲学,将目光转向了海德格尔哲学。于是,海德格尔哲学,作为欧陆哲学的典型形态,融入到了罗蒂哲学之中。在实用主义的背景下,通过吸收海德格尔哲学,罗蒂改造了分析哲学,使分析哲学的关注重点由单纯的语言转向了语言的意义,关注对话,并使分析哲学、欧陆哲学、实用主义展开持续对话,进而使分析哲学度过非历史的形而上学困境。而罗蒂对分析哲学的吸收与改造反过来也弥补了古典实用主义之不足,使古典实用主义摆脱了非历史的形而上学困境,拒斥了皮尔士的语义符号理论与杜威的经验论,最终形成了新的哲学形态。由于这种哲学形态是在古典实用主义背景下形成的,因此,我们将这种哲学形态称为新实用主义。

罗蒂的新实用主义思想以语言的意义或语言的效果为重点。罗蒂认为,除了语言比经验更适合表达詹姆斯、杜威的那种整体的、反基础主义的事情之外,②哲学中语言的作用是为了启发或治疗时代的痼疾。这种启发或治疗,主要是通过对传统认识论哲学中"心"概念之分析来了解传统的镜式哲学,并在比较中使人们意识到镜式哲学谬误,正如罗蒂所说:"传统知识论的错误在于,希望在实用目标或人类兴趣之外,寻找真理的纯粹本质或知识的绝对方法"。③ 人们对镜式哲学局限之认识,标志着哲学中语言对时代的启示作用之完成。这种完成使人们认识到镜式哲学之缺陷,进而启发人们思考时代的痼疾,并给出一种改善时代的哲学策略。比如,通过重新描述纳博科夫作品中的"残酷"和奥威尔作品中"残酷",罗蒂的"文学文化思想"使人们意识到当今社会中突出的道德问题,并引发人们对残酷与人的精神状态之思考。这种思考本身又是罗蒂的实用主义哲学思想的重要组成部分之一。这种实用主义思想是罗蒂对语言在哲学中的作用的看法。

罗蒂新实用主义的鲜明的特征是重视语言及其效果。有学者认为,罗蒂走向新实用主义的关键步骤是区分了作为表达媒介的语言与作为工具的语言,并更注重语言的工具性。④ 这种观点敏锐地指出了罗蒂的语言观的实用性特点及其在罗蒂的新实用主义观念形成中的关键作用。这与蒙田的人文主义观念有些类似,二者"都集中于某些特殊人类,都将这些人类的语言视为自我表达与增加经验的基本工具"。⑤ 不同的是,

---

① Richard Rorty. *The Linguistic Turn: Essays in Philosophical Method.* Chicago: The University of Chicago Press, 1992, p.325.

② Richard Rorty. "Comments on Sleeper and Edel," *Transactions of the Charles S. Peirce Society*, 1985, 20 (1): 40.

③ 理查德·罗蒂:《偶然、反讽与团结》,徐文瑞译,北京:商务印书馆,2010年,"译者导言"第2页。

④ David L. Hall, *Richard Rorty: Prophet and Poet of the New Pragmatism*, State University of New York Press, 1994, p.89.

⑤ Krzysztof Piotr Skowroński, Values, Valuations, and Axiological Norms In Richard Rorty's Neopragmatism: Studies, Polemics, Interpretations. Lexington Books, 2015, p.51.

罗蒂的新实用主义未停留在人文主义层面,而是步入了实用主义的层面。其中的一个具体表现是,"语言实用性"也是罗蒂对话观点的一个主要特性,因为罗蒂所主张的对话的途径不仅要通过文学、尤其是小说与诗歌来进行,还旨在说服他者,无论是文学还是说服,都涉及语言的运用。"真正的对话就是努力观照和尝试解决当今时代的根本性问题。"①

就语言实用性而言,无论是罗蒂对镜式哲学的挑战,还是罗蒂对无镜哲学思想的阐释,都以语言为中心。比如,罗蒂对传统形而上学的关键概念"心"的分析,对"无镜哲学"的解释,都不再将语言视为达到客观真理的媒介抑或达到本质的媒介,而是将其视为描述纷繁复杂的哲学现象的载体。罗蒂的真理观、道德观、自由观等也都贯穿着语言描述的思想。

从哲学思想的呈递来看,罗蒂并不是简单地否定西方传统的形而上学哲学,而是以语言描述来代替之,在已有的形而上学哲学形态基础上形成一种新的哲学形态——无镜哲学形态。这种哲学形态所表现出的整体观与历史主义倾向,显示出罗蒂的新实用主义与古典实用主义、欧陆哲学之间的联系。这种联系的最初纽带仍然是语言,而语言又是分析哲学的核心,因此,罗蒂的新实用主义是分析哲学、实用主义与欧陆哲学之间的融通。

四、结 论

罗蒂哲学思想的演变过程是一个通向当代统一性的运动。② 这种运动呈现出一种逐渐回归人的伦理生活的趋向。这种趋向弥补了西方传统的形而上学哲学脱离人的伦理生活之不足,实际上在系统分析认识论问题的基础上,回应了主客体之间的普遍关系之认识问题。罗蒂的策略是将主体与客体视为"在世界中",不再把知识作为一个自然种类与需要解释的秘密;包容非感官经验认识的事物,并抛弃将认识模式作为哲学的唯一模式的观念。因此,我们将罗蒂哲学思想的三次转向概括为"逃避认识论"。

尽管这可能会像有的学者担忧的那样,导致罗蒂失去理解自我的更重要的方法,甚至丧失整个希望;但是,从罗蒂哲学思想的整体来看,罗蒂"逃避认识论"非但没有使他失去理解自我的更重要的方式,反而使他发现了维系个体与他者的唯一社会纽带——侮辱,并在对侮辱进行再描述的过程中,找到了更重要的理解自我及其与他者关系的方式。罗蒂逃避认识论虽然放弃了实在与表象的对立,抹平了二者之间的差异,但却在逻辑经验主义者的影响下注重语汇,由认识论转向解释学,并通过语汇的创造与更新促使

---

① 王振林、梅涛:《实用主义交往哲学研究》,北京:中国社会科学出版社,2021年,第225页。

② Richard Rorty, *The Linguistic Turn: Essays in Philosophical Method*, The University of Chicago Press, 1992, p.2.

人们持续对话。舒斯特曼认为,这是罗蒂提倡因果哲学的目的。其实,这只是部分目的,完整的目的也应包括使个体在持续对话中,为人们提供信念之网与社会希望。在这个过程中,罗蒂采用的策略是超越形而上学哲学,分析哲学,实用主义,甚至欧陆哲学。只不过,这种策略隐藏在罗蒂哲学思想的转向过程之中而已。

【博士生论坛】

儒家道艺关系析论

王　建[*]

内容提要：儒家道艺关系思想来自儒家乐教理论，其始于孔子的"道艺并举，以道统艺"，经过荀子和《乐记》的"以道制艺，道本艺末"的发展，最终提炼升华至"艺以载道"和"以艺臻道"的美学境界，体现出儒家"下学而上达"的工夫论思想，并以其理性主义和现实主义精神赋予中国美学以伦理底色。

关键词：道艺关系；孔子；荀子；乐记；乐教

　　道艺关系是贯彻中国美学和艺术学理论发展的核心问题，也是中西美学、艺术学比较研究中的重要问题。一般认为，中国艺术的自觉始于魏晋，但道艺关系的理论发端却是先秦诸子的哲学思想，其中最重要的是儒道两家。对于"艺"的认识，儒道两家总体一致，都认为"艺"最初即是技艺，后世则发展成包括文学、音乐、绘画、书法在内的诸多艺术形式，但对于"道"的解释，儒道两家则有区别。在道家看来，"道"即"天道"，是"法天贵真"的自然之道；而儒家这里的"道"尽管也有"天道"的意义，且儒家也以"天道"为终极追求，但在其道艺关系中，则更多表现为社会伦理道德，凸显其"人道"的意义。因此，儒家的道艺关系是基于社会关系的，具有突出的伦理特征；而道家的道艺关系则主要是基于个体精神自由的，具有鲜明的审美色彩。尽管儒道两家在道艺关系上的理论阐释路径不一，但两家在道艺关系上都呈现出"道艺合一""以艺臻道"的共同目标，二者的交融互补，使得中国人构建起一个既强调个人生命体验和审美情趣，又兼顾社会伦理价值而一体融合的审美伦理世界。

　　随着西方美学、艺术学理论在近现代的传入，当代中国美学对于"审美的非功利性"和"艺术的自觉"高度重视，客观上产生了"重道轻儒"的学术倾向，儒家美学思想中的道德伦理因素被轻视，甚至被认为是束缚艺术自觉发展的罪魁祸首。因此，长期以来，学界对于道家"道艺关系"的研究成果较多，而对于儒家"道艺关系"的研究成果则不足。儒家乐教理论是儒家美学思想的主要来源，本文将由此出发探讨分析儒家关于道艺关系的理论来源和解释路径，为梳理和认清中国传统美学的精神内涵做一定的尝试和努力。

---

　　* 王建：中国人民大学哲学院博士生。

一、道艺并举，以道统艺——孔子的道艺观

儒家有关道艺关系的最早论述是《论语·述而》中的："子曰，'志于道，据于德，依于仁，游于艺'"，短短 12 字体现出孔子关于君子为己之学和进德修业的基本观念和基本进程，也是孔门乐教的核心思想宗旨。后世儒者对于此 12 字多有注疏和分析，虽总体解释一致，但也呈现出不一样风格的义理之趣。诸家解释之中，尤以朱熹之说最为典型，摘录如下：

> 志者，心之所之之谓。道，则人伦日用之间所当行者是也。知此而心必之焉，则所适者正，而无他歧之惑矣。据者，执守之意。德者，得也，得其道于心而不失之谓也。得之于心而守之不失，则终始惟一，而有日新之功矣。依者，不违之谓。仁，则私欲尽去而心德之全也。功夫至此而无终食之违，则存养之熟，无适而非天理之流行矣。游者，玩物适情之谓。艺，则礼乐之文，射、御、书、数之法，皆至理所寓，而日用之不可缺者也。朝夕游焉，以博其义理之趣，则应务有余，而心亦无所放矣。①

朱熹的说法固然已有鲜明的理学色彩，然对于此 12 字的解释仍然是遵从了孔子的原意，且涵咏得体，可谓精妙，故为学界广泛引用。孔子这里的"道"，朱熹认为是"人伦日用之间所当行者"，即人伦之道或"人道"，而非后世儒家延伸出的"天道"，也与老庄的"道"有别，这为儒家道艺关系之"道"奠定了基调。"志于道"，即对"道"有个人意志上的坚守与追求。"德，得也，得其道与心而不失之谓也"，"德"是修养进程中得之于心的内在德性，有如韩愈《原道》所说："由是而之焉之谓道，足乎己无待于外之谓德"，因此，"据于德"是"志于道"落实至个人实践层面的内在精神。仁是"心德之全"，"依于仁"可视作为对于"德"的具体化表述，孔子在此处虽未提及"义"，然"依于仁"行动则实为"义"，如韩愈所说"博爱之谓仁，行而宜之之谓义"。至此，"道、德、仁、（义）"皆有，孔子所推崇的仁义道德之精神似已昭然若揭，然而孔子却未止步于此，更是提出"游于艺"之说，令这 12 字呈现出"道—德—仁—艺"之自上而下的理论框架，实为孔子自身对于君子成德之路的实践体悟，不可不谓是有心之说，这 12 字也因此成为孔子乐教精神的集中体现。

此处的"艺"，一般认为是"礼、乐、射、御、书、数"之"六艺"，在历代注解《论语》的版本中，如何晏、皇侃、邢昺及朱熹都持此说。两汉则出现将"六艺"释为"六经"的说法，司马迁在《史记》中说："孔子曰，'六艺于治一也。礼以节人，乐以发和，书以道事，

---

① （宋）朱熹撰：《四书章句集注》，北京：中华书局，2011 年，第 91 页。

诗以达意,易以神化,春秋以义。'"①又如班固《汉书》:"六艺之文,《乐》以和神,仁之表也;《诗》以正言,义之用也;《礼》以明体,明者著见,故无训也;《书》以广听,知之术也;《春秋》以断事,信之符也。五者,盖五常之道,相须而备,而《易》为之原。"②因此,学界也有将"礼、乐、射、御、书、数"称之为"旧六艺",将《诗》《书》《礼》《乐》《易》《春秋》称之为"新六艺"之说。然而,就"游于艺"而言,孔子对"六经"不太可能以"游"的态度应之,故此处的"艺"显然不可能为"新六艺"或"六经",而应为"礼、乐、射、御、书、数"无疑。当然,此处的"艺"也不是单指"乐"或"艺术",楼宇烈认为,"礼乐"相当于"文艺","射御"相当于"武艺",而"书数"则可以成为"技艺"。"六艺之中包含文艺、武艺、技艺,范围非常之广,涵盖了日常生活方方面面的知识和技能。"③尽管"六艺"所指范围广泛,但就"艺"之内在精神而言,文艺、武艺与技艺是一致的,故从"志于道,据于德,依于仁,游于艺"这12字中探索孔子的道与文艺或艺术的关系,并无不当之处。

孔子这里的"道"和"艺"关系究竟如何?何晏在《论语注疏》中对"游于艺"作集解时称"六艺也,不足据依故曰游",邢昺疏"此六者所以饰身耳,劣于道德与仁"。④ 从何晏和邢昺的角度来看,"道"优于"艺",可谓道本艺末,但何晏和邢昺也并未进一步说明为何在君子进德修业的成人之路上,"游于艺"也有其一席之地,或者说二人并未对孔子的道艺关系作出较为明确的解释。因此,对于这个问题,还应当从朱熹的注解中去理解体会。朱熹以"玩物适情"解"游",认为"艺""皆至理所寓,而日用之不可缺者也",又说"朝夕游焉,以博其义理之趣,则应务有余,而心亦无所放矣"。朱熹的解释一方面比何晏和邢昺的注疏多了一层审美的意味,符合"艺"的本质特征,更为重要的是,在他看来,通过朝夕游"艺"可博得义理之趣,亦即可藉之实现明道体仁之功,实为儒家"下学上达"精神之印证。在具体分析这12字之后朱熹总结道:

> 盖学莫先于立志、志道,则心存于正而不他;据德,则道得于心而不失;依仁,则德性常用而物欲不行;游艺,则小物不遗而动息有养。学者于此,有以不失其先后之序、轻重之伦焉,则本末兼赅,内外交养,日用之间,无少间隙,而涵泳从容,忽不自知其入于圣贤之域矣。⑤

由此孔子这里的道艺关系已是明了,首先,在孔子这里,还没有明确出现如后世荀子或《乐记》那样的因"以道制欲"而引申出的"以道制艺"的关系,更多体现的是"道先艺后"基础上的"以道统艺"的涵义,即对于"艺"的日常涵泳是在"志于道,据于德,依

① (汉)司马迁:《史记》,北京:中华书局,2014年,第3885页。
② (汉)班固:《汉书》,北京:中华书局,2007年,第331页。
③ 楼宇烈:《中国的智慧》,北京:中国大百科全书出版社,2023年,第177页。
④ (清)阮元校刻:《十三经注疏 清嘉庆刊本·十》,北京:中华书局,2009年,第5390页。
⑤ (宋)朱熹撰:《四书章句集注》,北京:中华书局,2011年,第91页。

于仁"的前提下进行的,艺统于道,则不会溺于"艺"而失其德。其次,虽然道为本,艺为末,但朱熹认为孔子这里的"道"和"艺"是"本末兼赅",即本末兼存、本末兼备,借用魏晋玄学的话语,是"崇本举末"而非"崇本抑末",故道艺实则是并举于君子的日常修养实践之中,只是要心里要分得清先后和轻重。最后,相较于"道""德""仁","艺"虽为后,为轻,但确是必不可少的,是君子"下学"的着力之处,离开了具体实践层面的"艺",则明道体仁成为单纯的遐想。因此,本文认为,依据朱熹的解释,孔子乐教思想中的道艺观当用"道艺并举,以道统艺"言之较为贴切。

李泽厚在对"志于道,据于德,依于仁,游于艺"作注解时,又进一步提升了"艺"的自律地位,他在《论语今读》中写道:"这大概是孔子教学总纲。'游',朱熹注谓'玩物适情之谓'(杨注'游憩'同此),不够充分。而应是因熟练掌握礼、乐、射、御、书、数即六艺,有如鱼之在水,十分自由,即通过技艺之熟练掌握,而获得自由,从而愉快也。就是一种'为科学而科学,为艺术而艺术'的快乐也。"①李泽厚的这种解释,赋予了"艺"以更多的自由精神,其间既有孔门"曾点之志"和"孔颜之乐"的境界,也有道家"濠濮间想"的情致。尽管先秦时代艺术精神尚未自觉,但将后世对于"艺"的解读放到孔子这里,也不能说是绝对的牵强附会,只是说这种审美体验在《论语》的文本中并未得到展开论述。事实上,我们不能排除儒家在"艺"之体认的最高层面,的确与道家的自由精神有相同之处。然而,李泽厚以"为科学而科学,为艺术而艺术"来形容这种"艺"之快乐,似又弱化了"志于道""据于德"的人道前提,至少在文本上看来,这种解释并不完全符合孔子及儒家对于道艺关系认识,即"道艺并举""以道统艺"。也就是说,在儒家理论框架下,"艺"不可能脱离道德伦理的约束而发展成为所谓绝对独立艺术形式,因此从这个角度而言,李泽厚此处的注解当属于一种过度的解读,对于孔子道艺关系的辩解,仍然以上文朱熹注解最为贴切。

二、以道制艺,道本艺末——荀子和《乐记》的道艺观

如前文所述,孔子并没有对"道"与"艺"或"德"与"艺"的关系展开论述,一方面是囿于《论语》"语录式"的文体特性;另一方面则是在孔子那里还没有形成完整或体系化的礼乐思想体系,"道"和"艺"还没有被置入于礼乐关系背景中予以考察。至荀子和《乐记》,随着儒家礼乐观的成熟,儒家的道艺观也因此发生了变化,"道"和"艺"之间不再仅仅体现为"道先艺后""以道统艺"或"道艺并举"的关系,而是突出强调了"道"对于"艺"的制约作用,这个变化既是对孔子乐教思想的进一步阐释和发展,凸显了儒家美学思想的伦理底色,也是儒家区别于道家、禅宗等其他思想派别美学思想的根本所在,使得中国传统美学在追求"意境""气韵""空灵""妙悟"的感性世界中始终不能脱

---

① 李泽厚:《论语今读》,北京:世界图书出版公司,2019 年,第 124 页。

离道德理性的约束，呈现出物我两忘、妙悟自然与情理交融、美善相乐之间辩证综合、交相辉映的特征。

荀子并不多谈"艺"或"六艺"，《荀子》中也未有独立的章节或片段讨论道艺关系，从荀子这里得到的道艺观主要从其礼乐思想而来，故在论述其道艺关系时，"艺"主要是指"乐"，是包含"诗、舞、乐"为一体的艺术形式，或者如上文楼宇烈先生所言，是"文艺"，而非"武艺"或"技艺"。因此，从荀子开始至《礼记·乐记》，儒家道艺观更多体现出文艺美学的特质，而非一般技术层面的道艺关系，这点是值得注意的。

就"乐"而言，孔子那里的"乐"与"情"的关系并不彰显，孔子也未直接讨论二者的关系。荀子则从其人性论和"化性起伪"的思想出发，肯定了人之情欲的合理性，如"性者，天之就也；情者，性之质也；欲者，情之应也"（《荀子·正名》），又将"乐"与人情紧密关联并给予其较为明确的论述，认为乐是人的情感所发借助音声这一物理现象而必然产生的外在形式，是人之乐（音洛）的表现，因而音乐旋律、节奏和色彩的变化，也反映出人情的变化，音乐与人情具有某种意义上的异质同构关系。荀子认为，君子人格的养成、社会秩序的和谐离不开对于人之情欲的节制，只有做到情之"中和"，才能确保人乐而不乱，进而达到天下大顺，因此，需要以礼节情、以道制欲。在荀子看来，对于情欲的节制，直接诉诸于外在的道德规范（如礼教中的各项礼仪、礼节的规定）当然是一种有效的手段，然而，"夫声乐之入人也深，其化人也速，故先王谨为之文"（《荀子·乐论》），藉由对"乐"的节制进而实现对情欲的调控则更具有潜移默化的效果，因此，《荀子·乐论》在开篇时即提出：

> 夫乐者、乐也，人情之所必不免也。故人不能无乐，乐则必发于声音，形于动静；而人之道，声音动静，性术之变尽是矣。故人不能不乐，乐则不能无形，形而不为道，则不能无乱。先王恶其乱也，故制《雅》《颂》之声以道之，使其声足以乐而不流，使其文足以辨而不諰，使其曲直、繁省、廉肉、节奏，足以感动人之善心，使夫邪污之气无由得接焉。是先王立乐之方也，而墨子非之奈何！（《荀子·乐论》）

在此基础上，荀子明确提出"以道制欲"的主张，如"君子乐得其道，小人乐得其欲。以道制欲，则乐而不乱；以欲忘道，则惑而不乐"（《荀子·乐论》）。荀子这里的"道"，如孔子一样，主要还是指"人道"。但孔子的"道"是情感普遍化基础上的道德理性，是在人伦社会生活中人基于自身理性能力自然而然形成的，因此在孔子那里，尽管道先艺后，以道统艺，但"志于道"与"游于艺"之间似有一种温情脉脉的和谐共处关系，是君子修德进业过程中两个彼此相关联的内容。荀子这里的"道"，则来源于具有"化性起伪"能力且"制《雅》《颂》之声以道之"的圣人，与孔子相比，荀子这里的"道"天生具有外在的权威性。如果按照"六艺"分类，礼和乐同属于"艺"或"文艺"的范畴，荀子的"礼"固然在一定程度上具备"艺"或"文艺"的属性，如"凡礼，始乎梲，成乎文，终乎悦校。故至备,情文俱尽;其次,情文代胜;其下复情以归大一也。"(《荀子·礼论》)即各类礼仪具有文饰人情的作用;但总体而言,荀子的"礼"更强调其所体现的道德规范性的一面,或可说"礼义"为本,"礼仪"为末,如:"故绳者,直之至;衡者,平之至;规矩者,方圆之至;礼者,人道之极也。"又如"故人一之于礼义,则两得之①矣;一之于情性,则两丧之矣。"(《荀子·礼论》)因此,在荀子礼乐关系的背景下,其"道"或"人道"在形式上主要为圣人所制作的"礼"所承载,体现为人伦生活各个方面的规范和礼节,再经由"礼"的节制作用,将礼所承载的"道"的精神传递和作用于"乐"或"艺",以此实现对于人之情欲的节制作用。由此可见,荀子的"道"更具备外在他律的色彩,使得"道"和"欲"产生了一定的紧张对立关系,这种紧张对立关系也藉由此上升到"道"和"乐"或"道"和"艺"之间,使得"道"对"艺"更多体现出约束和规范的意义。

《乐记》基本继承了荀子乐教思想,并在此基础上进一步细化论述,使儒家乐教思想最终实现体系化、成熟化。《乐记》虽然在人性论立场上与荀子不完全一致,其整体上呈现性善论的特点,但又对性之所发即情尤为重视,《乐记》将孟子的性善论与荀子的"化性起伪"说以一种恰当的方式融为一体,既重视天理善性的本存,又注重通过乐教对人情予以节制和涵养,藉由音乐使人反情和志。因此,从礼和乐、道和艺的关系来讲,《乐记》实际上继承了荀子的道艺观,一方面,明确提出了"德成而上,艺成而下"的观点,凸显出"道本艺末"即社会伦理道德对于"艺"的优先地位;另一方面,《乐记》承袭了《荀子·乐论》"以道制欲"的主张,同样强调"道"对"艺"的制约作用,如:

> 乐者,非谓黄钟、大吕、弦歌、干扬也,乐之末节也,故童者舞之。铺筵席,陈尊俎,列笾豆,以升降为礼者,礼之末节也,故有司掌之。乐师辩乎声诗,故北面而弦。宗祝辩乎宗庙之礼,故后尸。商祝辩乎丧礼,故后主人。是故德成而上,艺成而下;行成而先,事成而后。是故先王有上有下,有先有后,然后可以有制于天下也。(《礼记·乐记》)
>
> 君子乐得其道,小人乐得其欲。以道制欲,则乐而不乱;以欲忘道,则惑而不乐。是故君子反情以和其志,广乐以成其教。乐行而民乡方,可以观德矣。(《礼记·乐记》)

由此可见,"以道制欲"的道艺观从根本上讲是以伦理道德标准规范和约束艺术的形式和内容,突出强调艺术为社会政治服务及提升个人道德修养的功利性作用。就乐教而言,在形式方面,一方面,"道"对"艺"的节制主要体现在将道之"中和"精神落实到音乐的音高、旋律、节奏、强弱等方面,使之总体表现出"乐而不淫,哀而不伤"的美学特征;另一方面,儒家社会伦理道德中的正统观念和尊卑关系还对音乐律制和调式的形

---

① 指"得其养"与"好其别",即礼之情理两方面。

成起到了规范作用,如"宫为君,商为臣,角为民,征为事,羽为物。五者不乱,则无怗懘之音矣"(《乐记》),又如南宋姜夔《大乐议》所言:"宫为君为父,商为臣为子,宫商和则君臣父子和"[①],使得中国传统乐学在强调调式主音的同时更为重视宫音的主体地位,最终形成了与西方所不同的独特的中国音乐宫调体系。在内容方面,"道"对"艺"的节制则表现为音乐在题材选择和内容呈现上应当符合儒家的政治理念和社会伦理道德规范,这一原则在历朝历代的宫廷仪式音乐、民间说唱、戏曲等音乐类型中无不得以体现。可以说,荀子和《乐记》礼乐观中的"以道制欲"主张,从根本上确立了儒家道艺观的伦理底色,《乐记》之后的2000多年,在中国音乐发展的"大传统"中,得益于儒家的正统地位,重道德教化的儒家音乐思想始终占据官方意识形态的主导地位,影响了中国2000多年音乐艺术的发展。

三、艺以载道,以艺臻道——儒家道艺观的发展与升华

由此观之,无论是从"道艺并举""以道统艺"的视角观照,还是从"以道制艺""道本艺末"的视角解读,儒家之"乐"决然不可能是完全独立于社会伦理道德之外的、所谓"为艺术而艺术"的纯粹自律的艺术形式。"艺"与"道"的关系,不仅体现在艺术创作领域创作者以道德赋魂艺术,从而使得艺术作品呈现出"艺以载道"的气象;同时也体现在艺术欣赏者或艺术实践者在审美过程中对蕴含其中的道德内容的体味和接受,进而实现"以艺臻道"的乐教目标。在儒家这里,"道"和"艺"以"艺以载道"和"以艺臻道"为关联作用机制,将艺术作品的形式、内容和意象与社会伦理道德结合在一起,使得主体在对艺术作品的涵泳中潜移默化地感悟到情理交融、美善相乐的一体圆融境界,因此,"艺以载道""以艺臻道"是儒家道艺观的发展与升华,也是儒家乐教得以实现其道德教化功能的核心所在。

在儒家乐教的论域下,就音乐创作而言,一方面,如前文对"以道制艺"的分析,不管是先王或圣人制乐,还是宫廷仪式用乐的创制,抑或文人制曲创剧,创作者将始终本着道德教化的立场,将自己的道德伦理观念,有意通过艺术意象的营造赋予具体的音乐作品,使得音乐作品直接承载着社会伦理道德方面的内容;另一方面,即便创作者无意为之,但创作者自身的审美情趣和道德修养,也会自然而然地影响到音乐创作,使得音乐作品呈现出或高雅庄重、中正平和,或清微淡远、乐山乐水的审美品格。正如余开亮所说:"人作为一个现实世界中生命的有机体,承载着人生在世的生命体验。这种糅合现实世界、宗教信仰、道德规范、情感历程的诸多生命体验会对艺术意象的形成起到作

---

① (宋)姜夔:《大乐议》(辑录),见洛秦主编:《中国历代乐论·宋辽金卷》,上海:上海音乐学院出版社;桂林:漓江出版社,2019年,第708页。

用,并微妙地渗透到艺术的赋形活动之中。"①因此,无论是创作者的有意为之,或是无意感兴,音乐作品终究是创作者真实情感的流露,如同《乐记》所云:"唯乐不可以为伪"。从本质上讲,儒家哲学是情感哲学,也是生命哲学,但儒家之情决然不是"为赋新词强说愁"的虚伪之情,更不是"为艺术而艺术"的唯情之情,而是人在社会生活中真实体悟到的人伦之情,亦即这种情从根本上说便已经现实承载了伦理道德因素,使得创作者无论是否出于道德教化的目的,其作品都是自身情感——既包括审美情感也包括道德情感——的体现,都在其外在的艺术形式之中蕴含了"人道"即社会伦理道德的内容,显然,这就是"艺以载道"何以发生的本质写照。

从儒家乐教思想中总结提炼出的"艺以载道",不仅是在音乐创作领域,在文学、绘画、书法乃至武术及各类传统技艺活动中均得以体现,是儒家美学思想乃至中国美学思想中的核心命题之一。如《毛诗序》认为文学应该"经夫妇,成孝敬,厚人伦,美教化,移风俗",可以说是先秦文学"艺以载道"的集中写照,其"继承了孔子'思无邪'和'兴观群怨'的思想,并对先秦儒家诗论作了系统的总结,对后世产生了重大而深远的影响。"②刘勰在《文心雕龙》中也说:"本乎道,师乎圣,体乎经,酌乎纬,变乎骚:文之枢纽。"③可见,一直以来尽管学界认为魏晋南北朝是文艺的"自觉"时期,但实际上这种"自觉"依然不能从根本上实现与儒家文艺美学思想的切割,毋宁说是在儒家文艺美学思想的大背景下的儒道互补的"自觉"。在儒释道三教合一的唐代,儒家"文以载道"的思想在"古文运动"的推动下得到彰显和复兴,如韩愈"修其辞以明其道"④(《争臣论》)、柳宗元"文者以明道"⑤(《答韦中立论师道书》),张彦远也在《历代名画录》中说:"夫画者,成教化,助人伦,穷神变,测幽微,与六籍同功",又说"泊乎有虞作绘,绘画明焉。既就彰施,仍深比象,于是礼乐大阐发,教化由兴,故能揖让而天下治,焕乎而辞章备"⑥,高度重视绘画的伦理教化功用,认为"艺"与"道"具有天然的统一性,其"艺以载道"观可谓明了。至宋代,欧阳修、苏轼、王安石等文学家及周敦颐、程颐、程颢等理学家,都不约而同地强调"艺以载道",如周敦颐说:"文所以载道也。轮辕饰而人弗庸,徒饰也……不知务道德,而第以文辞为能者,艺焉而已。"⑦朱熹也称:"道者,文之根本;文者,道之枝叶。"⑧可见,"艺以载道"或"文以载道"在中国文艺发展中具有重要的影响,追根溯源,"艺以载道"观来自于儒家乐教观,特别是《乐记》作为儒家的首部美学意义上的专著,对"艺以载道"观念的形成具有奠基地位,是儒家乐教思想对中国文艺发

① 余开亮:《艺术哲学导论》,成都:西南交通大学出版社,2014年,第243页。
② 傅璇琮,许逸民等主编:《中国诗学大辞典》,杭州:浙江教育出版社,1999年,第147—148页。
③ 周振甫:《文心雕龙今译》,北京:中华书局,1986年,第447—448页。
④ (清)吴楚材、(清)吴调侯编,钟基等译注:《古文观止·卷八》,北京:中华书局,2011年,第581页。
⑤ (唐)柳宗元:《柳宗元集·前言》,北京:中华书局,1979年,第8页。
⑥ (唐)张彦远:《历代名画记》,杭州:浙江人民美术出版社,2011年,第1—2页。
⑦ (宋)周敦颐:《周敦颐集》,北京:中华书局,1990年,第35—36页。
⑧ (宋)黎靖德:《朱子语类》,北京:中华书局,1986年,第3319页。

展产生影响的重要文本来源。

然而，"艺以载道"并不是儒家乐教的最终目的，只能说是乐教得以实施教化的中间手段，在"艺以载道"的基础上，艺术的实践者或欣赏者只有通过自己的审美实践活动从中感受和体认到"道"的价值与意义，并将"道"藉由"艺"内化于心，外化于形而不显痕迹，才能最终实现乐教的春风化雨般的教化作用，这便是"以艺臻道"，如《乐记》所云："情深而文明，气盛而化神，和顺积中而英华发外，为乐不可以为伪"。前文在分析孔子"志于道、据于德、依于仁、游于艺"时也曾提出，"游于艺"是君子"下学"的着力之处，无"艺"则乐教失去了教化得以实施的载体和手段，乐教便不为乐教而成为单纯的道德说教；但若只是"游于艺"而不能从"艺"中上达至"道"，"乐教"则成为单纯的技术教育，如此受教育之人至多为熟练掌握某种乐器演奏技巧或舞蹈表演技能的所谓"知音"之工匠，而非"知乐"之君子，如此，则与儒家"下学而上达"的教育理念相悖。由此可见，早在孔子那里，其"道艺并举""以道统艺"的道艺关系中已暗含了"以艺臻道"的价值追求。

需要强调的是，在儒家这里，"以艺臻道"并不是一蹴而就的，"天道远，人道迩"（《左传·昭公十八年》），对于"天道"的追求当从"人道"及"德"开始，在孔子的"志于道、据于德、依于仁、游于艺"中已体现出"仁"与"德"在"以艺臻道"中具有不可逾越性的作用。荀子在论礼乐时，尽管提出"以道制欲"的主张，然综合上下文语境，荀子这里的"道"主要呈现为"人道"或形而下之"德"，而非形而上之"天道"。《乐记》则直接将"乐"与"德"相类比而非"道"，如"乐者，所以象德也""德者，性之端也；乐者，德之华也""德成而上，艺成而下""德音谓之乐"。至宋明理学，"天理"虽然具备了形而上的"天道"的意义，但人之修养进路仍然离不开"格物致知"和"事上磨炼"，而非直接体证"天理"或"天道"。因此，尽管后世儒家也将"天道"作为终极追求，但儒家的"以艺臻道"其实包含了"艺—仁（德）—人道—天道"这一进阶过程，而非由"艺"直接觉解"天道"。

《史记·孔子世家》中所记载的孔子向师襄子学琴的故事（《韩诗外传》《孔子家语》《列子》中亦有相似记载），清晰描绘了孔子学琴中从"得其曲"到"得其数"，进而"得其志"而最终"得其为人"——从技至艺，又以艺臻道的下学而上达的过程。如：

> 孔子学鼓琴师襄子，十日不进。师襄子曰："可以益矣。"孔子曰："丘已习其曲矣，未得其数也。"有间，曰："已习其数，可以益矣。"孔子曰："丘未得其志也。"有间，曰："已习其志，可以益矣。"孔子曰："丘未得其为人也。"有间，有所穆然深思焉，有所怡然高望而远志焉。曰："丘得其为人，黯然而黑，几然而长，眼如望羊，如王四国，非文王其谁能为此也！"师襄子辟席再拜，曰："师盖云《文王操》也。"[1]（《史记·孔子世家》）

---

① （汉）司马迁撰，（南朝·宋）裴骃集解，（唐）司马贞索隐，（唐）张守节正义，中华书局编辑部点校：《史记·卷四十七　孔子世家第十七》，北京：中华书局，1982 年，第 1925 页。

由孔子学琴之事可见,与道家美学和禅宗美学更强调直觉层面对"道"的直接体悟不同,在儒家"以艺臻道"的过程中,尽管不排除超越性觉解的存在,但更多表现为由技至艺、由艺体德、再由德达道的完整过程,显现出鲜明的"登高必自卑,行远必自迩"的下学上达的现实主义路径。因此,在儒家的道艺关系中,任何脱离实践的体道或是离开社会伦理道德的悟道都是不可行的,这也是儒家乐教始终强调自下而上进阶式实现其教化目标而不轻言"冥合"、不陷入虚无的根本所在。

四、结　论

总之,从儒家乐教思想引申出的儒家"道""艺"关系论,无论是孔子的"道义并举,以道统艺",还是荀子的"以道制艺,道本艺末",乃至蕴含二者思想之中、经后人不断发明显现的"艺以载道,以艺臻道",一方面,体现出儒家"下学而上达"的工夫论思想;另一方面,也以其现实主义和理性主义精神,赋予中国美学以伦理底色,使得儒家以"仁"为核心追求道德境界的美学思想与道家以"道法自然"为核心追求虚空自由的美学精神,在中国人的生命体验中交融合一,共同建构了"儒道互补"的中国美学及艺术学理论框架。

《顺正理论》对"触六三和生"的辨析

闫孟珠[*]

内容提要：众贤（Saṃghabhadra）为了维护说一切有部（Sarvāstivāda）正统的教说，对世亲（Vasubandhu）的《俱舍论》（Abhidharmakośa-śāstra）展开批判，撰写《顺正理论》（Nyāyānusāra-śāstra）。"触六三和生"是《俱舍论》中的一个偈颂。《顺正理论》在对此句的辨析过程中，依据佛教的契经，另外提出"二二为缘触""六处缘触""名色缘触"的观点。《顺正理论》为了更好地融会贯通诸经中看似不同的观点，还提出"假触"和"实触"的分类方式。《顺正理论》对此句的辨析，可使我们一窥有部正统的毗婆沙师对"触"这一概念的深层次讨论。

关键词：《顺正理论》；《俱舍论》；触；和合；名色

《顺正理论》，全称《阿毗达磨顺正理论》（Abhidharma-nyāyānusāra-śāstra，以下简称《顺正理论》），属于佛教的论藏，作者是古代北印度迦湿弥罗地区的毗婆沙师众贤（Saṃghabhadra，约为公元4—5世纪）。

佛教的论藏，又被称为阿毗达磨藏。与经藏和律藏不同，阿毗达磨藏更为注重理性思辨和理论体系的建构。汉传佛教的阿毗达磨藏包含了说一切有部（Sarvāstivāda，以下简称"有部"）为主的阿毗达磨论书，如被称为"六足一身"的七论，其中《阿毗达磨法蕴足论》（以下简称《法蕴足论》）和《阿毗达磨集异门足论》被认为是早期论书，约成立于公元前3—前2世纪；以及在阿毗达磨论义发达时期，注释"一身"论《阿毗达磨发智论》的可谓是集大成者的《阿毗达磨大毗婆沙论》（以下简称《婆沙论》），约成立于公元前后。以上这些论书一般被认为是迦湿弥罗毗婆沙师所代表的有部正统论书。

由于阿毗达磨论义的繁琐复杂，在阿毗达磨论书发达的时代，亦出现了由不同论师撰写的纲要类的入门书或不同于有部正统的论书。这一时期，世亲论师（Vasubandhu，公元4—5世纪）主要集经量部（Sautrāntika）论义而对有部正统论义展开批判，撰写了《阿毗达磨俱舍论》（Abhidharma-kośa-śāstra，以下简称《俱舍论》）。《俱舍论》的出现挑战了毗婆沙师的权威，对有部正统论义产生极大的冲击。因此，为了破斥世亲的《俱舍论》，代表有部正统的迦湿弥罗毗婆沙师众贤撰写《顺正理论》，以及《阿毗达磨藏显

---

* 闫孟珠：中国人民大学佛教与宗教学理论研究所，博士研究生。

宗论》(以下简称《显宗论》)。众贤之后还有毗婆沙师自在论师(Īśvara),他所撰写的《阿毗达磨灯论》,主要目的亦在于对批判有部者进行批判,以彰显有部正统论义。但是,有部阿毗达磨论书的发达史已经盛极而衰,这是一切事物发展的必然规律,即使有部毗婆沙师的辩驳过程引经据典、逻辑严密、层层递进,面对这样的颓势亦无回天之力。

一、《俱舍论》与《顺正理论》的关系探讨

《俱舍论》的内容主要由偈颂和自释构成,最早由陈真谛(499—569)于天嘉五年(564)译讫,有1卷的《论偈》(已佚),以及22卷的释论,名为《阿毗达磨俱舍释论》(以下简称《俱舍释论》)。① 后经唐玄奘(600/602—664)再次翻译,包括1卷《阿毗达磨俱舍论本颂》②,30卷《阿毗达磨俱舍论》③。除此之外,20世纪在西藏地区发现梵文本的偈颂和自释,这之后学者 V.V.Gokhale 校订出版偈颂部分④,P.Pradhan 校订出版梵文本自释⑤。还有从梵文翻译的藏译本,以及各种注释书,如有称友(Yaśomitra)的《阿毗达磨俱舍论明义释》⑥,安慧(Sthiramati)的《阿毗达磨俱舍论实义疏》(Abhidharmakośa-Tattvārthā),等等。安慧的注释有较为完整的藏译、部分汉译以及新发现的梵文本,具有非常高的学术价值。还有仅存藏译的注释书,陈那《阿毗达摩俱舍论要义灯》⑦和满增《阿毗达摩俱舍论随相释》⑧等。

国内外学术界对《俱舍论》的关注度非常高,关于《俱舍论》的研究成果汗牛充栋。自《俱舍论》问世以来,《俱舍论》的宏传不拘于印度地区,汉传佛教有学习《俱舍论》的传统,至今汉译佛教三藏中仍保存着关于《俱舍论》的注释书;藏传佛教中也存在着从梵文翻译成藏语的《俱舍论》及其注释书;甚至在唐代从日本来中国留学的僧侣,归国后还创立了俱舍宗。日本素来就有"俱舍八年,唯识三年"的说法,研学《俱舍论》的传统一直延续至现代,大量的注释书也留存于世。

相比于研学和注释《俱舍论》的盛况,目前国内外学术界对《顺正理论》的研究屈指可数。《顺正理论》的完整本仅存汉译,为玄奘译,共计80卷。⑨ 除此之外,还有译自玄

① (陈)世亲造,真谛译:《阿毗达磨俱舍释论·序》,见《大正藏》第29册,No.1559,第161页中。

② (唐)世亲造,玄奘译:《阿毗达磨俱舍论本颂》,见《大正藏》第29册,No.1560.

③ (唐)世亲造,玄奘译:《阿毗达磨俱舍论》,见《大正藏》第29册,No.1558.

④ V.V. Gokhale. Ed. *The Text of the Abhidharmakośakārikā of Vasubandhu*, *Bombay*: *the Journal of the Bombay Branch of the Royal Asiatic Society*, 1946.

⑤ P.Pradhan.Ed.*Abhidharmakośabhāṣya by Vasubandhu*, Patna: K.P.Jayaswal Research Institute, 1967.

⑥ Unrai Wogihara.Ed. *Sphuṭārthā Abhidharmakośavyākhyā by Yaśomitra*, Tokyo: Publishing Association of Abhidharmakośavyākhyā, 1932-1936.

⑦ Abhidharmakośavṛtti-marmadīpa by Dignaga, D 4095, p.5596.

⑧ Abhidharmakośaṭīkā-lakṣaṇānusāriṇī by Pūrṇavardhana, D 4093, p.5594.

⑨ (唐)众贤造,玄奘译:《阿毗达磨顺正理论》,见《大正藏》第29册,No.1562.

类汉译本的西夏文残本①和回鹘文残本②。由于《顺正理论》论义的内容繁多且深奥难解，为了能使文本容易理解，众贤根据《顺正理论》中的论义，删除其中绵密细致的辨析部分，再次撮要撰写略义，名为《显宗论》。③ 因此，对《显宗论》的研究更是少之又少，甚至鲜有人关注到《显宗论》的版本问题。

汉译佛教典籍中，众贤的作品仅有这两部，但在藏文大藏经中，还有一部关于《俱舍论》的注释书，名为"Chos mngon pa mdzod kyi 'grel pa mdo dang mthun pa"，署名作者是众贤（*Skt*：*Saṃghabhadra*，*Tib*：'*dus bzang*）。④ 不过，关于这部藏文注释书是否与《显宗论》为同一书、其成立时间、作者是谁等问题，学界并未达成统一认识。与署名众贤的藏文注释书相关的一系列问题，仍有待进一步与《俱舍论》《顺正理论》等相关论书进行对比研究才能得到解决。因此，本文在探讨《顺正理论》中"触六三和生"的相关内容时，亦将使用玄奘译《显宗论》，而暂不涉及藏译的问题。

以上，笔者简单介绍了《俱舍论》和《顺正理论》在汉传阿毗达磨藏中的位置，以及目前所存的版本情况。本文选取《俱舍论》中的一句颂文"触六三和生"，其主要内容与佛教的认识论息息相关。与《顺正理论》对此句的解释相比，《俱舍论》中自释的内容较为简略。《显宗论》是《顺正理论》的缩略版，摘录了其中最主要的观点，因此本文也参考了此论中的相关内容。《顺正理论》在对此句的辨析过程中旁征博引，层层递进，可使我们一窥有部正统的毗婆沙师对"触"这一概念的深层次讨论。

二、《顺正理论》对"触六三和生"的基本阐释

"触六三和生"在《俱舍论》第三品〈分别世品〉分别"十二缘起"之时所说，在《顺正理论》中也位于第三品与"十二缘起"的内容相关，只不过这一品的名字是〈辩缘起品〉。

《顺正理论》中出现的偈颂"触六三和生"，以及对此的基本解释，主要出自《俱舍论》。这部分内容主要分为三种情况，一是最基本的概念解释，几乎完全来于对《俱舍论》中的观点转引；二是按照作者的理解，对《俱舍论》中的观点进行概述；三是在之后的辨析过程中，为了表明"触六"不止"三和生"的观点，《顺正理论》同样提出了不同类型的"触"，并且也引用了大量经文来论证，甚至安立新的概念来探讨"触"的具体含义。在这一过程中，《顺正理论》虽然也引用了与《俱舍论》相同的经，但是主要是为了

① 王龙：《西夏写本〈阿毗达磨顺正理论〉考释》，《宁夏社会科学》2017 年第 2 期。

② 张铁山、皮特·茨默：《敦煌研究院旧藏一叶回鹘文〈阿毗达磨顺正理论〉残叶及其相关问题研究》，《敦煌研究》2021 年第 2 期。

③ （唐）众贤造，玄奘译：《阿毗达磨藏显宗论·序品》卷 1："文句演隔难寻，非少劬劳所能解，为撮广文令易了，故造略论名显宗。饰存彼颂以为归，删顺理中广决择，对彼谬言申正释，显此所宗真妙义。"（见《大正藏》第 29 册，No.1563，第 777 页上）

④ 众贤（'dus bzang）：《阿毗达磨俱舍论颂随经释》，*Chos mngon pa mdzod kyi 'grel pa mdo dang mthun pa*.D.4091，p.5592.

说明"触"的种类。以下,首先对前两类情况,即《顺正理论》引用《俱舍论》的内容进行分析和探讨。

（一）基本概念解释

"触六",意思是"触"有六种,分别是眼触、耳触、鼻触、舌触、身触、意触。这六种触是由"三和生",即"三事和合而生"。"三事"分别为"根""境""识"。[①] 这种类型的"触"可以称为"三和触"。对比研究《俱舍论》《顺正理论》《显宗论》中关于这部分的内容,不难发现三者对"触六三和生"的基本概念阐释几乎完全相同,这一特点在玄奘译本中更为明显。因此,笔者推测这应该是《顺正理论》转引《俱舍论》[②]中的内容,《显宗论》[③]择要转引《顺正理论》中的内容。

简言之,所谓"根",即佛教所说的"六根",也就是六种感觉器官,分别为"眼""耳""鼻""舌""身""意",也被称为"六内处"。"境",即"六尘",分别为"色""声""香""味""触""法",也被称为"六外处"。"识",即"六识",分别为"眼识"乃至"意识"。"六内处""六外处""六识",合称为"十八界",这是佛教中与认识论相关的基本概念。

（二）前五触与意触三和生的区别

《俱舍论》中提到,前五触与意触之间虽同为"三和生",但是前五触的产生是由于前五根、相应的境、相应的识同时生起;意触则是由于意根过去,与现在和未来的法尘和意识和合,即根、境、识三事虽然并非同时生起,但是由"因果义成"谓三和生,或者共生一果(触),而名为三和生。[④] 三和生,并不局限于"俱时起"。

《顺正理论》中的内容,虽然并非如前节所述完全转引《俱舍论》的内容,但是其主要观点与《俱舍论》所说并无不同,即"虽第六三,有各别世,而因果相属,故和合义成。

---

① （唐）众贤造,玄奘译:《顺正理论》卷 29:"论曰:触有六种,所谓眼触乃至意触。此复是何? 三和所生,谓根、境、识三和合故,有别触生。"(见《大正藏》第 29 册,No.1562,第 505 页上)

② P.Pradhan.Ed.*Abhidharmakośabhāṣya by Vasubandhu*,1967,pp.142-143;spar śāḥṣaṭ,cakṣuḥsaṃsparśaḥ,yāvanmanaḥ saṃsparśa iti｜te punaḥ saṃnipātajāḥ｜trayāṇāṃ saṃnipātājjātā indriyārthavijñānānām｜;（陈）世亲造,真谛译:《俱舍释论》卷 7,见《大正藏》第 29 册,No.1559,第 209 页上;（唐）世亲造,玄奘译:《俱舍论》卷 10,第 52 页中。

③ （唐）众贤造,玄奘译:《显宗论》卷 15,第 844 页下—845 页上。

④ P.Pradhan.Ed.*Abhidharmakośabhāṣya by Vasubandhu*,1967,p143:yuktaṃ tāvat pañcānāmindriyāṇāmarthavijñānābhyāṃ saṃnipātaḥ｜sahajatvāt｜mana-indriyasya punarniruddhasyānāgatavarttamānābhyāṃ dharmamanovijñānābhyāṃ kathaṃ saṃnipātaḥ｜ayameva te ṣāṃ saṃnipāto yaḥ kāryakāraṇabhāvaḥ｜ekakāryārtho vā saṃnipātārthaḥ｜sarve ca te trayo'pi sparśotpattau praguṇā bhavantīti｜;（陈）世亲造,真谛译:《俱舍释论》卷 7:"此义可然,五根与尘及识共和合,同时起故。意根已谢,与未来现世法尘意识,云何得和合? 即是此三和合,谓因果成和合义者。或成就一事为义,是一切三于生起触中最有胜能。"(第 209 页上);（唐）世亲造,玄奘译:《俱舍论》卷 10:"且五根生可三和合,许根境识俱时起故。意根过去、法或未来、意识现在,如何和合? 此即名和合,谓因果义成。或同一果故名和合,谓根境识三同顺生触故。"(第 52 页中)

或同一果是和合义,虽根境识未必具生,而触果同,故名和合。"①对比研究发现,《显宗论》中的内容②,与《顺正理论》所说完全相同,这主要也是因为《显宗论》是《顺正理论》的简本。因此,以下不再赘述《显宗论》中的相关内容。

(三)《俱舍论》中其他论师的观点和经证

《俱舍论》在解释"触六三和生"的基本概念和主要内容之后,进一步讨论诸论师对此的观点和经证。主要提到以下三种观点:

(1)有的论师认为,但和合名触,所引经证"是三法相会和合聚集说名触"。③ 论中并没有明确指出引用经文的具体出处。这种观点过于简单,并没有进一步解释前五触与六触的差别。

(2)有的论师认为,另外存在与心相应的法,名为触。所引经证是《六六经》,即有六组六法:六内处、六外处、六识身、六触身、六受身、六爱身。但是,世亲对此进行反驳,认为并非与六内处、六外处等同说,就认为别有六触体存在。④ 六六法的意思重在说明三和合生触之意,如此则有触缘受、受缘爱。受、爱亦如此,不可执着于别有体。这种观点虽然也是引用经证,但是并未完全把握经证的深刻内涵:"触"的产生是以"六内处""六外处""六识身"为条件,三事和合,缺一不可;"触"生起,则有"受""爱"的生起,三者并不是别有实体的存在。而且,若只有根、境,识不生起,则触也不会生起。三事和合,缺一不可。

(3)有的论师否定根、境是识产生的原因,否定识是根、境产生的果,认为如果因和果的关系成立,那么触也应当被安立。有的反驳这种观点,认为此违背了经证"是三法相会和合聚集说名触"。但是,持这类观点的论师又会说,自己所诵的经文与此不同。如此争论不休,各执己见,言论繁多,应当停止。⑤

以上,虽然是《俱舍论》自释中对诸论师关于"触"生起的不同看法,但是其主要内容仍然围绕着"触六三和生"这一基本观点展开。在这之后,《俱舍论》关于"触六三和生"的解释基本结束。在接下来的论述中,《俱舍论》又提到阿毗达磨论师将这六种触又复合为两种,即"有对触"和"增语触",所以玄奘译本的偈颂说道:"五相应有对,第六俱增语"⑥。

---

① (唐)众贤造,玄奘译:《顺正理论》卷29,见《大正藏》第 29 册,No.1562,第 505 页上。

② (唐)众贤造,玄奘译:《藏显宗论》卷15,第 845 页上。

③ P.Pradhan.Ed.Abhidharmakośabhāṣya by Vasubandhu,1967,p.143;(陈)世亲造,真谛译:《俱舍释论》卷 7,第 209 页上—中;(唐)世亲造,玄奘译:《俱舍论》卷 10,第 52 页中。

④ P.Pradhan.Ed.Abhidharmakośabhāṣya by Vasubandhu,1967,p.143;(陈)世亲造,真谛译:《俱舍释论》卷 7,第 209 页中;(唐)世亲造,玄奘译:《俱舍论》卷 10,第 52 页中。

⑤ P.Pradhan.Ed.Abhidharmakośabhāṣya by Vasubandhu,1967,p.143;(陈)世亲造,真谛译:《俱舍释论》卷 7,第 209 页中;(唐)世亲造,玄奘译:《俱舍论》卷 10,第 52 页中—下。

⑥ P.Pradhan.Ed.*Abhidharmakośabhāṣya by Vasubandhu*,1967,p143:pañca pratighasaṃsparśaḥ ṣa ṣṭho'dhivacanāhvayaḥ ‖30‖;(陈)世亲造,真谛译:《俱舍释论》卷 7:"五是有碍触,第六依言触。"(第 209 页中);(唐)世亲造,玄奘译:《俱舍论》卷 10,第 52 页下。

前五触被称为"有对触",第六意触则被称为"增语触"。根据六触的不同特征进一步分为 8 种,以及 18 种等。本文主要就"触六三和生"这一偈颂进行分析,更多关于触的种类问题暂不讨论。

《顺正理论》并未如同《俱舍论》一样,在解释"触六三和生"的基本概念和主要内容之后,进一步讨论诸论师对此的观点和经证。《顺正理论》在引用《俱舍论》中关于"触六三和生"的基本概念解释等内容之后,主要对导致"触"生起的原因进行追溯和探讨;不只局限于《俱舍论》提到的"触六三和生"这一基本观点,还提出了"二二为缘触""名色缘触""六处缘触"等观点,并引用相应的契经为依据加以论证。

实际上,《顺正理论》并没有否认《俱舍论》中提到"三和触"。对待《俱舍论》中提出的"触六三和生"的基本概念和解释,《顺正理论》以此为基础进一步提出其他种类的触。

三、《顺正理论》中"触"的分类

《顺正理论》对待由于不同原因产生的"触",在论证的过程中了提出"假""实"的概念,对"触"进行分类。《顺正理论》提到"三和触"是"假触",心所触才是"实触",以"触"为缘"受"生起。① 这是因为"触体有别"②。"假触"是假借"触"的名称之意,"实触"是遍一切心心所法的"触",与"识"同时生起。诸经中并未辨别两种触的存在,这是《顺正理论》为了更好地融会贯通诸经中看似不同的观点,即"三和触""名色缘触""二缘触""六处缘触"等而提出的分类方式。"三和触"为"假触","名色缘触""二缘触""六处缘触"为"实触"。

(一)二二为缘触

《顺正理论》不否认"三和生",如同识的生起过程一样,以根、境为缘,"触"必定与识同时生起,"虽三和生,而定识俱起,以如识说二缘生故"③。引用经证"内有识身及外名色,二二为缘,诸触生起,乃至广说"④,《顺正理论》进一步解释"有识身言显六内处,外名色言显六外处"⑤,"二二为缘"指的是以"六内处"和"六外处"为缘,"触"生起。

《顺正理论》中并未指出引用的这部经是什么。但是,检阅佛教的经藏不难发现,引文应该出自北传汉译《杂阿含经》二九四经(以下简称"$S\bar{A}.12.294$")。这部经对应南

① (唐)众贤造,玄奘译:《顺正理论》卷 29,第 505 页中—下。
② (唐)众贤造,玄奘译:《顺正理论》卷 29,第 505 页上。
③ (唐)众贤造,玄奘译:《顺正理论》卷 29,第 505 页上。
④ (唐)众贤造,玄奘译:《顺正理论》卷 29,第 505 页上。
⑤ (唐)众贤造,玄奘译:《顺正理论》卷 29,第 505 页上。

传巴利语《相应部》第十二因缘相应第十九经,名为《愚者与贤者经》(*Pāli：Bāla-Paṇḍ ita-Suttam*,以下简称"SN.12.19"),相应的梵文本主要使用日本学者吹田隆道和韩国学者郑镇一的校订本①(以下简称"Skt.294")。SĀ.12.294 中的说法与《顺正理论》所引用的内容基本一致,"内有此识身,外有名色,此二因缘生触"②。SN.12.19 中的说法与前两者相比,增加了"六入处"(saḷevāyatana),"Iti ayaṃ ceva kāyo bahiddhā ca nāmarūpaṃ | itthetaṃ dvayaṃ dvayaṃ paṭ icca phasso saḷevāyatanāni",译为"这个(内识)身和外名色,是一对,以这一对为缘,有触、六(触)入处"。Skt.294 中出现两处文句相同的内容,"ity ayaṃ ca asya savijñāna<kaḥ> kāyo bahirdhā ca nāmarūpam etaṃ dvayaṃ dvayaṃ khalu pratītya sp(a)rśaḥ"③,与 SĀ.12.294、《顺正理论》所引用的内容基本一致,且并未出现"六入处"。从以上的对比研究可知,虽然版本不同,但是从经证的角度来讲,《顺正理论》所引用的经文应该是无误的。《顺正理论》将"内识身"解释为"六识"所依之"六根","外名色"解释为"六境",以此二者为缘,则有"触"生起。这就是"二二为缘触"。

为了进一步论证这一观点,除了上述这部经之外,《顺正理论》还提到伽他④所说"眼色二为缘"⑤,完整的说法:"眼色二为缘,生诸心所法,识触具受想,诸行摄有因。"⑥这句话应该是出自《杂阿含经》三〇七经(以下简称"SĀ.13.307"),原文"眼色二种缘,生于心心法,识触及具生,受想等有因"⑦。"眼"即"六根"的代表,"色"即"六境"的代表,以此二者为缘,心、心所法生起,即"识"心法、"触"、与"触"俱生的或"受"或"想"等其他心所法生起。《顺正理论》与 SĀ.13.307 相比,只有最后一句"诸行摄有因"有所不同,但仍然不妨碍其作为论据支持"二二为缘触"的观点。《顺正理论》中的"诸行",应该表示以"思为首的,除去触、受、想的其他心所法"。

以这两部经为依据,《顺正理论》提出"假触"和"实触"的概念。所谓"假触",即根、境、识三和合生"触",三种因缘条件同时具备而产生的触对。例如,眼睛看到物体产生眼识(未辨别是何种类的物体)、耳朵听到声音(未辨别是什么声音)等,这还只是属于外界事物(六境)刺激人的感觉器官(六根),人对六境产生初步的认识。引用的经证也出现在《俱舍论》之中,"如是三法聚集和合说名为触"⑧。

————————————

① Jin-il Chung(郑镇一);Takamichi Fukita(吹田隆道):*A new edition of the first 25 Sūtras of the Nidānasaṃyukta*:梵文雜阿含因縁相應(第一一二十五經),东京:山喜房佛书林,2020 年,pp.140–143.

② (刘宋)求那跋陀罗译:《杂阿含经》卷 13,《大正藏》第 2 册,No.99,第 83 页下。

③ Jin-il Chung(郑镇一);Takamichi Fukita(吹田隆道):*A new edition of the first 25 Sūtras of the Nidānasaṃyukta*:梵文雜阿含因縁相應(第一一二十五經),pp.140–141,141.

④ 佛教中九分教或十二分教之第四,亦音译为"伽陀"(gāthā),或译为"讽颂",一般指在经文的末尾,由特定的音节构成的韵文,起到总结经文含义的作用。

⑤ (唐)众贤造,玄奘译:《顺正理论》卷 29,第 505 页上。

⑥ (唐)众贤造,玄奘译:《顺正理论》卷 10,第 385 页中。

⑦ (刘宋)求那跋陀罗译:《杂阿含经》卷 13,第 88 页中。

⑧ (唐)世亲造,玄奘译:《俱舍论》卷 10,第 52 页中。

"假触"所描述的属于物理性的空间接触;"实触"所描述的是心理性的现象,是伴随着认识作用所产生的一系列心所法最为直接的原因。在心所法"触",也就是"实触"之后,心所法"受"的作用最强,因此说"触缘受"。①

(二)六处缘触

"六处缘触"仍然是从"实触"的角度来说明。"六处"即"六内处"和"六外处",任何心心所法皆依"六处"而生起。②

《顺正理论》对"六处缘触"的解释仅点到为止,并未对此展开详细的说明,更没有引用经文来证明。无论是在北传的阿含经中,还是在南传的尼柯耶中,关于"六处""触"等的经文还是比较多的。很有可能是因为这样的经文实在是太多,"六处缘触"广为流传,已无必要再于此继续解释。

在这之后进一步解释"名色缘触"。辨析"名色缘触"结束之后,是对"二二为缘触""名色缘触""六处缘触"的区分。

(三)名色缘触

在"二二为缘触"之后,是对"名色缘触"的解说,主要引用的经文是《大缘起经》。这部经又名为《大因缘经》,目前已知现存的版本有五种,分别为安世高译《人本欲生经》(以下简称"T1.No.14"),《中阿含》第二十四卷九七《大因经》(以下简称"MĀ.24.97"),《长阿含》第十卷一三《大缘方便经》(以下简称"DĀ.10.13"),巴利文《长部》十五经《因缘大经》③(以下简称"DN.15"),以及宋代施护译《大生义经》(以下简称"T1.No.52")。

《顺正理论》中所引用的内容,除了 T1.No.52 中不存之外,其他四个版本虽多少有不同之处,但内容基本相同。引用《大因缘经》中关于"名色缘触"的部分,最主要的作用是辨析"以名和色为缘而有触",并进一步提出"名身"对应"增语触","色身"对应"有对触"。④《法蕴足论·缘起品》中解释"名色缘触"之时,亦引用了《大因缘经》的这段内容。根据梵文本《法蕴足论·缘起品》"名色缘触"在结束部分引用《大因缘经》的内容可知,"名身"对应的是"增语触"(Skt:adhivacana-saṃsparśa),"色身"对应的是"有对触"(Skt:pratigha-saṃsparśa)。《顺正理论》与梵文本《法蕴足论·缘起品》所引用的《大因缘经》的内容几乎完全对应。

"增语触"和"有对触",在 T1.No.14 安世高译《佛说人本欲生经》中为"有更有名

---

① (唐)众贤造,玄奘译:《顺正理论》卷 29,第 506 页上。
② (唐)众贤造,玄奘译:《顺正理论》卷 29,第 506 页上。
③ 或译为《大缘经》《大因缘经》等。
④ (唐)众贤造,玄奘译:《顺正理论》卷 29,第 506 页上。

字"和"有对更"①,MĀ.24.97《大因经》中则是"增语更乐"和"有对更乐"②,在 DĀ.10.13《大缘方便经》中二者分别被译为"心触"和"身触"③,DN.15《因缘大经》中为"名称触"(adhivacana-samphassa)和"有对触"(paṭigha-samphassa)④。这一对概念的提出,在各个版本《大因缘经》中除了翻译的名称有所不同之外,实质上并无差别。

最主要的差别是"名身""色身"的修饰语,"名身""色身"与"增语触""有对触"的对应关系。梵文本《法蕴足论·缘起品》对两种触的安立,即对于有行相、说示的名身安立"增语触",对于有行相、说示的色身安立"有对触",与奘译对《大因缘经》的引用相比,多出了"说示"一词。T1.No.14《佛说人本欲生经》⑤中两处均为"名身",在后文虽出现了"色身",但是看不出来与"增语触"和"有对触"对应的分别是什么。但是,在MĀ.24.97《大因经》⑥中是将"名身"与"有对触"对应,"色身"与"增语触"对应。在DĀ.10.13《大缘方便经》⑦中并没有严格将"名身"的安立与"增语触"的施设对应,"色身"的安立与"有对触"对应。DN.15《因缘大经》中的内容⑧,增加了"形状"(liṅga)"事相"(lakṣaṇa)二词,而且虽然"名身"与"增语触"对应、"色身"与"有对触"对应,这与梵文本《法蕴足论·缘起品》和对应玄奘译本,以及《顺正理论》相同,但是却在"名称触"之前增加修饰语"色身之上"(rūpa-kāye),在"有对触"之前增加修饰语"名身之上"(nāma-kāye)。DN.15《因缘大经》中的内容看起来矛盾,但实际上是对"增语触"和"有对触"以"名色"为缘而存在的进一步说明。如果"名身"不存在的话,就不存在"色身上"和"名称触"。如果"色身"不存在,"名身之上"和"有对触"是不存在的。增加的内容"基于色身的""基于名身的"使得"名身""色身"与"增语触""有对触"不再呈现出机械的对应关系:"名身"不存在的情况下,基于"色身"的"增语触"则不存在;"色身"不存在的情况下,基于"名身"的"有对触"则不存在。"名色"不存在,那么"触"也就无法安立。此即名为"名色缘触"。

通过以上对不同版本《大因缘经》"名色缘触"的内容进行对比研究,我们不难发现《顺正理论》中所引用的内容应该是直接引用,且引用的《大因缘经》的版本与梵文本

---

① (东汉)安世高译:《佛说人本欲生经》,见《大正藏》第 1 册,No.14,第 243 页中。
② (苻秦)僧伽提婆译:《中阿含经》卷 24,见《大正藏》第 1 册,No.26,第 579 页下。
③ (姚秦)佛陀耶舍共竺佛念译:《长阿含经》卷 10,见《大正藏》第 1 册,No.1,第 61 页中。
④ T.W.Rhys Davids;J.Estlin Carpenter edited:*Dīgha Nikāya vol* Ⅱ,London:Pali Text Society,1982,p.62;慧岳法师编,通妙译:《长部经典》(二),见《汉译南传大藏经》第 7 册,第 9 页;庄春江工作站:http://agama.buddhason.org/DN/DN15.htm;段晴等译:《长部》,见《汉译巴利三藏·经藏》,北京:中华书局,2012年,第 214 页。
⑤ (东汉)安世高译:《佛说人本欲生经》,第 243 页中。
⑥ (苻秦)僧伽提婆译:《中阿含经》卷 24,第 579 页下。
⑦ (姚秦)佛陀耶舍共竺佛念译:《长阿含经》卷 10,第 61 页中。
⑧ T.W.Rhys Davids;J.Estlin Carpenter edited:*Dīgha Nikāya vol* Ⅱ,London:Pali Text Society,1982,p.62;慧岳法师编,通妙译:《长部经典》(二),《汉译南传大藏经》第 7 册,第 9 页;庄春江工作站:http://agama.bud-dhason.org/DN/DN15.htm;段晴等译:《长部》,见《汉译巴利三藏·经藏》,北京:中华书局,2012 年,第 214 页。

《法蕴足论·缘起品》中所引用的版本应该是同一个。

《顺正理论》对"名色缘触"作了进一步的解释，"名色"中的"名"即"意法处"，"名身"对应的是"增语触"；"色"对应的是"眼色处"乃至"身触处"，"色身"即"有对触"。"行相"即诸外处，"标举"对应奘译的"说示"，为诸内处。①

《顺正理论》进一步对"二二为缘触""名色缘触""六处缘触"进行区分，"然名色缘触分位决定，若二为缘触，分位不定。虽六处缘触分位亦定，而偏就有情所依显示，名色缘触通就所依所缘显示，故有差别"。② "分位决定"意思是从时间的轴线上来说，因果关系已经确定，"名和色"的出现必然导致"触"的生起；若没有"名和色"，那么"触"也将不存在，《大因缘经》中已经揭示了"名身""色身"与"增语触""有对触"的相互依存的关系；"分位不定"，是指依"六根"与"六境"，伴随"识"的产生"触"才会生起；"六处缘触"就所依建立，"六处"即"六触入处"，依眼根而有"眼触"，乃至依意根而有"意触"，而不说"色触""法触"等；"名色缘触"就所依、所缘建立，依"眼根"、缘"色境"而有"眼触"，乃至依"意根"、缘"法处"而有"意触"，因此说前五根相应名为"有对触"，第六意根相应名为"增语触"。

"名色缘触"，为了显示名色和六处的差别，为了揭示缘起的种种义门，以及为了令阿难知道缘起的甚深义而说"名色缘触"。这里也举出了其他论师的看法，即说"名色缘触"是为了显示"三和合生触"；"二二为缘触"是为了显示"根""境"的功能；"六处缘触"是为了显示"不共因用"。③ 关于这三者之间的差别，诸论师的说法多少会有不同。但是，将"增语触"和"有对触"与"六处缘触"之间进行对应的解释还是比较普遍的。

四、结　语

《顺正理论》对《俱舍论》中"触六三和生"的观点进行了全面的辨析。《顺正理论》在对此句辨析的过程中旁征博引，层层递进，提出了新的概念来对"触"进行分类。

首先，《顺正理论》转述《俱舍论》关于"触六三和生"相关概念解释的基本定义。其次，《顺正理论》提出不同于"触六三和生"的其他说法，如"二二为缘触"，并引用两部经文来论证，进而提出"假触""实触"的分类。"假触"所描述的属于物理性的空间接触；"实触"所描述的是心理性的现象，是伴随着认识作用所产生的一系列心所法最为直接的原因。"假触"和"实触"，实际上是《顺正理论》为了更好地融会贯通诸经中看似不同的观点而提出的分类方式，即"三和触"也就是"触六三和生"的"触"，为"假触"；"名色缘触""二缘触""六处缘触"为"实触"。再次，《顺正理论》对"六处缘触"

---

① （唐）众贤造，玄奘译：《顺正理论》卷29，第506页上—中。
② （唐）众贤造，玄奘译：《顺正理论》卷29，第506页中。
③ （唐）众贤造，玄奘译：《顺正理论》卷29，第506页中—下。

"名色缘触"进一步分析说明,并引用《大因缘经》来解释"名色"与"触"之间必然依存的关系。最后,《顺正理论》还对"名色缘触""二二为缘触""六处缘触"的区别进行了辨析。虽然都属于"实触",但是三者仍然有很大的不同。

为了维护有部正统教说,《顺正理论》对《俱舍论》中所说的观点进行有理有据的反驳。但是,《顺正理论》《显宗论》显然并没有得到应有的关注。笔者仅对《顺正理论》中关于"触六三和生"的辨析进行分析和探讨,尝试对《顺正理论》的论述特点进行简单介绍。在今后研究过程中,希望能够进一步对比研究《俱舍论》和《顺正理论》《显宗论》。

"君子和而不同"：李佳白论儒教

高　彤[*]

内容提要：在中西交通史上，来华传教士在中西文化交流方面扮演了重要的角色，传教士们面对中西文化的差异时，应对方式也各不相同，既有持冲突论者，也有提倡宽容者；考察传教士们对于中西文化差异的理解与应对，为我们理解近代中西交通史提供了重要的参考。本文以近代美国来华传教士李佳白（1857—1927）为例，在参考李佳白个人著述与学术界研究的基础上，从三个方面分析李佳白关于儒家是一种宗教的论断，并进一步从李佳白论基督教与儒教二者关系入手，分析李佳白的宗教宽容与文化多元的主张。

关键词：来华传教士；李佳白；儒教；宗教宽容；多元化

中西交通史已千年有余，文化交流是中西交通的主要形式之一。自明末以来，来华传教士[①]在其中发挥了重要作用。传教士本身负有传教的使命，若将"宗教"的传播视为文化传播的一种，那么当传教士进入中国文化辐射圈时，中西文化之间的交流便开始了。由于中西文化各自的渊源不同，文化本身具有民族性，二者之间的交流必然会产生碰撞，来华传教士的传教活动与中国文化之间的碰撞也是无法避免的。法国汉学家谢和耐甚至将基督教在华传播称为"中西文化的首次撞击"[②]。虽然早期来华传教士如罗明坚、利玛窦等人从一开始就确定了一种"迂回"的传教策略，以避免冲撞，确保传教过程循序渐进[③]，但是"撞击"仍然存在。即使他们在传教过程中弱化了传教的重点（即普及对上帝的信仰），而更加注重对文人阶层的归化[④]，更关注基督教义在伦理层面的

---

　　[*]　高彤：中国人民大学佛教与宗教学理论研究所、中国人民大学哲学院在读博士生。

　　[①]　本文所述"来华传教士"为明末以来的来华传教士群体，不专门区分天主教来华传教士与新教来华传教士。

　　[②]　[法]谢和耐：《中国与基督教——中西文化的首次撞击》，耿昇译，北京：商务印书馆，2013年。

　　[③]　"罗明坚……在另一封书简中，再次强调了'文雅和巧妙'行事的必要，他害怕看到其他传教士进入中国，因为他们那粗野的急躁情绪，会面临殃及全部事业的危险。"（[法]谢和耐：《中国与基督教——中西文化的首次撞击》，耿昇译，北京：商务印书馆，2013年，第2页）

　　[④]　利玛窦首先通过讲学的方式极力向儒生们传授世俗说教，然后对那些对基督信仰表现出中肯倾向的人传道。利玛窦还研究"儒教"的《四书》，并著成《天主实义》。参见[法]谢和耐：《中国与基督教——中西文化的首次撞击》，耿昇译，北京：商务印书馆，2013年，第4—5页。

阐释以及"上帝"与"天"之间的类比①，但是两种文明之间的冲突仍然剧烈。

明末清初的"礼仪之争"就是中西文化之间有代表性的冲突之一。来华耶稣会士被认为做了一些太随便的妥协（easy-going compromises）②，由此引发了对中国礼仪和信仰术语的争论，并一直持续到罗马教廷颁布《自从天主圣意》训谕为止。罗马教廷对中国传统儒教文化礼仪的看法集中在判断其是否是迷信，甚至对孔子的敬拜也要求其必须是社会性的、非迷信式的敬拜。这些"判断"显然是一种文化对另一种文化的"俯视"，违背了基督宗教传教士应该遵守的法则，而罗马教廷的决定也创造了一种不让教会适应华夏条件和信仰的传统，③这并不利于中西文化的交流。

来华传教士对儒家文化的看法也不尽相同。大多数来华传教士认为，儒学不信仰人格神、不进行祈祷，带有落后性，所以儒学不是宗教，仅是一种道德学说，又或者认为它是道德伦理体系，但是带有一些宗教的色彩。④ 但无论是哪种看法，总归是站在基督教的视角来看待儒家文化，认为非宗教的"落后"的儒家文化无法与基督教处在同等的位置，且会阻碍基督教的传播，于是大多数来华传教士选择"把基督教说成是更好地完善了儒家教义的宗教以摆脱困境"⑤。

来华传教士李佳白⑥则提供了另外一种视角。李佳白将儒家文化视为一种平等的宗教，即儒教，且对其大力赞赏。⑦ 李佳白表示，从他首次研究儒教开始，他便越来越坚信儒教与基督教之间不应该存在对立。在传教士李佳白看来，儒教与基督教之间是"朋友关系"，虽然二者风格、特征不同，但是对基本理念的认识、对善的来源的敬畏以及对真理的渴求都是相通的，故二者理应友好互助。

李佳白主张"和而不同"应是儒教与基督教关系的主旋律。他在阐述儒教与基督

---

① 谢和耐认为利玛窦对中国传统孝道解释颇多，如利玛窦在《天主实义》中详细讨论了孝道问题，故谢和耐认为"利玛窦的全部策略，实际上是建立在中国古代伦理格言与基督教教义之间的相似，'上帝'与天主"之间的类比关系上的。参见［法］谢和耐，《中国与基督教——中西文化的首次撞击》，耿昇译，北京：商务印书馆，2013年，第20—24页。

② 赖德烈：《基督教在华传教史》，雷立柏等译，香港：道风书社，2009年，第116—117页。

③ 赖德烈：《基督教在华传教史》，雷立柏等译，香港：道风书社，2009年，第130—131页。

④ 陶飞亚：《边缘的历史：基督教与近代中国》，上海：上海古籍出版社，2005年，第135页。

⑤ 陶飞亚：《边缘的历史：基督教与近代中国》，上海：上海古籍出版社，2005年，第136页。

⑥ 李佳白是近现代来华的新教传教士，有学者认为天主教与新教在传教策略上本来就有所不同，这种不同或许会体现在天主教传教士与新教传教士对待中国传统文化的态度上，但是本文并不关注这种传教策略的区别，仅从中西文化交流的视角来讨论来华传教士李佳白对中国文化的理解。

⑦ 很显然，李佳白认为儒学是宗教，即儒教，这在他的 *A Christian's appreciation of other faiths：A Study of the Best in the World's Greatest Religions* 一书中有所体现，他在第一章便表达了他对儒教（Confucianism）的赞赏，李佳白只是未过度关注"儒教何以为宗教"这一问题，故本文将"Confucianism"及与其相关的英文词汇均译为"儒教"。（参见 Gilbert Reid, *A Christian's appreciation of other faiths：A Study of the Best in the World's Greatest Religions*, Chicago-London, The open court publishing company, 1921, p.11）

教关系时,引用了孔子名言"君子和而不同,小人同而不和"①。这句话意为君子心和但所见各异,故和而不同;而小人虽嗜好相同但互相争利,故同而不和。② 李佳白认为儒教与基督教虽然有所分歧,但是二者"仍然可以在灵性层面上和谐共存"③。而且,李佳白强调的是儒教与基督教的和谐共存、求同存异,并不是二者的完全一致性(uniformity or complete agreement)。他认为虽然只有在批评中才能更接近真理,但是建设性和欣赏性的态度也同样重要,只有在和谐中互相体悟才能获得更全面的认识。

基于这种平等的视角,李佳白以一名传教士的身份阐释了他对儒教的赞赏。从三个方面论说了他对儒教的认识与理解。其中,李佳白也给出了他主张儒教得以与基督教和谐共存的理由。

一、"德"（Virtue）是儒教教义基础

在李佳白看来,儒教教义(Confucian teaching)的根基就是"德"(virtue),儒教所有的崇高的教义结构都是在"德"这一基础上形成的。

（一）"德"是先天禀赋

李佳白认为,产生"德"的土壤是人的道德本性(the moral nature of man),这一道德本性是先天禀赋的,是"一种写在心里的律法,一种辨别是非的良知,一种天条,是来自上帝的声音"④。李佳白赞成孟子的理论,认为孟子关于道德本性先天禀赋的观点清晰明朗。李佳白以孟子"四端"说来解释。李佳白引《孟子·告子上》:

> 孟子曰:"恻隐(commiseration)之心,人皆有之;羞恶之心,人皆有之;恭敬之心,人皆有之;是非之心,人皆有之。恻隐之心,仁也;羞恶之心,义也;恭敬之心,礼也;是非之心,智也。仁义礼智,非由外铄我也,我固有之,弗思耳矣。故曰:'求则得之,舍则失之。'或相倍徒而无算者,不能尽其才(natural power)者也。《诗》曰:'天

---

① （魏）何晏集解,（唐）陆德明音义,（宋）刑昺疏:《论语注疏》,桂林:广西师范大学出版社,2019 年,第 360 页。李佳白原文为:Confucius, in one of his terse sayings, has said:"The Princely Man is harmonious but does not agree with others, the Mean Man tries to be like others, but is not harmonious."参见 Gilbert Reid, *A Christian's appreciation of other faiths*:*A Study of the Best in the World's Greatest Religions*, Chicago-London, The open court publishing company, 1921, p.12.

② （魏）何晏集解,（唐）陆德明音义,（宋）刑昺疏:《论语注疏》,桂林:广西师范大学出版社,2019 年,第 360 页。

③ 李佳白原文:"……they may still dwell together in the spirit of concord."参见 *A Christian's appreciation of other faiths*:*A Study of the Best in the World's Greatest Religions*, Chicago-London, The open court publishing company, 1921, p.12.

④ 李佳白原文:"……a law written in the heart, a conscience to discern between right and wrong, a heavenly rule, the voice of God within."同上注, p.13.

（Heaven）生烝民，有物有则，民之秉彝，好是懿德（admirable virtue）。'孔子曰；'为此诗者，其知道乎。故有物必有则，民之秉彝者，好是懿德（admirable virtue）。'"①

李佳白并没有过多关注仁义礼智的确切含义，他认为仁义礼智即是"德"，是人先天禀赋的"懿德"（admirable virtue）。李佳白完全接受孟子关于"德"的阐述，赞成"德"是每个人所固有的，而"德"的显现则与每个人是否可以贯彻（carry out）"先天能力"（natural powers）有关，也就是孟子所说的"求则得之，舍则失之"。从李佳白对于孟子所引《诗经·大雅》的"天（Heaven）生烝民"，与孔子的赞叹"其知道（the principle of our nature）乎"的英文翻译可以看出，很显然，李佳白认为"天"（Heaven）与"道"（the principle of our nature）是存在内在联系的，甚至是可以等同而视之的，人先天禀赋的道德就来源于此。当然，这或许是李佳白作为一名来华传教士的朴素理解，虽然其论说的细节还有待商榷，但他对"德"在儒教教义中地位的认识，毫无疑问是十分准确的。

在解释"德"是先天禀赋之后，更进一步，作为传教士的李佳白认为"先天"（nature）、"天"（Heaven）其实都指向一个源头，那就是上帝（God），即"德"的来源是上帝。李佳白引《中庸》（*Doctrine of the Mean*）开篇第一句：

> 天命（Heaven）之谓性（moral nature），率性之谓道（path of duty），修道之谓教（a system of teaching, a religion）。②

---

① 《孟子·告子上·六》，见《孟子》，哈尔滨：北方文艺出版社，2019 年，第 220 页。李佳白原文："The feeling of commiseration belongs to all men；so does that of shame and dislike；and that of reverence and respect；and that of approving and disapproving.The feeling of commiseration implies the principle of benevolence；that of shame and dislike the principle of righteousness；that of reverence and respect, the principle of propriety；and that of approving and disapproving, the principle of knowledge.Benevolence, righteousness, propriety, and knowledge, are not infused into us from without.We are certainly furnished with them.And a different view is simply from want of reflexion. Hence it is said,'Seek and you will find them.Neglect and you will lose them.Men differ from one another in regard to them；some as much again as others, some five times as much, and some to an incalculable amount, it is because they cannot carry out fully their natural powers.It is said in the Book of Poetry, Heaven in producing mankind, Gave them their various faculties and relations with their law.These are the invariable rules of nature for all to hold.And all love this admirable virtue.' Confucius has said, "The maker of this ode knew indeed the principle of our nature." We may thus see that every faculty and relation must have its law, and since there are invariable rules for all to hold, they consequently love thisadmirable virtue.' "参见 Gilbert Reid, *A Christian's appreciation of other faiths*：*A Study of the Best in the World's Greatest Religions*, Chicago-London, The open court publishing company, 1921, p.14。

② 陈来、王志民主编：《中庸》，见中国孟子研究院组编：《中庸解读》，济南：齐鲁书社，2019 年，第 55 页。李佳白原文："What Heaven has conferred or ordained is called（moral）nature；to comply with this nature is called the path（of duty）；to cultivate or put in order this path is called instruction（a system of teaching, a religion）."参见 Gilbert Reid, *A Christian's appreciation of other faiths*：*A Study of the Best in the World's Greatest Religions*, Chicago-London, The open court publishing company, 1921, p.15。

其中,"性"(moral nature)也就是李佳白所理解的"道德本性",它来源于"天"(Heaven)或者说上帝,服从(comply)这种道德本性是每个人的责任(duty),培养这种责任就是一种宗教。李佳白表示,拥有这种来自上帝的道德传承(moral inheritance from God),人担负的所有责任便可以被归纳成一个词,那就是"德"(Virtue)。① 正是基于这一点,李佳白认为,儒学、儒家文化其实并不单单只是一套道德伦理学说②,而是一种宗教教义③。当然,李佳白在这里所使用的宗教标准是一种基督教的标准。李佳白的逻辑是,一套道德学说的来源是上帝,则它即是宗教(或者说是基督教的另一种样态)。虽然李佳白以基督教的宗教标准来"定义"了儒教,但是他并未强硬地要求儒教作出完全符合基督教教义的改变,事实上,认为儒教与基督教信仰同一个上帝,正是李佳白认为二者可以和谐的基础。在李佳白看来,《中庸》里的"天命之谓性"说明了,所有的宗教或教义都是以责任或教义为先导的,这些法则是天堂在人类灵魂中赋予的法则,又可称为人的道德本性,而这些法则,每一条都来源于上帝。这部分观点最能体现李佳白的传教士身份和基督教背景。

(二)儒教重视德育

李佳白认为,"德"是君子的特质(characteristic)。在他看来,"德"这个词在儒教的发展中有很多变化,古代先哲对"德"的阐释也多种多样,但是无一例外的,在儒教的发展中,"德"被反复强调,人们也被反复教导要培育"德"。李佳白赞成孔子所说的"君子(Princely Man)怀德(Virtue),小人怀柔"④,认为"德"是君子的必备特质,人要培育自己的德,立志成为君子。

李佳白认为,培育"德"是做人的起始。孔子曰:"德(virtue)之不修,学(learning)之不讲,闻义(righteousness)不能徙,不善(not good)不能改,是吾忧也。"⑤《大学》(*Great Learning*)首句亦有:"大学之道,在明明德(illustrious virtue),在亲民(people),在

---

① 李佳白原文:"Possessed of this moral inheritance from God, all the duties of men are summed up in the one comprehensive word, called Virtue."参见 Gilbert Reid, *A Christian's appreciation of other faiths: A Study of the Best in the World's Greatest Religions*, Chicago-London, The open court publishing company, 1921, p.15。

② 耶稣会士首先作出这中西比较,他们认为,中国的儒家学说只是道德哲学。利玛窦、金尼阁说:"中国所熟习的唯一较高深的哲理科学就是道德哲学。"(利玛窦、金尼阁:《利玛窦中国札记》,何高济等译,中华书局,1983 年,第 31 页)参见李天纲:《中国礼仪之争》,上海:上海古籍出版社,1998 年,第 11—12 页。

③ 李佳白原文:"From the quotation which Mencius makes from the Book of Poetry we learn that Confucian teachings are not only ethical, but religious."参见 Gilbert Reid, *A Christian's appreciation of other faiths: A Study of the Best in the World's Greatest Religions*, Chicago-London, The open court publishing company, 1921, p.15。

④ 李佳白原文:"The Princely Man cherishes virtue; the Mean Man cherishes comfort."同上注。

⑤ 《论语·述而》,见孔子:《论语》,杨伯峻、杨逢彬注译,杨柳岸导读,长沙:岳麓书社,2018 年,第85—86 页。李佳白原文:"When virtue is not cultivated; when learning is not discussed; when righteousness is learned but not practised; and when that which is not good cannot be changed, this is my solicitude."参见 Gilbert Reid, *A Christian's appreciation of other faiths: A Study of the Best in the World's Greatest Religions*, Chicago-London, The open court publishing company, 1921, p.16。

止于至善（the highest goodness）。”①李佳白并未对这两句做过多诠释，而是重点强调"德"的位置。李佳白认为，在这两句中，"德"是排在首位的，地位显然高于"学""闻义""亲民""至善"等，可以看出儒教对"德"的重视，对德育的重视。"德"是一切的基础，所以德育自然也是成为君子的第一步。

李佳白认为，儒教的"德"有很多特点，归纳起来有五种主要美德（five cardinal virtues）。它们分别是仁（humanity）、义（righteousness）、礼（propriety）、智（knowledge）、信（fidelity）。李佳白对仁义礼智信的肯定与理解也来源于孔子和孟子，并且他认为孔孟对"仁"（humanity）与"义"（righteousness）的解释是最多的。在李佳白看来，"仁"这个汉字本身就体现了人与人之间的"爱"（love as between man and man），更具体来说，"仁"又可以被称为慈爱（charity）或者"亲亲之爱"（brotherly love）。李佳白认为孔子所言关于"仁"的五个德目，即恭（respect）、宽（large-heartedness）、信（fidelity）、敏（earnestness）、惠（and kindness）与基督教使徒保罗关于慈爱的教导有相似之处。

> 子曰："恭则不悔，宽则得众，信则人任焉，敏则有功，惠则足以使人。"②
> 保罗说："爱心（charity）是联系全德（perfectness）的。"③

这就是说，所有的美德都是由"慈爱"（charity），也就是儒教的"仁"联系起来的。在李佳白看来，儒教的"仁"与基督教的"爱"是等同的，它们都是"德"，有着相同的内涵，只是文字的表述不同。这也是李佳白认为儒教可以与基督教和谐的另一个理由。

二、儒教具有普适性

李佳白认为，儒教不仅仅是宗教，而且具有普适性。儒教的伟大教义（great princi-

---

① 《大学》，赵清文译注，见《大学·中庸》，北京：华夏出版社，2017年，第10页。李佳白原文："The way of the Great Learning may be summed up in three things：cultivating illustrious virtue，renovating the people and resting in the highest goodness."参见 Gilbert Reid，*A Christian's appreciation of other faiths：A Study of the Best in the World's Greatest Religions*，Chicago-London，The open court publishing company，1921，p.16。

② 《论语·阳货》，见孔子：《论语》，杨伯峻、杨逢彬注译，杨柳岸导读，长沙：岳麓书社，2018年，第216页。李佳白原文："If you are respectful，you will not be insulted；if you are large-hearted，you will win all；if you are faithful，men will repose trust in you；if you are earnest，you will accomplish much；if you are kind，you will able to employ the services of others."参见 Gilbert Reid，*A Christian's appreciation of other faiths：A Study of the Best in the World's Greatest Religions*，Chicago-London，The open court publishing company，1921，p.16。

③ 《圣经歌罗西书3：14》。李佳白原文："Put on charity which is the bond or girdle of perfectness."参见：Gilbert Reid，*A Christian's appreciation of other faiths：A Study of the Best in the World's Greatest Religions*，Chicago-London，The open court publishing company，1921，p.16。

ples)具有基本的、普遍的适用性(essential and universal application)①,适用于所有生活,尤其适用于一个国家社会、政治和教育领域,并且从古至今一直指导着所有人的生活。

(一)儒教教义是普适的准则

在文化方面,儒教经典培养中国学者。在李佳白看来,儒教(Confucianism)这一名称通常意味着它是一种学问家的宗教。要成为一名中国学者,必须全面了解儒教经典。从这一层面上来说,儒教的教义就不仅只是一个包含真理的道德伦理体系,而更是一种学习的方式、方法,可以培养中国学者的思维模式。这就意味着,中国的教育是关于儒教经典的训练,中国文人依赖儒教经典,且接受其中一切关于伦理道德或者宗教阐述的内容。

在政治方面,儒教德行教义规范政府的运作。李佳白认为,在儒教中,政治改革(political reform)首先意味着道德改革(moral reform),也就是对个人的改革(the reformation of the individual)。儒教经典培养和规范着所有统治者与政府官员的人格,表明一个国家与统治者和光的品行有十分密切的关系,李佳白分别引《诗经》的《大雅·文王》与《大雅·皇矣》这两篇来说明这一点:

> 无念尔祖,聿修厥德(virtue)。永言配命(will of Heaven),自求多福。殷之未丧师,克配上帝(God)。宜鉴于殷,骏命不易! 命之不易,无遏尔躬。宣昭义问,有虞殷自天(Heaven)。上天之载,无声无臭。仪刑文王,万邦作孚。②
>
> 帝(God)谓文王:予怀明德(virtue),不大声以色,不长夏以革。不识不知,顺帝(God)之则。③

---

① Gilbert Reid, A Christian's appreciation of other faiths: A Study of the Best in the World's Greatest Religions, Chicago-London, The open court publishing company, 1921, p.13.

② 《诗经·大雅·文王》,见孔丘编:《诗经》,党秋妮编译,支旭仲主编,西安:三秦出版社,2018年,第122页。李佳白原文:"Ever think of your ancestor, Cultivating your virtue, Always striving to accord with the will (of Heaven). So shall you be seeking for much happiness. Before Yin lost the multitudes, (Its kings) were the assessors of God. Look to Yin as a beacon; The great appointment is not easily (preserved). The appointment is not easily (preserved). Do not cause your own extinction. Display and make bright your righteousness and name, And look at (the fate of) Yin in the light of Heaven. Have neither sound nor smell. Take your pattern from king Wen, And the myriad regions will repose confidence in you." 参见Gilbert Reid, *A Christian's appreciation of other faiths: A Study of the Best in the World's Greatest Religions*, Chicago-London, The open court publishing company, 1921, pp.18-19.

③ 《诗经·大雅·皇矣》,周啸天编著:《诗经》,成都:四川人民出版社,2019年,第174页。李佳白原文:"God said to king Wen, 'I am pleased with your intelligent virtue, Not loudly proclaimed nor portrayed, Without extravagance or changeableness, Without consciousness of effort on your part, In accordance with the pattern of God.'" 参见Gilbert Reid, *A Christian's appreciation of other faiths: A Study of the Best in the World's Greatest Religions*, Chicago-London, The open court publishing company, 1921, p.19.

这两篇都是歌颂周文王的颂歌。李佳白从《诗经》中看出,儒教中关于统治者的教导从很早就有记载,且一直延续。在李佳白看来,从古代的尧和舜开始,到建立夏朝的禹,再到建立商朝的成汤,再到建立周朝的武王,这一段历史是一段充满警告、训诫和劝告的历史。这段历史被整理成儒教最基础的经典,其好的事例可以供后来的统治者效仿,坏的事例亦可供后来者规避。《论语》《大学》和《孟子》继承了同样的教导,即正义(righteousness)和仁爱(benevolence)是政府的基本要素。李佳白认为,在孔子看来是无序(disorder)、礼崩乐坏(lawless-ness and wickedness)的春秋战国时期,正印证了所罗门的宣言:

公义使邦国高举,罪恶是人民的羞辱。①

(二)儒教教义普适所有人

儒教塑造有识之士自不用说,自古以来文人都以儒生自居,都接受儒教经典熏陶和教育,上至统治者下至官吏都处在儒教教义的规范中。同样地,李佳白还认为儒教也塑造了普通人。在李佳白看来,中国人的思想和生活都是由儒教塑造的。儒教关于"德"的教导已为所有人了解,包括文盲、妇女以及乡村的农民和孩童,他们"都会说一些蕴含儒教思想的话语"②,又比如,全中国的每个孩子,无论贫富,都会被要求背诵《大学》这部儒教经典。③ 在李佳白看来,"儒教思想不仅应该被称为有学问的人的宗教,而且应该被称为中国的宗教"④。儒教的重要教义已经渗透到了整个中国,它们适用于有学问的人,也适用于普通人,而这种普适性也是儒教与基督教共同的价值追求,是二者可以和谐共处、并行不悖的一个重要因素。

虽然李佳白认为儒教普适所有人,但是他作为传教士后期传教策略的转变,也体现出他个人更倾向于首先向中国的上层阶级(upper class)或者有识之士传教,这是他与其差会长老会发生矛盾的根本原因⑤。李佳白退出长老会后不再依靠任何宗派的正式

---

① 圣经·箴14:34。李佳白原文:"Righteousness exalteth a nation,but sin is a reproach to any people".参见 Gilbert Reid, *A Christian's appreciation of other faiths:A Study of the Best in the World's Greatest Religions*,Chicago-London,The open court publishing company,1921,p.20。

② 李佳白原文:"Certain phrases embodying the germ thought of Confucianism are on the lips of ignorant women,the country peasant and the little child."参见 Gilbert Reid,*A Christian's appreciation of other faiths:A Study of the Best in the World's Greatest Religions*,Chicago-London,The open court publishing company,1921,p.27。

③ Gilbert Reid,*A Christian's appreciation of other faiths:A Study of the Best in the World's Greatest Religions*,Chicago-London,The open court publishing company,1921,p.18.

④ 李佳白原文:"Confucianism should be called not only a Religion of the Learned,but the Religion of China." Gilbert Reid,*A Christian's appreciation of other faiths:A Study of the Best in the World's Greatest Religions*,Chicago-London,The open court publishing company,1921,p.27。

⑤ "几年后他(李佳白)开始相信,人们必须先接触那些有影响、有教育的阶层,而通过他们可以赢得大众——这样基督的信息才能够在华发挥效力。因此他认为,他应该全部时间花在这个群体——上阶层——身上,特别因为新教的人很久以来都忽略了它。"(赖德烈:《基督教在华传教史》,雷立柏等译,香港:道风书社,2009年,第509页)

支持而选择独立传教,并积极向中国上阶层社会靠拢。他认为上阶层能更好地接受儒教与基督教的相同点,因为儒教对上阶层人格的塑造是更为彻底的,是更为贯彻儒教与基督教的"德"与"义"教义的。①

三、儒教探求事物之本

李佳白认为,儒教把"至高无上"和无所不能作为事物的根源。首先,他认为儒教早有追根溯源的传统,比如他认为早在《论语》中就有类似的表述:

> 君子务本(root of things),本(root)立而道(truth)生。孝弟也者,其为仁之本(root)与。②

而在《大学》中也有这样的表述:

> 物有本(root)末(branches),事有终(end)始(beginning)。……自天子以至于庶人,一事皆以修身为本。③

李佳白认为,无论是《论语》中所说的"本",还是《大学》中所说的"本""终始""先后"都体现着儒教对"极致知识"(extreme knowledge)的追求,从国家的秩序、家庭的规范到个人的修养,再到心灵、思想的整顿,到最后得到最极致的知识,是一个循序渐进的过程;且这种过程是在体察万物(all things)中发现的,展现着儒教对"知识之树"(tree of knowledge)和"正义之树"(tree of righteousness)的研究精神。

李佳白认为,儒教拥有一套完整的探求本源的体系,主要体现在朱子的思想中。李佳白对朱子的思想赞赏有加,他认为朱子对宇宙的起源做了详尽的解释。一个无形混沌(formless and chaotic)的状态(condition)先于天(heaven)、地(earth)、人(man)和物质世界(material world)存在,而这个状态(condition)又由两个原则,即理(Ruling Principle)和气(Vivifying Principle)结合产生,李佳白引朱子:

---

① Gilbert Reid, *Glances at China*, London, The Religious Tract Society, 1892.

② 《论语·学而》,见孔子:《论语》,杨伯峻、杨逢彬注译,杨柳岸导读,长沙:岳麓书社,2018 年,第 5 页),李佳白原文:"The Princely Man gives attention to the root of things;when the root is secure,there springs up all kinds of truth",参见 Gilbert Reid, *A Christian's appreciation of other faiths:A Study of the Best in the World's Greatest Religions*, Chicago-London, The open court publishing company, 1921, p.21.

③ 《大学》,赵清文译注:《大学·中庸》,北京:华夏出版社,2017 年,第 10 页。李佳白原文:"All things have root, and they have branches;all deeds have a beginning and an end." 参见 Gilbert Reid, *A Christian's appreciation of other faiths:A Study of the Best in the World's Greatest Religions*, Chicago – London, The open court publishing company, 1921, p.22.

　　未有天地之先，毕竟也只是理。有此理，便有此天地；若无此理，便亦无天地，无人无物，都无该载了！有理，便有气流行，发育万物。①

　　理与气缺一不可，"理需要气来体现，反之，气又依赖理来生发"②，理在气中，理气一体浑成，是构成世界的两大根据。

　　李佳白非常赞成朱子关于"太极"（Absolute/T'ai Chi）、"无极"（infinite/Wu Chi）的观点，李佳白引朱子：

　　　　问：太极不是未有天地之先有个浑成之物，是天地万物之理总名否？曰：太极只是天地万物之理。在天地言，则天地中有太极；在万物言，则万物中各有太极。③

　　从李佳白传作为一名教士的立场来看，对"无极"的探讨是儒教与基督教共同信仰同一个上帝的又一个证据。前面提到，李佳白认为儒教教义来自于"天"（Heaven），来自于"上帝"（God），这当然是基督教意义上的天堂与上帝，而朱子对万物都有一理在先的讨论则更易使得李佳白将其生发万物的德归结于基督教的上帝。虽然李佳白对朱子学说的理解带有浓厚的基督教色彩，但是李佳白本人也承认，朱子关于宇宙起源的解释，与其说是明确的创造（distinct creation）不如说是逐渐地演变（gradual evolution）。

四、结　语

　　来华传教士李佳白赞赏儒教体现出宗教宽容的特点。李佳白曾在晚年自述："（自

---

　　① 《朱子语类》，见（宋）黎靖德编，杨绳其、周娴君校点：《朱子语类》，第 1 卷，长沙：岳麓书社，1997 年，第 1 页。李佳白原文："Before heaven and earth there was most certainly just this Ruling Principle. The Principle existing, heaven and earth existed. If this Principle did not exist, there would have been no heaven or earth, no man or things. The Ruling Principle existing, then the Vivifying Principle exists, flows forth, pervades, and germinates all the material world." 参见 Gilbert Reid, *A Christian's appreciation of other faiths：A Study of the Best in the World's Greatest Religions*, Chicago-London, The open court publishing company, 1921, p.23。

　　② 李佳白原文："when the Ruling Principle exists, the Vivifying Principle exists, flows forth pervades, and germinates." 参见 Gilbert Reid, *A Christian's appreciation of other faiths：A Study of the Best in the World's Greatest Religions*, Chicago-London, The open court publishing company, 1921, p.23。

　　③ 《朱子语类》，见（宋）黎靖德编，杨绳其、周娴君校点：《朱子语类》，第 1 卷，长沙：岳麓书社，1997 年，第 1 页。李佳白原文："Being asked whether the Absolute is the chaotic mass before heaven and earth came into being, or the general name for the Ruling Principle of heaven and all the rational world, he replied that the Absolute is the Ruling Principle of heaven and earth and all things. As to that which is within heaven and earth, the Absolute is in the midst of heaven and earth. As to that which is within all things, the Absolute is inherent in all." 参见 Gilbert Reid, *A Christian's appreciation of other faiths：A Study of the Best in the World's Greatest Religions*, Chicago-London, The open court publishing company, 1921, pp.23-24。

己）一手握圣经，一手持四书"①。他将儒家文化视为儒教，不赞成儒教与基督教是对立的主张，认为儒教与基督教是平等的。这种平等不是一种"完全相同"，而是同一信仰的两种不同模式。从宗教宽容的角度出发，他赞赏了儒教"德"的教义，赞赏了儒教的普适性以及对至高无上的本源的追求。虽然李佳白表示基督教和儒教最终还是要归于一个上帝，但是他并没有强硬地要求消弭儒教或者过度地融合儒教，李佳白对儒教的态度始终是平等的、赞赏的，他真正地将儒教视为基督教之平等的"朋友"，而非需要"合""超""补""附"的对象②。李佳白说："我们最起码应该祈祷的是，这二者（基督教与儒教）虽然彼此不同，但应该相互容忍。我们最多能祈祷的是，这二者最终能在上帝的统一中团结起来，并在个人的决心中，如基督所要求的那样，遵行上帝的旨意。"③在对待其他宗教信仰时，李佳白也始终秉持一种欣赏的、和谐共处的态度，他对道教、佛教以及伊斯兰教也不吝赞赏，这也体现出李佳白宗教平等观念的世界主义倾向。

李佳白在阐述自己对儒教的理解时更加注重儒教教义、传统与基督教的对比。比如，在对"德"等教做出阐释时，引用大量的儒教经典与《圣经》进行对比，这也直接证明了李佳白对儒教经典的理解是十分深刻的。李佳白还关注到"道统"问题。李佳白认为孔子选择了七十二位弟子作为自己的"使徒"（disciple），其中孟子作为孔子的第一使徒（chief apostle），因深刻诠释了"仁"而被列入"圣人"（Holy Men）之列，以及后期的儒教弟子也阐发各种理论来继承孔子的衣钵。李佳白又从儒教"道统"问题上找到了儒教与基督教的共通之处。

李佳白对儒教的阐释虽失"小节"但未失"大义"。他抛弃了一种墨守成规的传教传统，不再试图从礼仪的细节、术语的界定以及信仰的表达这些方面去改造儒教，使之与基督教相匹配；反而以一种真诚的态度、平等的观念和包容的心态去分析、体会与赞许儒教，认为二者的关系是对于上帝信仰的一体两面，理应相互包容。李佳白虽然强调自己的基督徒身份，但他并没有将这一身份作为自己俯视儒教的资本。可以说，李佳白本身就是基督教与儒教二教平等结合的完美体现，他既有对上帝的虔诚，又有对国家（中国）前途命运的忧虑。在近现代时期，几乎每一个历史事件背后都有李佳白奔走的

---

① 《李佳白博士重述其对于中国之友谊计划（译英文目）》，《国际公报》1927 年第 5 卷第 45—46 期。Gilbert Reid," Dr.Gilbert Reid's Restatement of his Friendship Plan for China", *The International Journal*,1927, Volume 5,No.45-46,p.15.

② 利玛窦为了传教的目的，他对当时在中国占统治地位的儒教采取了"合儒"（说明天主教与儒家学说、中国古代经典有相合之处）、"超儒"（认为西方天主教在某些方面超过儒家学说）、"补儒"（对天主教义某些方面做了修改以附会儒教传统思想）等方法。参见孙尚扬：《基督教哲学在中国》，北京：首都师范大学出版社，2011 年，第 15 页。

③ 笔者译。李佳白原文为："The least that we should pray for is that the two,whilst differing from each other,should be tolerant of each other.The most we can pray for is that the two shall at last unite in the unity of God, and in personal determination to do, as Christ enjoined, the will of God." 参见 Gilbert Reid, *A Christian's appreciation of other faiths:A Study of the Best in the World's Greatest Religions*,Chicago-London,The open court publishing company,1921,pp.12-13.

身影。他与维新人士交往密切,关注新政的政治体制改革,他关注辛亥革命,钦佩孙中山。可以说,李佳白参与了中国近代社会的转折与发展,而且在这期间,他始终秉持着中外友好与社会安定的信念,期望混乱的时局早日结束,使中国迎来真正的和平。所以,李佳白体现出一种忧国忧民的儒士风范,在当时李佳白就荣获诸如"新学巨子""美国大儒"以及"西来巨儒"的尊称了①。

此外,李佳白也表达了他对儒教与基督教的担忧,因为人们更倾向于把儒教教义作为一种单纯的儒学和道德体系,比如,李佳白认为孔子作为"天国的使者"(a messenger of Heaven)和"传义的传教士"(a preacher of righteousness)这一崇高地位被后世废黜了②,孔子只被定义为一位文学家。这样儒教教义的范围就被缩小了,或许在李佳白看来,这是导致儒教传统日渐式微的原因,也容易导致现代科学与新学问完全拒绝儒教传统。而在现代(李佳白所处近现代)西方,李佳白认为上帝也似乎消失了,现代西方的教育中几乎没有关于上帝的内容,并且忽略了人类需要维持关系这一共同的义务。这或许是世俗化对李佳白带来的冲击,以至于他不得不转向东方来寻求"另一种基督教"(或者说基督教的另一种形式),也就是"儒教";但他也可以敏锐地感知到儒教对新学问的惧怕,他表示"很害怕新学问(new learning)对今天的儒生群体产生影响"③。

---

① "伍朝枢尊其(李佳白)为'新学巨子''美国大儒、中邦先觉'。……端方给李佳白的头衔是'西来巨儒'。"(蔡德贵:《西来巨儒李佳白的中国心》,北京:人民出版社,2018 年,第 7 页)

② Gilbert Reid, A Christian's appreciation of other faiths: A Study of the Best in the World's Greatest Religions, Chicago-London, The open court publishing company, 1921, p.26.

③ Gilbert Reid, A Christian's appreciation of other faiths: A Study of the Best in the World's Greatest Religions, Chicago-London, The open court publishing company, 1921, p.27.

戴维森对"不自制"问题的探讨

——"意志"概念的诞生与消失

高 灵[*]

内容提要：从对"不自制"问题的探讨中，可以发现"意志"概念在西方哲学史上经历过一个诞生、确立又逐渐式微的过程。"意志"概念在古希腊是缺席的，亚里士多德在理性和欲望的二元结构模式中探讨"不自制"问题，认为"不自制"是欲望对于理性的战胜；"自由意志"经过奥古斯丁的提出，到了康德那里得到了完全的确立，彰显了人作为理性存在者的尊严，道德法则由意志确立并遵守，而不被道德法则规定的"任意"则是"不自制"的表现；戴维森则试图摆脱道德因素的影响，从实践合理性方面来解释行动，他把静态的判断—意向—行动结构放入时间中，通过不同时刻不同的 prima facie（当下判断）以及意向和行动之间非理性的关联来阐释"不自制"行动，凸显了人非理性的一面，人的形象变得更加丰富而饱满。

关键词：不自制；意志；道德；主体

"意志"概念在哲学界是一个备受争议的概念。有学者认为，"意志"概念十分重要，古希腊哲学因为缺少"意志"概念而无法解决行动的自愿性和责任的归属问题。[①] 也有学者认为"意志"概念并不重要，是需要被奥卡姆剃刀剔除的多余实体。[②] 在对各个时代"不自制"（akrasia）问题的探讨中，"意志"概念从无到有再到可有可无的过程，体现了人作为主体立体化、复杂化的过程。从古希腊缺乏"主体性"概念到笛卡尔"我思故我在"确立了人的主体性，到康德通过意志自我立法凸显人类的尊严，再到戴维森通过"意志薄弱"诠释人非理性的一面，人的形象不断完整、丰富，而这一发展变化的过程可以通过对"意志"概念发展的探析来一窥究竟。

---

[*] 高灵：中国人民大学哲学院外国哲学博士生。

[①] 参见聂敏里：《意志的缺席——对古典希腊道德心理学的批评》，《哲学研究》2018 年第 12 期；黄裕生：《论亚里士多德的"自愿"理论及其困境——康德哲学视野下的一个审视》，《浙江学刊》2017 年第 6 期。

[②] 伯纳德·威廉斯曾言："正如只有那些期待世界为善的人才有'恶'的问题，也只有那些认为自由概念可以通过形而上学深化的人才有自由意志的问题。事实上，尽管自愿的概念可以用不同方式扩展或是压缩，它几乎不可能深化。威胁它的乃是要使之深刻的尝试，而试图使其深化的后果是使它全然不可确认。希腊人并没有被卷进这样的尝试。而正是在这种地方，我们与希腊人在深刻之中保持肤浅的天赋不期而遇。"（威廉斯：《羞耻与必然性》，吴天岳译，北京：北京大学出版社，2021 年，第 87 页）

一、亚里士多德对于"不自制"问题的探讨

在亚里士多德那里,"意志"概念是缺席的,但他同样也可以在《尼各马可伦理学》第七卷中,在理性和欲望的二元结构中讨论关于"不自制"的问题。在亚里士多德看来,有这么几种区分,"节制""自制""不自制""不节制",分别按照从优至劣进行排序,最优的是节制的人,节制的人欲望和行动一致,行动逻辑是自洽的,在行动过后也不会后悔;次等是自制的人,"自制意味着有强烈的、坏的欲望……节制的人没有坏的欲望,但是一个自制者必定有。"(Aristotle, *Nicomachean Ethics*, 1146a5-15)在理性和欲望的斗争过程中,理性战胜了欲望,但这个坏的欲望并没有消失,而是被压抑起来,因而自制的人比起节制的人来说还是差了一等;再次则是不自制的人,他能意识到自己的理性和欲望之间的搏斗,但是最终欲望打败了理性,他按照欲望去行动,并在行动之后产生后悔的情绪;最次一等是不节制的人,他任由欲望驱使,并丝毫没有任何愧疚之情。

苏格拉底曾言:"无人自愿作恶。"(Plato, *Protagoras*, 345e)在他看来,没有人会违背自己的最佳判断行事,作恶是由于无知。亚里士多德并不同意这个观点,并认为应该进一步探讨何为"无知"。亚里士多德区分了几种情形,一种是"有知识而没有意识到这种知识",或者是"只运用普遍前提而不运用具体前提",还有可能是"具有知识而未运用知识",比如睡着的人、疯子或者醉汉,受到怒气、欲望驱使的人。(Aristotle, 1146b35-1147a20)亚里士多德这里的知识概念与苏格拉底和柏拉图是一致的,即符合论的知识观,是以外在事物为客观标准来检验内在意识是否正确。但是,在亚里士多德的伦理学中,自制却不是道德要求,而是理性和逻各斯的要求,自制可能作恶,不自制也可能行善,但是这个善恶标准却是来自于外在的社会伦常规定,"作恶"即与社会道德伦常(外在标准)相悖。

在亚里士多德那里,人的主体性尚未凸显,因而还没有出现能够与主体性强烈相关的"意志"概念,而是以"自愿"替代,"自愿"与否成了衡量行动者的行动是否出自自由选择以及责任归属的标准。"意志"概念经过奥古斯丁,直到康德那里得到真正的确立,由此,人的主体性也得到了最终的完善和确立。

奥古斯丁为了解释全善的上帝所造的人类为何作恶的问题,赋予了人自由意志,这个自由意志可以不受上帝的约束而自由行动,也正因如此,才有了人作恶的可能性。奥古斯丁为了保证上帝的全善,在无意中也赋予了人更大的独立性和主体性,但是,人毕竟还是受到上帝的约束,直到康德,才通过意志的自我立法,赋予了人类这个有理性的存在者至高的尊严。

二、康德对于"不自制"问题的推进

康德将一种能根据实践法则来自我规定的理性能力等同为道德能力。康德意志的自我立法继承自卢梭在《社会契约论》中提到的"普遍意志"(the general will),"卢梭所说的'普遍意志'并不是像什么幽灵那样外在于每个活生生的结合者,也不是像什么抽象的实体那样超乎于每个具体的结合者之上,相反,它属于每个具体的结合者自己而内在于每个结合者。""每个结合者服从这个普遍意志,也就是服从自己。"①在卢梭这里,这个法则就从外在标准向内在标准转变,法则不再是外部世界的客观标准,而是内在于每个人,既是每个人自身意志,也是普遍意志,这是卢梭在道德领域内的突破,因此卢梭被康德称为道德领域内的牛顿。正是在卢梭的基础上,康德将卢梭发明的"普遍意志"替换为了"自由意志",它可以自我立法,"要这样行动,使得你的意志的准则任何时候都能同时被看作一个普遍立法的原则"②。

康德在《实践理性批判》中区分了意志(Wille)和任意(Willkur),前者是自由意志,也是纯粹意志,"一个这样的意志被思考为完全独立于现象的自然规律、也就是独立于因果性法则,确切地说是独立于相继法则的。但一种这样的独立性在最严格的理解上,即在先验的理解上,就叫作自由。所以,一个唯有准则的单纯立法形式才能充当其法则的意志,就是自由意志。"③在这里,康德给自由意志下了一个定义,即"独立于因果性法则""独立于相继法则",它被法则的单纯形式所规定,不掺杂任何经验性的成分。

而 Willkür 概念义涵在康德前后期的文本中有明显的变化,因而也有不同的翻译,如"任意""任性""选择""意决"等,如果单独就康德在《实践理性批判》中对 Willkur 的定义来看,Willkur 是和 Will 相对而言的。"意志自律是一切道德律和与之相符合的义务的唯一原则:反之,任意的一切他律不仅根本不建立任何责任,而且反倒与责任的原则和意志的德性相对立。"④康德这里他律的"任意"恰恰是不自制的明证,"如果那个只能作为与法则联结着的欲望之客体而存在的意愿质料,被放进实践法则中作为它的可能性条件,那么从中就形成任意的他律,也就是对于遵从某一冲动或爱好这种自然规律的依赖性,而意志就不是自己给自己提供法则,而只是提供合理地遵守病理学上的规律的规范"⑤。从这里可以看出,"任意"不是被道德法则所规定,而是遵从感性冲动和偏好,需要依赖自然规律。当"意志"被感性冲动和偏好规定,做出一些满足感性欲望的事情时,康德认为这样的意志就不是纯粹意志,就受到了自然因果律的束缚。然而,

---

① 黄裕生:《论意志与法则——卢梭与康德在道德领域的突破》,《哲学研究》2018 年第 8 期。
② 康德:《实践理性批判》,邓晓芒译,杨祖陶校,北京:人民出版社,2016 年,第 37 页。
③ 康德:《实践理性批判》,邓晓芒译,杨祖陶校,北京:人民出版社,2016 年,第 34—35 页。
④ 康德:《实践理性批判》,邓晓芒译,杨祖陶校,北京:人民出版社,2016 年,第 41 页。
⑤ 康德:《实践理性批判》,邓晓芒译,杨祖陶校,北京:人民出版社,2016 年,第 41 页。

道德法则却是始终存在的,意志始终都能意识到道德法则的存在,区别只是在于它是否接受道德法则对自己的规定。因此,在康德的语境中,"任意"就等同于"不自制"。

康德在《单纯理性限度内的宗教》中探讨根本恶时,也涉及关于"不自制"问题的分析。根本恶分为三个阶段,其中第一个阶段刚好对应"心灵的弱点",即心灵在遵循法则上的脆弱性,即不自制。第二阶段则是意志的不纯粹性和不诚恳,这种不纯粹性在于将非道德的动机和道德的动机混同起来,第三阶段就是邪恶阶段,选取恶的准则的偏好,即意念(Gesinnung)对于道德动机的忽视,而转而选取自爱的准则,将自爱准则凌驾于道德准则之上。康德之所以将第一阶段"心灵的弱点"归入根本恶发展的初期,是因为在他看来,即便是心灵的脆弱性,也反映出对于道德法则缺乏足够的认同,也包含了自欺的成分。自欺并不是在第三阶段才出现的,而是潜藏于第一阶段心灵的软弱之中。由此可见,在康德看来,即便"不自制"是"任意"对于道德法则的摆脱,也不是无意的,而是带有意向(Gesinnung)的主观选择行为,是人主动选择让恶的偏好成为任意的主观规定根据。

在"不自制"的问题上,康德比亚里士多德更进一步,不仅确立了关涉人作为实践主体的"意志"概念,大大提升了人的主体性地位,同时将"不自制"的判别标准从外在标准转换为内在标准,并且为不自制行为找到了归因——行动者自己。"康德不仅突破了自古希腊以来对理性的理解——理性的最高能力不再是以概念为基础的理论活动,而是以自由为基础的道德活动,而且据此揭示了道德法则如何优越于自然法则,从而揭示了道德如何优越于知识。"[①]因而在康德这里,"不自制"的行为不再是违背外在的社会伦常(知识),而是违背自己为自己设立的道德法则,而行动者则需要为此违背承担起相应的责任,这恰恰体现了康德对于人作为有理性的存在者的尊严的宣扬,进一步彰显了人的主体性。

三、戴维森对"不自制"问题的解决

康德虽然讨论根本恶问题的时候引入了意向(Gesinnung)这个概念,认为恶是因为行动者颠倒了道德法则和自爱准则的顺序,从而为道德上的恶做出了合理的解释,但是这个解释依然囿于理性框架内。然而,到了戴维森那里,他开始用非理性来解释人的"不自制"行为。"意志"概念仿佛又消失了,但"意志"的消失并不意味着人主体性地位的丧失;相反,意味着人从仅仅作为有理性的存在者变成了可以包含容纳非理性因素的存在者,人的形象进一步饱满和深化了。

戴维森在"意志薄弱如何可能"这篇文章里讨论了"不自制"的问题,从行动哲学的视角大大拓展了亚里士多德对于"不自制"问题的讨论。在戴维森这里,行动的意向问

---

① 黄裕生:《论意志与法则——卢梭与康德在道德领域的突破》,《哲学研究》2018年第8期。

题又恢复了理性和欲望的二元结构之间的博弈,"意志"概念再一次退场,不仅如此,道德概念在戴维森这里也退场了。如果说在亚里士多德那里,对于"不自制"和"不节制"的区分是看欲望是否违背了理性,是理性判断和感性欲望之间的矛盾,最后行动的结果又被与外在道德伦常标准进行对比衡量。那么在戴维森这里,既没有"不节制",因为戴维森避免引入道德问题进行讨论,也没有"不自制",因为戴维森认为理性—欲望—行动在一个完整的实践过程中,恰恰是前后一贯的。他用了如下两个命题表示:

> P1.如果一个当事人想要做 X 而不想做 Y,并且认为他认为自己可以自由选择做 X 还是做 Y,那么,他要么有做 X 的意向要么有做 Y 的意向,他就选择做 X 的意向。
>
> P2 如果一个当事人判断做 X 比做 Y 好,那么比起想做 Y,他更想做 X。①

在戴维森看来,从判断到意向再到行动,中间并不存在什么不一致的地方,人们通常怎么判断就怎么意向,怎么意向就怎么行动,那么现实中那些所谓的"意志薄弱"、"屈从诱惑"又是怎么一回事呢? 戴维森引用了奥斯汀在"恳求辩解理由"中的例子:

> 我对冰淇淋情有独钟……我禁不住自己动手拿两份儿,这个行动当然是屈从诱惑的结果……然而,我真的是失去自我控制了吗? 我是在不顾我的同事的惊愕神情抢夺豪取盘子里数量不多的美食并且狼吞虎咽地吃光吗? 一点都不是这样。我们常常很平静地甚至是很高明地听命于诱惑的摆布。②

屈从诱惑却头脑清醒泰然自若,那么还能算是"屈从"吗? 戴维森认为,"还有很多情况我们做出违反自己较佳判断的事情,而这又不能说成屈从诱惑。"③与其说是欲望打败了理性,不如说是理性指导我们冷静地听从欲望的指挥,在做那个我们不齿的行为时,我们确实是从判断到意向到行动都高度一致的,那么,不自制问题又是怎么回事呢?

戴维森为了解决这个问题,引入了 prima facie（当下判断）概念,把静态的判断—意向—行动结构动态化了,从实践合理性而非实践理性方面去解决这个疑难。戴维森从瞬时的角度去讨论一个行动的合理性,即在 t 这个时刻,prima facie 产生了我的意向并指导了我的行动,这个时候行动的理由是 r,但是到了 t1 时刻,可能我的 prima facie 就改变了,这个时候我基于这个改变的判断产生意向做出另一个行为,这个时候行为的理由是 r1。在戴维森看来,在每一个瞬时性的当下,人都是基于全部的判断来意向和行

---

① 唐纳德·戴维森:《真理、意义与方法》,牟博选编,北京:商务印书馆,2012 年,第 464—465 页。
② John Austin, "A Plea for Excuses," *Proceedings of the Aristotelian Society* 57:1-30, 1957.
③ 唐纳德·戴维森:《真理、意义与方法》,牟博选编,北京:商务印书馆,2012 年,第 474 页。

动的,但是即使是同样的理由 r,也有可能导致不同甚至完全相反的行动,"不自制"行动的根源不在于判断和意向之间的矛盾,即理性和欲望之间的矛盾,而在于(1)不同瞬间的理由和理由之间的叠加并非逻辑关系,可能某一瞬间的理由可以颠覆之前所有理由的总和;(2)prima facie(当下判断)所产生的意向和行动之间并非逻辑推理关系,而是说不清道不明的非理性的关系。

戴维森将理由和行动进行了因果关系的解释,但是戴维森这里的理由是心理而非物理事件,是对愿望和信念的双重包含,在理由—行动的因果关系中并不能找到规律性,即作为理由的 r 可能导致行动 a1,也可能导致行动 a2,这是无法归纳和预测的。正是出于戴维森对人复杂心理的开掘,对人非理性一面的揭示,代表着人理性一面的"意志"概念才消失了,而代替"意志"的恰恰又是在古希腊"意志"概念还未出场时的"自愿",只不过在后现代的哲学家这里,"自愿"这个充满心理学意味的概念,被当作一个事件,被阐释得更为立体和丰富。

四、结　语

从亚里士多德到康德,再从康德到戴维森,对于"不自制"问题中"意志"概念的探讨,揭示了"意志"概念从无到有,再从有到可有可无的过程。整个过程既伴随着人主体性的确立和丰富,也伴随着道德因素在衡量人行为过程中的不断弱化,但道德因素的弱化不代表人摆脱了伦理的束缚,而是从另一方面揭示了人内在的非理性的一面。人不再仅仅是康德笔下凭借着心中的道德律令而闪耀的理性存在者,也同样是会在某个瞬间,仿佛神灵凭附一般地在 prima facie 指引下,鬼使神差地做出某件非理性事情的存在者。王国维曾言:"可爱者不可信,可信者不可爱。"[①]戴维森对于人心理和非理性一面的重视,未曾削弱人理性的光芒,而是推动人朝着"可信又可爱"前进了一大步。

---

① 王国维:《自序》,见《王国维全集》第十四卷《诗文·文编》,胡逢祥编,杭州:浙江教育出版社,2010年,第121页。

【书　评】

我们不都是德国浪漫派

——《浪漫派为什么重要》读后

黄　江*

《浪漫派为什么重要》(*Why the Romantics Matter*, 2015)是彼得·盖伊 91 岁去世前的最后一部作品。该书通俗易懂,保持了盖伊素来清通的文风,概述了浪漫主义作为一种批判模式和创造性倾向何以超越了历史和地理界限。作为美国著名的文化史学家,盖伊生前出版了 30 多部著作,其中包括了鸿篇巨制《启蒙运动》(*The Enlightenment:An Interpretation*, 1966-1969,新近中译本时隔半个世纪于 2019 年由上海人民出版社发行),五卷本巨著《布尔乔亚经验》(*The Bourgeois Experience:Victoria to Freud*, 1984-1998,新近中译本同由上海人民出版社发行,目前已出两卷),以及顺接布尔乔亚研究的《弗洛伊德传》(*Freud:A Life for Our Time*, 1988,新近中译本由商务印书馆发行于 2023 年 5 月)。国内重要出版社对于这些大部头的译介乃至多次再版,加之盖伊其他作品的翻译一道,出版界和读者群体对于这位文化学者的重视程度自不待言,而最新迻译过来的《浪漫派为什么重要》(南京:译林出版社,2023 年)作为盖棺论定正是起到了榫接他个人研究旨趣的作用(参见中译本,第 4 页),给自己毕生的研究画上了一个完美的问号。

作为弗洛伊德的拥趸,盖伊的晚年回忆录《我的德国问题》(*My German Question:Growing up in Nazi Berlin*, 1998)也同样充满了自我精神剖析,再度肯定了自己 20 年前《魏玛文化》(*Weimar Culture:The Outsider as Insider*, 1968)一书中提出的"在其中的外人"这一观点。这本回忆录表明了盖伊的事业在多大程度上直接源于他的移民经历,源于他之于欧洲历史文化的放逐,这也几乎构成了 20 世纪欧洲犹太人的共同记忆,延续了自出埃及记以来的闪族持久性体验,而这恰恰是盖伊持久地对弗洛伊德这位犹太精神逆子保有兴趣的心理根源所在。盖伊出生在柏林的一个中产阶级犹太家庭,由于父亲是退伍军人,加之他金发碧眼的外貌打破了人们对他的刻板印象,因此他得以相对平静地度过了第三帝国初期的岁月。1938 年,反犹主义愈演愈烈,一家人被迫逃往美国,结束了作为德国人的平静生活。在美国定居后,彼得·约阿希姆·弗罗里希(Peter Joachim Frohlich)成为了彼得·盖伊(Peter Gay),和其他犹太移民一样(比如二代移民

* 黄江:扬州大学文学院。

拜泽尔），试图通过强化对启蒙现代性的认同来解决"犹太性"带给他们的内在文化冲突。

如果保持这样一种视角的强立场，当然会陷入"精神分析"的循环论证中去，但在此提及他个人生平的这一面相，也仅仅是为了引出作为一个犹太移民持续关注启蒙运动、弗洛伊德乃至充满居间性的浪漫派的缘起。盖伊当然充分体验了犹太移民经历中的非中心混杂性，并在遗作《浪漫派为什么重要》中不断暗示，这种居间杂糅的边缘性所带来的开放视点实际上支撑着他对浪漫主义的定义，这也解释了为何他最终会选择洛夫乔伊百年前的复数浪漫主义（Romanticisms）建议，这幅多元主义图景不但吸引了他，也同样吸引了以赛亚·伯林。关于《浪漫主义的根源》对于浪漫派研究复兴有多关键已是老生常谈，然而值得一提的是，同为美籍犹太人的索尔·贝娄在《赫索格》中所述主角迟迟无法完成的学术著作，恰好就叫《浪漫主义的根源》。

《浪漫派为什么重要》这本书从属于耶鲁大学的"为什么 X 重要丛书"（Why X Matters Series），这套书系选择"充满激情的作者，为重要人物和思想的持续相关性提供简明论据"（passionate authors to present concise arguments for the continuing *relevance* of important people and ideas）。虽然盖伊不是浪漫主义研究专家（我们有弗兰克与拜泽尔），也可能并非解释为何浪漫主义在今天仍有现实意义的不二人选（本雅明的博士论文和拉巴尔特与南希合作的《文学的绝对》依旧是上佳的明证），但他自称"在其中的外人"，这就表明他与浪漫主义有着强烈的亲近感，因为浪漫主义正是一种超越时空界限的思维模式和历史运动。有意思的是，考虑 Dalia Nassar 10 年前编定的国际浪漫主义研究阶段性收官之作《浪漫主义的相关性》（*The Relevance of Romanticism*，2014，弗兰克和拜泽尔在其中对各自立场做了最终辩论），盖伊的这本小书作为它引人入胜的序言反倒再合适不过了。时隔一年的偶然性错位，只能让我们看到终章而非序曲，所以也只能照此来论断盖伊的这部作品了。

盖伊在《浪漫派为什么重要》一书的开头坦言，他对浪漫主义的持久兴趣可以追溯到"二战"后他在哥伦比亚大学攻读研究生期间（第 1 页，这段表述和拜泽尔在《浪漫的律令》前言中言明自己对浪漫主义的研究可以追溯到在牛津读研时如出一辙），起初盖伊和同学们一道主张以行动与反动的历史主义模式为基础，辩证地理解浪漫主义，例如，18 世纪启蒙运动的强大创新随即造就了浪漫主义者激烈的反文化爆发。然而，盖伊最终意识到"有一些浪漫派并不知道自己属于这种大规模的反应行为。而有一些启蒙主义哲人和浪漫派里最富浪漫色彩的人一样，对激情本身充满了激情，对想象也有很高的赞美"（第 2 页）。如果说至此盖伊和拜泽尔关于浪漫派的历史哲学判断尚属一致的话，旋即盖伊就摆明了态度，鉴于德法之间浪漫主义原始冲动和文化表达的不一致性，认为摆脱了民族主义时期界限束缚的我们，试图统一浪漫主义的想法似乎有些"过分"。

盖伊认为接近浪漫主义概念的唯一途径是通过兼备个体性和集合性、共同价值观和独自的特质来实现(第3页),因为浪漫主义的定义就其本质而言必定是有争议的和不确定的。这番Hen kai Pan式的说辞最终结语为"在本质上表现出某种明确无误的共同特征",随即戛然而止……如前所述,盖伊对于启蒙运动和现代主义的研究,使得"浪漫主义要么成了我研究工作的前言,要么成了其后记",这一榫接性的"边缘化"地位使得他一再"意识到它具有争议性的本质"(第4页)。不出所料,盖伊在洛夫乔伊(Arthur O.Lovejoy)于1923年在现代语言协会年度会议发表的著名演讲"论诸种浪漫主义的区别"(中译见《观念史论文集》,北京:商务印书馆,2018年,第247—303页)中找到了原初的反叛者同盟,在其中洛夫乔伊对各种浪漫主义的单一定义进行了解构式解读(在解构主义诞生之前),提出了"浪漫主义(Romanticisms)"的多元性。有趣的是,这一盖伊在2015年态度的最终落脚点,居然是拜泽尔2004年《浪漫的律令》(中译增订版即出)正文首章的反驳性起手处,历史再一次时空错位般地给我们开了一个衔尾蛇式莫比乌斯环玩笑。

《浪漫派为什么重要》全书正文分为五章。开篇通过德、法、英三国的浪漫主义素描,勾勒出浪漫爱的诸形式,以及狂喜、忧郁、不拘一格等浪漫主义相关类型。第一章"世界的返魅",从名字上致敬了诺瓦利斯将世界重新浪漫化的构想,有意思的是,盖伊以极佳的文笔从德国早期浪漫派开始叙述,经由对法国浪漫主义作家的简单介绍后转向了英国浪漫主义诗人,最后居然又回溯到了德国早期浪漫派。考虑到伯林早先就在《浪漫主义的根源》当中一方面延续了洛夫乔伊的思想史方法论和多元主义立场,另一方面又再度开启了关于浪漫主义的本质探索,由此将多元主义认定为浪漫派历史主义的宝贵遗产,进而认定德国浪漫派才是真正的"浪漫主义",那么盖伊在首章谋篇布局上的这一回环结构也同样隐含了这一态度,如此便和他前言中对洛夫乔伊相关论断的无限推崇形成了奇特的张力。如果说浪漫主义在启蒙运动(根据首章标题,18世纪也可被相应地看作是由理性主导的"祛魅的世界")之后的时代中重新引入以爱为名的宗教,那么诚如盖伊接续海涅在《论德国宗教和哲学的历史》中的观点所言"宗教是德国浪漫主义思考的基础"(第15页),而这样孤注一掷的"浪漫爱"便是19世纪的文艺世界中的情感基础,然而,盖伊却并未如《透明与障碍》般顺势点明的浪漫派先驱卢梭在浪漫主义思潮中的身位所在。同时,第一章在其论述过程乃至最后都将荷尔德林算作德国浪漫派,即便荷尔德林与早期浪漫派团体乃至黑格尔与谢林都有过交集,但这样径直的判定似乎在史实和学理上都有待商榷,具体可以参见同样最近翻译过来的萨弗兰斯基新作《荷尔德林传》(上海:上海人民出版社,2023年,第61、104、298页)以及《荣耀与丑闻》。

接下来的几章基本上可以看作盖伊毕生研究的一次走马观花般综述性概览,第二章"浪漫主义的心理学"是对那些认为浪漫主义是对现代性的怀旧退缩的理论家发起的挑战,它追溯了浪漫主义精神与现代主义在19世纪和20世纪的交汇,通过拥抱创新、独立和震撼表达了各种富有想象力的个性。事实上,盖伊认为现代新浪漫主义者的问题恰恰在于他们根本缺乏早期浪漫派所具有的历史意识,很容易忘记现代主义者的浪漫主义时代先驱。第三章"作为教育者的中间商"是浪漫主义运动的一个插曲,盖伊同时探讨了国家权力、官僚主义、博物馆管理和中介性教育学等新兴趋势。这些压制性的社会机制是理性主义必然力量的现代性替身,而这些后启蒙力量将在接下来的两章中产生激烈的反应:文学、艺术和音乐中"为艺术家而艺术"的先锋派,并对王尔德、康定斯基和"贝多芬时代"进行了引人入胜的讨论。这样的浮光掠影虽不中亦不远,进一步深入的浪漫派之于现代主义相关性研究可以参见 Andrew Bowie 的《从浪漫主义到批判理论》(*From Romanticism to Critical Theory*,1996)。

值得注意的是,正文最后一章"贝多芬时代"又再度回到了"德国浪漫派"这个议题,如同第一章那样,盖伊在宣告了复数的多元浪漫主义之后,心心念念的却总是德国浪漫派,似乎反倒恰好佐证了伯林及其学生拜泽尔将德国浪漫派认定为"真正的"浪漫派。这样别扭的倔强,在盖伊最钟爱的犹太之子弗洛伊德看来,兴许真是潜意识中至死不渝的对德国浪漫主义这场最终导向犹太人新世纪出埃及记的两百年思潮的"浪漫爱"。这样爱恨纠缠,反倒似乎不如法国人雅克·达拉斯大大方方顺延南希和拉巴尔特的判定:"我们之所以对(德国)浪漫派感兴趣,原因在于我们仍然生活在它开启的那个时代,而这种归属感(由于不可避免的重复造成的差异)定义着我们,准确地说,这种归属感正是我们这个时代不断加以否认的东西。如今,从我们'现代性'的绝大部分重大主题中可以察觉到一种货真价实的浪漫的无意识"(《文学的绝对》,译林出版社,2012 年,第 18 页),直接承认《我们都是德国浪漫派》(华东师范大学出版社,2022 年)。

在后记的最后,盖伊对文化记忆的模糊性和继承者遗忘其起源的倾向提出了谐谑的看法,鉴于盖伊一生的家庭结构回忆录式写作特质,指责新人们数典忘祖的确令人深思。在最后的转折中,盖伊回顾了早先自己对中间商和教学者所坚持的机构式记忆塑造的谴责,他认为如果"经典"要被"热情的学生复兴,比如兴奋地发现简·奥斯汀和自己一样也是新人,并以一种令人吃惊的现代口吻向我们娓娓道来她的故事"(第 110 页),那么大学似乎就是"经典"最后的希望空间。在盖伊看来,浪漫派需要大学,大学也需要浪漫派。如果没有这个辩证的来世空间,文化记忆就会遗忘过去本身——它的丰富性和多样性,它的新颖性和独创性。对于一位以局外人的身份热衷于生活在他被放逐之地的人来说,这是最恰当不过的遗言了,鲐背之年的盖伊有理由担心他离开后的世界会如何发展。我想,在新冠疫情将他和我们的世界分作两段之后,"浪漫派为什么重要"这个问题依旧需要在如今回答本身,证明的反倒不是其重要性(启蒙运动和现代主义的重要性根本就不证自明),而是这一问题所开启的"记忆之场"的无限可能性。

论文英文提要

Reification−Thingification and Productive Forces of Capital

Tomonaga Tairako, trans. Xu Qiuchen

Abstract: The concept of reification and thingification is the important foundation of Marx's capital theory. Reification triggers the reversal that converts social relations from persons to things(Sache). The second conversion of social relations of things(Sachen) into social natural qualities of things(Dinge) completely conceals and mystifies the social−historical character of the capitalist production relations. In this process, the dependence of labor on capital makes the transition from the objectification of persons to the personification of things. Fetishism became a victim in the logical transition between the two levels of the concept of personification. While alienation further determines the capitalist mode of production. Because Engels does not understand"social production"as a productive force of capital, the theoretical tension between reification−thingification and productive forces of capital is becoming evident, and highly valuable to research.

Keywords: Reification; Thingification; Alienation; Productive Forces of Capital

Marx's Critique of "External Relationship" and Analysis of Its "Thinghood" Dimension

Wang Huaiqian, Wang Miao

Abstract: Based on his empirical study of history, Marx realized that the reason why capitalist economic relations are regarded as 'eternal relations' is not rooted in the natural nature of the relation as an object in itself, or in the special provisionsof the subject who grasps the object(bourgeois economists), but rather in the perceptual schism between the subject and the object, which traps the two in a whole structure defined by intuition and division. Marx tries to overcome schism by 'practice', by placing the subject and object in a whole structure based on their identity and mutual shaping, and by the unfolding of this structure itself reveals the basis for the production of the 'eternal relation': the individuated relation of things and its rigidity of thinghood. The constant reshaping of reality by thinghood ultimately makes it difficult for the subject and object to 'reach' each other, and thus separates them completely. Therefore, it is only by dismantling the persistence of thinghood that it is possible to re‐establish this identity between subject and object and to bring about the demise of the 'eternal relation' itself as a mythological product.

Keywords: "Eternal relations"; Whole structure; Subject; Object; Thinghood

On Althusser's Scientific Transformation of
Marxist Dialectics and its Theoretical Effect

Lu Bindian

Abstract: Materialist dialectics is the treasure of Marxism. Early Western Marxists such as Lukacs, Gramsci and Sartre inherited the essence of Marxist dialectics and advocated the combination of theory and practice, subject and object. Althusser reflected on the early Western Marxists' historicization and humane interpretation of dialectics, and emphasized the scientificity and purity of Marxist dialectics. Althusser's interpretation focuses on the structural or synchronic dimension of Marxist dialectics, revealing the dialectical movement of social structure, preventing dialectics from entering the mire of ideology, realizing the transition from subject to structure, revealing the presence of structure and the empty field of subject. Specifically, Althusser, through Marx's general concept of production, regards dialectics as the product of "theoretical practice", dialectics is the effect of general B on general A, and finally produces general C, and regards Marxist dialectics as the comprehensive result of Hegel's philosophy and Ricardo's economic thought. Althusser elaborated the actual essence of "in the final analysis", endowed dialectics with the philosophical meaning of "pluralistic determination", highlighted that economic factors do not act alone, and refuted the economic determinism of the Second International. Late Althusser advocated the study of situation and contingency, gradually dispels the rational form of dialectics, moves towards the materialism of accidental encounter, and denies the real existence of Marxist dialectics. Althusser's scientific transformation of Marxist dialectics not only defended the scientific nature of Marxism in a certain sense, but also responded to the misreading of Marxism, but also misunderstood the basic proposition of Marxism, cut off the internal relationship between history and structure, and finally broke away from the basic stand of Marxism. At the same time, this transformation also subtly affected Althusser's contemporaries and post‐Althusserism's understanding of Marxist dialectics.

Keywords: Structural dialectics; Multiple decision; Structural causality

Rethinking Cultural Otherness and Categorial Sameness:
Understanding *Qiaoyixue* in the perspective of the history
of the methodology comparative cultural Chinese/European studies

He Chongyi, trans. Wu Lijing

Abstract: The aim of this paper is to analyze the methodological framework of *Qiaoyixue* from an historical and conceptual perspective in order to assess its hermeneutical value. In this paper, we will replace this new framework in the course of the history of the elaboration of cultural contacts between China and Europe. To that effect, we will provide a new historical framework for these historical contacts. *Qiaoyixue* is both the result and the manifestation of the very history it attempts to describe. Such a reflexive understanding of this model will be necessarily to address its potential shortcomings linked to its specific social-political environment of emergence.

Keywords: *Qiaoyixue*; Comparative Cultural Studies; China/Europe cultural contacts

Philosophical Notes on the Theory of Qiaoyi

Yu Mingfeng

Abstract: The theory of Qiaoyi is not only consciously located in the conceptual coordinates between ancient and modern, China and the west, but also taking this coordinate itself as the specific research object, which is an important attempt worthy of attention in modern Chinese philosophical activity. The two common criticisms on the theory of Qiaoyi correctly point out the possible conceptual drawbacks of the framework, as well as the lack of conceptual system in the theory of Qiaoyi as a philosophical project. Finally, this paper attempts to respond to these two seemingly opposite but similar criticisms with the metaphorical nature of "image" thinking.

Keywords: Theory of Qiaoyi; Philosophy; Conceptual coordinates between ancient and modern, China and the west; Metaphor

Taking Place between Life-worlds:
Rethinking the Qiaoyi-Event from the Phenomenological Perspective

Ye Yao

Abstract: This article intends to use phenomenological discourse on the lifeworld to examine how the Qiaoyi-event takes place and what kind of characteristics it shows. Qiaoyi is not merely an exchange of knowledge at the theoretical level, but also encompasses various forms of exchange deeply rooted in life-worlds filled with sensory experiences and historical cultural traditions. No matter there might be cross-cultural dimensions involved or not, Qiaoyi

PHILOSOPHERS 2023 (1)

哲学家

always occurs within and between these vibrant life-worlds.

Keywords: Qiaoyi; Life-world; Exchange of Knowledge

Should be Criticized and Could be Discussed: On the Two Kinds of Qiao-Yiology

Li Zhehan

Abstract: Following Ye Jun's related research in last ten years, Qiao-Yiology could be divide into two kinds: the strong and the weak. As a philosophical kind, the former has a lot of claims as well as a lot of problems, and it should be criticized; as a (in the Max Weber sense) sociological kind (idea type), the later has not much claims as well as not much problems, and it could be discussed. Based on the further division and development of these two kinds of Qiao-Yiology, we could understand Qiao-Yiology better and try to make some appropriate outlooks.

Keywords: Ye Jun; Qiao-Yiology; Methodology; Weber; Idea Type

Wang Yangming's Practice of Qiaoyi

Liu Long

Abstract: The methodological system constructed by Ye Jun in Construction and Symbols—The Method of Qiaoyi Studies provides important theoretical tools for analyzing Qiaoyi cases. "Wang Yangming's Gongfu Qiaoyi" is a typical case of Qiaoyi studies in a meaningful sense, and it is worth studying using the method of Qiaoyi. Yangming's Gongfu Qiaoyi can be divided into the three stages before enlightenment and the three stages after enlightenment at Longchang, which is a significant node. Through the analysis of the nine meanings of Qiaoyi, it can be seen that there is a great correlation between the spiritual qualitative change in Yangming's Gongfu Qiaoyi and its spatial displacement and knowledge transfer, reflecting the concept of "transformation beyond convention"; Although Yangming's learning experience has undergone repeated changes, it always adheres to a constant principle, that is, "the pursuit of becoming a sage", reflecting the concept of "transcendence of convention"; Yangming's inheritance, integration, and innovation of Zhuzi's learning reflect the concepts of "imitating change", "imitating constancy", and "imitating exchange". The participation of various intermediary forces plays an important role in the establishment of Yangming's moral character, verbal expression, and achievements, reflecting the concepts of "Qiaoyi's transformation", "Qiaoyi's constancy", and "Qiaoyi's exchange". Yangming's Gongfu Qiaoyi also embodies the two core principles of "height" and "simplicity", and ambition and learning ability are important factors influencing Yangming's Gongfu Qiaoyi. The social Qiaoyi effect of Yangming's thought has caused significant spatiotemporal effects, which still need further research using important methods of Qiaoyi studies such as "Chaos Ordering", "Principle of the Chessboard Realm", and "Law of equilibrium of Tao".

Keywords: Qiaoyi studies methodology; Wang Yangming; Gongfu Qiaoyi

On the Philosophy of History in *Mozi*

Sun Zhongyuan

Abstract: Philosophy of history, a branch of philosophy that studies the overall nature and laws of social history, is also known as the view of history. *Mozi* is a collective work of the Moist school community during the Warring States period, spanning the entire Warring States period, from the beginning of the Warring States period in the fifth century B.C. to the unification by the Qin Dynasty at the end of the Warring States period in the third century B.C. *Mozi* is a collection of the profound scientific theoretical system of Mohism. Mohism and Confucianism are both famous schools, and they stand up to each other as equal. The unity of their opposites and the compatibility and complementarity of them, become the typical paradigm of the coexistence of diversity of Chinese culture, which is bright and brilliant. The innovation and transformation of Mohism in the new era is the component element of national superstructure and ideology, which has important historical, theoretical and practical significance. In this paper, we use the method of E-research (digital research) and meta-research (beyond the overall research) to explain the theoretical system of historical and philosophical categories and principles of *Mozi*, discuss the glittering highlights of *Mozi*'s socio-historical view, analyze its concept of historical development, the labour theory of value, the category theory of humanism, "ren min" "li min" and "min sheng", as well as other scientific viewpoints. This work highlights the high academic value of the study of Mohism and its function, which deserves to be carefully appraised and passed on to the next generation.

Keywords: *Mozi*; the philosophy of history; category; principle

Inheritance and innovation of Chinese traditional civilization harmony thought

Gong Zhichong

Abstract: The idea of civilization harmony, which is rooted, inherited and creatively developed in Chinese civilization, is the spiritual treasure of its 5,000 years of history. The harmonious thought of Chinese civilization is implemented and maintained through a series of moral concepts, ethical principles and social order. To be specific, the concepts of benevolence, respect and justice are the core elements of ritual order. They permeate the Chinese people's attitude toward others and the community, China's attitude toward other ethnic groups and civilizations, and even China's ideal pursuit of world order. They have played a

PHILOSOPHERS 2023 (1)

profound and long-standing stabilizing role in the history of more than 5,000 years of civilization, realizing the symbiosis and harmony between man and man, man and society, culture and culture, man and nature, and realizing the sublimation of human virtues, social customs and civilized character.

Keywords: China; civilization; harmony

Mou Zongsan's Buddhist Study and It's Contribution to The Philosophical Hermeneutics in Cross-cultural Context

Li Yijing

Abstract: Mou Zongsan is one of the most prominent Modern Neo-Confucianist philosopher. His Buddhist study is an organic part of his own philosophical system. This essay analyzes Mou's work on the Wisdom and Buddha-nature and his interpretation of The Awakening of Faith in Mahayana and his Buddhist ontology, exploring how Mou's idea can contribute to philosophical hermeneutics in cross-cultural context.

Keywords: Mou Zongsan; Buddhist Ontology; Hermeneutics

The Buddha's Body Theory of Chan Buddhism

Zhang Kai

Abstract: On the basis of the thought that Dharmakaya is separated from the Rupakaya based on the thought of emptiness in the Diamond Sutra, Huineng's Tan Jing focuses on explaining the three Buddha's bodies from Rupakaya and self-nature, which is different from other Buddhist sects, grafting Dharmakaya with the pure mind, Buddha's nature and Tathagata, and advocating that Dharmakaya is not separated from Rupakaya. This idea is inherited and developed in later Chan Buddhism, many questions have evolved about "how to become the pure Dharmakaya", "how to penetrate Dharmakaya", and so on. These Chan cases, like "how to become a Buddha" and "what is the intention of Bodhidharma coming from the West", reflect the Chan Buddhism's denial of external idol authority, advocating that oneself is the Buddha, attaching importance to the individual oneself, becoming a distinct feature of the Chan Buddhist body theory that is different from other Buddhist sects. It embodies the purpose of Chan Buddhism of "directly pointing to the human heart and becoming Buddha according to one's nature", and is a typical embodiment of the sinicization of Buddhism and the inner transcendence of Chinese culture.

Keywords: Diamond Sutra; *Tan jing*; Chan Buddhism; Buddha's Body; Dharmakaya

On KangSenghui's Benevolence Thought

Zhang Xuesong

Abstract: The development of benevolence thought in the Han and Tang Dynasties showed the characteristics of multiple latitudes and multiple levels. Confucian thought of Ren (Benevolence) had been understood narrowly and dogmatically since late Han Dynasty. Some metaphysicians of Wei and Jin Dynasties even said that benevolence was the least important attribute. Meanwhile, Buddhist philosophy played an increasingly influential part in Chinese ideological circles. This article concentrates a Buddhist master Kang Senghui's Benevolence thought, and the exchange and mutual learning between Buddhism and Confucianism.

Keywords: KangSenghui; Benevolence Thought; the Five Aggregates; Ahimsa

Modal Nominalism of Fictional Objects and its Difficulties

Chen Changshen

Abstract: David Lewis's analysis of the reference of fictional names and the truth condition of fictional discourses, starts from possible world semantics, and finally moves towards fictional pragmatics and fictional contextualism, which can be summarized as a kind of modal nominalism stance on fictional objects. According to the set theory model of fictional world, fictional objects are not real, they are not some possible objects, but the collection of many possible objects in the relations of counterparts. Fiction is a pragmatic act of "storytelling". We pretend that the fictional object exists, and determine the truth condition of the implied fictional discourse by embedding the fiction in the real world. By interpreting the fictional world as a set of possible worlds rather than a certain possible world, the problems of vague fiction, incomplete fiction and impossible fiction are also dealt with well. However, the particularity of fictional objects is that their ontological status is different from that of counterfactual possibility, mere possibility and physical chance, especially when we try to give a modal nominalist account for counterfactual fiction by means of the "fictional counterfactual" method, we have to face a double metaphysical uncertainty.

Keywords: Modal nominalism; Fictional objects; Fictional world; Counterfactual; Couterfiction

Evading Epistemology:
On Inner Origins of the Turn of Rorty's Ethic/Aesthetics Thought

Hao Ertao

Abstract: Epistemology is an unsolved problem in Rorty's philosophical aesthetic thought which is closely related with the turn of Rorty's philosophical thought. Rorty strips off the epistemologically hierarchical will power that is homogenized by turning to focusing on language.Rorty strips off the epistemologically transcendental relations of emotional power by turning to focusing on pragmatism.Rorty strips off the epistemologically hierarchical relations of knowledge power by turning to focusing on language effect.According to Rorty's definition of "evade", these three times of turn can be seen as Rorty's evading philosophical epistemology.Rorty evades the idea of mirror, the idea of vision, and the idea of language-foundationalism in epistemology.This sort of evading succeeds to Pierce's idea of pragmatism critically.It makes Rorty find the only social bond between one and others—humility and provides net of faith and social hope for others by keep the conversation continuing.It is beneficial for us to understand the forming logic, background of Rorty's philosophical aesthetic thought thoroughly and further research Rorty's philosophical aesthetic thought.

Keywords: Epistemology; Language; Pragmatism; Rorty; Ethic/Aesthetics

Analysis of theRelationship between Tao and Art in Confucianism

Wang Jian

Abstract: The thought of relationship between Tao and Art comes from Confucian music education theory.It begins with Confucius' " juxtaposing Tao and art , leading art by Tao". After the development of Xunzi's "restricting art by Tao, Tao Ben and art Mo ," it finally refined and sublimated to the aesthetic realm of "art to carry Tao" and "art to achieve Tao".It embodies the Confucianist thought of "lower study and higher achievement", and endows Chinese aesthetics with ethical background with its rationalism and realism spirit.

Keywords: the relationship between Tao and art; Confucius; Xunzi; *Yue Ji*; Confucian music education

Analysis of "Sparśāḥ ṣaṭ saṃnipātajāḥ" in *Nyāyānusāra-śāstra*

Yan Mengzhu

Abstract: In order to maintain the orthodox teaching of Sarvāstivāda, Saṃghabhadra criticized Vasubandhu's *Abhidharmśa-śāstra*, and wrote Nyāyānusāra-śāstra. "Sparśā hṣ aṭ saṃnipātajāḥ" is a verse in *Abhidharm śa - śāstra*. *According to the Buddhist sūtras*, Nyāyānusāra-śāstra *also puts forward the views of "dvyaṃ dvyaṃ pratītya ḥ sparśa ḥ"*, "ṣa ḍ āyatanapratyaya ḥ sparśaḥ "and" nāmarūpapratyaya ḥ sparśa ḥ "in the process of analyzing this verse. For the purpose of better communicating the different views in diffrent sūtras, Nyāyānusāra-śāstra *also puts forward the classification of "sparśa"*, "false sparśa"and" true sparśa".The analysis of this verse in *Nyāyānusāra-śāstra allows us to have a glimpse of the orthodox Vibhā ṣ ā Master's deep discussion of the concept of "sparśa".*

Keywords: *Nyāyānusāra*; *Abhidharmakośa*; *sparśa*; saṃnipātajā; nāmarūpa

"Harmony Without Uniformity":
A Discourse on Confucianism by the American Missionary, Gilbert Reid

Gao Tong

Abstract: In the history of East – West communication, western missionaries in China played an important role in the cultural exchange between China and the West. The missionaries responded to the differences between Chinese and Western cultures in different ways, from those who held conflict theories to those who advocated tolerance. Taking Gilbert Reid (1857–1927), a modern American missionary in China, as an example, this paper analyzes Gilbert Reid's views on Confucianism as a religion from three aspects, based on his personal writings and scholarly research. This paper further analyzes Gilbert Reid's advocacy of religious tolerance and cultural pluralism, starting with his discussion regarding the relationship between Christianity and Confucianism.

Keywords: Missionaries in China; Gilbert Reid; Confucianism; Religious tolerance; Pluralism

Davidson's Discussion on the Problem of "Incontinent Action"
——The Birth and Disappearance of the Concept of "Will"

Gao Ling

Abstract: From the discussion of the problem of "self–control", we can find that the concept of "will" has experienced a process of birth, establishment and gradual decline in the history of Western philosophy. The concept of "will" is absent in ancient Greece. Aristotle discusses the problem of "incontinent" in the dual structure model of reason and desire, and thinks that "incontinent" is the victory of desire over reason. "Free will" was put forward by Augustine and fully established by Kant, demonstrating the dignity of man as a rational being. Moral law is established and obeyed by will, while "arbitrary" not regulated by moral law is the expression of "incontinent". Davidson tried to get rid of the influence of moral factors and explain actions from the perspective of practical rationality. He put the static structure of judgements, intentions – actions into time, and explained "incontinent" actions through different prima facie (current judgment) at different moments and the irrational correlation between intention and actions, highlighting the irrational side of people. The human image becomes richer and fuller.

Keywords: Incontinent; Will; Moral; Subject

中国人民大学《哲学家》征稿启事

为了促进哲学学科建设,加强海内外哲学同行的交流,中国人民大学哲学院于2006年创办了《哲学家》中文年度学术刊物,由人民出版社出版,迄今为止已经出版了十多辑,逐渐受到国内外学界的瞩目。自2020年起,《哲学家》一年出版两期。

《哲学家》除收录马克思主义哲学、中国哲学与外国哲学的历史和经典诠释性论文外,注重发表史论结合、比较研究的佳作,涵盖伦理学、宗教哲学、科技哲学、美学、逻辑学、管理哲学、政治哲学等领域。本刊提倡对哲学问题的原创性研究,尊重资料翔实、论证充分的哲学专题研究,鼓励哲学与其他学科的交叉研究和对重大现实问题的哲学反思。

本刊欢迎哲学领域的专家学者主持研究专题,欢迎青年学者和博士研究生踊跃投稿。

编辑部严格执行双盲审稿制度,杜绝一稿多投。本刊只接受通过电子信箱发来的稿件。通过电邮的投稿,收到后即回电邮确认,并在3个月内通报初审情况。编辑部对决定采用的论文会提出中肯的修改意见。

本刊不收取版面费。论文一经刊用,即寄奉样刊并支付稿酬,稿酬从优;版权归中国人民大学哲学院所有。

投稿邮箱:zhexuejia@ruc.edu.cn

编辑部地址:中国北京市海淀区中关村大街59号,中国人民大学哲学院《哲学家》编辑部(邮编:1000872)。

稿件的格式要求:

1. 论文篇幅为7000—15000字(包括文献资料与注释),由标题名、作者名、具体到学院或研究所的作者单位(请用脚注标出)、内容提要(200—300字)、关键词(4—6个)、正文组成。在文章开头提供作者单位的英文正式标注、论文的英文题目、英文内容提要(Abstract)和英文关键词(**Keywords**,请注意不要写成 Key words)。

此外请注明作者联系方式(邮箱与电话号码)以便于编辑部联系。

2. 来稿注释一律采取当页脚注,每页重新编号。注释以阿拉伯数字①②③④⑤等编号。格式为"作者,《书名》,某某译,出版地:出版社,某某年,第某页。"引用期刊文章格式为"作者,《文章名》(若引用外文期刊文章,则将书名号换为双引号),某某译,载《期刊名》,某某年,第某某期(外文期刊需具体页码)。"外文文献采取 MLA(Modern Language Association)引用格式。请勿使用文末提供"参考文献"的格式。如果有图像、图表等,请另外提供其 PDF 文档。

3. 在作者名字之后请用脚注标出姓名、工作单位,以及文章的资助信息等等,也可以做简要的自我介绍。字号使用小四号,段落行距为 1.5 倍行距。引文四行及以上应单独分段并居中,上下各空一行。注释请提供所参考的材料的具体页码。标注网站链接的,请注明最后的登录日期。文中需要着重的地方请用下圆点或者下划线,请勿使用宽体字或斜体字,着重不宜过多;此外请注明着重来自原引文还是来自本文作者。文章分节标题用中文数词标出并居中。一级分节使用一、二、三,二级分节使用(一)(二)(三)。

4. 关键词的格式为:中文部分用分号隔开,英文部分用分号隔开,除了专有名词之外都用小写。例如:

关键词:梅洛-庞蒂;萨特;自由;沉积;处境;一般性的自由

Keywords:Merleau-Ponty;Sartre;freedom;sedimentation;situation;general freedom

责任编辑：洪　琼

图书在版编目（CIP）数据

哲学家．2023．1 / 中国人民大学哲学院编 ；臧峰
宇主编． -- 北京 ：人民出版社，2024．12． -- ISBN 978 - 7
- 01 - 027213 - 9

Ⅰ．B-53

中国国家版本馆 CIP 数据核字第 20259Q3Y76 号

哲学家·2023（1）

ZHEXUEJIA 2023（1）

中国人民大学哲学院　编　臧峰宇　主编

人民出版社 出版发行

（100706　北京市东城区隆福寺街 99 号）

北京华联印刷有限公司印刷　新华书店经销

2024 年 12 月第 1 版　2024 年 12 月北京第 1 次印刷

开本：787 毫米×1092 毫米 1/16　印张：16.75

字数：300 千字

ISBN 978 - 7 - 01 - 027213 - 9　定价：99.00 元

邮购地址 100706　北京市东城区隆福寺街 99 号

人民东方图书销售中心　电话 （010）65250042　65289539